城市轨道交通系列丛书

城市轨道交通信号技术丛书

城市轨道交通信号工程设计

林瑜筠　编著

邓红元　主审

中国铁道出版社有限公司

2023年·北京

内 容 简 介

本书全面、系统地介绍城市轨道交通的工程设计，包括正线联锁区信号工程设计、车辆段（停车场）信号工程设计、信号集中监测系统设计、城市轨道交通信号工程概（预）算编制。重点介绍城市轨道交通信号工程的设计思路和方法等。

本书可作为城市轨道交通信号工程设计人员以及管理、施工、维护人员学习用书，也可作为相关院校城市轨道交通信号专业师生的教学用书。

图书在版编目(CIP)数据

城市轨道交通信号工程设计/林瑜筠编著．—北京：中国铁道出版社，2018.10(2023.7 重印)
(城市轨道交通系列丛书．城市轨道交通信号技术丛书)
ISBN 978-7-113-24632-7

Ⅰ．①城… Ⅱ．①林… Ⅲ．①城市铁路-交通信号-工程设计 Ⅳ．①U239.5

中国版本图书馆 CIP 数据核字(2018)第 132342 号

书　　名：城市轨道交通信号工程设计
作　　者：林瑜筠

策　　划：徐　清
责任编辑：徐　清　　**编辑部电话：**(010)51873147　　**电子信箱：**357716058@qq.com
封面设计：薛小卉　崔丽芳
责任校对：苗　丹
责任印制：高春晓

出版发行：中国铁道出版社有限公司(100054，北京市西城区右安门西街 8 号)
网　　址：http://www.tdpress.com
印　　刷：番茄云印刷(沧州)有限公司
版　　次：2018 年 10 月第 1 版　2023 年 7 月第 2 次印刷
开　　本：787 mm×1 092 mm 1/16　**印张：**19.25　**插页：**1　**字数：**470 千
书　　号：ISBN 978-7-113-24632-7
定　　价：68.00 元

前　言

城市轨道交通以其便捷、迅达、安全、环保，较好地解决了城市道路拥挤、空气污染等难题，成为城市交通的主要方式和首选方案。我国城市轨道交通正在迅猛发展，无论建设规模、运营长度，还是乘客数量均为全球第一。

城市轨道交通信号设备是城市轨道交通的主要技术装备，在保证行车安全、提高运输效率等方面起着不可替代的作用。城市轨道交通信号不断地引进新技术，现代化程度不断提升。

城市轨道交通信号工程是城市轨道交通工程的重要组成部分，信号工程设计是城市轨道交通建设的重要环节。只有合理地选用信号系统，正确地进行工程设计，才能充分发挥城市轨道交通的效能。随着城市轨道交通信号技术的快速发展，对于信号工程设计人员的要求也越来越高，目前缺乏信号工程设计的适用书籍。为了满足对于信号工程设计的需要，我们编写了本书。本书可作为从事城市轨道交通信号工程设计人员的学习用书，也可作为相关院校城市轨道交通信号专业师生的教学用书。

本书在介绍城市轨道交通信号工程设计的整体思路后，分正线和车辆段/停车场分别介绍信号工程设计的步骤和方法。内容涵盖当前城市轨道交通信号工程设计的各个方面，不仅包括正线车站的信号工程设计，而且包括车辆段/停车场、试车线的信号工程设计，以及信号监测系统工程设计、城市轨道交通信号工程概(预)算编制。

为体现先进性，采用基于轨道电路的 ATC 系统和采用感应环线的 ATC 系统已很少采用，本书不再介绍，而着重介绍基于无线通信的 CBTC 系统的工程设计，包括采用 LTE-M 的 CBTC 信号工程设计。

本书非常实用，紧密结合工程设计的实际情况，不仅包括信号系统总体集成设计，而且包括所有的电路图、配线表设计，以及信号工程概算的编制。

鉴于城市轨道交通信号工程缺乏统一的设计规范，各地选用信号系统的差异，尤其是城市轨道交通信号的多样性，型号各一，制式繁杂，没有哪种具有代表性，各种型式不可能一一列举，只能选取运用较多的信号系统为例，着重介绍基本的设计思路和方法。设计人员可根据具体情况，依据供货商提供的资料、业主提出的要求，予以妥善解决。

要做好城市轨道交通信号工程设计，一要熟悉城市轨道交通信号有关规章，二要熟悉信号系统的电路原理及其应用，三要掌握城市轨道交通信号工程设计的基本方法，四要积累设计经验，五要熟练使用CAD。

要掌握城市轨道交通信号工程设计的基本方法，除了通过理论学习，从书本上学习外，更重要的是通过实践，多做多练。初学者首先要看懂图纸，真正搞清楚图纸每个符号的含义、各图纸的联系，切忌盲目地生搬硬套、依样画葫芦。读者通过本书的学习，经过一段时期的实践，把工程设计的知识和具体实践密切结合起来，就完全能胜任信号工程设计的任务。

本书对于工程设计的资料尽量搜集完整，一些常用的资料可参见本书的附录。

本书由具有丰富教学经验和设计经验的人员编写，包括高等学校教师和信号工程设计部门的设计人员。本书由南京铁道职业技术学院林瑜筠编著，中国通信信号集团公司邓红元主审。卡斯柯信号有限公司钱蔚、刘德伟，杭州杭港地铁五号线有限公司马学霞，南京信息职业技术学院阴法明，济南电务段张韫斌参加编写。阴法明参加编写绪论，钱蔚参加编写第一章，刘德伟参加编写第二章，张韫斌参加编写第三章，马学霞参加编写第四章。

在本书编写过程中，得到许多单位和中国通号集团公司李晓刚等同仁的大力支持和帮助，于此一并表示感谢。由于时间过于仓促，加上制式繁杂，资料搜集不全，编者水平所限，教材中疏漏、错误、不妥之处在所难免，望读者提出批评和指正，以不断提高教材质量。

编　者

2018年6月

目　录

* 附图 2、附图 4 尺寸较大，请读者扫描二维码后，自行下载阅读。

绪　论

一、城市轨道交通信号工程设计的定义

1. 工程设计

工程设计是人们运用科技知识和方法，有目标地创造工程产品构思和计划的过程。工程设计是根据建设工程和法律法规的要求，对建设工程所需的技术、经济、资源、环境等条件进行综合分析、论证，编制建设工程设计文件，提供相关服务的活动。包括总图、工艺设备、建筑、结构、动力、储运、自动控制、技术经济等工作。

工程设计是指对工程项目的建设提供有技术依据的设计文件和图纸的整个活动过程，是建设项目的重要环节，是建设项目进行整体规划、体现具体实施意图的重要过程，是科学技术转化为生产力的纽带，是处理技术与经济关系的关键性环节，是确定与控制工程造价的重点阶段。

工程设计是否经济合理，对工程建设项目造价的确定与控制具有十分重要的意义。工程设计的费用往往只占最终产品成本的一小部分（3％～5％），然而它对产品的先进性和竞争能力却起着决定性的影响，并往往决定 70％～80％的制造成本和营销服务成本。所以说工程设计是现代社会工业文明的最重要的支柱，是工业创新的核心环节。工程设计的水平和能力是一个国家和行业创新能力和竞争能力的决定性因素之一。

2. 城市轨道交通信号工程设计

城市轨道交通工程设计是城市轨道交通建设以及大修的重要环节，是根据城市轨道交通建设和城市轨道交通法律法规的要求，对于城市轨道交通建设工程所需的技术、经济、资源、环境等条件进行综合分析、论证、编制设计文件，提供相关技术服务的活动。

城市轨道交通工程设计包括线路、桥隧工程设计，站场工程设计，供电工程设计，信号工程设计和通信工程设计等。

城市轨道交通信号工程设计是城市轨道交通工程设计的重要组成部分，它是城市轨道交通建设中关于信号部分的工程设计以及信号大修的工程设计。

二、城市轨道交通工程设计的内容

城市轨道交通信号工程设计的内容主要包括正线车站信号工程设计、车辆段/停车场信号工程设计。

每种设计都包括设计文件、施工图和概算（或预算）。

正线车站信号工程设计目前主要是计算机联锁设计，设计的内容主要包括本联锁区内室内、外信号设备的布置，联锁图表的编制，电路图的设计，配线图表的设计，以及和 ATC 的结合设计、和车辆段/停车场的结合设计。另外，还包括信号监测电路的电路设计。

车辆段/停车场信号工程设计内容大体上与正线车站相同。

三、城市轨道交通工程设计的作用

城市轨道交通信号工程设计具有非常重要的作用。

1. 提供信号工程施工的依据

要完成信号工程,必须按照信号工程设计提供的施工图进行。施工单位按照概算备料,按照施工图安装设备、配线、导通试验,并且按照施工图经过修改完成竣工图。

2. 推广信号新技术

一项信号新技术,只有通过信号工程设计,才能形成具体能付诸实际的实施方案。

3. 选择经济合理的造价

在信号工程设计的过程中,通过深入的调查研究、方案比选,以及利旧,选择最佳的方案,以达到既满足要求又尽量降低造价的目的。

四、城市轨道交通信号工程设计的依据

城市轨道交通信号工程设计的原则依据是城市轨道交通法规、举例设计、生产厂家的说明书以及建设单位的要求。

(1)城市轨道交通法规

有关城市轨道交通信号工程设计的法规主要是《地铁设计规范》(GB 50157—2013)。

(2)举例设计

有关部门提供的各项信号工程的举例设计(参考)。

(3)生产厂家的说明书

生产厂家的说明书包括计算机联锁、电源屏等的说明书。

如计算机联锁生产厂家提供的接口信息表,是设计计算机联锁接口柜配线表的依据。

(4)建设单位的要求

对有的工程项目,建设单位会提出一些具体的要求,经过论证,如是合理可行的应予以满足。

城市轨道交通信号工程设计具体依据是有关部门下达的设计任务书。

城市轨道交通公司根据投资安排基建项目。在这种情况下,信号系统是作为配合基建的一部分提出的,属于总体设计的一部分。有时为了提高城市轨道交通的通过能力,信号工程也可作为主体工程提出。但无论是作为配合工程还是主体工程,都必须有城市轨道交通公司批复的设计任务书。设计任务书的主要内容有:

①设计范围

说明要求设计的具体正线车站、车辆段/停车场的名称。

②设计类型

建议采用车站联锁的标准图号。

③投资

明确投资数目,以便根据投资的控制数目考虑设计方案。

④建设年限

明确信号工程建成及投产的时间。如果信号工程属配合站场工程时(新建或扩建),要明确站场线路工程完成的顺序及年限,以便考虑信号工程与线路工程之间的相互配合。

⑤站场与线路状况

明确站场与线路在5年或10年内是否有较大变动，有无延长的可能，以及有无预留股道或道岔，以便在设计中考虑预留信号设备的内容。

⑥运营速度

不同的运营速度，要求相应的线路条件，也决定信号系统的类型。

⑦设计分工

明确配合信号工程而设计的通信系统、供电系统、技术房屋、过渡信号等项配合工程的设计分工及要求。

⑧新技术及其他

对信号设计提出采用何种新技术和其他要求。

⑨时间要求

要求设计文件提出的日期，鉴定文件日期以及施工的开工、竣工日期。

五、城市轨道交通信号工程设计的要求

铁路信号工程要求设计文件和图纸缜密、准确、完整、经济、按时。

1. 城市轨道交通信号工程设计必须缜密

城市轨道交通信号工程设计必须符合《地铁设计规范》和有关各法规的要求，不采用未经过技术鉴定的制式，不采用未允许上道的设备，不采用已经淘汰或者停止发展的系统。

2. 城市轨道交通信号工程设计必须准确

城市轨道交通信号工程设计所提供的设计文件和图纸必须准确，所有电路图必须正确，配线图必须和电路图相对应，不能有错误。

3. 城市轨道交通信号工程设计必须完整

城市轨道交通信号工程设计所提供的设计文件和图纸必须完整，要提供全部设计文件和图纸，不能缺漏。

4. 城市轨道交通信号工程设计必须经济

城市轨道交通信号工程设计所提供的概算必须经济，要在满足工程需要的基础上略有余量，不能铺张。

5. 城市轨道交通信号工程设计必须按时

城市轨道交通信号工程设计要按时完成，并要为准备施工提供充裕的时间。

六、城市轨道交通信号工程设计的步骤

1. 城市轨道交通信号工程设计的步骤

城市轨道交通信号工程设计的包括预可行性研究/可行性研究、招投标、勘察调查、初步设计、施工图设计等步骤。

(1)可行性研究

在收到城市轨道交通公司的设计任务书后，组织进行预可行性研究，提出信号工程的初步方案，经审核再进行可行性研究，提出信号工程的修改方案，经审核后提供发标文件。对于方案明确、规模不大的工程项目，可不进行预可行性研究。

预可行性研究/可行性研究阶段，主要工作内容包括现场调查、输入资料搜集、各专业间接

口的搜集及确认、专业间互提资料、编制预可行性研究/可行性研究报告(包括投资估算)。

(2)招投标

城市轨道交通公司对于基建和大修工程设计或信号工程设计进行招标,有相应资质的设计单位投标,经过审核比选,确定中标设计单位。

(3)初步设计

初步设计(含总体设计)阶段工作,主要完成工作内容包括:勘察调查和系统调研(若有)、方案设计(若有)、总体设计(若有)、初步设计及审查、土建配合等工作。

①勘察调查

工程勘察调查是根据建设工程和法律法规的要求,查明、分析、评价建设场地的地质地形环境特征等条件,编制建设工程勘察文件的活动。包括工程测量、监测、勘察等工作。对于利旧设备还要察看其状况,搜集原技术图表。

勘测调查包括搜集资料和现场勘测。

a. 新建线路搜集资料

在业主和总包方的领导下,搜集设计资料(如可研报告、线路资料、行车资料、车辆资料、土建资料、初设技术要求等)、搜集相关工程所采用设备及系统资料、调研用户需求、调查现有系统情况、与运营部门进行沟通了解现场情况及相关问题,分析信号系统的现状及发展方向、针对系统设计中存在的问题、重点及难点进行研讨并得出初步结论。

搜集资料时应注意全面、准确,是否符合当前的实际情况。

(a)站场、区间平面和纵断面图

搜集车站的近、远期发展规划,避免所建信号机房与将来站场改建相冲突。

接近车站的区间线路向站内方向制动距离内是否有大于6‰的下坡道。

(b)线路上部建筑资料

线路上部建筑资料包括道岔类型、轨枕状态、钢轨类型。

(c)土壤资料

土壤资料包括土壤类别、冻结深度以及站内既有沟槽、管路等埋设物的径路图和埋设深度,以便选择电缆埋设深度和电缆径路。

(d)行车组织、运量及作业情况

该资料由站场总体设计提供。

b. 既有线路技术改造

搜集既有线原有行车组织状况、现有和将来的列车运量及流向。

搜集现有信号设备的质量情况,特别是电缆、信号机等,便于设计中考虑利旧和选择合理的设计方案。

②现场勘测

既有线改造时,为了核实委托设单位提供的资料及进一步搜集有关资料,设计人员应去现场进行实地勘测调查,观察作业情况,召开车站值班员、调车员座谈会。

a. 线路

首先对站场、区间线路平面图进行实地勘测,核实是否与实际站场配线一致。

观察集中区内的车站线路及道岔配置情况,并结合站内列、调车作业分析线路、道岔的配置是否有不当之处,若有,应向有关部门提出改进建议。

查清在集中区以及区间是否有桥梁等，若有，应了解其类型、宽度和坐标。

b. 车站作业

查明线路接、发车方向，岔线、折返线及尽头线的情况。

详细了解段/场内调车作业情况。

了解列车出、入段/场的作业方式。

c. 信号机

根据站内列车、调车作业的要求初步布置各种信号机后，设计人员在现场勘测，调查信号显示距离及建筑限界等条件，确定信号机的数量和设置位置。

查明进段/场线路的坡道和弯道情况、周围地形地貌、环境条件，将进段/场信号机设在比较合理的地点。

查明线路弯曲情况，如果对发车指示信号辨认有困难，应考虑在便于司机瞭望的地点，装设复示信号机。

d. 道岔

确定转辙机的安装位置时，应尽量考虑维修人员工作的方便、安全，将转辙机设在空旷一侧或线间距离较宽的一侧。在牵出线，为了方便调车作业，应尽量设于调车人员跑道的另一侧。

对于安装转辙机的道岔，了解其连接杆是否有绝缘。

e. 轨道电路

对道床情况应进行调查，根据具体情况确定道床是否要清筛和增加站场的排水工程。

了解钢轨情况，确定换轨和锯轨的地点和数量。

核实警冲标的位置及需要移动的警冲标数量。

调查现有轨距杆，分别统计出带绝缘和不带绝缘的轨距杆，确定需要更换和增加的轨距杆的数量。

f. 电缆径路

选择和确定电缆径路时，应注意：在正线间应避免铺设电缆；在隧道内或桥梁上必须敷设电缆时，应搜集桥梁和隧道的纵断面，以确定电缆的敷设方法。

g. 信号机房

选择信号机房的合适位置，一般应考虑：有利于车站运转部门与其他部门联系；具有坚实地基的地点，尽量避开新填方的场地；有利的地形及较好的环境，便于信号、通信、电力各种电缆引入，使用电缆最少。

h. 其他

查明有无迷流及矿坑。搜集线路与高压线路交叉的资料。查明高压电线路能以多大电量供给信号设备使用。选定施工的工作场所。了解就近取得建筑材料和储运物资的方法。

③初步设计

初步设计的主要任务是选择和确定设计方案，提出设计的经济、工程概算技术指标及各种方案的比较指标，提出主要工程数量、材料设备和劳动力数量、用地面积等。

初步设计文件包括说明书、图表和概算。说明书是对决定的设计事项进行必要的说明。图表有：信号平面布置图；电缆径路图；工程数量、材料设备和劳动力数量表。

初步设计一般有两种做法：一是根据设计任务书的要求及所附的有比例尺的车站正线、车辆段/停车场线路平面图，先绘出信号设备平面布置图、电缆径路图等设计草图，然后到现场调查核实，经征求意见，完善为正式设计图纸。二是先到现场调查，绘出设计草图，再返回现场征求意见，以至完善。

初步设计要经过鉴定审批后生效。

初步设计提出的工程概算审批后，作为实行招标承包和投资包干的主要依据，也是考核设计技术经济合理性和建设成本的依据。

(4)土建设计配合

土建设计配合阶段一般在初步设计阶段、初步设计与施工图设计阶段间进行。

土建初步设计配合阶段主要工作内容是：配合土建工点设计院进行其土建初步设计图、招标设计图、施工图设计工作，主要包括建筑、结构、线路、限界初步设计图及施工图设计，建筑、结构招标图设计，轨道施工图等；完成信号系统所需要用房、沟、槽、管、洞、基坑的预留、预埋设计，为土建专业完成初步设计图、招标设计图、施工设计图设计提供接口资料。

本阶段最终依据车站、控制中心、车辆段综合管线图纸，绘制完成全线所有车站、控制中心、车辆段的信号系统管线图纸，体现出全线信号系统的电缆径路和引入方式，指导施工单位敷设电缆，为最早完成的信号施工图设计。

(5)施工图设计

施工图设计阶段工作，主要工作内容包括：现场调查、设备调研、配合业主编制招标文件(包括设备用户需求书、施工招标文件)、配合业主完成合同谈判、参加设计联络、编制施工图、土建设计配合、施工配合、调试配合、验收配合、开通配合等工作。

施工图设计在初步设计的文件经审准后进行。

施工图设计最主要的任务是设计详细的施工图，包括说明书和全部图纸。施工设计经审准后出图，即提供正式的设计文件，包括说明书、施工图表和概算。

(6)施工配合、调试配合、验收配合、开通配合

施工图文件完成后，各项目需做现场配合等工作，由总体负责人(专业负责人)牵头完成，应注意：

负责向施工单位进行技术交底，设计交底范围明确、内容完整、重点突出；

在施工现场进行施工配合，及时解决施工中出现的问题，对施工过程中发现的质量、安全隐患及时提醒施工监理和承包商；

在设备调试和系统联调期间，按业主需求进行现场配合；

参加监理或业主组织的相关工程验收工作；

参加开通配合工作。

2. 两段设计和一段设计

信号工程设计一般按初步设计和施工图设计两个阶段进行，即“两段设计”方式。

有些信号工程规模较小、方案明确，也可将初步设计和施工图设计合为一个阶段进行，即采用“一段设计”方式。

七、方案比选

在信号技术方案比选过程中要统筹考虑，要比较各种技术设备的优势，注意技术发展的动向，重视业主的要求。

1. 在发展城市轨道交通的高潮中必须考虑信号系统的适用性

安全、可靠、适用、先进和经济，是我国城市轨道交通建设的基本原则，不管是什么子系统必须遵循。各地、同地区各线的需求各不相同，要因地因时制宜，不要互相攀比，不要片面追求技术的先进，不要盲目提高标准。不能不管经济情况是否允许，总想一步到位，把全世界最先进的技术和功能都集中到拟建设的轨道交通中。如何尽可能选用适用的系统以有效地压缩投资，是必须考虑的问题。

2. 计算机联锁的选用

(1)计算机联锁制式的选用

计算机联锁的选用，也不必片面追求高可靠性。计算机联锁目前有国产和引进的，当然应该首先考虑国产的计算机联锁，因为国产计算机联锁的任何技术指标都不亚于引进的计算机联锁，运用和维修经验十分丰富，售后服务好，价格较低。国产的计算机联锁又有二乘二取二和双机热备两大类，双机热备的计算机联锁除了 VPI 型外已经停止生产，二乘二取二的国产计算机联锁已经成熟，应该尽量采用。

(2)计算机联锁接口的选用

计算机联锁接口有继电器接口和电子接口两大类。二乘二取二型和双机热备型计算机联锁可以采用继电器接口，也可以采用电子接口。继电器接口需要不少继电器，占地面积较大。电子接口体积较小，而且不需要 I/O 板，设计、施工优势明显，造价甚至比继电器接口的略低。但电子接口是否全面优于继电器接口，还需要通过实践进一步充分论证。目前，城市轨道交通中多采用继电器接口，也有采用电子接口的。至于采用何种接口，还必须总结运用情况，权衡利弊。

有的所谓全电子接口，并不是全部采用电子器件，而是用小型继电器代替安全型继电器，并不是真正含义的全电子接口。

(3)计算机联锁操纵和表示设备的选用

计算机联锁的操纵和表示设备几乎全部采用“LED＋鼠标”的方式，已经成为铁路和城市轨道交通的主流制式。单元控制台、CRT、数字化仪经实践证明，不方便使用，随着技术进步已淘汰。有些城市轨道交通提出采用传统单元控制台，纯粹是照顾个别人员的使用习惯，技术落后，最好不用。

(4)计算机联锁应急盘的选用

早期的计算机联锁都采用应急盘，但随着计算机联锁可靠性的提高，对于城市轨道交通来说，应急盘的采用已经没有意义。

3. 信号基础设备的选用

城市轨道交通信号基础设备包括转辙机、继电器、信号机、计轴器、应答器以及电源屏。转辙机、继电器、信号机以及电源屏，均采用国产设备，而计轴器、应答器则多为引进设备。

(1)转辙机的选用

转辙机有两大类，内锁闭的直流转辙机和外锁闭的交流转辙机。直流转辙机的换向器故障率高，交流转辙机没有换向器，故障率较低，而且单线电缆传输距离远。交流转辙机又有电动的和电液的，各有优缺点。

城市轨道交通正线采用 AT 道岔，需要两点牵引，虽然没有提速的要求，还是采用可靠性较高的交流转辙机为好。至于采用交流电动转辙机还是交流电液转辙机，也要根据各城市轨道交通的熟悉程度和运用经验来确定。轨枕式交流电液转辙机虽然受力情况较好，但是维护不方便。

车辆段/停车场道岔数量多，均为普通道岔，为降低造价，一般可采用直流转辙机。

(2)车辆检测设备的选用

车辆检测设备有两大类，轨道电路和计轴器。轨道电路设备简单，能检查断轨，较可靠，但存在分路不良的问题，而且易受道床状况影响，维护工作量较大。计轴器不受道床状况影响，维护简单，但设备较复杂，存在计轴受扰的问题，且不能检查断轨。一般地，正线道岔区段少，又不便维护，采用计轴器较为合适。而车辆段/停车场道岔区段多，维护也较方便，采用轨道电路为好。

从检查断轨的要求来看，应该采用轨道电路。在CBTC条件下，轨道电路仅仅作为车辆检测设备，不需要发送行车信息。可以根据需要研制适用的轨道电路。该轨道电路只有检测车辆占用的功能，必须是无绝缘的。

(3)信号机的选用

信号机有透镜式和LED两大类。透镜式色灯信号机几经改进，现为铝合金、组合式。LED信号机最显著的优点是寿命长，现在大部分城市轨道交通均采用。

(4)电源屏的选用

电源屏有普通电源屏和智能电源屏两大类。普通电源屏结构简单，价格较低，但已很少生产。智能电源屏采用电力电子技术、模块化、有监测功能，是目前的主流信号电源设备，就是价格较高，维护成本也高。城市轨道交通均采用智能电源屏。

4. 车地通信方式的选用

对于采用CBTC的城市轨道交通而言，车地通信方式主要有波导、WLAN、LTE-M等方式。其中，波导方式与机械化养路形成尖锐的矛盾，而不再采用。WLAN方式，即自由波方式，采用开放局域网，没有专用频道，虽然采用跳频扩频技术，但是抗干扰能力还是有所限制。LTE-M具有专用频道，又通过漏泄电缆传送，而且是双网，抗干扰能力很高，是比较理想的车地通信方式。

5. 要大力推进城市轨道交通信号系统的国产化

在城市轨道交通中的各个子系统，信号和车辆是最主要的子系统。以信号和车辆为代表的城市轨道交通核心装备技术的国产化，对于支撑城市轨道交通行业未来的健康发展尤为重要。

6. 要避免信号系统制式的纷杂

城市轨道交通运营是分线进行的，各线路之间不互通互连，可以采用不同制式的信号系统，没有统一信号制式的要求。这样，使得城市轨道交通选用信号系统比较灵活，有非常宽广的空间。但是，客观上也容易造成制式的纷杂。不仅是ATC系统、联锁系统，而且基础设备，都存在这个问题。例如，有的城市轨道交通所用的转辙机，各种型号都有。制式的纷杂，势必增加备品备件的种类和数量，加大了运营成本，维修管理非常困难，而且不利于人才的使用。所以，后建轨道交通的城市要吸取先建轨道交通城市的经验和教训，通过细致科学的调查研究，采用适用的信号系统，制式尽量不要太多，以避免信号系统制式的纷杂性。

八、设计说明的编写

设计说明分成两部分，一是整个工程设计的总说明，二是每张图纸的说明。

1. 工程设计说明的编写

工程设计说明没有统一的格式，但一般都包括以下内容。

(1)设计依据

城市轨道交通信号工程的设计依据包括：线路图纸资料、信号集成商提供的资料。

(2)设计规范

城市轨道交通信号工程的设计规范包括：《地铁设计规范》(GB 50157—2013)、《城市轨道交通信号系统通用技术条件》(GB/T 12758—2004)、《城市轨道交通技术规范》(GB 58490—2009)以及铁路信号有关行业标准。

(3)工程概况

设计年限，线路长度、车站数，正线情况：地面、地下、高架的比例，正线管辖详细分表，列表表示各站简况，见表 0-1。

表 0-1　各站工程概况表

一级设备集中站	二级设备集中站	非设备集中站	道岔数量

注：一级设备站指设有 ZC 和联锁设备的车站，二级设备站指仅设有联锁设备的车站。

与车辆段/停车场的连接，与其他线路的连接(如有)。

(4)图册简况

本图册的范围和图纸内容。

(5)设计原则

①正线采用 CBTC。

②系统的安全、可靠、可用性考虑。

③信号系统满足运营的情况。

④应具有安全、可靠的降级运营模式。

⑤主要设备。

a. 正线信号系统：ATP/ATO、联锁、DCS 有线网络、ATS、信号集中监测、车地通信、电源屏、UPS、蓄电池的供货情况及冗余方式。

b. 各站工作站、紧急关闭按钮、计轴复位、发车计时器、无人自动折返的按钮设置情况。

c. GPS 天线的设置。

d. 道岔的牵引方式、转辙机的类型、信号机的类型、灯丝报警仪的类型。

e. 电缆的类型。

⑥计轴复位的说明。

⑦站台门接口的说明。

⑧信号机设置原则及显示意义。

⑨对机柜的要求。

⑩室外设备的安装。

a. 光、电缆的类型和敷设。

b. 室外信号设备的安装方式。

(6)与初步设计相比较的变化情况。

(7)对初步设计专家审查意见的执行情况。

(8)其他有关事项。

2. 各张图纸说明的编写

对于需要说明的图纸要加以说明。

例如，对于正线联锁区信号平面布置图要加的说明包括：

(1)设计根据：正线联锁区信号平面布置图的设计根据是站场总图。

(2)钢轨类型。

(3)道岔及转辙机的类型。

(4)计轴磁头的安装位置(现场勘测后最终决定)。超限磁头的定义。

(5)AP 点的安装位置(现场勘测后最终决定)。

(6)应答器的安装。

(7)警冲标的来源。

(8)正线接轨站与车辆段的联系。

(9)信号机点灯情况。

(10)地线安装方式。

对于双线轨道电路和室外设备布置图，还要说明：电缆规格型号，光、电缆敷设径路，光、电缆长度计算的考虑，电缆的敷设方式，道岔跳线、牵引汇流线的数量和位置。

对于车辆段的信号设备平面布置图，还要说明：ATC 的监控范围，车辆段与正线、试车线的联系，电气化和非电气化线路等。

第一章　正线联锁区信号工程设计

正线联锁区信号工程设计是城市轨道交通信号工程设计的最主要部分。正线分为若干个联锁区,联锁区范围包括集中站和所管辖的几个非集中站。正线联锁区信号工程设计是以各集中站为单元进行的,即正线联锁区信号系统是以集中站为核心的。当然包括与相邻集中站的联系电路设计,以及与车辆段的联系电路设计。

第一节　计算机联锁工程设计综述

一、正线车站计算机联锁的设置

在城市轨道交通线路,正线车站按信号设备配置分为集中站和非集中站。

城市轨道交通的正线,不是每个车站都设有计算机联锁设备。只有在集中站才设有计算机联锁设备。

集中站一般设在有岔站,根据需要也可以设在无岔站(这种情况较少见)。集中站和邻近的若干个(一般不超过 4 个)非集中站合称联锁区。联锁区设有一套计算机联锁设备,设在集中站。

二、集中站的信号设备组成

1. 集中站的信号设备组成

集中站有两种,不带 ZC(Zone Controller,区域控制器)的和带 ZC 的。

(1)不带 ZC 的集中站的信号设备组成

不带 ZC 的集中站(或称二级设备集中站)的信号设备组成示意如图 1-1 所示。集中站的信号设备室设有联锁设备、ATS 车站分机(LATS)、通信网络设备、电源设备、紧急关闭按钮、信号机及发车指示器、转辙机、计轴器、应答器等。

①车站联锁设备

集中站设计算机联锁,能接收车站值班员和 ATS 系统的控制,用以实现联锁,进行车站进路的自动控制。

车站联锁设备包括计算机联锁、接口柜、组合柜、分线柜等。

②ATS 车站分机

集中站设一台 ATS 分机,用于采集车站设备的信息并发送至控制中心 ATS,接收控制中心 ATC 的控制命令,实现车站进路的自动控制。

③通信网络设备

通信网络设备包括 SDH(采用非 LET-M 时)、以太网交换机、光纤交换机,用于实现网络通信,传输行车信息。

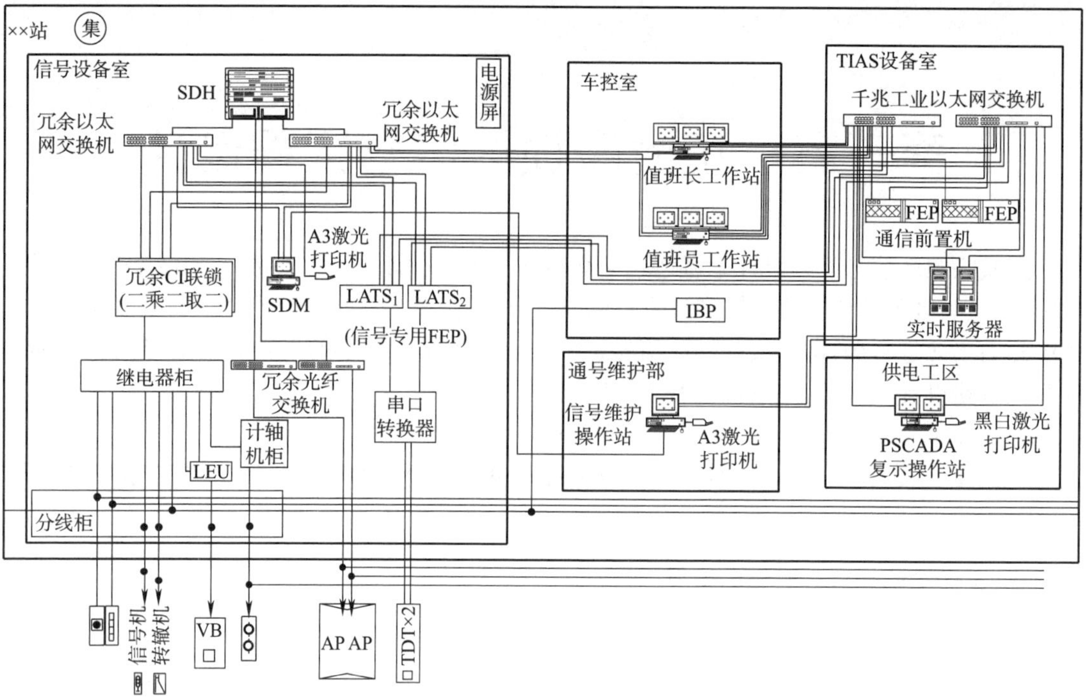

图 1-1　不带 ZC 的集中站的信号设备组成示意

④电源设备

集中站配备一套适用于联锁设备、ATS 设备、ATP/ATO 设备和 DCS 设备的电源屏，以及在线式 UPS 和蓄电池组。

⑤紧急关闭按钮

用于在遇到危及行车安全的紧急情况时，关闭信号，且使移动授权退出站台区，让列车停车。

⑥信号机

信号机可分为防护信号机、出站信号机、阻挡信号机等，用于指示列车运行，防护列车进路。

⑦发车指示器

在正向出站方向的站台侧列车停车位置前方设置发车指示器，指示停站时刻。

⑧转辙机

转辙机用以转换和锁闭道岔。根据最高运行速度决定转辙机的锁闭方式、类型和数量。

⑨计轴设备

计轴设备包括计轴柜和计轴点，用来对列车占用进行检测。

⑩应答器和地面电子单元(LEU)

为列车提供有关的地面信息。

(2)带 ZC 的集中站的信号设备组成

带 ZC 的集中站(或称为一级设备集中站)的信号设备组成示意如图 1-2 所示。除了与不带 ZC 的集中站相同的信号设备，还包括 ATP/ATO 系统地面设备、网管系统。

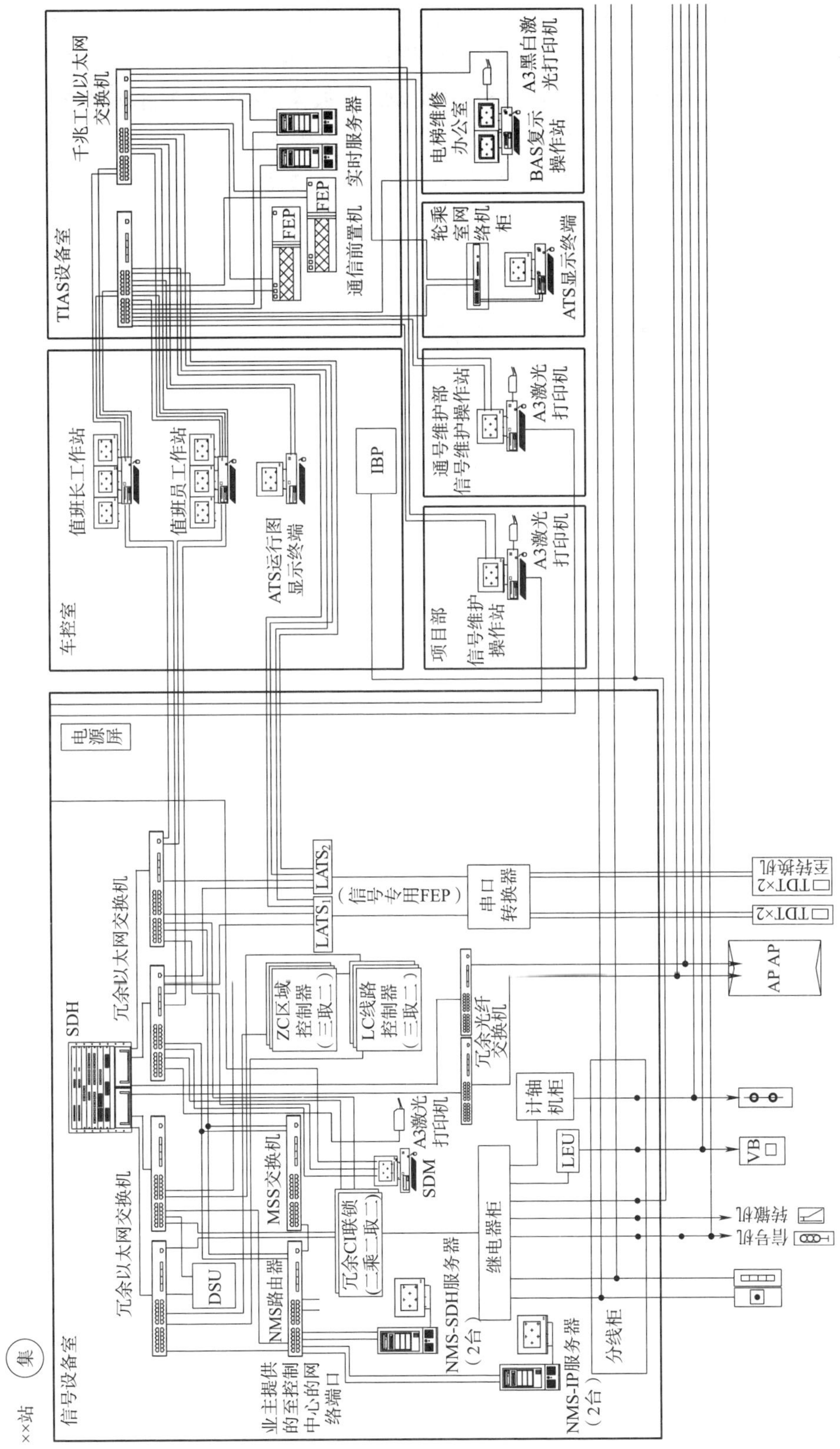

图1-2　带ZC的集中站的信号设备组成示意

①ATP/ATO 系统地面设备

ATP/ATO 地面设备包括区域控制器(ZC),及与 ATS、联锁设备接口,用于检测列车占用和发送 ATP 信息,实现列车运行超速防护,并实现列车最佳控制或列车自动驾驶。

不是所有集中站都有 ZC,ZC 根据用户需要设在有关集中站。

有的信号系统,全线路还设一个线路控制器(LC),进行数据版本校样和临时限速管理。LC 设在维护部门所在的带 ZC 的集中站或控制中心。

②网管系统

网管系统包括 NMS 路由器、NMS-SDH 服务器、NMS-IP 服务器,用于网管。不是所有的集中站都有网管系统。网管系统设在网管部门。

③信号集中监测

信号集中监测主要是 MSS 交换机和站机。在维护部门设维修终端,包括维修用显示器、键盘及鼠标、打印机,显示与控制用显示器相同的内容及必要的维修信息,并能对信号设备进行自动、手动测试,但不能进行控制。

2. 非集中站的信号设备组成

非集中站的信号设备组成示意如图 1-3 所示。

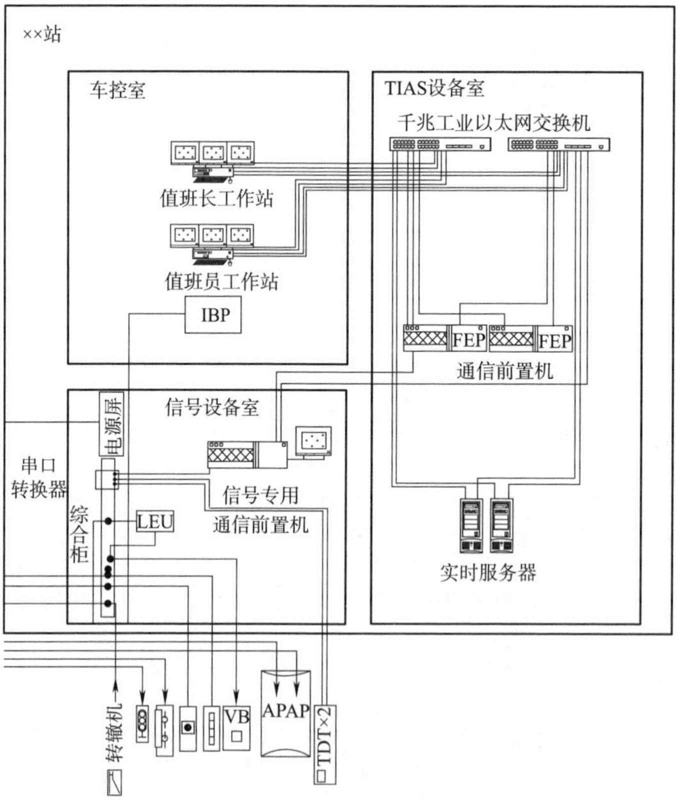

图 1-3 非集中站的信号设备组成

无道岔的非集中站的设备只有信号机、发车指示器、紧急关闭按钮、应答器、计轴器等，以及综合柜。有道岔的非集中站除了以上设备外，还有转辙机。非集中站的信号设备由集中站控制。

通过信号工程设计和施工，把这些设备构成一个整体，形成完整的信号系统。

以上室内设备都设在各站的信号设备室，此外，车控室设备有值班员工作站和 IBP 综合后备盘(在集中站车控室设有 ATS 显示终端)。

三、计算机联锁工程设计的内容

计算机联锁工程设计包括室内部分和室外部分。

1. 室内部分

(1)室内信号设备平面布置示意图

室内信号设备平面布置示意图要清楚地表明各种信号设备的布置。

(2)联锁表

联锁表准确无误地、全面不漏地表明全站的联锁关系。

(3)组合排列表

组合排列表表明全站的所有继电器组合在组合柜上的位置。

(4)继电器类型表

继电器类型表表明各组合内继电器的名称和型号。

(5)接口电路图

接口电路图分为信号机接口电路图、道岔接口电路图、轨道接口电路图、零散接口电路图，每种接口电路图包括采集电路图和驱动电路图。

采集电路图表明计算机联锁采集的信息，以及对驱动对象的回采。采集电路图主要指明接口柜和组合柜的联系。

驱动电路图表明计算机所驱动的对象，指明接口柜和组合柜的联系。

(6)执行电路

执行电路主要包括信号机点灯电路、道岔控制电路图。

信号机点灯电路图表明防护、出站、调车信号机的点灯电路及配线联系。

道岔控制电路图表明各种道岔控制电路及配线联系。

(7)轨道区段电路图

轨道区段电路图表明各种情况的计轴器驱动轨道继电器电路及配线联系。

(8)报警电路图

报警电路图包括轨道停电监督报警电路图、主灯丝报警电路图、断路器报警电路图。各报警电路图表明电路及配线联系。

(9)与相邻集中站/段的联系电路图

根据集中站的位置，有与相邻集中站的联系，也有与车辆段/停车场的联系。对于终端站，是一端有联系。对于中间站，是两端有联系。

(10)电源图

电源电缆配线图包括室内电源电缆配线图和柜间电源端子环线图，表明室内设备的电源连接及配线联系。

(11)配线图表

配线图表包括接口柜配线图、防雷分线柜配线表、组合侧面端子配线表、轨道柜侧面端子配线表、隔离变压器侧面端子配线表，表明全部配线联系。

2. 室外部分

(1)信号设备平面布置图

信号设备平面布置图是联锁设计的基本依据，表明信号机的类型及位置、轨道区段的划分、转辙机的类型和数量、应答器的类型及位置等。

(2)室外设备配线图

室外设备配线图包括：信号机配线图、计轴器配线图。从道岔控制电路图已经可以清楚地了解转辙机的配线，故室外设备配线图不再专有转辙机配线图。

(3)电缆径路图

电缆径路图除了表示室外信号机灯光配列及位置外，还具体表示转辙机、计轴器等的类型和位置，更突出地表示电缆网络构成：电缆的走向、长度、类型、芯数，电缆连接设备的类型和位置。

(4)电缆网络图

电缆网络图是将室外信号设备布置图中的电缆网络抽出来单独绘制而成，以更加清晰地表示各电缆网络的构成。图中不再考虑电缆网络的具体走向，而突出每根电缆与连接设备的连接关系。按电缆网络性质，分别表示道岔、信号机、计轴器网络的构成。

(5)室外电缆配线图

室外电缆配线图分为信号机、道岔、计轴器等的室外电缆配线图。室外电缆配线图是室外电缆网络图的细化，以示意图的形式表示室外电缆与电缆网络连接设备——变压器箱和电缆盒连接的情况。即在室外电缆网络图的基础上，详细标注分线柜、电缆盒和变压器箱的接线端子和每条电缆的芯线连接。

第二节　信号设备平面布置图设计

信号设备平面布置图是室外信号设备的布置图。正线联锁区信号平面布置示意图如附图1所示，正线联锁区双线轨道及室外信号设备布置图如附图2所示。

附图 1　　附图 2

一、信号设备平面布置图包括的内容

信号设备平面布置图包括以下内容：

(1)联锁区管辖范围内的线路。

(2)线路两端部应以箭头表示其接车方向。

(3)所有联锁区范围内道岔的编号及定位状态，并标出每组岔尖坐标。

(4)信号机及发车指示器的名称、灯光配列及其坐标。

(5)紧急关闭按钮的名称及其坐标。

(6)轨道区段的划分，区段的名称，计轴器的名称及其坐标。

(7)应答器的名称及其坐标。

(8)AP 的编号及其坐标。

(9)站台的位置、宽度及线路间距。

(10)桥梁、涵洞(如果有的话)的坐标和宽度。

(11)防淹门、人防门的名称及其坐标。

(12)道岔类型和数量统计表。

(13)列车停车站位置及坐标。

(14)警冲标坐标。

二、信号机的设置

联锁区管辖范围确定后,要给线路、道岔编号,并确定道岔定位位置,然后设置信号机。

1. 信号机设置的原则

(1)一般设于线路的右侧

城市轨道交通是右侧行车制,司机座位设在驾驶室的右边,所以地面信号机应设在列车运行方向的线路右侧。在地下部分一般安装在隧道壁上。在特殊情况下,如线路右侧没有装设信号机的条件或因曲线、隧道、桥梁等影响,装在左侧或其他位置比装在右侧显示距离较远,在保证不致使司机误认的条件下,须经城市轨道交通公司批准后,才可以设在线路左侧。

(2)信号机的设置位置

信号机应该尽可能靠近线路设置,但应遵守建筑接近限界的要求,绝对不准许侵入限界。在弯道上设置信号机时,限界要根据规定尺寸加宽;有时因为地形地物影响视线,也可以考虑设在离线路较远的地点。

直线地段的设备限界是在直线地段车辆限界外扩大一定安全间隙后形成的:车体肩部横向向外扩大 100 mm,边梁下端横向向外扩大 30 mm,接触轨横向向外扩大 185 mm,车体竖向加高 60 mm,受电弓竖向加高 50 mm,车下悬挂物下降 50 mm。

曲线地段设备限界应在直线地段设备限界的基础上,按平面曲线不同半径过超高或欠超高引起的横向和竖向偏移量,以及车辆、轨道参数等因素计算确定。

(3)信号机柱的选择

由于隧道内安装空间有限,一般采用半高柱信号机(最低灯位距轨面为 1.2 m)或者矮型信号机。

2. 各种信号机的设置

规定在 ATC 控制区域线路的道岔区设防护信号机,其他类型的信号机可根据需要设置。《地铁设计规范》对信号机的设置未作具体规定,各地城市轨道交通的信号机设置可能不尽相同。

(1)防护信号机

正线上的道岔区设防护信号机。防护信号机设于道岔岔前和岔后的适当地点,如附图 1 中的 F_1～F_{11}。防护信号机一般应设引导信号。

(2)出站信号机

车站一般不设进站信号机,在正向出站方向设出站信号机,如附图 1 中的 SC、XC。正向出站方向的站台侧列车停车位置前方适当地点设置发车指示器。

(3)阻挡信号机

线路尽头设阻挡信号机,如附图 1 中的 Z_2。Z_2、Z_4、Z_6 则是折返列车的阻挡信号机。

(4)区间通过信号机

区间通过信号机是为后备模式设置的，如附图 1 中，下行方向的 XQ_1、XQ_3，上行方向的 SQ_2、SQ_4、SQ_6。它们的设置位置要依据后备模式下运行间隔并通过牵引计算确定，通常按列车运行间隔 240 s 计算。

区间通过信号机按业主的要求根据实际情况设置。

3. 信号机命名

正线上的防护信号机，冠以“F”，下缀编号，下行方向编为单号，上行方向编为双号，从站内向站外顺序编号。或以运行方向分别冠以“X”、“S”，并下缀编号。为区别所在车站，可在编号后缀车站编号，用字母表示，如 X_3E 指的是该线第五个车站的 X_3 信号机；或在编号前缀车站编号，用数字表示，如 X1001 指的是该线第十个车站的 X_1 信号机。

出站信号机按运行方向命名为 XC、SC。

阻挡信号机冠以“Z”，下缀编号，下行方向编为单号，上行方向编为双号，从站内向站外顺序编号。

区间通过信号机按运行方向命名为 XQ、SQ，下缀编号，下行方向编为单号，上行方向编为双号。

或者根据业主要求进行命名。如上海轨道交通规定，信号机命名为“X—车站编号—设备编号”。上行编为奇数，下行编为偶数，从站外向站内顺序编号，距离相同时从上向下顺序编号。

4. 各种信号机的灯光配列

以下内容涉及信号机见附图 1。

(1)防护信号机

防护信号机采用三显示机构，自上而下灯位为黄(或月白，下同)、绿、红。

按设置位置，有不同的灯光配列。其中，F_1、F_9 不允许反方向直行，绿灯封闭；F_2、F_4、F_5、F_{10} 不允许正方向直行，绿灯封闭；F_3、F_6、F_{11} 没有侧向位置，不点单黄灯，黄灯仅作为引导信号用；只有 F_7、F_8 既有直向位置，又有侧向位置。

(2)出站信号机

出站信号机 XC 仅指示出站，采用二显示机构，自上而下灯位为绿、红。SC 兼作防护信号机，采用三显示机构，自上而下灯位为黄、绿、红。其中 B 站的 SC 没有侧向位置，黄灯封闭。

(3)阻挡信号机

阻挡信号机 Z_1、Z_2，二显示机构，绿灯封闭。Z_4、Z_5 可兼作区间通过信号机，绿灯不封闭。

(4)区间通过信号机

区间通过信号机采用二显示机构，自上而下灯位为绿、红。

5. 信号显示意义

《地铁设计规范》对信号显示未作统一规定，各地轨道交通自行作出规定。

采用 CBTC 的轨道交通线路，除线路尽头的阻挡信号机常点红灯外，正线的所有信号机(含反向阻挡信号机)在 CBTC 模式下常态灭灯，只有在降级模式下点灯。

一般而言，三显示机构的绿灯点亮表示进行，开通直股；黄灯(或月白)表示进行，开通弯股；红灯表示停车。引导预告为黄(或月白)、红同时点亮。

在有些城市采用 CBTC 的轨道交通线路，正线信号机增加蓝灯显示。CBTC 正常运用时，显示蓝灯。

三、转辙机的设置

城市轨道交通一般最高运行速度为 80 km/h，采用 9 号单开道岔。正线上一般采用的是 9 号 AT 道岔，其为弹性可弯道岔，每组道岔需要两点牵引，即一组道岔需两台转辙机牵引：采用 S700K 型或 ZDJ9 型电动转辙机，则第一、第二牵引点各用一台 S700K 型或 ZDJ9 型电动转辙机；若采用 ZYJ7 型电液转辙机，则第一牵引点用一台 ZYJ7 型主机，第二牵引点用一台 SH6 型转换锁闭器，也可采用第一、第二牵引点各用一台 ZYJ7-B 型电液转辙机。

如果采用 9 号三开道岔，则一组道岔需两台转辙机牵引。

复式交分道岔的两组尖轨和两组可动心轨各由一台转辙机牵引。

有的线路最高运行速度为 100 km/h、120 km/h，采用 12 号道岔，尖轨由两台转辙机牵引。

个别线路最高运行速度为 160 km/h，采用 18 号可动心轨道岔，尖轨由三台转辙机牵引，可动心轨由两台转辙机牵引。只能采用 S700K 型或 ZDJ9 型或 ZYJ7 型交流转辙机。

转辙机按所在道岔编号。道岔编号，上行编为奇数，下行编为偶数，从站外向站内顺序编号。双动道岔连续编号。

或者根据业主要求进行命名。如上海轨道交通规定，道岔命名为“C—车站编号—设备编号”。上行编为奇数，下行编为偶数，从站外向站内顺序编号，距离相同时从上向下顺序编号。三开道岔与相邻的两组道岔连续编号。对三开道岔的两台转辙机，面向岔尖方向，左侧的为 A，右侧的为 B。

四、轨道区段的划分和计轴点的设置

1. 轨道区段的划分

轨道要隔离成互不干扰的独立单元，以满足列车运行的需要。每个轨道单元称为轨道区段。

轨道区段划分的原则是：

①信号机的内外方应划分为不同的区段。

②凡是能平行运行的进路，应将它们隔开，形成不同的轨道区段。

③有时为了提高咽喉使用效率，把轨道电路适当划短，使道岔能及时解锁，立即排列其他进路。

④计轴器不同于轨道电路，不存在调整困难问题，每个轨道区段所包含的道岔，没有严格的限制，但必须保证列车从任何方向驶入轨道区段，都能检测出来。不管轨道区段包含多少组道岔，都只设一个轨道继电器。

⑤有岔站内轨道电路的划分首先要划分开上、下行线，即渡线两端要划分为不同的区段。然后满足上述原则。

2. 轨道区段的命名

正线无岔轨道区段冠以轨道“G”，后缀编号，按照上、下行运行线路顺序编号，下行线路编为单号，如 1G，3G，…；上行线路编为双号，如 2G，4G，…。或冠以“TC”(Track Circuit)。为区别所在车站，可在编号后缀车站编号，用字母表示，如 TC32E，指的是该线第五个车站的 TC32 区段；或在编号前缀车站编号，用数字表示，如 G1012，指的是该线第十个车站的 G12 区段。

道岔区段以区段所包含的道岔命名。有一组道岔的以该道岔的号码编号，如 1DG，2DG，…。

有两组道岔的以该两道岔的号码编号，如 3-5DG，4-6DG，…。或者根据业主要求进行命名。如上海轨道交通规定，无岔轨道区段命名为“G—车站编号—设备编号”。无岔区段以两端相邻的道岔编号先小后大以分数形式命名，如 G03/07。有岔轨道区段命名为“GC—车站编号—设备编号”。上行编为奇数，下行编为偶数，从站外向站内顺序编号，距离相同时从上向下顺序编号。如一组道岔的 GC0202。两组道岔的先小后大连缀命名，如 GC0204-08。

3. 计轴点的设置原则

计轴点的设置原则如下：

①设置在道岔区段处；

②设置在车辆段转换轨处；

③设置在进、出站处设置；

④设置在区间信号机处设置；

⑤设置为实现独立保护区段处理。

4. 计轴点的设置

(1)计轴点在无岔区段的设置

对于无岔区段，在其两端各设一个计轴点，如图 1-4(a)所示。对于数个无岔区段构成的带形区段，其计轴点的设置如图 1-4(b)所示，其中中间计轴点可以兼用。对于各无岔区段，最终由一个轨道继电器表征轨道区段的状态，轨道继电器吸起，表示轨道区段空闲；轨道继电器落下，表示轨道区段被占用。

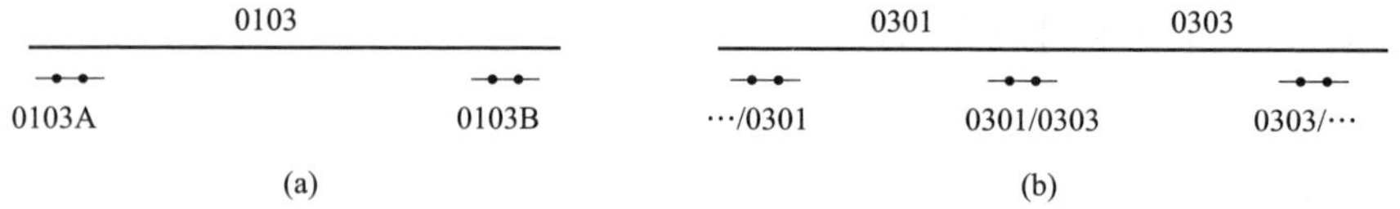

图 1-4 计轴点在无岔区段的设置

(2)计轴点在道岔区段的设置

对于由一组单动道岔组成的轨道区段，在其岔前、岔后直向和岔后侧向各设一个计轴点，共需要 3 个计轴点，如图 1-5(a)所示。对于由两组单动道岔组成的轨道区段，在其岔前和每组道岔的岔后直向和岔后侧向各设一个计轴点，这样共需要 4 个计轴点，如图 1-5(b)所示。

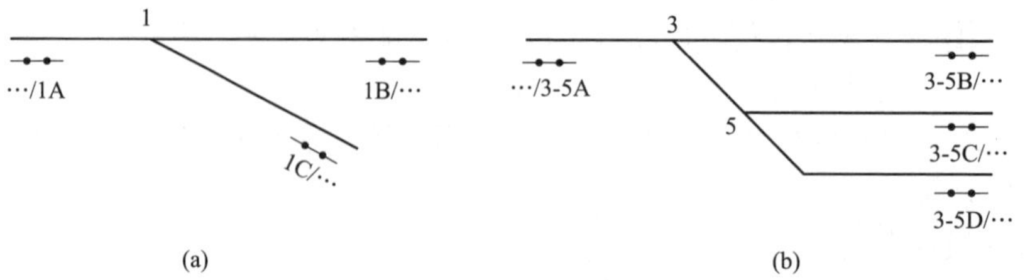

图 1-5 计轴点在道岔区段的设置

对于渡线，其计轴点的设置如图 1-6(a)所示。渡线两端的道岔要划分为不同的轨道区段，所以渡线的中部设有一个计轴点，该计轴点为两端的轨道区段共用。

对于交叉渡线，如果渡线两端的道岔仍划分为两个轨道区段，则其计轴点的设置如图 1-6(b)

所示。在每条渡线的中部各设一个计轴点，该计轴点为两端的轨道区段共用，如图 1-6（c）所示。

以上各种情况，每个轨道区段都只设一个轨道继电器。

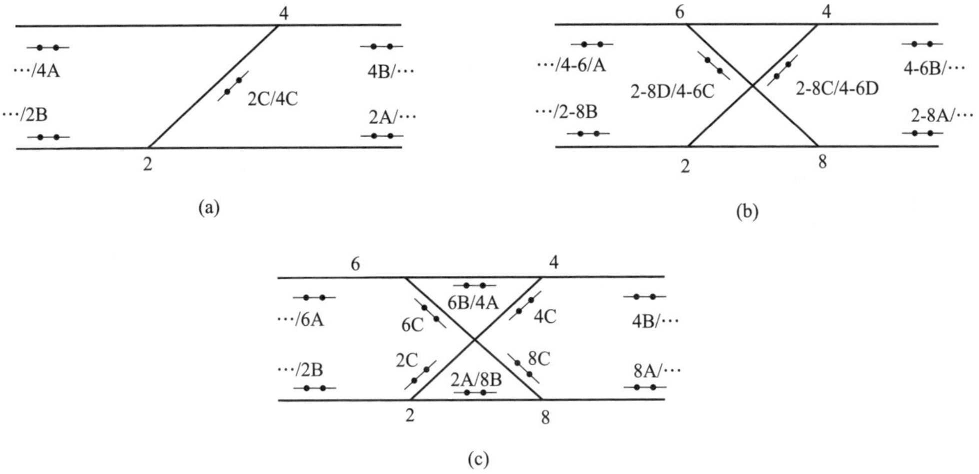

图 1-6 计轴点在渡线道岔区段的设置

从上述各种类型的轨道区段计轴点设置可以看出，对于不同的轨道区段，特别是道岔区段来说，一个轨道区段可以有多个入口和出口，在设置计轴点时，要考虑到轨道区段所有入口和出口，使列车无论从任一入口进入轨道区段，或从任一出口驶出轨道区段，轨道区段设置的计轴点都应给出正确的结果。

5. 计轴点的设置位置

各种情况的计轴点设置位置示意分别如图 1-7～图 1-11 所示。

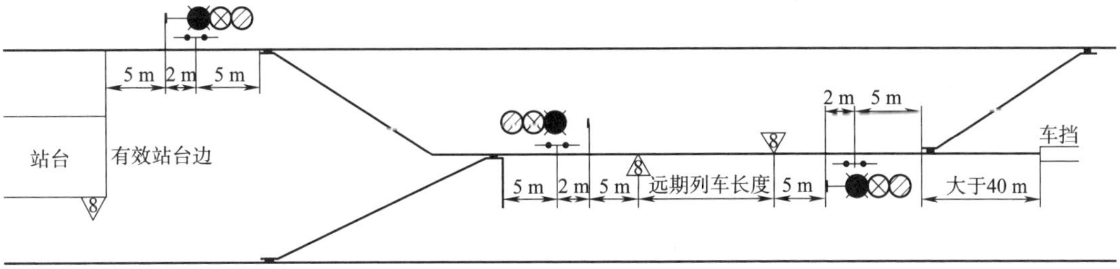

图 1-7 贯通式单列位折返线、停车线计轴点设置示意

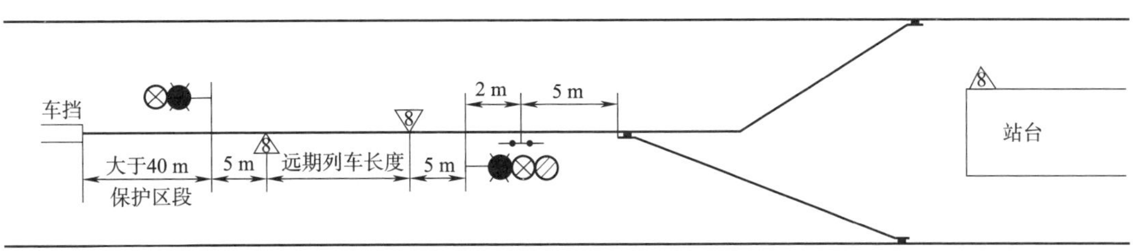

图 1-8 尽头式单列位折返线、停车线计轴点设置示意

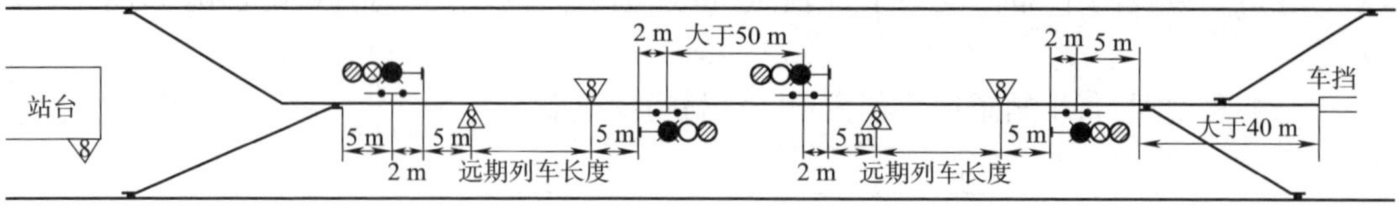

图 1-9 贯通式双列位折返线、停车线计轴点设置示意

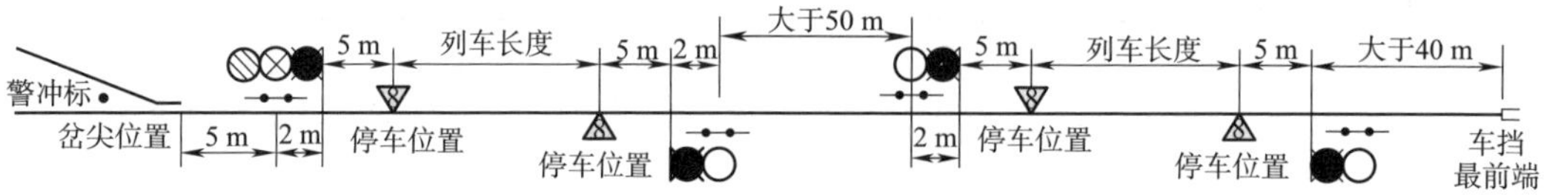

图 1-10 尽头式双列位折返线、停车线计轴点设置示意

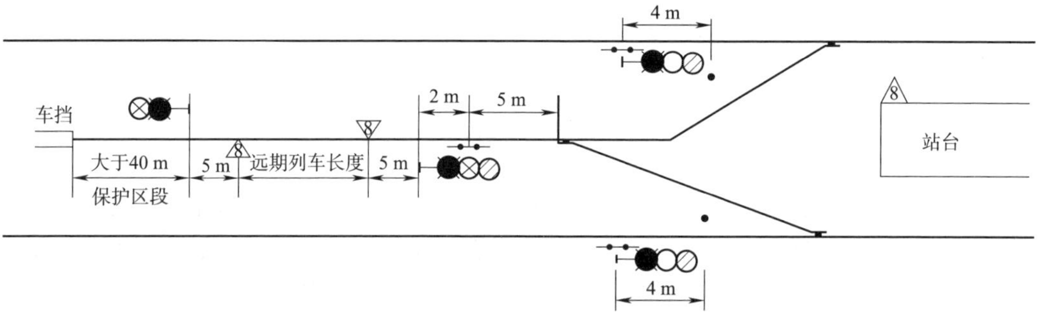

图 1-11 道岔后计轴点设置示意

6. 计轴点的命名

计轴点冠以“JZ”，后缀编号，按照上、下行运行线路顺序编号，下行线路编为单号，上行线路编为双号。如 JZ_1，JZ_2，…。

或者根据业主要求进行命名。如上海轨道交通规定，计轴点命名为“A—车站编号—设备编号”。上行编为奇数，下行编为偶数，从站外向站内顺序编号，距离相同时从上向下顺序编号。

7. 超限计轴点

在道岔岔尖外方、警冲标内方须设置一定的安全距离，以防止因列车倒溜而导致的危险。例如，正线上岔尖外方的安全距离为 7.8 m，警冲标内方的安全距离为 11.2 m。存车线、折返线上岔尖外方的安全距离为 5.2 m，警冲标内方的安全距离为 8.6 m。

若计轴点位于安全距离内，则定义为超限计轴点。

在附图 1 中，JZ_{12}，JZ_{27} 即为超限计轴点。

8. 计轴点设置举例

在附图 1 中，有用于联锁区分界处的计轴点，如 JZ_1，JZ_2；有用于信号机处的计轴点，如 JZ_3，JZ_4；有用于渡线的计轴点，如 JZ_{12}，JZ_{27}；有用于岔后的计轴点，如 JZ_{17}，JZ_{24}；有用于缩短岔保护区段的计轴点，如 JZ_6，JZ_{21}，该计轴点距前方信号机 100 m。

五、应答器的设置

1. 应答器的分类

应答器(又称为信标)分为有源应答器和无源应答器。

有源应答器:按用途分为重开应答器(VB,或称可变应答器)、预告应答器(IB,或称填充应答器)。VB 位于信号机前,作为信号信标,主要用来反映信号机的显示。IB 用来预告信号机的显示。

无源应答器:按用途分为动态初始化应答器(MTIB,或称轮径校正应答器 WB)、固定应答器(RB,或称 FB)。MTIB 用于列车初始化,进行轮径校正。RB 主要用于列车定位。

有的线路设有环线应答器(LDR),用来进行停车定位。环线应答器由三部分组成:发送盒、尾部接线盒和环线尾缆。环线尾缆通过出线孔连接到轨旁分线箱(地下)或电缆盒 HZ12(地面及高架)。具体连接方式如图 1-12 所示。

2. 应答器的编号

应答器编号按各地轨道交通公司的要求进行。

例如,VB 和 IB 统一编号,在本联锁区按上、下行顺序编号,下行线路编为单号,上行线路编为双号。如附图 1 中的 IB_2,VB_4,VB_6,…。

MTIB 和 RB 统一编号,在本线路按照上、下行顺序编号,下行线路编为单号,上行线路编为双号。如附图 1 中的 RB_{676},RV_{678},$MTIB_{680}$,RB_{682},…。

应答器也有按里程进行编写的。

或者根据业主要求进行命名。如上海轨道交通规定,无源应答器命名为"BW—车站编号—设备编号"。上行编为奇数,下行编为偶数,从站外向站内顺序编号,距离相同时从上向下顺序编号。有源应答器命名为 B,与有关信号机的编号相同,同一架信号机有多个有源应答器时,后缀-1、-2。预告应答器命名为 YB,采用所预告的信号机的编号。

3. 应答器的设置原则

应答器的设置原则如下:

(1)转换轨及联络线设置固定应答器,用于列车初始化。

(2)车站站台及正线停车线、具有折返功能的折返轨设置固定应答器,用于精确停车。

(3)在车站站台区正向发车端、折返轨上设置应答器环线。

(4)信号机前设置可变应答器作为主信号应答器,主信号应答器与信号机之间的距离需综合具体车载应答器天线安装位置等确定。

(5)在相应信号机前方至少一个常用制动距离之外设置可变应答器,作为预告应答器使用。

(6)在分歧线路处设置固定应答器,用于实现点式控制模式下重定位。

(7)根据系统特点,在转换轨、联络线等处设置轮径校准应答器,用于列车轮径的自动校准;为了缩短在正线上信号车载设备重启后投入运营的时间,可以考虑在正线停车线出口处、上下行每 2、3 个区间的适当位置设置轮径校准应答器。

(8)根据需要,在正线交路折返线、停车线设置用于休眠唤醒和列车定位的应答器(全自动运行工程用)。

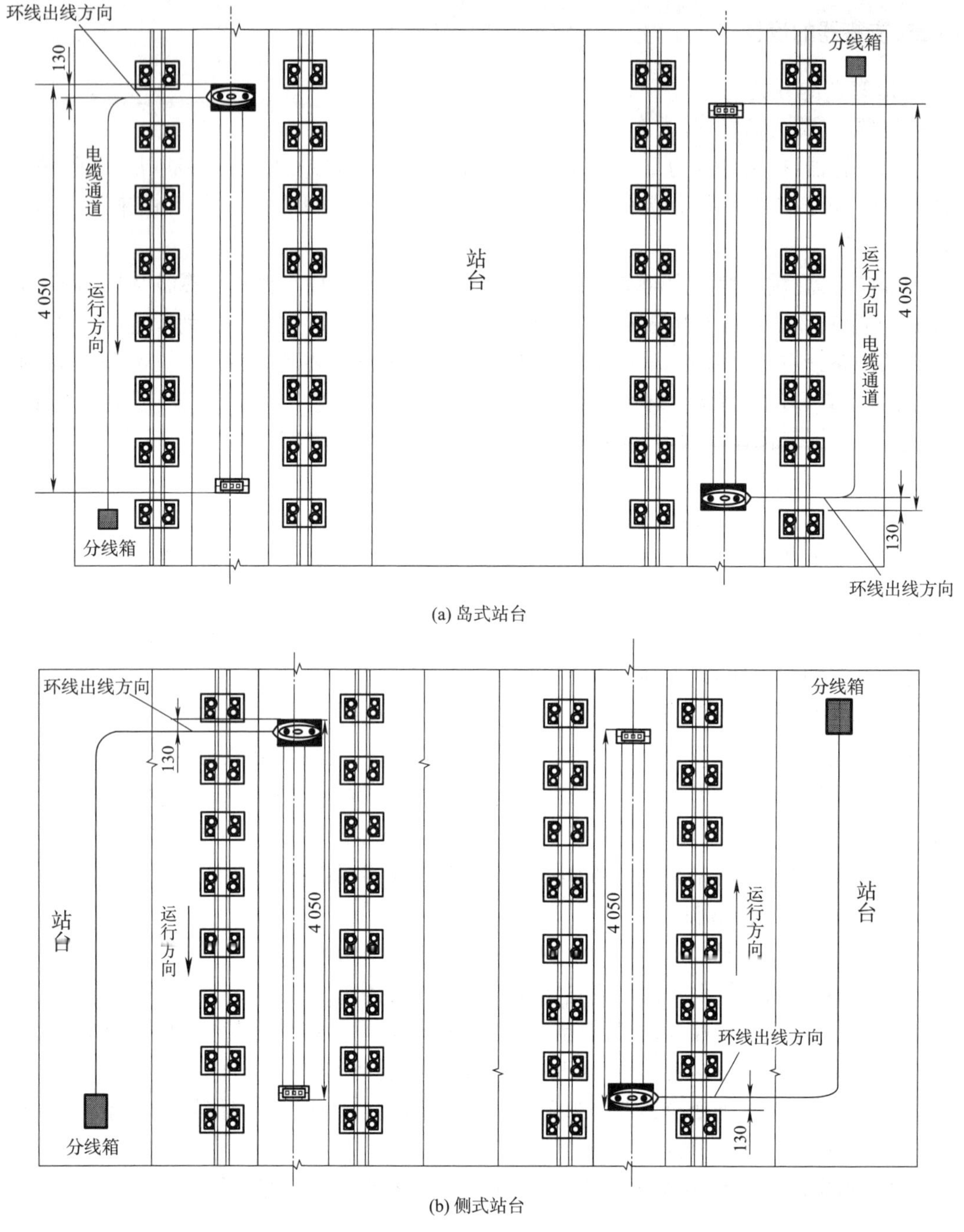

图 1-12 环线应答器设置示意(单位:mm)

(9)为校正列车运行的测距误差,两个应答器之间有最大距离限制,具体根据各供货商的要求确定。

4. 定位停车应答器的设置

列车在车站停车需要精确定点,精确定点依靠一组地面应答器(或称为标志器)提供至停车点的距离信息。应答器设置的多少可视定位停车精度而异,一般为3~4个。地面停车应答器布置示意如图 1-13 所示。

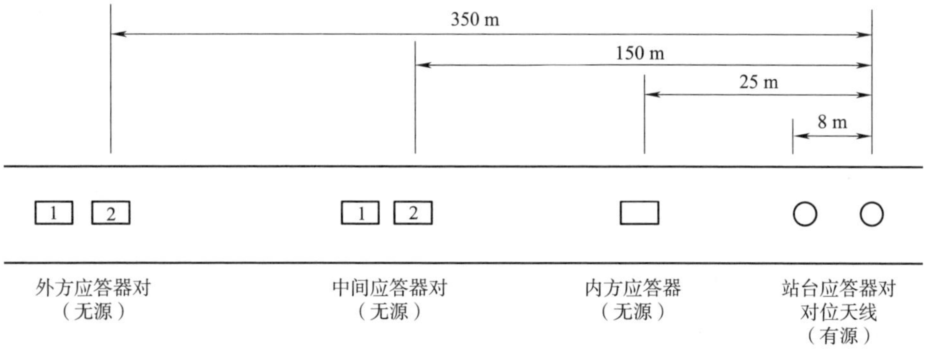

图 1-13　定位停车应答器布置示意

例如，离定位停车点 350 m 处设置外方应答器对；离 150 m 处设中间应答器对；离 25 m 处设内方应答器；离 8 m 处设站台应答器。

具体定位停车应答器的设置要考虑列车编组和站台长度。

5. 在 CBTC 系统中应答器的设置

在 CBTC 系统中，应答器作为车地之间的点式通信通道，是连续式通信的后备模式。

在 CBTC 系统的后备模式中，应答器也称为信标，可分为进路信标和信号信标。

进路信标设置于运行前方进路设有道岔的接近轨道区段，道岔开通位置决定了列车运行的前方进路，当道岔处于定位状态时，激励进路信标处于工作状态，将运行前方进路的状态告知经过的列车。

信号信标设置在信号机附近，主要用来反映信号机的显示，将显示状态告知经过的列车。信号信标有绿色信标和黄(白)色信标，绿色信标向列车传送信号机显示绿灯的信息，白色信标向列车传送信号机显示白灯的信息。当信号机显示绿色灯光，绿色信标工作；当信号机显示黄(白)色灯光，黄(白)色信标工作；若信号机点亮红灯，则信标处于呼叫状态。

若只用于判断列车的运行方向，一般一组只需要两个信标。但有的城市轨道交通线路中，列车有 8 节和 6 节不同的编组，车载控制器设在列车两头，一般由车头车载控制器起主要作用，但当车头的车载控制器不能完成功能时，可由车尾的车载控制器工作。因此一组需要设 3 个信标。

信号信标与信号机之间的距离，由列车的长度决定。进路信标与前方信号机的距离是列车的长度、最大制动距离，以及反应时间内列车的走行距离的总和。其中反应时间包括司机的反应时间、系统的反应时间和列车的反应时间。

6. 应答器的设置举例

例如，在附图 1 中，VB_1 为 XC 的重开信标，反映 XC 信号机的显示。VB_3 为 F_1 的重开信标，反映 F_1 信号机的显示。

IB_2 为 SQ_2 的预告信标，用来预告 SQ_2 信号机的显示。IB_{12} 为 Z_4 的预告信标，用来预告 Z_4 的显示。

重开信标可以兼作预告信标，例如，VB_6 为 SC 的重开信标，又是 F_6 的预告信标。

$MTIB_{680}$、$MTIB_{682}$ 相隔 21 m，构成初始化应答器组。这样的初始化应答器组还有 $MTIB_{748}$ 和 $MTIB_{750}$、$MTIB_{719}$ 和 $MTIB_{721}$。

上行站台的重开信标 VB_6 和无源应答器 RB_{693}、RB_{697}、RB_{699}、RB_{701}、RB_{703} 构成定位停车应答器组。

RB_{675}、RB_{677}、RB_{679} 等用于列车定位。

六、发车指示器的设置

在正向出站方向的站台侧列车停车位置前方适当地点设置发车指示器。如附图 1 中的 TDT_1 和 TDT_2。

七、站台紧急关闭按钮的设置

一般，在每侧站台的两端各设一个紧急关闭按钮。如附图 1 中的 EMP_1～EMP_4。

八、无线通信设备的设置

为了满足车地双向通信的需要，CBTC 系统必须在线路沿线进行无线场强覆盖。曾采用过交叉感应环线和波导。现多采用无线自由波方式，也有采用漏泄同轴电缆(LTE-M)的。

无线通信设备布置示意如图 1-14 所示。

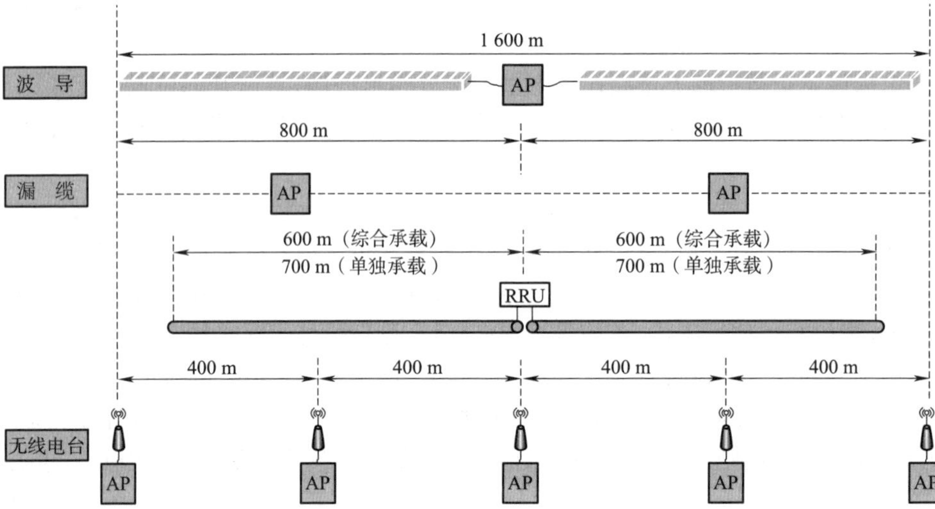

图 1-14 无线通信设备布置示意

对于无线自由波方式，无线接入点的设置间隔大约 400 m，这与线路的状况有关，如弯道等，需要根据场强决定。

在采用 LTE-M(地铁长期演进系统)的线路，CBTC 系统与 LTE-M 系统的物理接口在位于 LTE-M 核心网的网络设备和/或 CBTC 传输网的网络设备上，为标准以太网口 RJ-45 或光纤接口连接。由 LTE-M 的基站通过漏泄电缆与列车通信，不再设无线接入点。

九、坐标计算

信号设备平面布置图中道岔、警冲标、信号机、计轴器等的坐标，是指这些设备至信号机房中心的距离。计算各种设备的坐标为计算电缆长度提供了依据。

1. 道岔坐标

由基建部门提供的车站缩尺平面图上，给出的道岔坐标是道岔中心距车站中心的距离。而信号工程施工时，转辙机安装在道岔尖轨尖端，因此需要得到道岔岔尖的坐标。

常用的单开、交叉渡线和复式交分道岔的主要尺寸见附录 1 的附表 1-1、附表 1-2、附表 1-3。单渡线道岔尺寸可由单开道岔尺寸表查到。

根据道岔尺寸表可以查出道岔尖轨尖端（岔尖）至道岔中心（岔心）的距离 b，就可以把岔心坐标换算成岔尖坐标了。如果岔尖较岔心靠近站中心，则岔心坐标减去长度 b，就是岔尖坐标；如果岔尖较岔心远离站中心，则将岔心坐标加上长度 b，就是岔尖坐标。

例：附图 1 左侧的 1 号道岔，其辙叉号为 9 号，钢轨类型为 60 kg/m，道岔岔心坐标为 K21＋784。查附表 1，可知该道岔岔心至岔尖距离为 11 m。那么，因其岔尖在靠近站中心，岔尖坐标为 K21＋784－11＝K21＋773(m)。而如果岔尖在远离站中心时，岔尖坐标为：K21＋784＋11＝K21＋795(m)。

2. 警冲标坐标

警冲标设在两分歧线路中心线相距 4 m 的中间，即警冲标至两线路中心线距离均为 2 m。警冲标设在弯股曲线部分时，其距弯股线路中心线距离还应再加上曲线段建筑接近限界加宽值。线路中心线相距 4 m，是根据车辆限界再加上一定安全系数而确定的。警冲标位置要根据车辆车型来确定，如表 1-1 所列。

表 1-1　警冲标至道岔中心距离表

道岔号数		9				12		
辙叉角度 α		6°20′25″				4°45′49″		
连接曲线半径(m)		200	300	400	500	350	400	500
警冲标位置(m)		L				L		
线间距离 S (m)	4.6	40.0	41.5	44.0	46.5	51.5	52.0	53.5
	4.7	39.5	41.0	43.0	45.5	51.0	51.5	52.5
	4.8	38.5	40.0	42.0	44.5	50.5	51.0	52.0
	5.0	38.0	39.0	40.5	42.5	49.5	50.0	51.0
	5.2	37.5	38.5	39.5	41.5	49.0	49.5	50.0
	5.3	37.5	38.0	39.0	41.0	49.0	49.0	49.5
	5.5	37.0	37.5	38.5	40.0	49.0	49.0	49.0
	6.0	36.5	37.0	37.5	38.5	48.5	48.5	48.5
	6.45	36.5	36.5	37.0	37.5	48.5	48.5	48.5
	6.5	36.5	36.5	37.0	37.5	48.5	48.5	48.5
	7.0	36.5	36.5	36.5	37.0	48.5	48.5	48.5
	7.45	36.5	36.5	36.5	36.5	48.5	48.5	48.5
	8.0	36.5	36.5	36.5	36.5	48.5	48.5	48.5

如果车站缩尺平面图上没有标出警冲标位置，可以先从表 1-1 查出警冲标至岔心的距离，再由岔心坐标计算出警冲标坐标。表 1-1 表明警冲标距岔心距离与辙叉号、连接曲线半径和

线间距离三个参数有关。

例:1 号道岔的辙叉号为 9 号,采用 60 kg/m 轨,连接曲线半径 300 m,线间距离 5 m,查表 1-1 知警冲标距岔心 39 m,查附录 1 的附表 1-1 知岔尖距岔心 11 m。

附图 1 所示的信号设备平面布置图标明 1 号道岔岔尖坐标是 K21+763。则警冲标坐标为:K21+763+11+39=K21+813(m)。

3. 信号机坐标

防护信号机(包括兼作防护信号机的出站信号机)、阻挡信号机的坐标根据道岔岔尖、警冲标、车挡等确定。

设在岔前的防护信号机距计轴点 2 m,而计轴点距岔尖 5 m,即防护信号机距岔尖 7 m。

也可将防护信号机与计轴点对齐。设在岔后的防护信号机、计轴点距警冲标 4 m。

设在正线的防护信号机距站台端部 5 m。设在停车线的防护信号机距列车停车位置标 5 m。

阻挡信号机距车挡大于 40 m,为保护区段。

第三节　联锁表设计

联锁表是根据车站信号平面布置图所展示的线路、道岔、信号机、轨道区段等情况,按规定的原则和格式编制的。联锁表以进路为主体,逐条地把排列进路需顺序按压的按钮、防护该进路的信号机名称和显示、进路要求检查并锁闭的道岔编号和位置、进路应检查的轨道区段名称,以及与所排进路敌对的信号填写清楚。

联锁表是编制计算机联锁程序的唯一依据,也是进行联锁试验的依据。

因此联锁表的编制必须准确,设计时要认真、细致,不能疏漏,不能出错。

一、联锁表的格式

联锁表一般按集成商的系统设计进行编写,各家的内容不尽相同。

联锁通常有以下各栏:

(1)方向栏。填写进路性质和运行方向。

(2)进路号码栏。按全站列车进路、折返进路顺序编号。

(3)进路栏。逐条列出列车进路、折返进路。

列车进路:如将列车接至某区段时记作“至×G”。列车由某信号机发车时记作“由×信号机”。

(4)排列进路按下按钮栏。填写排列该进路时需按下的按钮名称。

(5)信号机栏。填写排列该进路时开放的信号机名称及其显示。

(6)道岔栏。顺序填写进路中所包括的全部道岔及防护道岔的编号和位置。其填写方式如:3/6,表示将 3/6 号道岔锁在定位;(4/5),表示将 4/5 号道岔锁在反位;[3/6],表示将 3/6 号道岔防护在定位;[(4/5)],表示将 4/5 号道岔防护在反位。

(7)敌对信号栏。填写排列该进路的全部敌对信号。

(8)轨道区段栏。顺序填写排列进路时须检查空闲的轨道区段名称。

其填写方式举例如下：1DG，表示排列进路时须检查 1DG 区段的空闲：<4/5>3-5 DG，表示当 4/5 号道岔在定位时排列进路须检查侵限绝缘区段 3-5DG 区段空闲；<(17)>17 DG，表示当 17 号道岔在反位时排列进路须检查侵限绝缘区段 17DG 空闲。

二、联锁表举例

某折返站的信号设备平面布置如图 1-15 所示。XC 为下行出站信号机，SC 为上行出站信号机，F_1、F_2、F_3 为防护信号机，Z_1、Z_2、Z_3、Z_4 为阻挡信号机。其联锁表如表 1-2 所列。

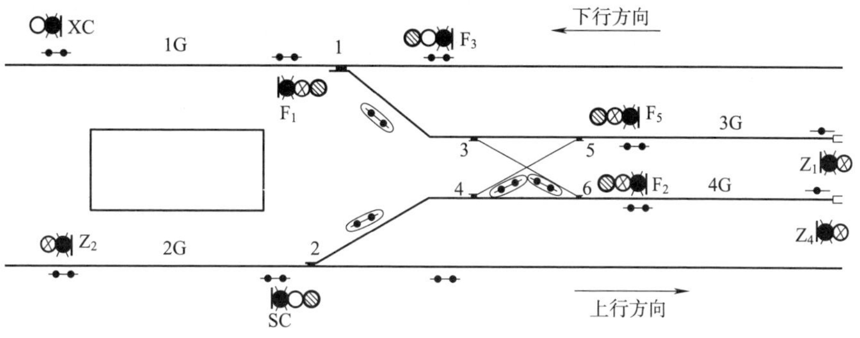

图 1-15　某折返站的信号设备平面布置

表 1-2　某折返站的联锁表

进路性质	进路号码	进路	排列进路按下的按钮	信号机 名称	信号机 显示	道岔	敌对信号	轨道区段	其他联锁	自动进路	折返说明
列车进路	1	F_1—Z_1	F_1A、F_5A	F_1	U	(1)、3/6、4/5		1DG、3-5DG、3G		否	
	2	F_1—Z_4	F_1A、F_2A	F_1	U	(1)、(3/6)、[4/5]	F_2	1DG、3-5DG、4-6DG、4G		否	
	3	F_3—1G	F_3A、F_1A	F_3	L	1		1DG、1G、<4/5>3-5DG		是	
	4	SC—Z_1	SCA、F_5A	SC	U	(2)、(4/5)、[3/6]	F_5	3DG、4-6DG、3-5DG、3G		否	
	5	SC—Z_4	SCA、F_2A	SC	U	(2)、4/5、3/6	F_2	2DG、4-6DG、4G		否	
	6	SC—下站	SCA、下站列车按钮	SC	L	2		2DG、<4/5>4-6DG		是	
	7	XC—下站	XCA、下站列车按钮	XC	L					是	
折返进路	8	F_2—XC	F_2A、F_1A	F_2	U	(3/6)、[4/5]、(1)	F_1	4-6DG、3-5DG、1DG、1G		否	
	9	F_5—Z_2	F_5A、SCZA	F_5	U	(4/5)、[3/6]、(2)	SC	3-5DG、4-6DG、2DG、2G		否	
自动折返进路	ZZ	SC/ F_2ZZ	SC/ F_2ZZA								由 SC—Z_4 和 F_2—XC 组成站后折返进路

三、联锁表编制的有关注意事项

1. 防护道岔必须防护

为了防止侧面冲突，有时需要将不在所排进路上的道岔处于防护位置并予以锁闭，这种道岔称为防护道岔。

经由交叉渡线的一组双动道岔反位排列进路时，应使与其交叉的另一组双动道岔防护在定位。如图 1-15 所示，排列 F_1—Z_4 的列车进路，尽管 4/5 号道岔不在该进路上，但为了防止侧面冲突，应使其防护在定位。否则，排列经 3/6 号道岔反位进路时，若允许再排列经 4/5 号道岔反位的进路，将会在交叉渡线处造成侧面冲突。将 4/5 号道岔防护在定位，经两组双动道岔反位的进路就不能同时建立，而且由于 3/6 号道岔已锁在反位，经两组双动道岔定位的进路也不能建立，从而避免了侧面冲突的发生。

2. 敌对进路必须严格检查

同时行车会危及行车安全的任意两条进路是敌对进路。下列进路规定为敌对进路：

①同一正线上对向的列车进路与列车进路，同一正线上对向的列车进路与折返进路。

例如，图 1-15 的 F_1—Z_4 与 F_2—XC。

②同一存车线上对向的列车进路与折返进路。

例如，图 1-15 的 SC—Z_1 与 F_5—Z_2。

③经同一道岔对向的列车进路与列车进路，经同一道岔对向的列车进路与折返进路。

例如，附图 1 中左侧，SC—F_6 与 F_8—Z_2，F_8—10G 与 F_4—14G。

3. 超限区段要检查

所谓超限区段，即设置的计轴点距警冲标不足 3.5 m 的轨道区段。当超限计轴点一边停有车辆，另一边有车驶过时，有可能发生车辆侧面冲撞，因此要实行检查。

例如，办理图 1-15 的 F_3—1G 进路，当 4/5 号道岔定位时，必须检查 3-5DG 的空闲，虽然 3-5DG 不在应选进路上。

第四节　光、电缆径路图设计

一、光、电缆径路图的作用和内容

光、电缆径路图是初步设计的重要图纸，据此确定信号工程所需光、电缆的类型、芯数和长度。光、电缆径路图也是进行室外电缆施工的重要图纸。

光、电缆径路图包括如下内容：

(1)光缆的类型、芯数和长度；

(2)室外信号设备的串接顺序和电缆径路；

(3)室外电缆网络连接设备的类型和位置；

(4)每根电缆的长度和芯数。

二、光、电缆的规格

1. 阻燃电缆

城市轨道交通对于电缆的要求较高，一般要求采用无卤低烟阻燃电缆。

阻燃电缆的型号由产品燃烧特性代号和相关电线电缆型号组成。表示方式为:燃烧特性代号—相关电线电缆型号。燃烧特性代号的意义如表1-3所列。相关电缆型号的意义如表1-4所列。

表1-3　燃烧特性代号的意义

代　　号	名　　称	代　　号	名　　称
Z	阻燃	D	低烟
ZA	阻燃A类	W	无卤
ZB	阻燃B类		
ZC	阻燃C类		
ZD	阻燃D类		

如WDZB表示无卤低烟阻燃B类电缆。

表1-4　电缆型号的意义

型　　号	名　　称	型　　号	名　　称
P	信号电缆	V	聚氯乙烯护套
T	铁路	S	双绞
A	综合护套	R	热塑
L	铝护套	P	屏蔽
Y	聚乙烯或聚烯烃绝缘(护套)	JZ	计轴
YJ	交联聚乙烯或聚烯烃绝缘(护套)	23	钢带铠装聚氯乙烯外护套

2. 各种设备用的光、电缆

各种设备用的电缆种类、型号及含义、截面积如表1-5所列。

表1-5　各种设备用的电缆种类、型号及含义、截面积

序号	种　　类	型　　号	含　　义	截面积(mm^2)
1	信号机点灯等电缆	WDZC-PTYA23	聚乙烯绝缘综合护套钢带铠装聚氯乙烯外护套铁路信号电缆	0.785、1.0、1.5、2.5
		WDZC-PTYL23	聚乙烯绝缘铝护套钢带铠装聚氯乙烯外护套铁路信号电缆	
2	TDT电源电缆	WDZC-RYY	聚乙烯绝缘聚氯乙烯护套热塑电缆	1×25、2×1.5、2×2.5、2×4、3×2.5、3×4
3	TDT数据电缆	WDZC-RYYP	聚乙烯绝缘聚氯乙烯护套热塑屏蔽电缆	2×0.4、4×0.5
4	计轴电缆	WDZC-PJZYL23	聚乙烯绝缘铝护套钢带铠装聚氯乙烯外护套计轴信号电缆	4×1.0、4×1.4
		DWZ-GJYQA23	聚乙烯绝缘综合护套钢带铠装聚氯乙烯外护套计轴信号电缆	0.9、1.5、2.5
5	计轴尾缆	WDZC-LEU-BSYPY	聚乙烯绝缘聚乙烯护套双绞屏蔽电缆	1×2×1.14
6	应答器电缆	WDZC-LEU-BSYL23	聚乙烯绝铝护套钢带铠装聚氯乙烯外护套双绞电缆	1×2×1.53

续上表

序号	种类	型号	含义	截面积(mm^2)
7	应答器尾缆	WDZC-LEU-BSYPY	聚乙烯绝缘聚乙烯护套双绞屏蔽电缆	1×2×1.14
8	AP点电源电缆	WDZC-YJY23	聚烯烃绝缘双钢带铠装聚烯烃外护套电力电缆	1×2.5、1×4、1×10、1×16、2×2.5、2×6、2×10
9	AP的轨旁电话电缆	DWZ-PJYA23	聚烯烃绝缘综合护套双钢带铠装聚烯烃外护套信号电缆	1.0(线径)
10	无人自动折返按钮电缆	WDZC-PTYA23	聚乙烯绝缘综合护套铠装聚乙烯外护套铁路信号电缆	1.0(线径)

3. 信号机等用的电缆

信号机、转辙机、无人自动折返按钮、紧急关闭按钮、车控室IBP盘、安全门设备室，以及集中站与非集中站之间的站间联系电缆，采用WDZC-PTYA23型阻燃聚乙烯绝缘综合护套铠装聚氯乙烯外护套铁路信号电缆或WDZC-PTYL23型阻燃聚乙烯绝缘铝护套铠装聚氯乙烯外护套铁路信号电缆。一般线径：1.0 mm(线阻23.5 Ω/km)。

用于信号机的电缆，电缆长度1 000 m以下，截面为0.785 mm^2；1 001～1 300 m，截面1.0 mm^2；1 301～2 000 m，截面1.5 mm^2；2 001～5 000 m，截面2.5 mm^2。

用于转辙机的电缆，电缆长度2 000 m以下，截面为0.785 mm^2；2 001～2 500 m，截面1.0 mm^2；2 501～4 000 m，截面1.5 mm^2；4 001～7 000 m，截面2.5 mm^2。

用于安全门的电缆，电缆长度1 000 m以下，截面为1.0 mm^2；1 001～1 500 m，截面1.5 mm^2；1 501～7 500 m，截面2.5 mm^2。

4. TDT(发车计时器)用的电缆

TDT的电源电缆采用WDZC-RYY型电缆，截面3×1.5 mm^2。

TDT的数据电缆采用WDZC-RYYP型电缆，截面4×1.0 mm^2。

5. 计轴设备用的电缆

TCB(KAD)盒至室内连接电缆为WDZC-PJZYL23-4×1.0(通信4线组)型阻燃电缆和WDZC-PJZYL23-4×1.4型阻燃电缆(KAD-6至室内主机所用电缆)，除注明1.4 mm外均为1.0 mm。供电与信息传输共缆。当采用DWZ-GJYQA23型阻燃电缆时，电缆长度5 000 m以下，截面为0.9 mm^2；5 001～7 000 m，截面1.5 mm^2；7 001～9 000 m，截面2.5 mm^2。

TCB(KAD)盒与计轴磁头的连接电缆(尾缆)采用WDZC-LEU-BSYPY-(1×2×1.14)型双绞屏蔽电缆。尾缆长度包括5 m、10 m、20 m三种规格。

6. 应答器用的电缆

分线箱(FXX)或HZ12电缆盒至室内连接电缆(LEU电缆)为WDZC-LEU-BSYL23-(1×2×1.53)型高性能LEU电缆。无加芯要求。

可变应答器自带有长度为10 m的尾缆，与分线箱(FXX)或HZ12电缆盒相连尾缆采用WDZC-LEU-BSYPY-(1×2×1.14)型双绞屏蔽电缆，并有蛇皮管防护。

7. AP用的光、电缆

AP点的电源电缆采用WDZC-YJY23-3芯电缆，为无卤低烟阻燃聚烯烃绝缘双钢带铠装无卤低烟阻燃聚烯烃护套电力电缆。单芯截面有2.5 mm^2、4 mm^2、10 mm^2、16 mm^2。电缆长度不超过2 km时采用2×2.5 mm^2电缆；电缆长度2 km(不含2 km)至5.5 km时采用2×

6 mm^2电缆，电缆长度超过 5.5 km 采用 2×10 mm^2电缆。

单个 AP 点电源配电盒直接与室内设备室相连的，一般采用 2.5 mm^2的电缆。两个以上 AP 点串联或并联的，电源配电盒与室内设备室以及电源配电盒之间采用 4 mm^2的电缆。

电源配电盒至 AP 箱的电源电缆采用 2.5 mm^2的 WDZC-YJY23-3 芯电缆，长度为 3 m。

AP 的轨旁电话电缆采用 DWZ-PJYA23 型电缆。

光缆由所属设备集中站直接引至每个 AP 箱内，需要两路(红、蓝网分开)独立的光缆，分别与其所归属的设备集中站内红、蓝网连接，采用分缆的形式，光缆采用标准通信用室外单模光纤，为 GYSJZA-4B_1、6B_1、8B_1、12B_1、16B_1型光缆。

AP 至自由波天线馈线采用 SUCOFEED-RF 型射频电缆。

8. ATS、ATC、维护网络光缆

ATS 网络、ATC 网络、维护网络采用 WDZC-GYTA53-16 光缆。

9. 无人自动折返按钮电缆

无人自动折返按钮电缆采用 WDZC-PTYA23 型阻燃聚乙烯绝缘综合护套铠装聚乙烯外护套铁路信号电缆。线径 1.0 mm。

三、室外电缆连接设备的选用

在电缆径路图上，还应根据车站信号设备平面布置图，布置好各种设备的电缆连接设备。

电缆连接设备有分线箱(FXX)、终端电缆盒、变压器箱等。

隧道内空间有限，安装分向电缆盒有困难，因此采用分线箱。分线箱可竖直安装，一般有 4 个或 6 个引入管，可安放 1 块或 2 块端子板，每个端子板有 24 端子。

各型高柱、半高柱信号机采用变压器箱安装信号变压器，矮型信号机可将信号变压器安装在信号机构内。

转辙机先采用分线箱，再分两路经 HZ24 型终端电缆盒至转辙机。

应答器，由分线箱用尾缆引至应答器内。

光缆由熔纤盒引入。

计轴磁头轨旁连接盒(TCB)或轨旁接线盒(KAD-6)。KAD-6 型轨旁接线盒如图 1-16 所示，由高强度复合材料制成，尺寸：长×宽×高＝220 mm×199 mm×130 mm。

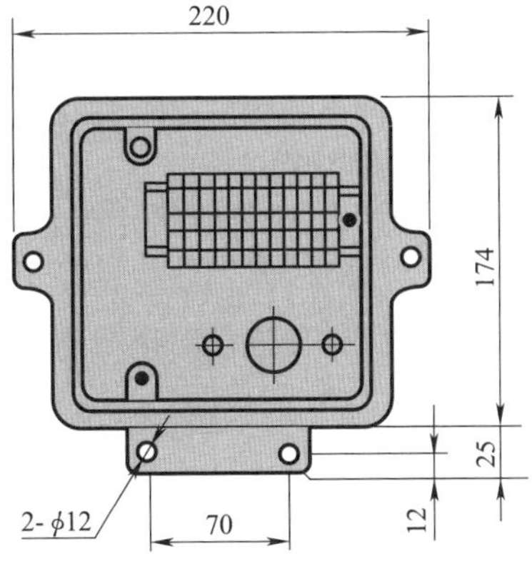

图 1-16　KAD-6 型轨旁接线盒(单位：mm)

变压器箱类型及引入电缆芯数如表 1-6 所列。终端电缆盒类型及引入电缆芯数如表 1-7 所列。

表 1-6 变压器箱类型及引入电缆芯数

型号	最多可容纳数		电缆引入孔		安装尺寸(mm)	重量(kg)
	二柱端子	电缆保护管	孔径(mm)	允许电缆PYV22(芯)		
XB_1	14	4	22×4	16×4	4 孔 ϕ14 240×520	62
XB_2	18	5	25×5	24×5	4 孔 ϕ14 240×610	82

表 1-7 终端电缆盒类型及引入电缆芯数

型号	电缆引入孔				电线引入管			端子(个)	备注
	个	孔径(mm)	引入电缆(芯)		个数	孔径(mm)	引入电线(根)		
			PVV2	PYV22					
HZ12	1	28	27	30	1	25	8	12	重 10 kg
HZ24	2	24	19	21	1	30	12	24	重 20.5 kg

四、电缆径路的选择

选择电缆径路应考虑节省电缆和便于施工、维修。

1. 电缆径路应尽量选择在线路的外侧，或在间距不少于 4.5 m 的线路之间。

2. 电缆径路应选择在通过线路及障碍物最少、两设备间距离最短的地方。还应考虑不妨碍线路及其他建筑物的扩建。

3. 电缆径路必须穿越线路时，应避开道岔的岔尖、辙叉心和钢轨接头处。

4. 电缆径路应避开下列地点：

(1)砾石堵塞的地方；

(2)土壤松软、可能发生塌陷的地方；

(3)有酸、碱、盐性等化学腐蚀物质的地带；

(4)坚石、池沼和污水坑地带；

(5)热力、煤气、液体燃料等管道的正上方和正下方。

五、电缆的敷设方式

1. 地面电缆采用直埋、电缆槽或管道方式。

2. 地下线路电缆，区间宜采用明敷方式，车站宜采用隐蔽方式敷设。

3. 高架线路电缆宜采用隐蔽方式敷设。

4. 信号电缆应与电力线路分开敷设，交叉敷设时信号电缆应采取防护措施。

六、电缆网络的构成

1. 对电缆网络的要求

(1)信号电缆网络

每架信号机的点灯用导线数，要根据不同的种类和运用情况来确定。每个灯位需要 2 芯，箱盒内设电话线(DH、DHH)2 芯及贯通照明线(GT-1、GT-2)2 芯。

阻挡信号机点灯电路分别如图 1-41 所示。防护信号机点灯电路分别如图 1-42～图 1-44 所示。出站信号机如图 1-45 所示。出站兼防护信号机分别如图 1-46～图 1-48 所示。它们的点灯用导线数如表 1-8 所列。

表 1-8　信号机点灯用导线数

信号机种类		导线名称										导线数
防护信号机	一般	U	UH	L	LH	H	HH	DH	DHH	GT-1	GT-2	10
	封绿	U	UH			H	HH	DH	DHH	GT-1	GT-2	8
	封黄			L	LH	H	HH	DH	DHH	GT-1	GT-2	8
出站信号机	兼防护	U	UH	L	LH	H	HH	DH	DHH	GT-1	GT-2	10
	一般			L	LH	H	HH	DH	DHH	GT-1	GT-2	8
阻挡信号机	一般					H	HH	DH	DHH	GT-1	GT-2	6
	兼通过			L	LH	H	HH	DH	DHH	GT-1	GT-2	8
通过信号机				L	LH	H	HH	DH	DHH	GT-1	GT-2	8

正线封闭灯位的反向信号机,要预留封闭灯位使用的电缆芯线数量。

控制电缆直接引自所属集中站,布缆原则:采用以车站为单位合缆方式,电缆分束原则按照集中站分上、下行布置;每个非集中站先合缆,到非集中站信号机处再分缆。每根电缆连接的信号机需属同一车站。原则上 1 根电缆控制的信号机数不超过 4 架。联锁区分界点处信号机属信号机防护内方区段所属联锁区控制。

①为方便维修,信号机 FXX 或电缆盒内均应引入一对电话线,还要引入一对贯通照明线,并且接交流 220 V 电源。

②高柱信号机用的信号变压器放置在变压器箱内,占用端子较多。半高柱、矮型信号机的信号变压器若放置在信号机构内,占用分线箱或电缆盒端子较少。

③控制长度超过 3.5 km 时,电缆需要加芯。

(2)道岔电缆网络

控制电缆直接引自所属集中站。布缆原则:采用合缆方式,电缆分束原则按照集中站分方向布置,每个非集中站先合缆,在非集中站转辙机处再分缆。原则上 1 根电缆控制的转辙机数不超过 4 台。需要时可设置分线箱(地下)或分向盒(地面及高架)。为方便维修,每台转辙机用的电缆盒内均应引入一对电话线,还要引入一对贯通照明线,并且接交流 220 V 电源。

采用交流转辙机时,不管什么型号,每台交流转辙机用电缆盒需引入 5 根控制线、2 芯电话线、2 芯贯通照明线,共计 9 芯。

(3)计轴设备电缆网络

控制电缆引自设备集中站,计轴磁头通过自带尾缆连至 KAD-6,KAD-6 通过计轴电缆与室内防雷分线柜、计轴主机电缆连接。计轴电缆分缆,一个计轴磁头一根电缆,计轴磁头的信号与电源共线。计轴磁头电缆的接续如图 1-17 所示。

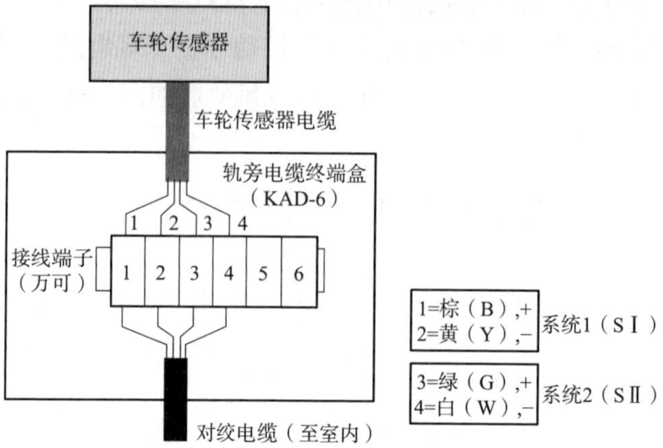

图 1-17　计轴磁头电缆的接续

TCB(KAD)盒至 FXX 至室内连接电缆为 2 芯。TCB(KAD)盒与发送磁头的连接电缆为 4 芯，与接收磁头的连接电缆为 5 芯。

两个联锁区分界处设置的两套计轴磁头，分别通过电缆向两个管辖区传送，不需要站间通道。计轴磁头一般安装在线路弱电侧钢轨内侧。

(4)TDT(发车指示器)电缆网络

TDT 的电源电缆 3 芯，数据电缆 3 芯。

(5)应答器电缆网络

电缆直接引自室内 LEU 所在车站，连接如图 1-18 所示。

每台有源应答器与 LEU 连接电缆都使用两芯，备用两芯，全部单独敷设，无合缆要求。无加芯要求。每根 LEU 电缆要求敷设距离不超过 3 km，超过 3 km 需特殊处理。

联锁区分界点处的有源应答器均属信号机防护内方区段所属联锁区控制。

(6)AP 光、电缆网络

信号设备室的光纤熔接盒直接接至轨旁 AP 箱内光纤熔接盒，连接光纤为两路(红、蓝网分开)独立的光缆，红网 2 芯，蓝网 2 芯，分别与其所归属的设备集中站内红、蓝网连接，采用分缆的形式。

AP 箱由所归属的设备集中站供电，引入两路电源，电压均要求为 AC 220 V，电压波动 10%，需要分别提供 80 W 的功率，为箱内独立的两套设备供电，并在其归属的集中站对每一路电源设置对应的控制断路器。采用分缆的形式，电缆采用 2 芯电力电缆，线缆芯线需明显区分火零两线；入箱供电电缆外径要求为 13～18 mm。由于 2×10 mm^2 电缆不能引入 AP 箱，需在 AP 箱处设置 HZ24 电缆盒进行电缆接续，即 2×10 mm^2 电缆引接入 HZ24，再从 HZ24 引接 2×2.5 mm^2 电缆至 AP 箱。

光缆及电源电缆敷设时，由于线缆连接以实际定测时的距离为准，所以考虑自由波 AP 箱左右调整、光电缆增加 30 m 的余量。所以，在平面图中 AP 箱以所属联锁区进行编号，有跨越联锁区分界线的情况。

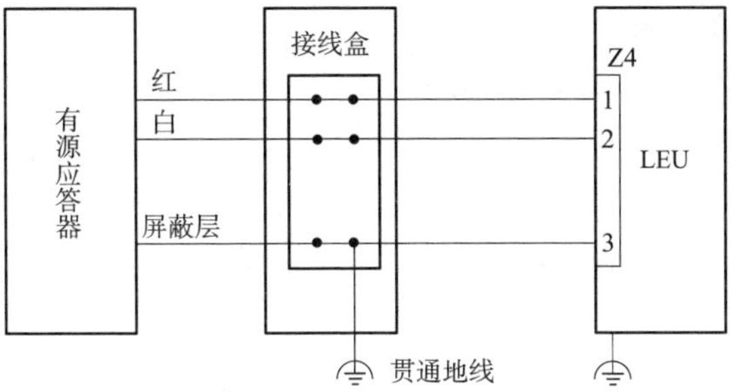

(a) 示意图

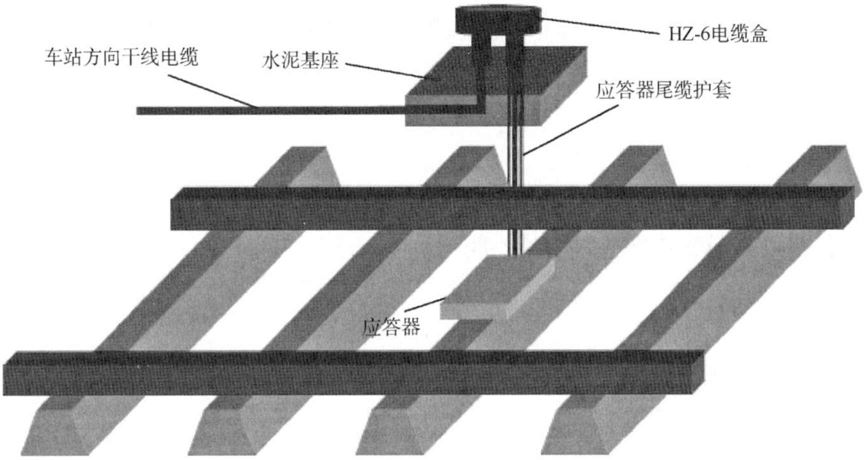

(b) 实物图

图 1-18　应答器的电缆连接

(7)组网光缆网络

骨干网组网光缆包括:从正线到车辆段/停车场、控制中心;车辆段/停车场内部;各车站信号设备室到本站其他室内(轮乘室、维护部、项目部)的光缆。

上下行各 1 根,全线贯通,每站均进入室内,包括非集中站。

组网光缆采用 16 芯光缆。

(8)紧急关闭按钮及 IBP 盘电缆网络

紧急关闭按钮及 IBP 盘电缆自设备集中站引自各站,上、下行的紧急关闭按钮接点相串联,各由 2 芯电缆连接信号设备室。

各站信号设备室至车站控制室 IBP 盘的芯数为 24 芯(集中站,增加了电流表)和 22 芯(非集中站)。

(9)无人自动折返按钮电缆

无人自动折返按钮电缆使用芯数为 6 芯。

(10)安全门联系电缆

安全门联系电缆引自集中站,采用上、下行分缆方式。集中站信号设备室至各站安全门设备室间需要的电缆为上、下行各 2 根,使用 6 芯。

(11)与其他线路联系电缆

采用 2 根 48 芯 WDZC-PTYA23 型电缆。

2. 电缆网络构成

(1)为防止相互干扰,室外各种设备电缆芯线,要分别单独构成电缆网络。

(2)根据连接室外信号设备所用的导线数量,分别统计各种室外信号设备所用的导线总数,规划干线电缆。

(3)从干线电缆出来要经过分支电缆、末端电缆才最后连接电缆终端用的分线箱、电缆盒和变压器箱。干线电缆与分支电缆、分支电缆与末端电缆连接时要通过分线箱。

(4)电缆终端连接设备要安装在便于维修的线路一侧。信号机用分线箱、电缆盒、变压器箱要通过法兰盘、电缆保护管直接与信号机基础、机柱相连,所以必须安装在信号机一侧。转辙机及所用的电缆盒,应该选择安装在没有其他线路的一侧。若两侧都有线路,那就要避免放在行车繁忙的两正线之间。

(5)选择分支电缆、末端电缆径路应避免迂回。

(6)串接箱、盒时,只要箱、盒端子和电缆引入孔容量允许,尽量使同种电缆芯线合股,用芯数较多电缆代替芯数较少电缆,以降低造价。

七、电缆网络计算

1. 电缆长度的计算

电缆长度按下列公式计算:

$$L=(l+X\times G+\alpha)\times 1.1 \tag{1-1}$$

式中 L——电缆总长度,m;

l——电缆沟长度,m;

X——股道间距离(最小值取 6),m;

G——电缆穿越线路数;

α——电缆附加长度,包括:室内储备量为 5 m,在电缆间内的路由 15 m,室外每端接头按 4 m 考虑;

1.1——敷设电缆的自然弯曲系数。

(1)电缆引入孔至信号设备室的距离

电缆引入孔至信号设备室的电缆长度=电缆储备量(15 m)+设备室内距离(房间的长+宽)+电缆间内距离(房间的长+宽)+电缆间与信号设备室的距离(按站内电缆径路测量)+电缆引入孔至电缆间的距离(按站内电缆径路测量)。

(2)电缆引入孔至区间设备的距离

电缆引入孔至区间设备的电缆长度=坐标差(信号设备至引入孔或另一信号设备)+做头及环储(每端 4 m)+过道(6 m/股道)+上/下托架(各 3.5 m)。

(3)其他不定因素引起的余量长度 Δ

如自由波 AP 坐标在现场定测后有 30 m 的调整余量,而引起相应电缆长度增加 30 m;又如计轴磁头坐标在实际安装时,需避开轨枕,考虑增加 0.6 m 等。

(4)电缆长度

电缆长度=(电缆引入孔至信号设备室的距离+电缆引入孔至区间设备的距离+余量)×弯曲系数 1.1,结果取整(个位数为 0 或 5)。

2. 电缆芯线分配原则

在一条电缆中包括几根芯线称为芯线数。相同数量的电缆芯线,分配在去线和回线中的方式不同,回路上的压降也不同。电缆芯线的分配原则是:使电缆回路的电阻最小,压降也最小。

设双线电缆回路总芯数为 Z,去线芯数为 Z_Q,回线芯数为 Z_H,长度为 L,单芯电缆每米电阻为 r,回路电阻为 R,则:

$$R=\frac{Lr}{Z_Q}+\frac{Lr}{Z_H}=\frac{Lr(Z_Q+Z_H)}{Z_Q \cdot Z_H}=\frac{LrZ}{Z_Q \cdot (Z-Z_Q)} \tag{1-2}$$

要电缆芯线回路电阻 R 最小,最经济的分配原则是:当总芯数为偶数时,Z_Q与 Z_H相等;当总芯数为奇数时,去线和回线的芯数不可能相等,Z_Q与 Z_H相差 1,一般 Z_H多 1。

3. 电缆最大控制长度计算

将 $R=\Delta U/I$ 代入式(1-3),可得出双线电缆回路最大控制长度计算公式:

$$L_{max}=\frac{R}{r} \cdot \frac{Z_Q \cdot Z_H}{Z_Q+Z_H}=\frac{\Delta U}{rI} \cdot \frac{Z_Q \cdot Z_H}{Z_Q+Z_H} \tag{1-3}$$

多线回路可以化成双线回路计算。由于多线回路控制对象都是一样的,取一个控制对象进行计算,一个控制对象的回线芯数将是多线回路回线芯数的 $1/n$ 即 Z_H/n。按照式(1-3)计算可得:

$$L_{max}=\frac{\Delta U}{rI} \cdot \frac{Z_Q \cdot Z_H/n}{Z_Q+Z_H/n}=\frac{\Delta U}{rI} \cdot \frac{Z_Q \cdot Z_H}{nZ_Q+Z_H} \tag{1-4}$$

4. 电缆回路压降计算

已知电缆回路的去线和回线芯数、工作电流和电缆计算长度,可求出电缆回路压降。

双线回路压降:

$$\Delta U=rLI\frac{Z_Q+Z_H}{Z_Q \cdot Z_H} \tag{1-5}$$

多线回路压降:

$$\Delta U=rLI\frac{nZ_Q+Z_H}{Z_Q \cdot Z_H} \tag{1-6}$$

八、电缆网络芯线数的确定

电缆网络芯线数的确定不仅要取决定于电缆网络所需要的导线数,还要考虑由于电缆引起的电压降,以及备用芯线。

由于电缆过长,其产生的电压降到了一定程度就会影响设备使用。为了避免这种影响,传统的做法是对有关电缆加芯,通过几根电缆芯线并联减小电阻值来减小电压降。多长电缆要加芯,加几芯,必须通过计算决定。现在,为城市轨道交通生产的电缆,有多种截面,只要根据电缆长度选择相应截面的电缆,就不再加芯了。详见本节“二、光、电缆的规格”。

1. 电缆加芯

(1)信号机电缆芯线数的确定

由于有的信号机点灯数是变数,如防护信号机,有时点一个灯,引导时点两个灯。因此,电缆网络应满足点灯数最多时,电缆回路中的电压损耗不超过允许值。

LED 信号机正常工作时,室外点灯变压器一次侧输入电压范围为 AC 85～110 V,一次侧电流为 128～135 mA(此电流值能保证 LED 在损坏 30%时,确保灯丝继电器可靠工作)。

标准电缆(线阻≤23.5 Ω/km),1 km 环阻压降:

U=信号机工作电流×线阻=0.135 A×47 Ω=6.345 V。

LED 信号机最低输入电压为 85 V,最高输入电压 110 V,控制距离≤(110－85)/6.345=3.94 km。

所以信号机控制距离大于或等于 3.5 km 时,去、回线各加 1 芯。

工程设计中,根据计算的信号机至信号楼的电缆长度,确定信号电缆网络的芯线数。

(2)道岔电缆芯线数的确定

经过计算,交流电动转辙机一相绕组回路电阻不得超过 54 Ω,否则线路压降过大,影响电动转辙机正常工作。根据式(1-3)可得:

$$L_{\max}=\frac{R}{r}\cdot\frac{Z_Q\cdot Z_H}{Z_Q+Z_H}=\frac{100}{0.023\ 5}\times\frac{Z_Q\cdot Z_H}{Z_Q+Z_H}=4\ 255\times\frac{Z_Q\cdot Z_H}{Z_Q+Z_H}$$

如果采用 1.0 mm^2的电缆,根据不同的 Z_Q和 Z_H值计算出交流转辙机道岔电缆控制距离表,如表 1-9 所列。

表 1-9 交流转辙机电缆芯数最大控制距离

电缆芯数	$Z_Q=1,Z_H=1$	$Z_Q=2,Z_H=1$	$Z_Q=2,Z_H=2$	$Z_Q=3,Z_H=1$	$Z_Q=3,Z_H=2$	$Z_Q=3,Z_H=3$
最大控制距离(m)	1 149	1 532	2 298	1 732	2 758	3 387

如果采用 1.5 mm^2的电缆,控制距离大于 4.5 km 时加芯,每根控制芯线各加 1 芯。

2. 电缆芯线备用芯数

对电缆芯线备用芯数的规定:9 芯以下,备用 1 芯;12～21 芯,备用 2 芯;24～30 芯,备用 3 芯;33～48 芯,备用 4 芯;52～61 芯,备用 5 芯。

综合扭绞信号电缆芯线备用量如表 1-10 所列。

表 1-10 综合扭绞信号电缆芯线备用量

电缆芯数		扭绞型式	备用量	电缆芯数		扭绞型式	备用量
4	1×4	星绞	1 对	16	4×4	星绞	1 对
6	3×2	对绞	1 对	19	4×4+3	星绞+普通	2 对
8	4×2	对绞	1 对	21	4×4+5	星绞+普通	2 对
9	4×2+1	对绞+普通	1 对	24	5×4+1×2+2	星绞+对绞+普通	2 对
12	3×4	星绞	1 对	28	7×4	星绞	2 对
14	3×4+2	星绞+普通	1 对	30	7×4+2	星绞+普通	2 对

续上表

电缆芯数		扭绞型式	备用量	电缆芯数		扭绞型式	备用量
33	7×4+5	星绞+普通	2 对	48	12×4	星绞	3 对
37	7×4+3×2+3	星绞+对绞+普通	2 对	52	12×4+4	星绞+普通	3 对
42	7×4+4×2+6	星绞+对绞+普通	2 对	56	14×4	星绞	3 对
44	7×4+4×2+8	星绞+对绞+普通	2 对	61	14×4+5	星绞+普通	3 对+1 芯

九、电缆径路图设计举例

电缆径路图不同于信号设备平面布置图，除了表示室外信号机灯光配列及位置外，还具体表示了转辙机、计轴点的位置，更突出地表示了电缆网络构成：电缆的走向、长度、类型、芯数，电缆连接设备的类型和位置。

以附图 1 所示联锁区为例。

1. 电缆网络分类

(1)信号机电缆网络

本联锁区有出站信号机 4 架、防护信号机 11 架、阻挡信号机 4 架、区间通过信号机 5 架，共 24 架。按照位置分成 10 组：F_1、(A)XC；Z_2、SQ_2；F_3、F_5；Z_1、F_7；XQ_1、XQ_3、(B)XC；F_9、F_{11}；(A)SC、F_2；F_4、F_6、F_8、Z_4；F_{10}、Z_6。每组用一根干线电缆，经分线箱由末端电缆连至信号机所用的变压器箱内。

(2)道岔电缆网络

本联锁区道岔 12 组，均为 9 号 AT 道岔，双机牵引。按照位置，邻近的道岔，如 3、5 号；4、6 号；7、9 号；8、10 号合为一组，每组用一根干线电缆。其他道岔比较分散，单独用一根干线电缆。干线电缆经分线箱分别由末端电缆连至两个牵引点的终端电缆盒。

(3)计轴电缆网络

每个计轴点的电缆单独连接。由信号设备室连至分线箱，再由分线箱连至 TCB(KAD)盒，TCB(KAD)盒与计轴磁头用尾缆连接。

(4)应答器电缆网络

无源应答器不需要电缆连接，有源应答器需要电缆连接。每个应答器的电缆单独连接。由信号设备室连至分线箱，再由分线箱用尾缆连接应答器。

(5)安全门电缆网络

由信号设备室分别用电缆连接各站上、下行安全门。

(6)发车计时器电缆网络

由信号设备室分别用电缆连接各站上、下行发车计时器。

(7)紧急关闭按钮及 IBP 盘电缆网络

各站上、下行的各紧急关闭按钮串联，由所在站信号设备室用电缆单独连接。由各站信号设备室用电缆单独连接 IBP 盘。

(8)AP 光、电缆网络

信号设备室 ODF 与每个 AP ODF 单元用光缆单独连接。

本联锁区有AP点16个，按照位置分组：AP_{115}、AP_{059}、AP_{061}；AP_{060}、AP_{116}、AP_{062}；AP_{063}、AP_{065}、AP_{067}；AP_{066}、AP_{068}、AP_{070}。每组用一根干线电缆，经分线箱由末端电缆连至AP。AP_{057}、AP_{058}、AP_{069}因比较分散，单独用电缆连接。

2. 电缆及其连接设备的表示方法

(1)电缆

电缆用数字表示其长度、芯数和备用芯数。例如，60—16(3)，60表示电缆长度为60 m，16表示为16芯电缆，(3)表示备用3芯，即该电缆实际使用13芯。

(2)电缆盒

对每个电缆盒不标注其编号，用圆圈表示，圆圈中的数字表示其型号，12即HZ12，24即HZ24。

(3)分线箱

分线箱用方框表示，方框中写FXX。一般的分线箱不编号，只有道岔用的分线箱编号。CH-编号，其后的数字为所在道岔的编号(为编号连续，附图1所示联锁区的非集中站为两组道岔的分线箱编为CH-11、CH-12)，而且要注明其坐标。

第五节　室内信号设备布置图设计

室内信号设备布置设计包括室内信号设备平面布置图设计，组合选用和组合排列表设计，联锁机柜、ATS机柜、MSS机柜、ZC机柜、LC机柜、计轴机柜、DCS机柜、接口柜、分线柜、综合柜布置。

一、室内信号设备平面布置图设计

附图1所示联锁区的集中站室内信号设备平面布置示意如图1-19所示。各联锁区的集中站室内信号设备平面布置图大致相同，不同的只是因控制对象的数量不同，计轴机柜、接口柜、组合柜、分线柜的数量不等。

在集中站信号设备室，有如表1-11所列的设备。

表1-11　集中站信号设备说明表

序　号	设备名称		单　位	数　量
①	电源屏	DYP	面积	3
②	分线柜	F	架	2
③	组合柜	Z	架	7
④	接口柜	JK	架	1
⑤	ODF机柜		架	1
⑥	DCS机柜		架	1
⑦	计轴机柜	JZ	架	2
⑧	联锁机柜	CI	架	3
⑨	ATS机柜	LATS	架	1
⑩	ZC机柜	ZC	架	1
⑪	SDM工作台		台	1

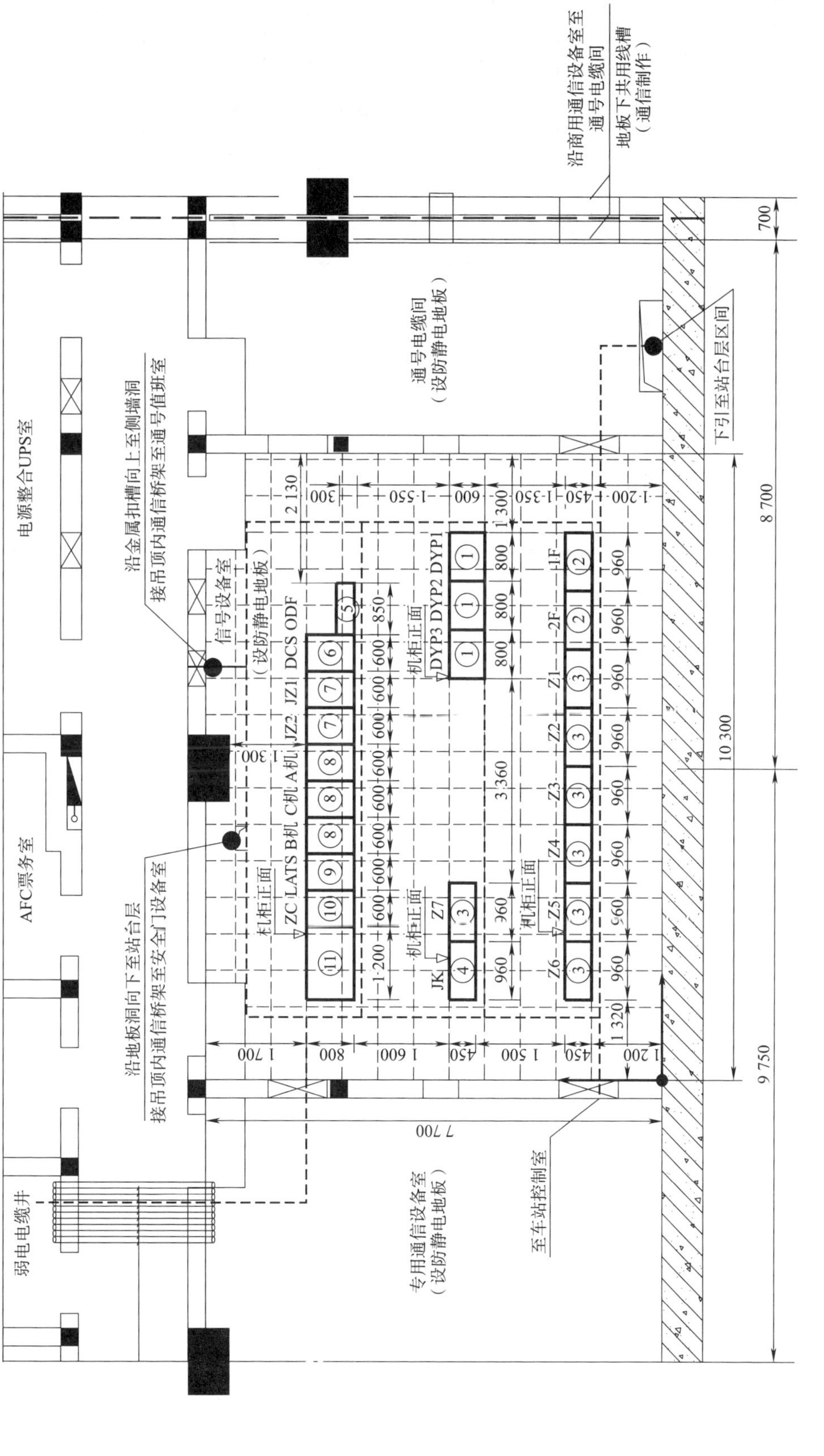

图1-19　集中站室内信号设备平面布置示意(单位: mm)

附图 1 所示非集中站室内信号设备平面布置示意如图 1-20 所示。

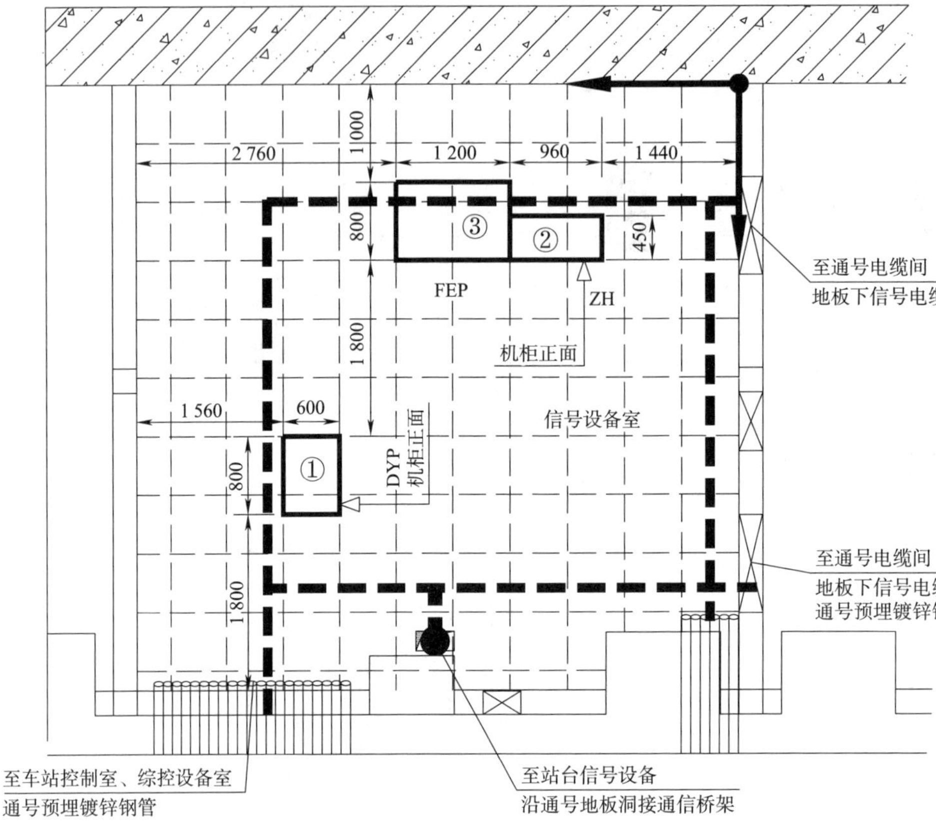

图 1-20 非集中站室内信号设备布置示意(单位:mm)

在非集中站信号设备室,有如表 1-12 所列的设备。

表 1-12 非集中站信号设备说明表

序 号	设 备 名 称		单 位	数 量
①	电源屏	DYP	面	1
②	综合柜	ZH	架	1
③	信号专用 FEP		套	1

二、信号设备室内布置间距

信号设备室内布置间距的规定如表 1-13 所列。

表 1-13 信号设备室内布置间距规定

名 称	设备间距对象	净距离要求(m)
机柜间	走道	>1.0
控制台、机柜与墙	主走道	>1.2
	次走道	>1.0
	尽端架	>0.8

续上表

名　　称	设备间距对象	净距离要求(m)
电源屏与其他机柜	—	>1.5
电源屏与墙	—	>1.2

三、组合选用和组合排列表设计

1. 组合选用

各信号供货商的组合类型不尽相同,即使同一信号供货商的组合类型也可能不一样。现以某种组合类型举例介绍。组合包括:出站兼防护信号组合,防护、出站、阻挡、区间信号组合,出站、阻挡、区间信号组合,道岔组合,道岔辅助组合,轨道继电器组合,计轴复位组合,安全门组合,紧急关闭按钮组合,电源/采集组合。各种组合的名称和代号如表 1-14 所列。各组合内继电器名称和类型如表 1-15 所列。

表 1-14　组合名称和代号

组合名称		组合代号	备　　注
信号组合	出站兼防护信号组合	(C)FZX	一架信号机用
	防护、出站、阻挡、区间信号组合	FCZQX	两架信号机用
	出站、阻挡、区间信号组合	CZQX	三架信号机用
道岔组合	道岔组合	CT	两组道岔用
	道岔辅助组合	TDF_1	
	道岔辅助组合	TDF_2	
轨道继电器组合		GJ	十个轨道区段用
计轴复位组合		FWJ	十个轨道区段用
安全门组合		PSD	两组安全门用
紧急关闭按钮组合		EMP	两组紧急关闭按钮用
电源/采集组合		DY/CJ	

(1)信号组合

信号组合分为出站兼防护信号组合(C)FZX,防护、出站、阻挡、区间信号组合 FCZQX,出站、阻挡、区间信号组合 CZQX。

(C)FZX 为一架出站兼防护信号机用,或一架防护信号机用。FCZQX 为一架防护信号机和一架出站或阻挡或区间信号机用。CZQX 为三架出站或阻挡或区间信号机用。

(2)道岔组合

道岔组合分为道岔组合 CT、道岔辅助组合 TDF_1、道岔辅助组合 TDF_2。

TD 为两组单动道岔或双动道岔用。

TDF_1 为道岔尖轨第一牵引点用,每个牵引点一个。

TDF_2 为道岔尖轨第二牵引点用,每个牵引点一个。

(3)轨道继电器组合

轨道继电器组合 GJ,为 10 个轨道继电器用。

表 1-15 继电器类型

组合名称	0	1	2	3	4	5	6	7	8	9	10	11
(C)FZX	$RD_1 \sim RD_4$ 0.5 A	DJ	LXJ	ZXJ	DDJ						$RD_5 \sim RD_6$ 0.5 A	
		JZXC-H18	JWXC-H340	JWXC-H340	JWXC-H340	JZXC-H18	JZXC-H18					
FCZQX	$RD_1 \sim RD_4$ 0.5 A	(1)DJ	(1)LXJ	(1)2DJ	(1)YXJ	(1)ZXJ	(1)DDJ	(2)DJ	(2)LXJ	(2)DDJ	$RD_5 \sim RD_6$ 0.5 A	
		JZXC-H18	JWXC-H340	JZXC-H18	JWXC-H340	JWXC-H340	JWXC-H340	JZXC-H18	JWXC-H340	JWXC-H340		
CZQX	$RD_1 \sim RD_4$ 0.5 A	(1)DJ	(1)XJ	(1)DDJ	(2)DJ	(2)LXJ	(2)DDJ	(3)DJ	(3)LXJ	(3)DDJ	$RD_5 \sim RD_6$ 0.5 A	
		JZXC-H18	JWXC-H340	JWXC-H340	JZXC-H18	JWXC-H340	JWXC-H340	JZXC-H18	JWXC-H340	JWXC-H340		
CT		(1)DCJ	(1)FCJ	(1)DCQDJ	(2)DCJ	(2)FCJ	(2)DCQDJ			R_2/C_1	R_3/C_2	
		JWXC-H340	JWXC-H340	JWXC-H340	JWXC-H340	JWXC-H340	JWXC-H340			RXYC-25-51-Ⅰ CD-100 μF/50 V	RXYC-25-51-Ⅰ CD-100 μF/50 V	
TDF_1	$RD_1 \sim RD_3$ 5 A RD_4 0.5 A	BB	1DQJ	BHJ	2DQJ	1DQJF	DBQ	DBJ	FBJ	QDJ	ZBHJ	R_1
		BD_1-7	JWJXC-H125/80	JWXC-1700	JYJXC-160/260	JWJXC-480	DBQ-S	JPXC-1000	JPXC-1000	JWXC-1700	JWXC-1700	RXYC-75/1 kΩ
TDF_2	$RD_1 \sim RD_3$ 5 A RD_4 0.5 A	BB	1DQJ	BHJ	2DQJ	1DQJF	DBQ	DBJ	FBJ	ZDBJ	ZFBJ	R_1
		BD_1-7	JWJXC-H125/80	JWXC-1700	JYJXC-160/260	JWJXC-480	DBQ-S	JPXC-1000	JPXC-1000	JWXC-1700	JWXC-1700	RXYC-75/1 kΩ
GJ	$Z_1 \sim Z_{10}$ IP4007	(1)GJ	(2)GJ	(3)GJ	(4)GJ	(5)GJ	(6)GJ	(7)GJ	(8)GJ	(9)GJ	(10)GJ	
		JWXC-1700	JWXC-1700	JWXC-1700	JWXC-1700	JWXC-1700	JWXC-1700	JWXC-1700	JWXC-1700	JWXC-1700	JWXC-1700	
FWJ		(1)FWJ	(2)FWJ	(3)FWJ	(4)FWJ	(5)FWJ	(6)FWJ	(7)FWJ	(8)FWJ	(9)FWJ	(10)FWJ	
		JWXC-1700	JWXC-1700	JWXC-1700	JWXC-1700	JWXC-1700	JWXC-1700	JWXC-1700	JWXC-1700	JWXC-1700	JWXC-1700	
PSD	$RD_1 \sim RD_4$ 0.5 A	X-GMJ	X-KMJ	X-MGJ	X-MPLJ	S-GMJ	S-KMJ	S-MGJ	S-MPLJ			
		JWXC-H340	JWXC-H340	JWXC-1700	JWXC-1700	JWXC-H340	JWXC-H340	JWXC-1700	JWXC-1700			
EMP	$RD_1 \sim RD_4$ 0.5 A	(1)X EMPJ	(1)S EMPJ	(2)X EMPJ	(2)S EMPJ	R_1	R_2					
		JWXC-1700	JWXC-1700	JWXC-1700	JWXC-1700	RXYC-0/200 Ω	RXYC-0/200 Ω					
DY/CJ	$RD_1 \sim RD_2$ 1 A	SYSA	SYSB	KZKFJ	RBSJ	DSBJ	RBSJF		总道岔电流采集传感器	电流互感器		
		JPXC-1000	JPXC -1000	JPXC-1000	JWXC-1700	JWXC-1700	JWXC-1700		TC6A4L	CT3-10P		

(4)计轴复位组合

计轴复位组合 FWJ，为 10 个计轴复位继电器用。

(5)安全门组合

安全门组合 PSD，为一个车站上、下行安全门结合用。

(6)紧急关闭按钮组合

紧急关闭按钮组合 EMP，为两个车站紧急关闭按钮用。

(7)电源/采集组合

电源/采集组合 DY/CJ，为一个联锁区用。

2. 组合排列表设计

计算机联锁的组合按信号组合、道岔组合、轨道复示组合等种类顺序排列。计算机联锁所需各组合之间较少联系，对于组合排列没有非常严格的要求。

道岔组合中 TDF 靠近该组道岔的 CT 排列，TDF 按 J_1、J_2 的顺序排列，以减少组合间的配线长度。

附图 1 所示联锁区的组合排列如表 1-16 所列。

表 1-16　组合排列

	Z_1	Z_2	Z_3	Z_4	Z_5	Z_6	Z_7
10	F_1	F_4、Z_4	PSD	1	6	10	1G、3G、1DG、3-5DG、5G、7G、7DG、9DG、9G、11G
	(C)FZX	FCZQX		TDF_1	TDF_2	TDF_1	GJ
9	F_3、XC	F_6、SQ_4	(B)PSD	1	4	10	13G、15G、17G、19G、21G、(B)1DG、23DG、25DG
	FCZQX	FCZQX		TDF_2	TDF_1	TDF_2	GJ
8	F_5、XQ_1	F_8、SQ_6	EMP	7	4	2、8/10	2G、4G、6G、8G、2DG、4-6DG、10DG、12DG、8DG、10DG
	FCZQX	FCZQX		TDF_1	TDF_2	CT	GJ
7	F_7、XQ_3	(B)SC	DY/CJ	7	5	(B)1	14G、16G、18G、20G、22G、24G、26G、28G、30G、(B)2DG
	FCZQX	(C)FZX		TDF_2	TDF_1	TDF_1	GJ
6	F_9	F_{10}、Z_6	LS	9	5	(B)1	32G、34G
	(C)FZX	FCZQX		TDF_1	TDF_2	TDF_2	GJ
5	灯丝报警主机	Z_2		9	3/6、4/5	(B)2	1G、3G、1DG、3-5DG、5G、7G、7DG、9DG、9G、11G
		CZQX		TDF_2	CT	TDF_1	FWJ
4	F_3、(B)XC			1、7/9	2	(B)2	13G、15G、17G、19G、21G、(B)1DG、23DG、25DG
	CZQX			CT	TDF_1	TDF_2	FWJ
3	F_2、Z_1			3	2	(B)1/2	2G、4G、6G、8G、2DG、4-6DG、10DG、12DG、8DG、10DG
	CZQX			TDF_1	TDF_2	CT	FWJ

续上表

	Z_1	Z_2	Z_3	Z_4	Z_5	Z_6	Z_7
2	F_2、SQ_2			3	8		14G、16G、18G、20G、22G、24G、26G、28G、30G、(B)2DG
	FCZQX			TDF_2	TDF_1		FWJ
1	SC			6	8		32G、34G
	(C)FZX			TDF_1	TDF_2		FWJ

注：集中站的出站信号机、道岔、轨道区段不注明车站；非集中站的出站信号机、道岔、轨道区段加注(B)。

也可将组合排列表和继电器类型表组合成一个表。

四、机柜布置

1. 联锁机柜布置

联锁机柜布置如图 1-21 所示。本书以 iLOCK 型计算机联锁为例进行介绍，其有三台机柜，分别为 A 柜、B 柜、C 柜。

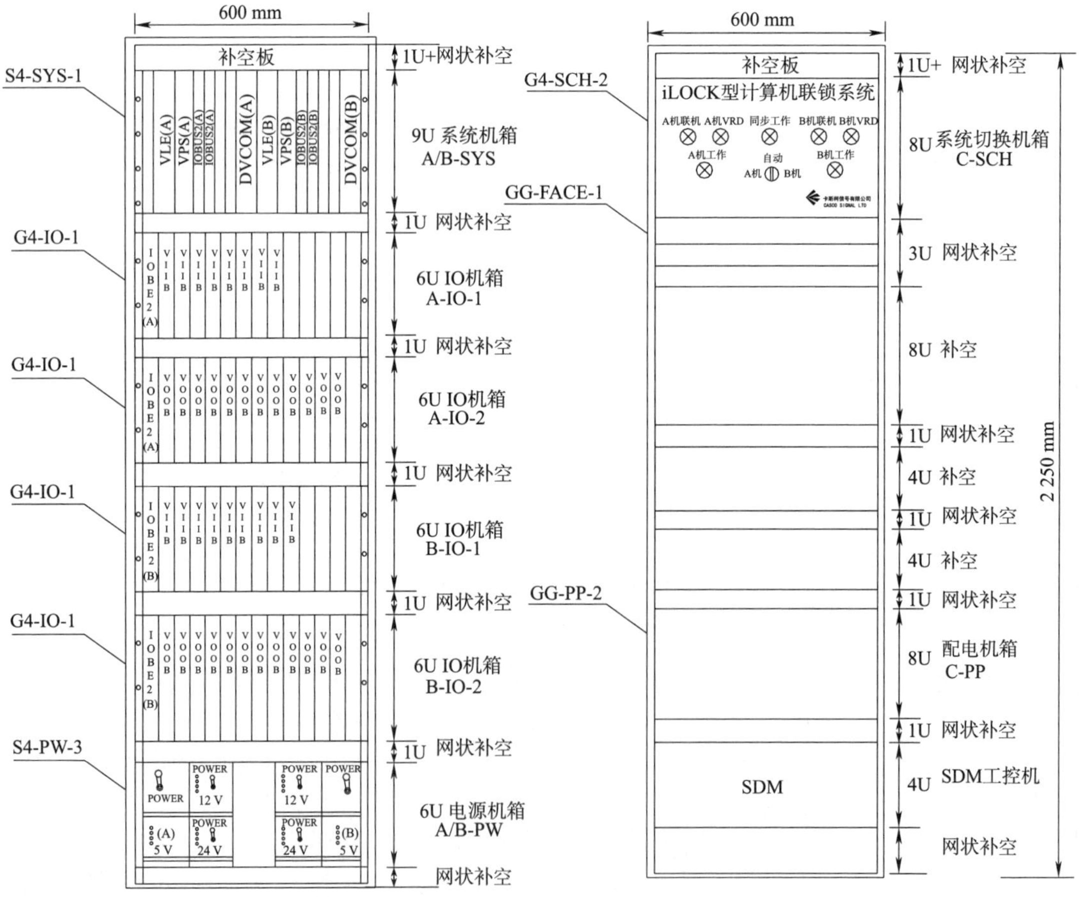

(a) 联锁A/B机前视图　　(b) C机双机切换与电源机架前视图

图 1-21　联锁机柜布置

2. 计轴机柜布置

计轴机柜布置如图 1-22 所示。计轴机柜用来安放计轴主机，计轴主机包括：接收板、主机板、通道板、显示板、母板、轨道条件采集板等。B、C、D、E、F、G 层均为一个计轴主机。每个计轴主机最多可连接 5 个计轴点，相应作为 4 个轨道区段的条件采集。每个计轴机柜最多可连接 30 个计轴点。按顺序在计轴主机上安排计轴点和相应的轨道区段。

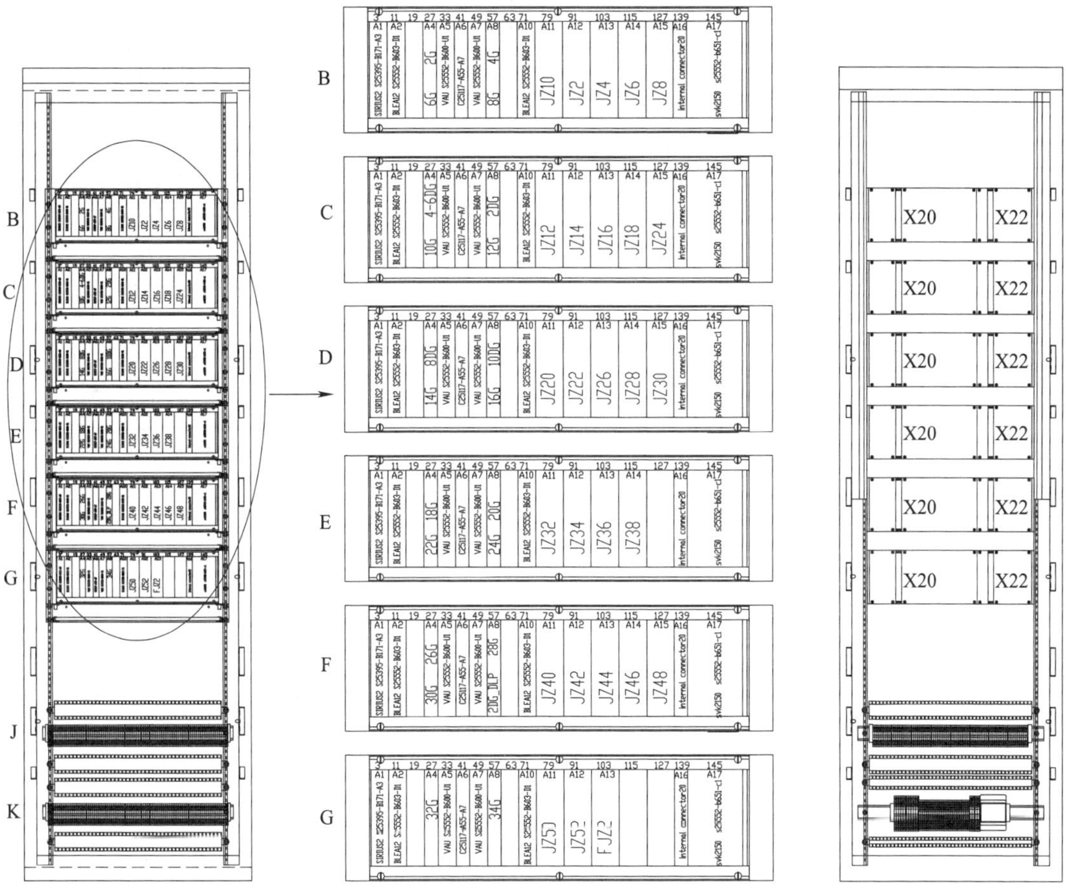

图 1-22　计轴机柜布置

附图 1 所示联锁区共有 46 个计轴点，需两个计轴机柜。

3. LATS 机柜布置

LATS 机柜布置如图 1-23 所示。LATS 机柜用来安放 LATS 设备。

4. LEU 机柜布置

LEU 机柜布置如图 1-24 所示。

5. DCS 机柜和 ODF 柜布置

DCS 机柜和 ODF 柜布置如图 1-25 所示。此机柜为信号提供光通信通道，具体定义由通信专业提供。

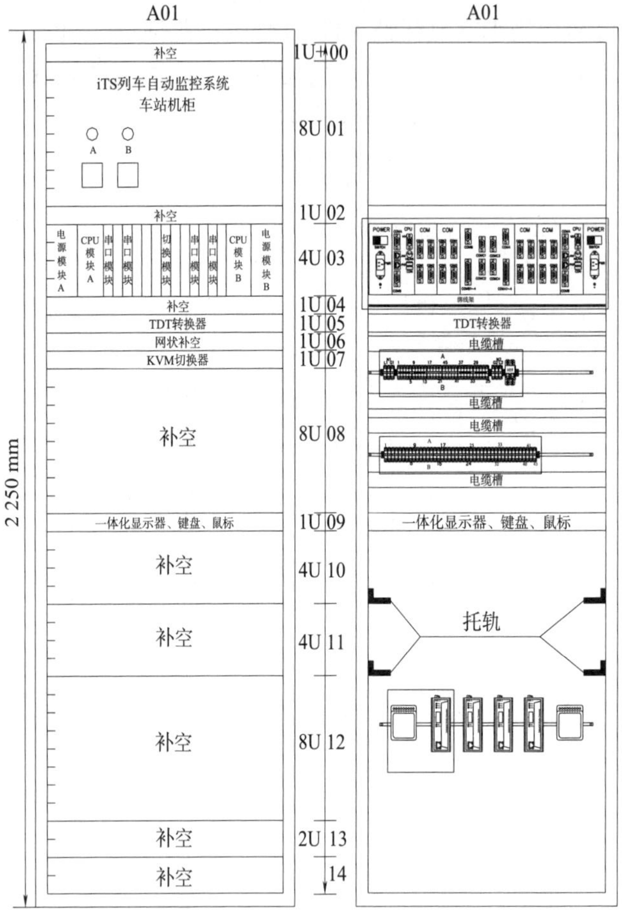

(a) 前视图 (b) 后视图

图 1-23 LATS 机柜布置

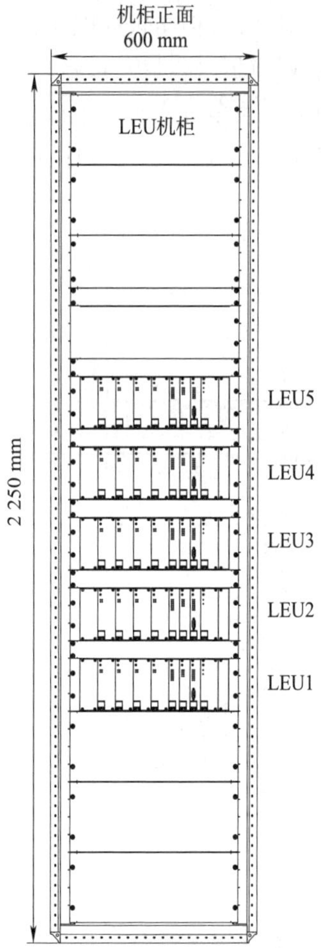

图 1-24 LEU 机柜布置

6. 接口柜布置

接口柜用来连接计算机联锁机柜和组合柜，分别按照联锁 A 机采集、联锁 A 机驱动、联锁 B 机采集、联锁 B 机驱动来分配接口柜端子板。根据采集、联锁对象的多少确定接口柜及其端子板的数量。附图 1 所示联锁区的接口柜布置如图 1-26 所示。

7. 分线柜布置

分线柜用来连接组合柜和室外设备，每层可安装 13 块端子板，现多采用 6 柱端子板。按信号机、发车计时器、道岔、计轴磁头、信标、TRE 电源、紧急关闭、安全门、站间联系及它们的数量分配端子板。附图 1 所示联锁区的分线柜布置如图 1-27 所示，用了两个分线柜。

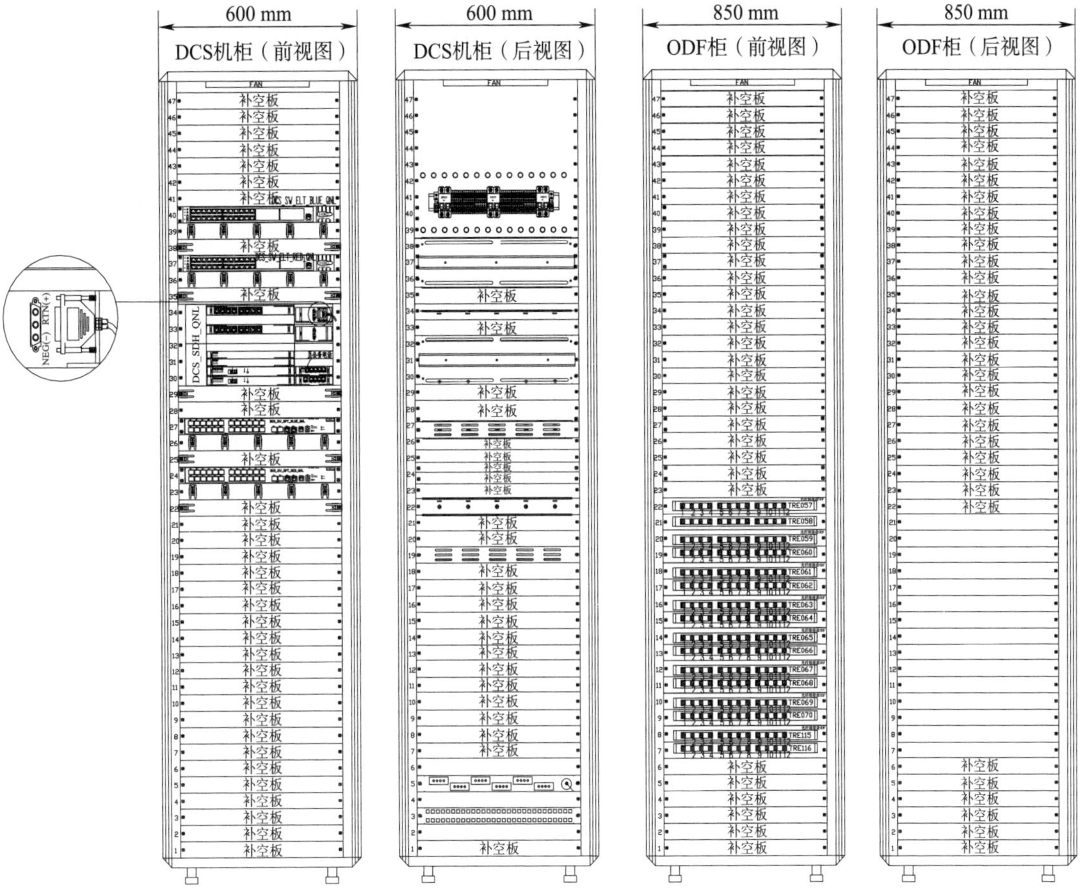

(a) DCS机柜　　(b) ODF柜

图 1-25　DCS 机柜和 ODF 柜布置

位置　块别	D_1　D_2　D_3　D_4　D_5　D_6　D_7
9	
8	联锁 B 机驱动接口端子(D_1)
7	联锁 B 机驱动接口端子(D_1～D_7)
6	联锁 B 机采集接口端子(D_1～D_4)
5	联锁 A 机驱动接口端子(D_1)
4	联锁 A 机驱动接口端子(D_1～D_7)
3	联锁 A 机采集接口端子(D_1～D_5)
2	LEU 接口端子(D_1～D_5)
1	
0	D_1～D_{12}

图 1-26　接口柜布置

1F

位置　块别	1 2 3 4 5 6 7 8 9 10 11 12 13
9	
8	计轴磁头
7	道岔
6	道岔
5	道岔
4	信号机
3	信号机
2	信号机
1	发车计时器
0	电源端子、断路器

2F

位置　块别	1 2 3 4 5 6 7 8 9 10 11 12 13
9	
8	
7	
6	站间联系
5	安全门
4	紧急关闭
3	AP 电源
2	AP 电源
1	信标
0	电源端子、断路器

图 1-27　分线柜布置

8. 综合柜布置

在非集中站设综合柜，用以安放串口转换器、HUB、发车计时器、LEU、站联组合等。附图 1 所示联锁区的非集中站综合柜布置如图 1-28 所示。

<table>
<tr><td></td><td colspan="3">1 2 3 4 5 6 7 8 9 10 11 12 13</td></tr>
<tr><td rowspan="3">9</td><td>·</td><td>串口转换器</td><td>·</td></tr>
<tr><td>·</td><td>HUB_1</td><td>·</td></tr>
<tr><td>·</td><td>HUB_2</td><td>·</td></tr>
<tr><td>8</td><td colspan="3">发车计时器 ZH-801～802</td></tr>
<tr><td>7</td><td colspan="3" rowspan="2">LEU　ZH-6/7</td></tr>
<tr><td>6</td></tr>
<tr><td>5</td><td colspan="3">接口端子 ZH-5-D_1～D_2</td></tr>
<tr><td>4</td><td colspan="3">站联组合 ZL_2　ZH-4</td></tr>
<tr><td>3</td><td colspan="3">站联组合 ZL_1　ZH-3</td></tr>
<tr><td>2</td><td colspan="3">分线层端子 ZH-201～207</td></tr>
<tr><td>1</td><td colspan="3">分线层端子 ZH-101～110</td></tr>
<tr><td>0</td><td colspan="3">电源端子、断路器 ZH_0-D_1～D_{10}</td></tr>
</table>

图 1-28　非集中站综合柜布置

站联组合是集中站和非集中站的电路联系，附图 1 所示联锁区的两站之间用了两个站联组合 ZL_1 和 ZL_2，它们的组成如表 1-17 所列。

表 1-17　站联组合继电器类型

	1	2	3	4	5	6	7	8	9	10
ZL_1	SQ_6 LXJF	SQ_6 DDJF	(B)SC LXJF	(B)SC DDJF	F_{10} LXJF	F_{10} DDJF	Z_6 LXJF	Z_6 DDJF		RSBJ
	JWXC -1700	JWXC -1700	JWXC -1700	JWXC -1700	JWXC -1700	JWXC -1700	JWXC -1700	JWXC -1700		JWXC -1700
ZL_2	XQ_3 LXJF	XQ_3 DDJF	(B)XC LXJF	(B)XC DDJF	F_9 LXJF	F_9 DDJF	F_{11} LXJF	F_{11} DDJF	(B)1/2 ZDBJF	(B)1/2 ZFBJF
	JWXC -1700	JWXC -1700	JWXC -1700	JWXC -1700	JWXC -1700	JWXC -1700	JWXC -1700	JWXC -1700	JWXC -1700	JWXC -1700

9. 综合后备盘盘面布置

每个车站都设有综合后备盘，其盘面布置如图 1-29 所示。综合后备盘设在车控室综合控制台上。信号专业只提供电流表、车控室与信号设备室防雷分线柜的连接电缆和配线，其他由综合监控专业实施。

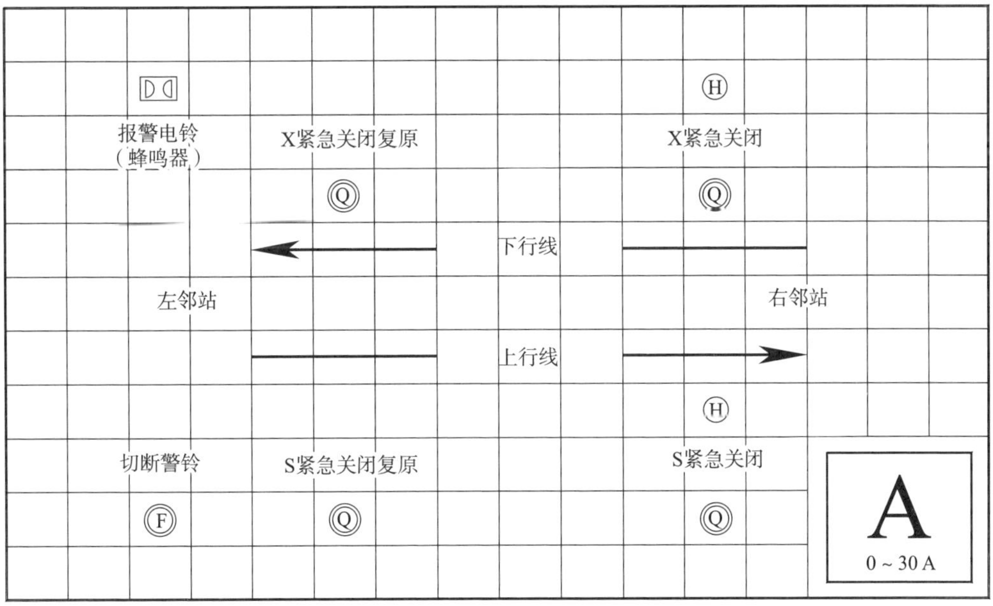

图 1-29　综合后备盘盘面布置

第六节　电路图设计

一、接口电路图设计

接口电路包括驱动电路和采集电路，可以将它们设计在一张图纸上，也可以分开。在设计接口电路图前，除了设计好组合排列表外，还应先分配好接口柜端子。

1. 信号机驱动及采集电路图设计

信号机驱动及采集电路图采用不同的信号组合时，不一样。有采用 CZQX、FCZQX、(C)FZX 的不同情况。

(1)采用 CZQX 的信号机驱动及采集电路图设计

采用 CZQX 的信号机驱动及采集电路如图 1-30 所示。它驱动 DDJ、LXJ，采集 DJ 前接点。设计时，在所附配线表中填写信号机名称、组合位置、至接口柜端子号。组合侧面端子号是固定的。如 LXJ 不插，则有关 LXJ 的端子号不填。

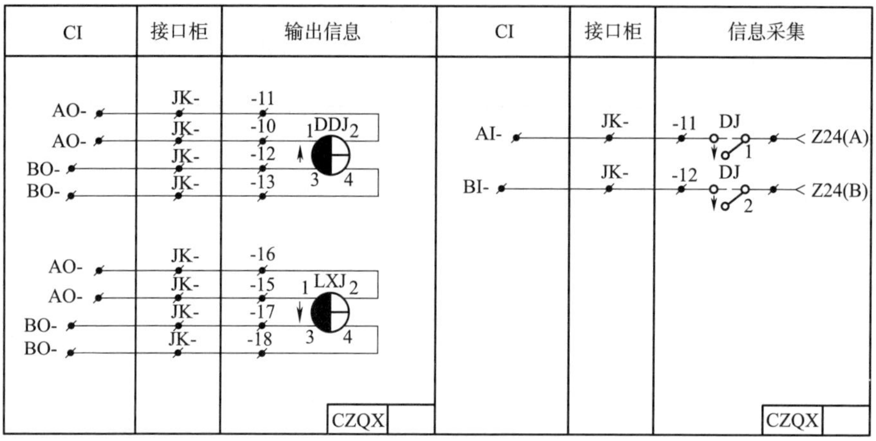

信号机	组合位置	至组合侧面端子 至接口柜(驱动)								至组合侧面端子 至接口柜(采集)	
		DDJ-1(A)	DDJ-2(A)	DDJ-3(B)	DDJ-4(B)	LXJ-1(A)	LXJ-2(A)	LXJ-3(B)	LXJ-4(B)	DJ-12(A)	DJ-22(B)
Z_1	Z_1-3(1)	04-10	04-11	04-12	04-13	04-15	04-16	04-17	04-18	01-11	01-12
		JK-4-D_4-39	JK-4-D_4-40	JK-7-D_4-39	JK-7-D_4-40					JK-3-D_2-17	JK-6-D_2-17

图 1-30 信号机驱动及采集电路(一)

(2)采用 FCZQX 的信号机驱动及采集电路图设计

采用 FCZQX 的信号机驱动及采集电路如图 1-31 所示。它驱动 DDJ、LXJ、YXJ、ZXJ，采集前接点。设计时，在所附配线表中填写信号机名称、组合位置、至接口柜端子号。组合侧面端子号是固定的。如 YXJ、ZXJ 不插，则有关 YXJ、ZXJ 的端子号不填。

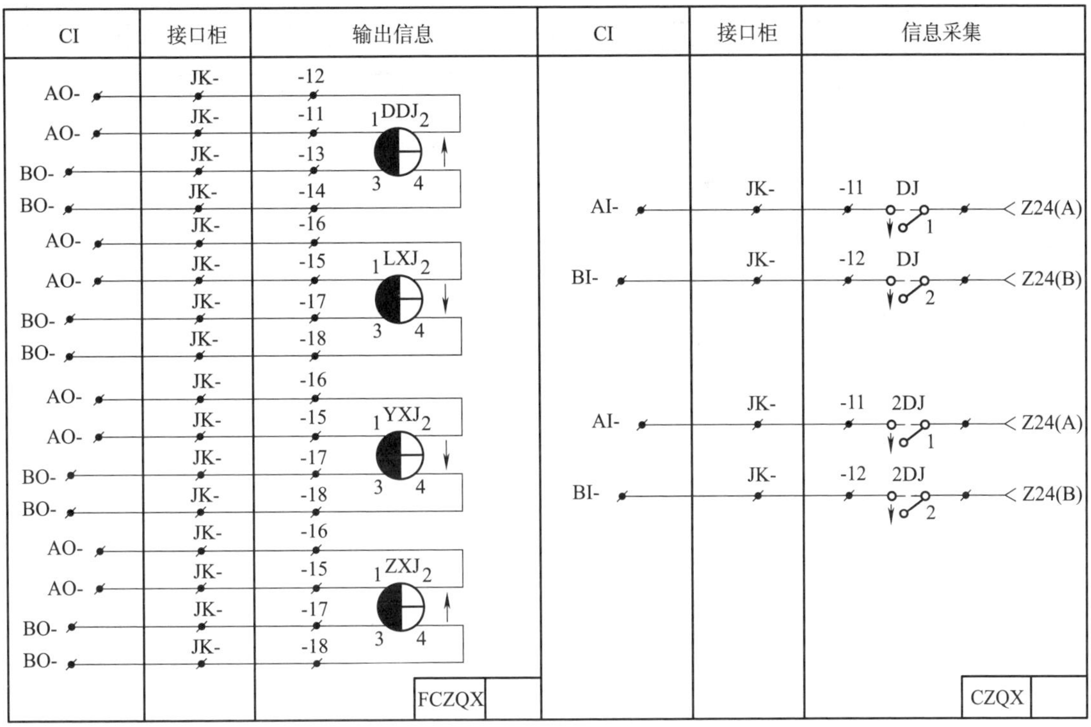

信号机	组合位置	至组合侧面端子																至组合侧面端子			
		至接口柜(驱动)																至接口柜(采集)			
		DDJ-1 (A)	DDJ-2 (A)	DDJ-3 (B)	DDJ-4 (B)	LXJ-1 (A)	LXJ-2 (A)	LXJ-3 (B)	LXJ-4 (B)	YXJ-1 (A)	YXJ-2 (A)	YXJ-3 (B)	YXJ-4 (B)	ZXJ-1 (A)	ZXJ-2 (A)	ZXJ-3 (B)	ZXJ-4 (B)	DJ-12 (A)	DJ-22 (B)	2DJ-12 (A)	2DJ-22 (B)
F_7	Z_1-7 (1)	04-11	04-12	04-13	04-14	01-15	01-16	01-17	01-18	04-15	04-16	04-17	04-18	05-15	05-16	05-17	05-18	01-11	01-12	02-11	02-12
		JK-4-D_3-17	JK-4-D_3-18	JK-7-D_3-17	JK-7-D_3-18	JK-4-D_3-19	JK-4-D_3-20	JK-7-D_3-19	JK-7-D_3-20	JK-4-D_3-25	JK-4-D_3-26	JK-7-D_3-25	JK-7-D_3-26	JK-4-D_3-27	JK-4-D_3-28	JK-7-D_3-27	JK-7-D_3-28	JK-3-D_2-2	JK-6-D_2-4	JK-3-D_2-3	JK-6-D_2-3

图 1-31　信号机驱动及采集电路(二)

(3)采用(C)FZX 的信号机驱动及采集电路图设计

采用(C)FZX 的信号机驱动及采集电路如图 1-32 所示。它驱动 DDJ、LXJ、ZXJ,采集前接点。设计时,在所附配线表中填写信号机名称、组合位置、至接口柜端子号。组合侧面端子号是固定的。如 YXJ、ZXJ 不插,则有关 YXJ、ZXJ 的端子号不填。

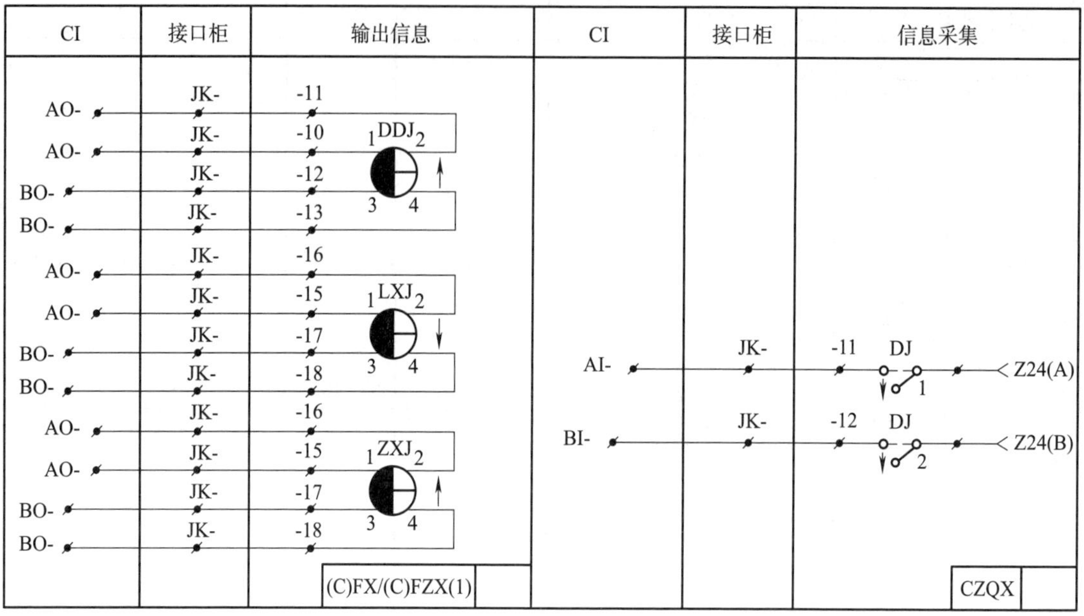

信号机	组合位置	至组合侧面端子												至组合侧面端子	
		至接口柜(驱动)端子												至接口柜(采集)端子	
		DDJ-1 (A)	DDJ-2 (A)	DDJ-3 (B)	DDJ-4 (B)	LXJ-1 (A)	LXJ-2 (A)	LXJ-3 (B)	LXJ-4 (B)	ZXJ-1 (A)	ZXJ-2 (A)	ZXJ-3 (B)	ZXJ-4 (B)	DJ-12 (A)	DJ-22 (B)
F_1	Z_1-10(1)	04-10	04-11	04-12	04-13	01-15	01-16	01-17	01-18	04-15	04-16	04-17	04-18	01-11	01-12
		JK-4-D_2-15	JK-4-D_2-16	JK-7-D_2-15	JK-7-D_2-16	JK-4-D_2-17	JK-4-D_2-18	JK-7-D_2-17	JK-7-D_2-18						

图 1-32 信号机驱动及采集电路(三)

2. 道岔驱动及采集电路图设计

道岔驱动及采集电路如图 1-33 所示。它驱动 CT 组合中的 DCJ、FCJ、DCQDJ,采集 TDF_2中的 ZDBJ、ZFBJ 前、后接点。设计时,在所附配线表中填写道岔名称、组合位置、至接口柜端子号。组合侧面端子号是固定的。

3. 计轴设备驱动及采集电路图设计

(1)计轴设备采集电路图设计

计轴设备采集电路如图 1-34 所示。计算机联锁采集 GJ 的第一、二组前接点。设计时,在所附配线表中填写区段名称、组合位置、至组合侧面端子号、至接口柜端子号。每个区段的上面一个小格填写组合侧面端子号,下面一个小格填写接口柜端子号。

计轴设备采集电路图也可以和计轴设备控制电路设计在一张图上。

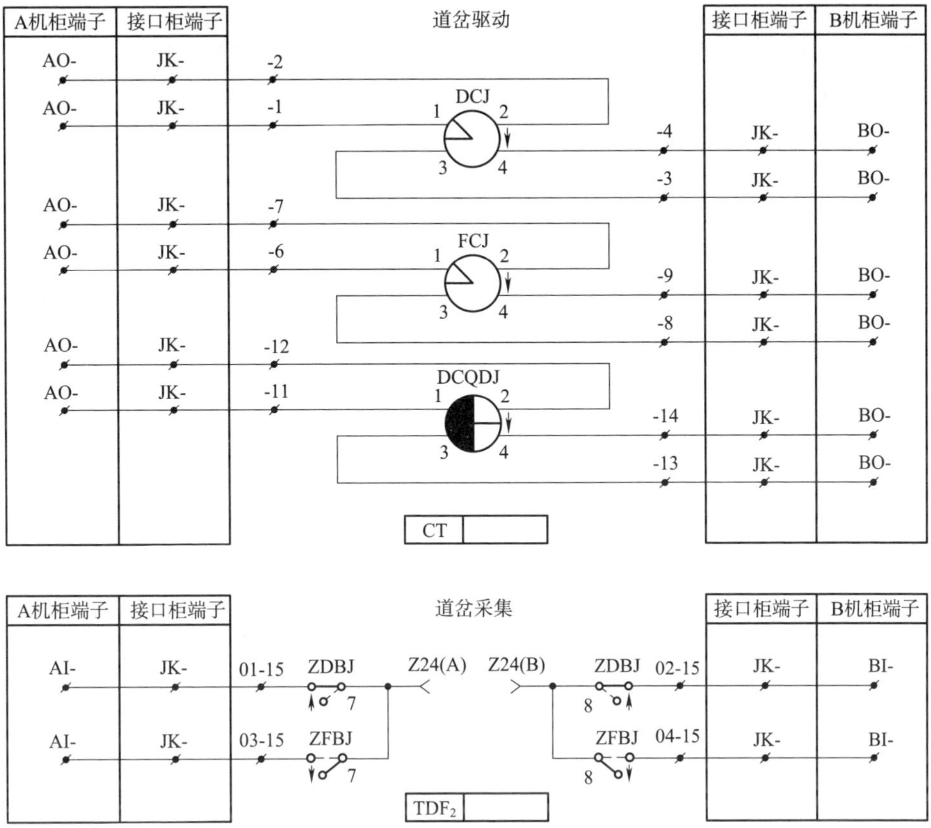

道岔	组合位置CT	A机						B机						组合位置	A机		B机	
		至接口柜(驱动)端子													至接口柜(采集)端子			
		DCJ -1	DCJ -2	FCJ -1	FCJ -2	DCQDJ -1	DCQDJ -2	DCJ -3	DCJ -4	FCJ -3	FCJ -4	DCQDJ -3	DCQDJ -4	TDF2	ZDBJ -72	ZFBJ -72	ZDBJ -82	ZFBJ -82
1#	Z_4-4(1)	01-1	01-2	01-6	01-7	01-11	01-12	01-3	01-4	01-8	01-9	01-13	01-14	Z_4-9	01-15	03-15	02-15	04-15
		JK-4-D_1-5	JK-4-D_1-6	JK-4-D_1-7	JK-4-D_1-8	JK-4-D_1-9	JK-4-D_1-10	JK-7-D_1-5	JK-7-D_1-6	JK-7-D_1-7	JK-7-D_1-8	JK-7 D_1-9	JK 7 D_1-10		JK-3-D_1-11	JK-3-D_1-12	JK-6-D_1-11	JK-6-D_1-12

图 1-33　道岔驱动及采集电路

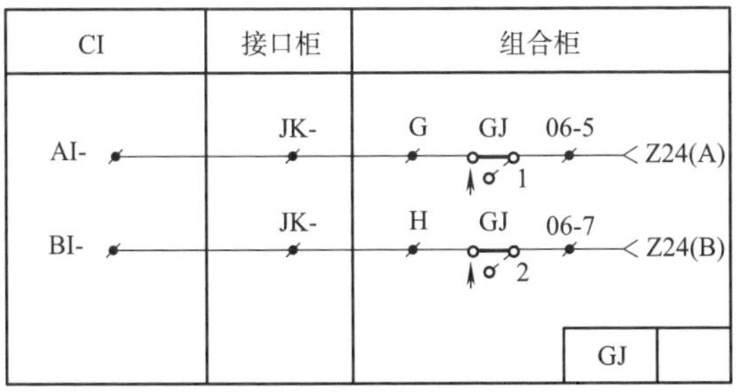

区段	GJ 组合位置	GJ-12(A)	GJ-22(B)
		G	H
1G	Z_7-10(1)	01-5	01-6
		JK-3-D_2-28	JK-6-D_2-28

图 1-34　计轴设备采集电路

(2)计轴设备复位驱动和采集电路图设计

计算机联锁驱动计轴复位继电器 FWJ，计轴设备复位驱动和采集电路如图 1-35 所示。设计时，在所附计轴复位继电器配线表中填写各区段 FWJ 的组合位置，在复位电路图驱动配线表中填写区段名称、FWJ 组合位置、至组合侧面端子号、至接口柜端子号。每个区段的上面一个小格填写组合侧面端子号，下面一个小格填写接口柜端子号。在配线表中填写区段名称、FWJ 组合位置、至组合侧面端子号、至计轴机柜端子号。每个区段的上面一个小格填写组合侧面端子号，下面一个小格填写计轴机柜端子号。

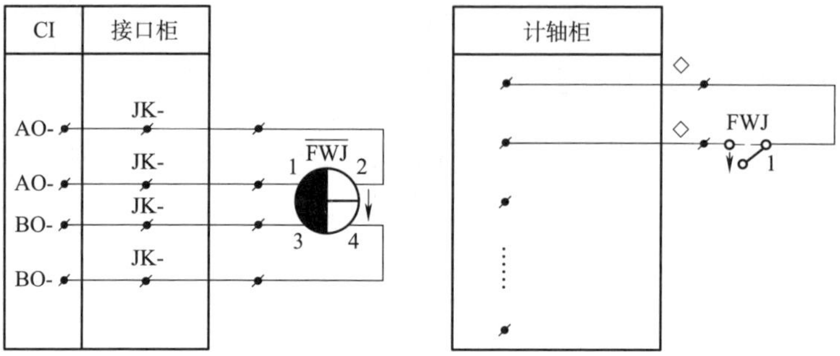

计轴复位继电器配线表

	组合位置	1	2	3	4	5	6	7	8	9	10
FWJ	Z_7-5	1G	2G	1DG	3-5DG	5G	7G	7DG	9DG	9G	11G
	Z_7-4	13G	15G	17G	19G	21G	1DG-B	23G	25G		
	Z_7-3	2G	4G	6G	8G	2DG	4-6DG	10G	12G	8DG	10DG
	Z_7-2	14G	16G	18G	20G	22G	24G	26G	28G	30G	20G-B
	Z_7-1	32G	34G								

计轴复位电路图驱动配线表

区段	FWJ 组合位置	驱 动				复 位	
		FWJ-1	FWJ-2	FWJ-3	FWJ-4	FWJ-11	FWJ-12
						计轴机柜	
1G	Z_7-5(1)	01-1	01-2	01-3	01-4	01-7	01-8
		JK-4-D_5-39	JK-4-D_5-40	JK-7-D_5-39	JK-7-D_5-40	JZ-2-Q-21	JZ-2-Q-43

图 1-35 计轴设备复位电路

4. 紧急关闭采集电路图设计

紧急关闭采集电路如图 1-36 所示。设计时，在图中填写接口柜端子号。

紧急关闭采集电路图按车站进行设计。

紧急关闭采集电路图可以和紧急关闭控制电路图设计在一张图纸上。

5. 安全门驱动和采集电路图设计

计算机联锁驱动 GMJ、KMJ(X、S)，采集 MGJ、MPLJ(X、S)前接点。安全门驱动和采集电路如图 1-37 所示。设计时，在图中填写接口柜端子号。

安全门驱动和采集电路图按车站进行设计。

安全门驱动和采集电路图可以和安全门控制电路设计在一张图纸上。

6. 断路器报警采集电路图设计

断路器报警采集电路如图 1-38 所示，采集的是 RSBJ、RSBJF 前接点。设计时，在图中填写接口柜端子号。

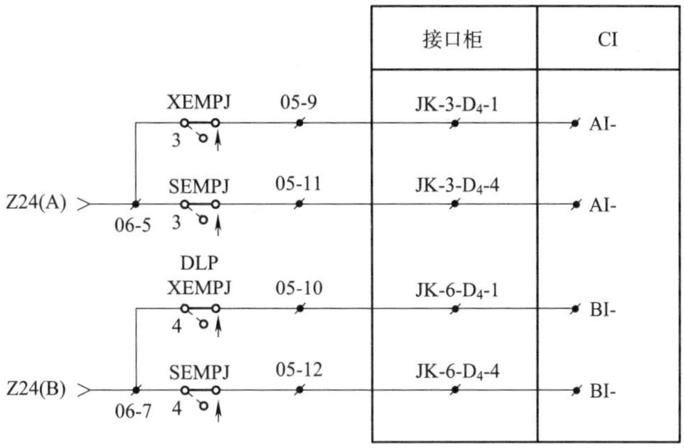

图 1-36　紧急关闭采集电路

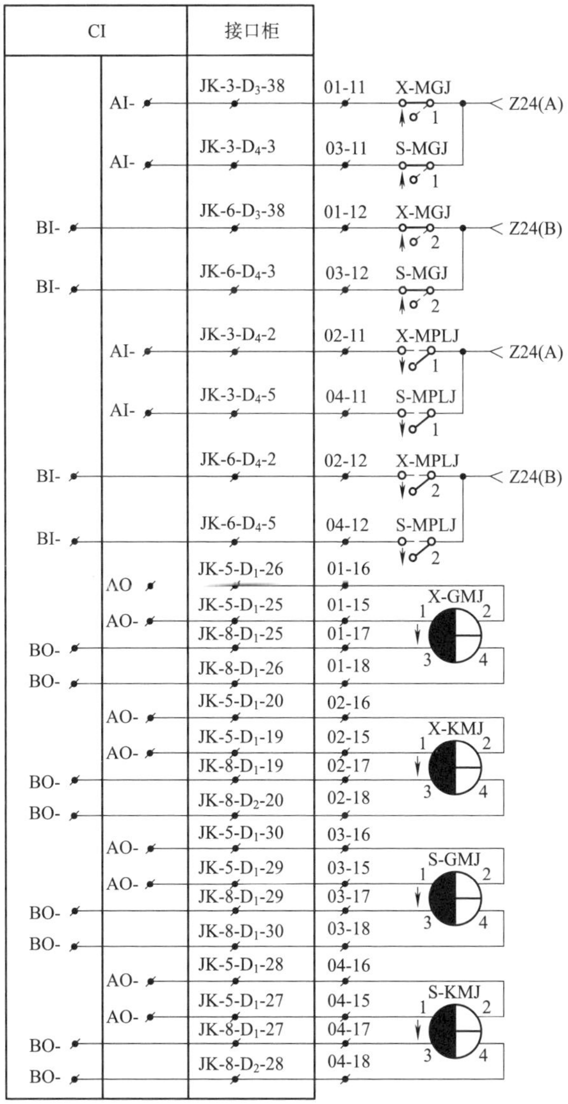

图 1-37　安全门驱动和采集电路图

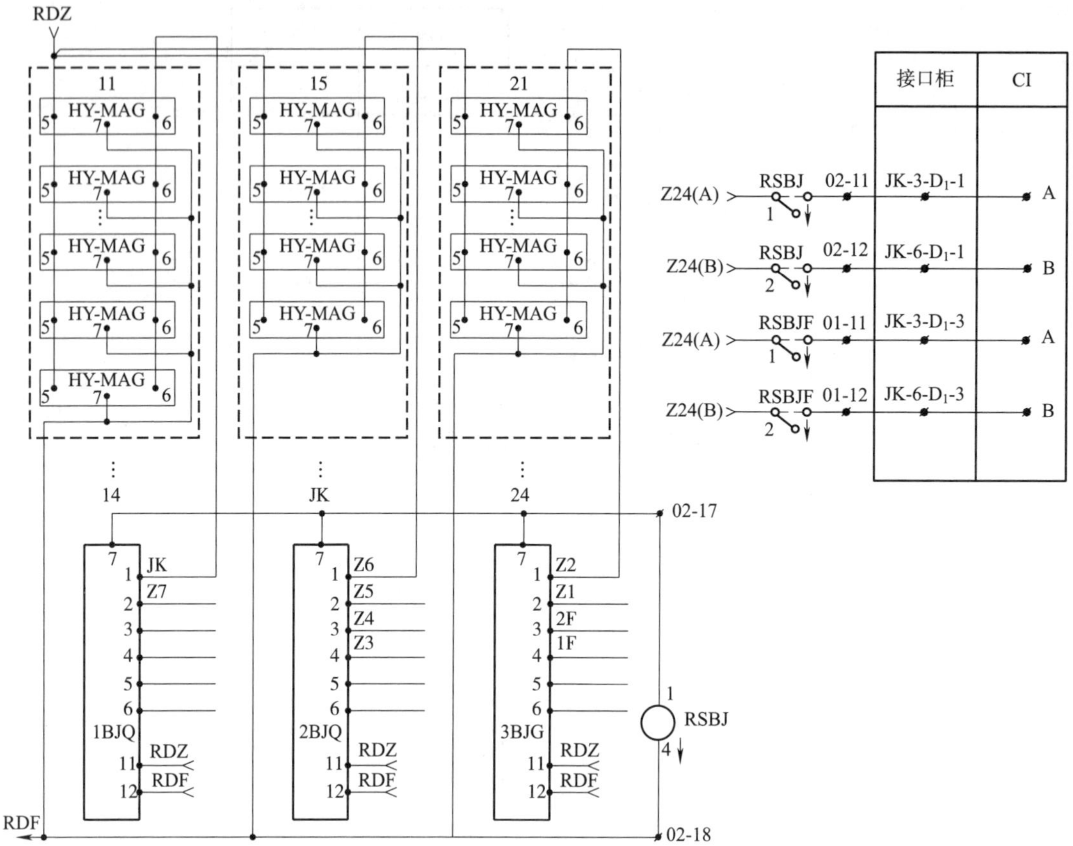

图 1-38 断路器报警采集电路

7. CI 系统接口电路图设计

有的 CI 系统设有接口电路。iLOCK 的 CI 系统接口电路如图 1-39 所示。驱动继电器 SYSA、SYSB、KZKFJ，采集 SYSA、SYSB 前、后接点。设计时，在图中填写接口柜端子号。

8. 信标编码器(LEU)接口电路图设计

信标编码器(LEU)接口电路如图 1-40 所示。信标编码器(LEU)用来连接接口柜和重开信标 VB、预告信标 IB。每个 LEU 输入最多 4 路，即最多可连接 4 个信标。信号信标只有 1 路输入，道岔信标视道岔数量有多路输入。一个 LEU 连接几个信标，先要看有多少输入，才能确定。

LEU-E01F 连接 VB_1、IB_{12}、VB_5、VB_7。VB_1、VB_7 为信号信标，VB_1 需要 XC 信号机的条件，VB_7 需要 F_3 信号机的条件。IB_{12}、VB_5 为信号信标兼道岔信标。IB_{12} 除了需要 SQ_2 信号机的条件外，还需要 2 号道岔的条件。VB_5 除了需要 F_5 信号机的条件外，还需要 4/5 号道岔的条件。LEU-E02F 只连接 VB_3，因其有 9 路输入，它除了输入 F_1 信号机的条件外，还输入 1、3/6、7/9、8/10 号道岔的条件。

设计该电路前要先要完成组合排列表，分配好接口柜端子、分线柜端子。设计时，先要根据各信标的情况，确定 LEU 的输入，再确定 LEU 的输出。在接口柜的输入接口填写 LXJ、DDJ 的信号机名称、组合位置，ZDBJ、ZFBJ 的道岔名称、组合位置。在接口柜中填写其端子号。在 LEU 的输出接口填写分线柜端子号。

以上是集中站的信标编码器(LEU)接口电路图，非集中站的信标编码器(LEU)接口电路图与之大体相同，不同的只是需要将分线柜端子改成综合柜端子。

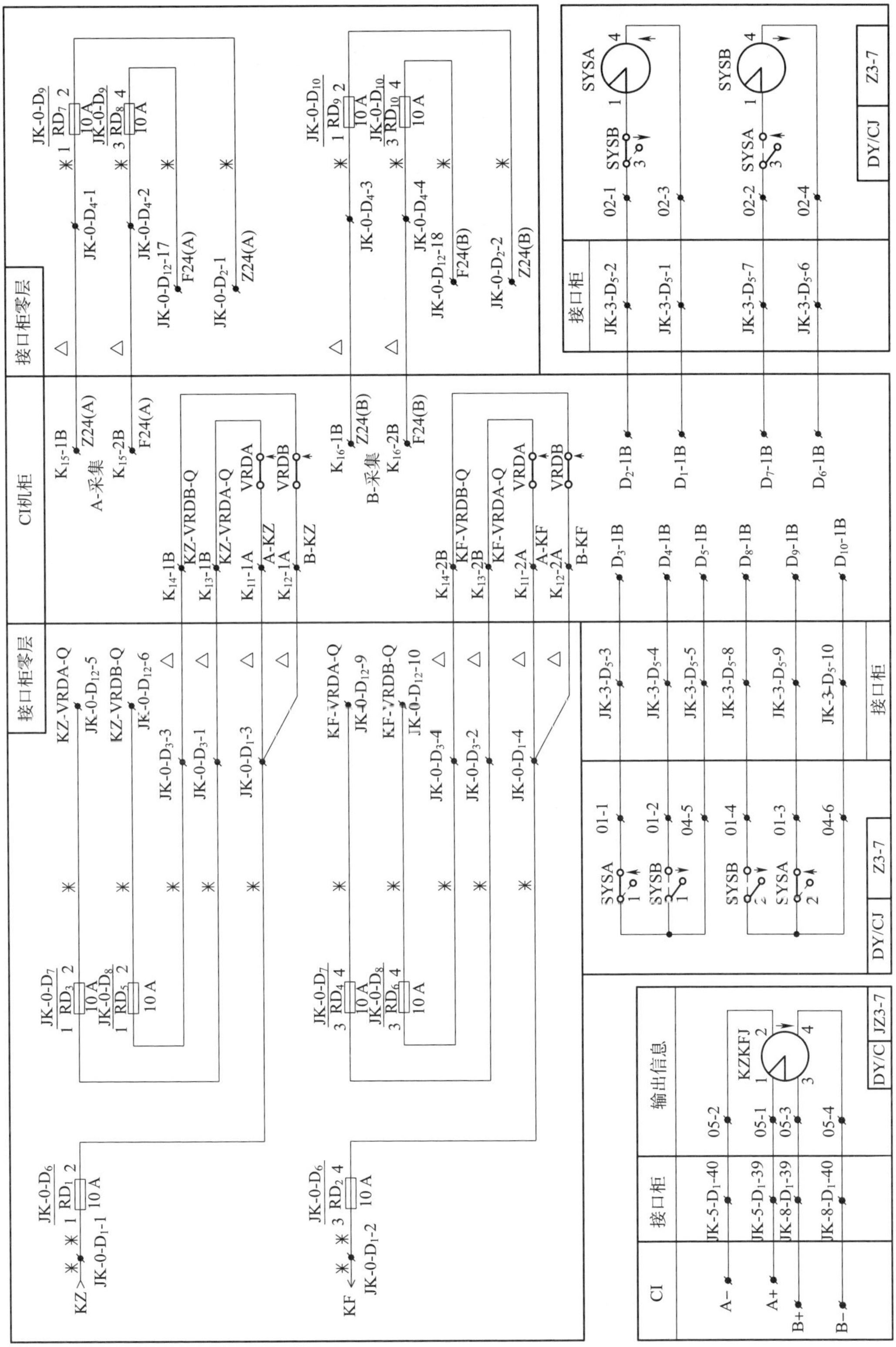

图1-39　CI系统接口电路(iLOCK)

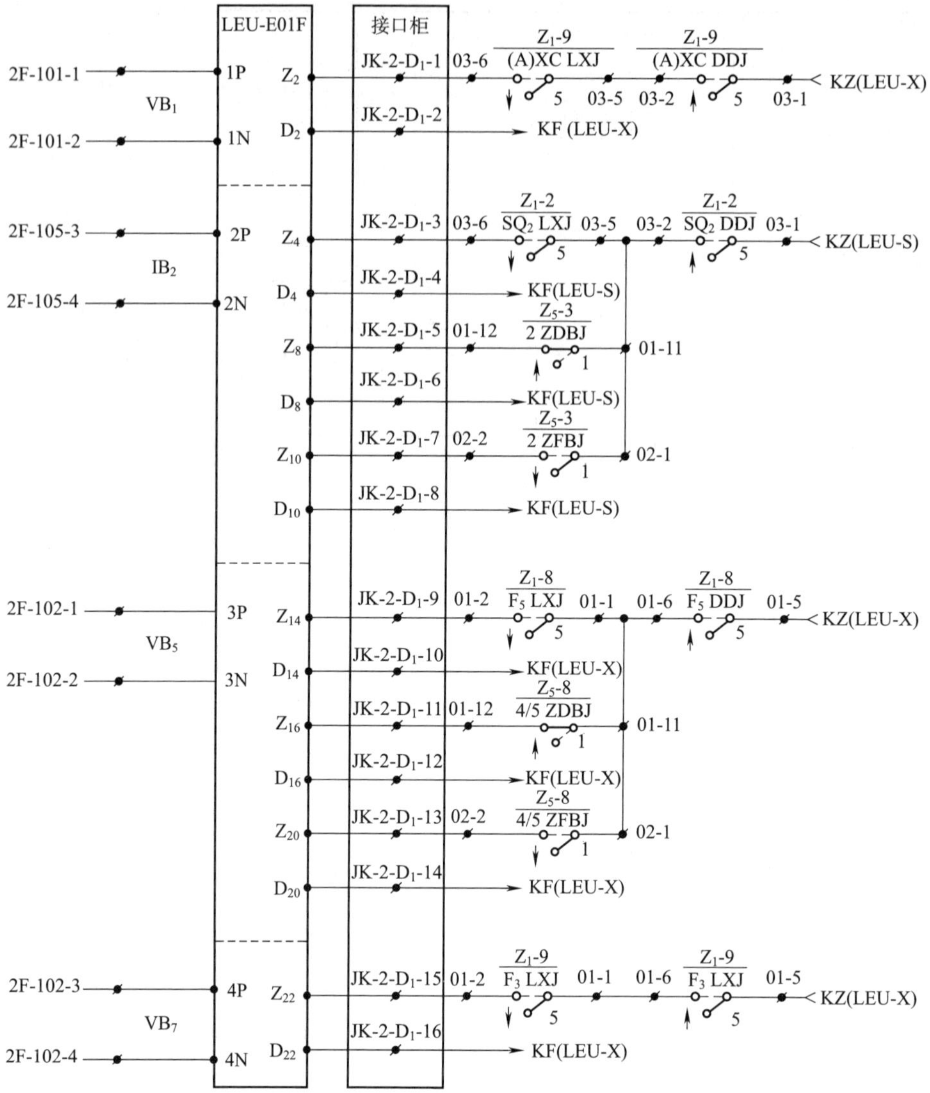

图 1-40 信标编码器(LEU)接口电路

二、信号机点灯电路图设计

信号机有出站信号机、防护信号机、阻挡信号机、区间信号机，以及出站兼防护信号机等。所有信号机在 CBTC 正常使用时都灭灯，只有在使用降级模式时通过操作使点灯继电器 DDJ 吸起，才点亮红灯，然后根据条件显示相应灯光。

在设计信号机点灯电路图前，除了设计好组合排列表外，还应先分配好分线柜端子和组合柜上灯丝报警仪端子。

1. 阻挡信号机点灯电路图

阻挡信号机设在线路的终端站，以及车站站台的终端，如附图 1 中的 Z_2；存车线的终端，如附图 1 中的 Z_1。它们采用 CZQX 组合，二显示信号机构，封闭绿灯，LXJ 不插。这种阻挡信号机的点灯电路如图 1-41 所示。设计时，在所附配线表中填写信号机名称、组合位置、至分线柜端子号、至灯丝报警仪端子号。组合侧面端子号是固定的。

附图 1 中的 Z_4、Z_6 也是阻挡信号机，但是它们仅仅对于折返列车起阻挡作用，而对于正常运行的列车相当于区间信号机。它们采用 FCZQX 组合，只有红、绿两显示。点灯电路图和区间信号机相同。设计方法也和区间信号机相同。

2. 防护信号机点灯电路图

防护信号机根据所防护的位置不同，大体有三种情况：设在岔前，直、侧向均有进路，如附图 1 中的 F_7、F_8；设在岔前，因限制直向通行或直向为尽头线，只有侧向进路，如附图 1 中的 F_2、F_4、F_5、F_{10}；设在岔后，没有侧向进路，如附图 1 中的 F_3、F_6、F_{11}。它们均采用 FCZQX 组合，都有引导信号，但具体电路有区别。

(1)设在岔前，直、侧向均有进路的防护信号机的点灯电路图

它有红、黄、绿三种显示，以及引导信号。点灯电路如图 1-42 所示。设计时，在所附配线表中填写信号机名称、组合位置、至分线柜端子号、至灯丝报警仪端子号、至 2 灯丝报警仪端子号。组合侧面端子号是固定的。

(2)设在岔前，因限制直向通行或直向为尽头线，只有侧向进路的防护信号机的点灯电路图

它有红、黄两种显示，以及引导信号，封闭绿灯，ZXJ 不插。点灯电路如图 1-43 所示。设计时，在所附配线表中填写信号机名称、组合位置、至分线柜端子号、至灯丝报警仪端子号、至 2 灯丝报警仪端子号。组合侧面端子号是固定的。

(3)设在岔后没有侧向进路的防护信号机的点灯电路图

它有红、黄、绿三种显示，以及引导信号，但是不点单黄灯，ZXJ 不插。点灯电路如图 1-44 所示。设计时，在所附配线表中填写信号机名称、组合位置、至分线柜端子号、至灯丝报警仪端子号、至 2 灯丝报警仪端子号。组合侧面端子号是固定的。

3. 出站信号机点灯电路图

出站信号机设在车站站台端部，如附图 1 中的 A、B 站的 XC，它们有红、绿两种显示，没有引导信号，采用 FCZQX 组合。点灯电路如图 1-45 所示。设计时，在所附配线表中填写信号机名称、组合位置、至分线柜端子号、至灯丝报警仪端子号、至 2 灯丝报警仪端子号。组合侧面端子号是固定的。

出站信号机内方有道岔，即为出站兼防护信号机，没有引导信号，它们采用(C)FZX 组合。根据所防护的位置，有三种情况：有直向和侧向进路，如附图 1 中 A 站的 SC；只有直向进路，如附图 1 中 B 站的 SC；只有侧向进路，如附图 1 中的 F_1、F_9，它们防护的是出站折返进路。

(1)有直向和侧向进路的出站兼防护信号机点灯电路图

有直向和侧向进路的出站兼防护信号机的点灯电路如图 1-46 所示。设计时，在所附配线表中填写信号机名称、组合位置、至分线柜端子号、至灯丝报警仪端子号。组合侧面端子号是固定的。

(2)只有直向进路的出站兼防护信号机点灯电路图

只有直向进路的出站兼防护信号机黄灯封闭，ZXJ 不插，其点灯电路如图 1-47 所示。设计时，在所附配线表中填写信号机名称、组合位置、至分线柜端子号、至灯丝报警仪端子号。组合侧面端子号是固定的。

(3)只有侧向进路的出站兼防护信号机点灯电路图

只有侧向进路的出站兼防护信号机绿灯封闭，ZXJ 不插，其点灯电路如图 1-48 所示。设计时，在所附配线表中填写信号机名称、组合位置、至分线柜端子号、至灯丝报警仪端子号。组合侧面端子号是固定的。

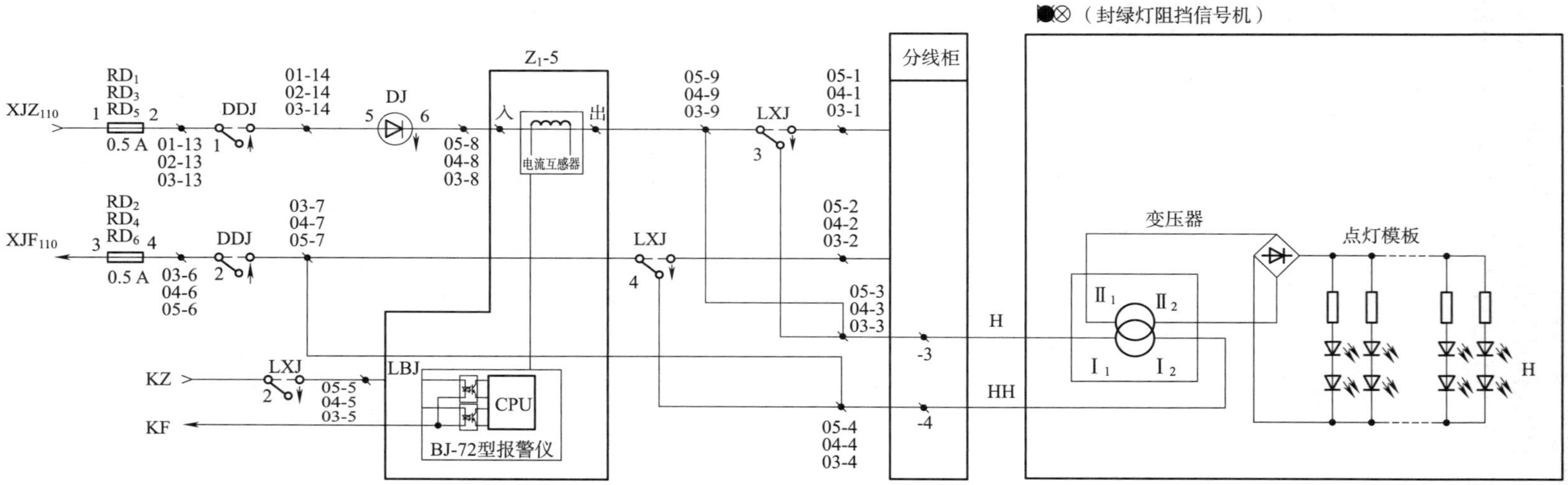

信号机	组合位置	至组合侧面端子 至分线柜端子		至组合侧面端子 至灯丝报警仪	
	CZQX	H	HH	互感器-入	互感器-出
Z_1	Z_1-3(1)	05-3	05-4	05-8	05-9
		1F-301-3	1F-301-4	Z_1-5-CJ_2-35	Z_1-5-CJ_2-26

图1-41　阻挡信号机点灯电路

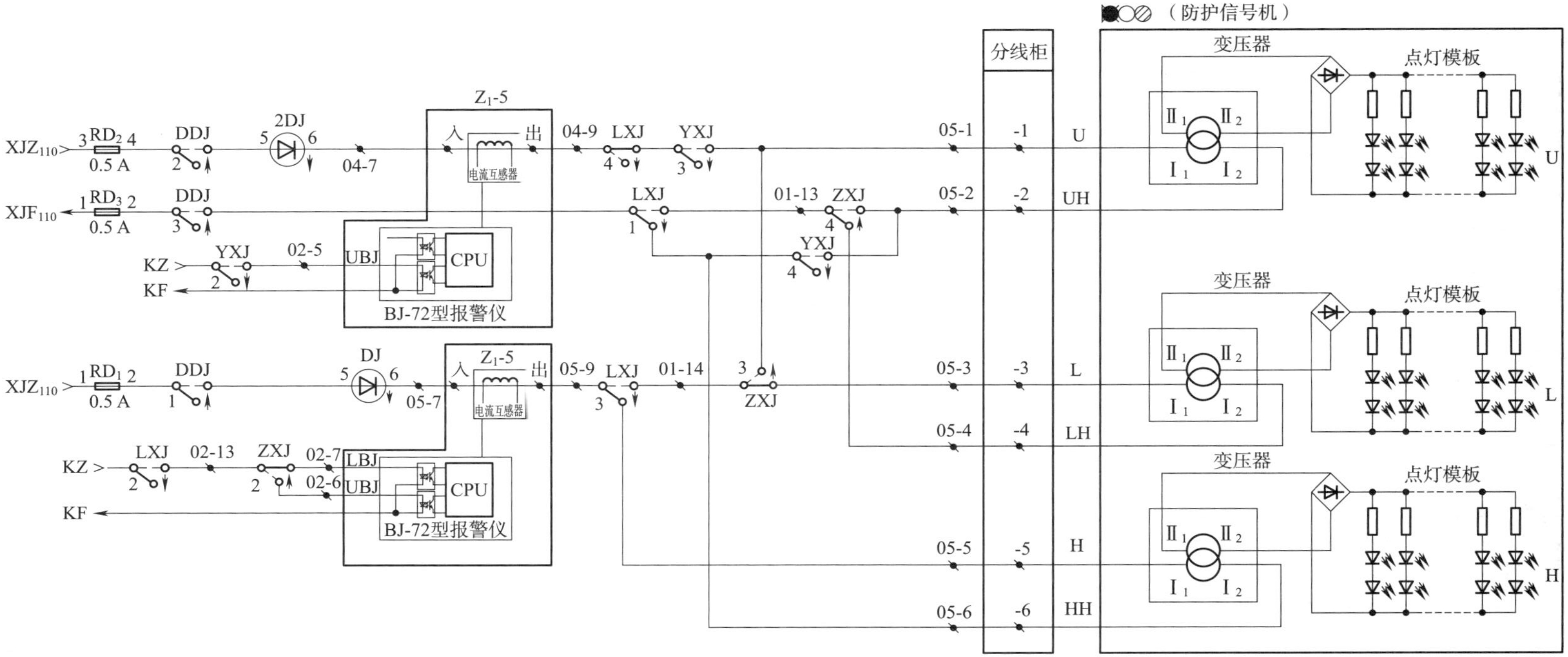

信号机	组合位置	至组合侧面端子						至组合侧面端子				至组合侧面端子		
		至分线柜端子						至灯丝报警仪				至2灯丝报警仪		
	FCZQX	U	UH	L	LH	H	HH	互感器-入	互感器-出	电源采集点（LBJ）	电源采集点（UBJ）	互感器-入	互感器-出	电源采集点（UBJ）
F_7	Z_1-7(1)	05-1	05-2	05-3	05-4	05-5	05-6	05-7	05-9	02-7	02-6	04-7	04-9	02-5
		1F-206-1	1F-206-2	1F-206-3	1F-206-4	1F-206-5	1F-206-6	Z_1-5-CJ_1-29	Z_1-5-CJ_1-30	Z_1-5-CJ_1-31	Z_1-5-CJ_1-32	Z_1-5-CJ_2-1	Z_1-5-CJ_2-2	Z_1-5-CJ_2-3

图1-42　防护信号机点灯电路（一）

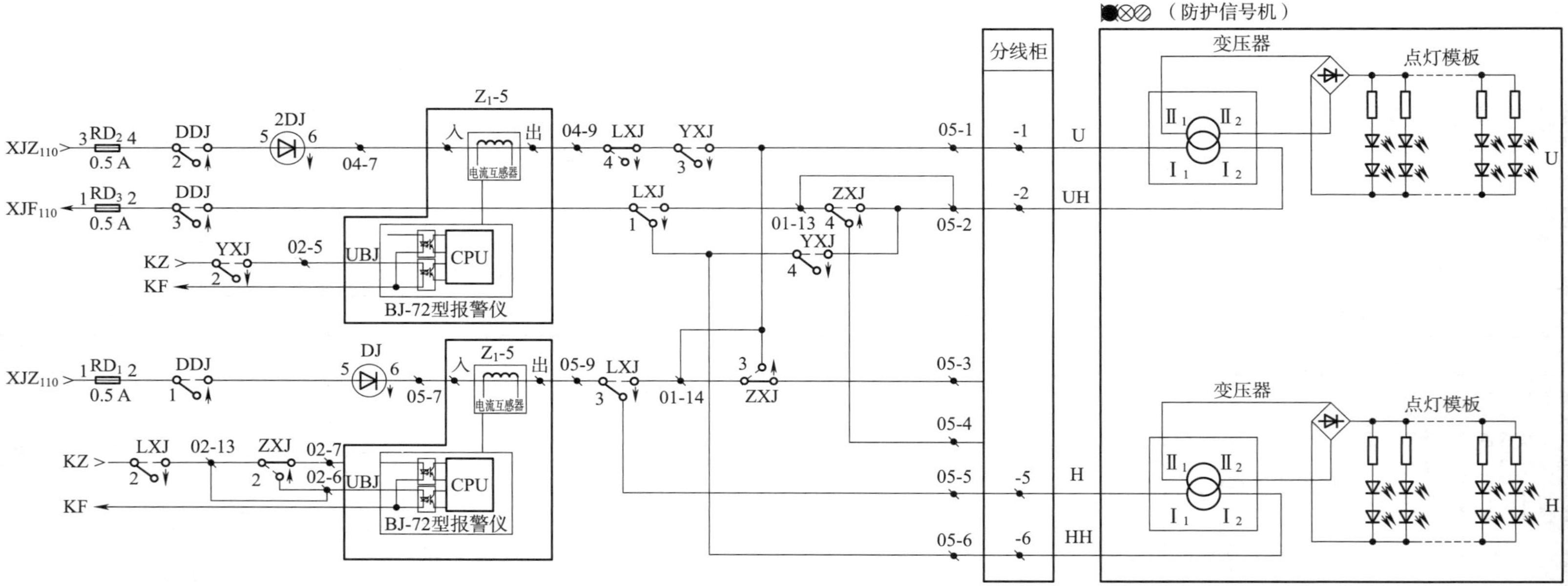

信号机	组合位置	至组合侧面端子				至组合侧面端子			至组合侧面端子		
		至分线柜端子				至灯丝报警仪			至 2 灯丝报警仪		
	FCZQX	U	UH	H	HH	互感器-入	互感器-出	电源采集点（UBJ）	互感器-入	互感器-出	电源采集点（UBJ）
F_2	Z_1-2(1)	05-1	05-2	05-5	05-6	05-7	05-9	02-6	04-7	04-9	02-5
		1F-304-1	1F-304-2	1F-304-5	1F-304-6	Z_1-5-CJ_3-1	Z_1-5-CJ_3-2	Z_1-5-CJ_3-3	Z_1-5-CJ_3-5	Z_1-5-CJ_3-6	Z_1-5-CJ_3-7

图1-43　防护信号机点灯电路（二）

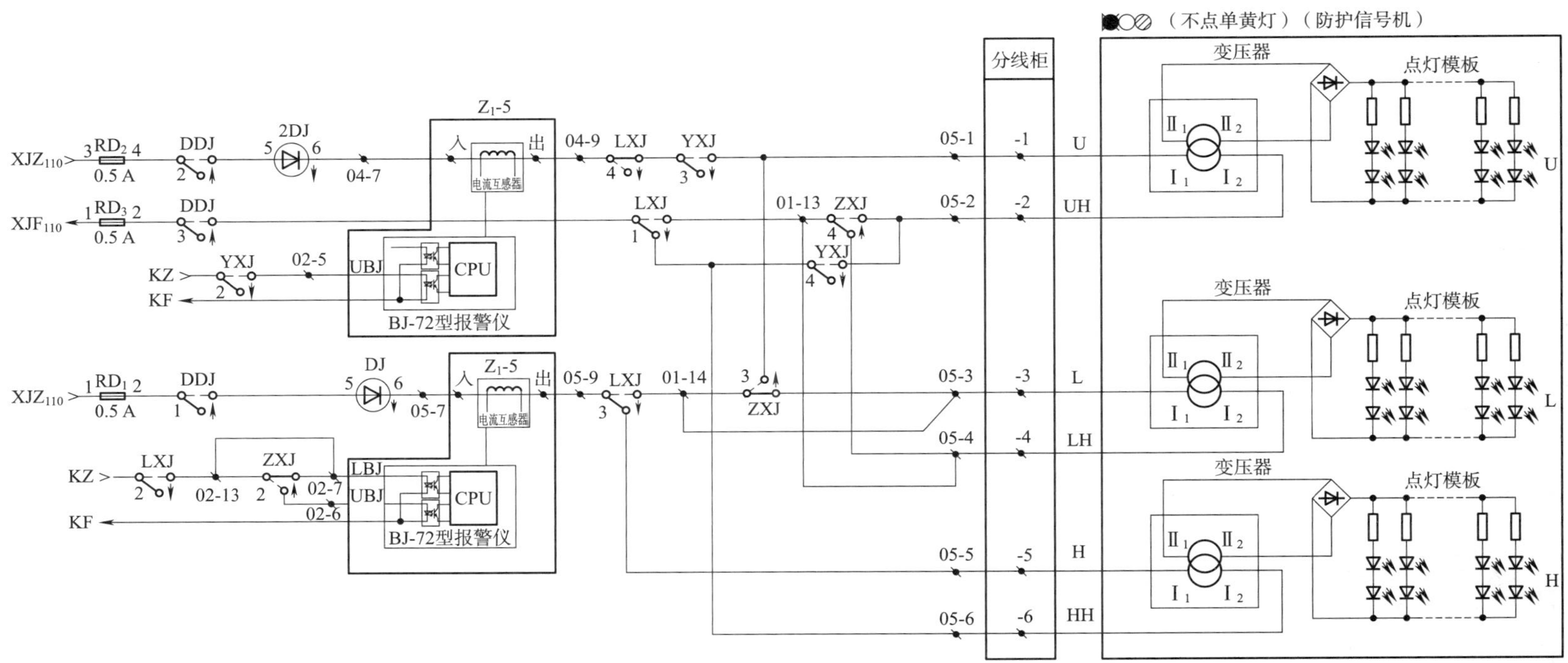

信号机	组合位置	至组合侧面端子						至组合侧面端子			至组合侧面端子		
		至分线柜端子						至灯丝报警仪			至2灯丝报警仪		
	FCZQX	U	UH	L	LH	H	HH	互感器-入	互感器-出	电源采集点（LBJ）	互感器-入	互感器-出	电源采集点（UBJ）
F_3	Z_1-9(1)	05-1	05-2	05-3	05-4	05-5	05-6	05-7	05-9	02-7	04-7	04-9	02-5
		1F-202-1	1F-202-2	1F-202-3	1F-202-4	1F-202-5	1F-202-6	Z_1-5-CJ_1-5	Z_1-5-CJ_1-6	Z_1-5-CJ_1-7	Z_1-5-CJ_1-9	Z_1-5-CJ_1-10	Z_1-5-CJ_1-11

图1-44 防护信号机点灯电路（三）

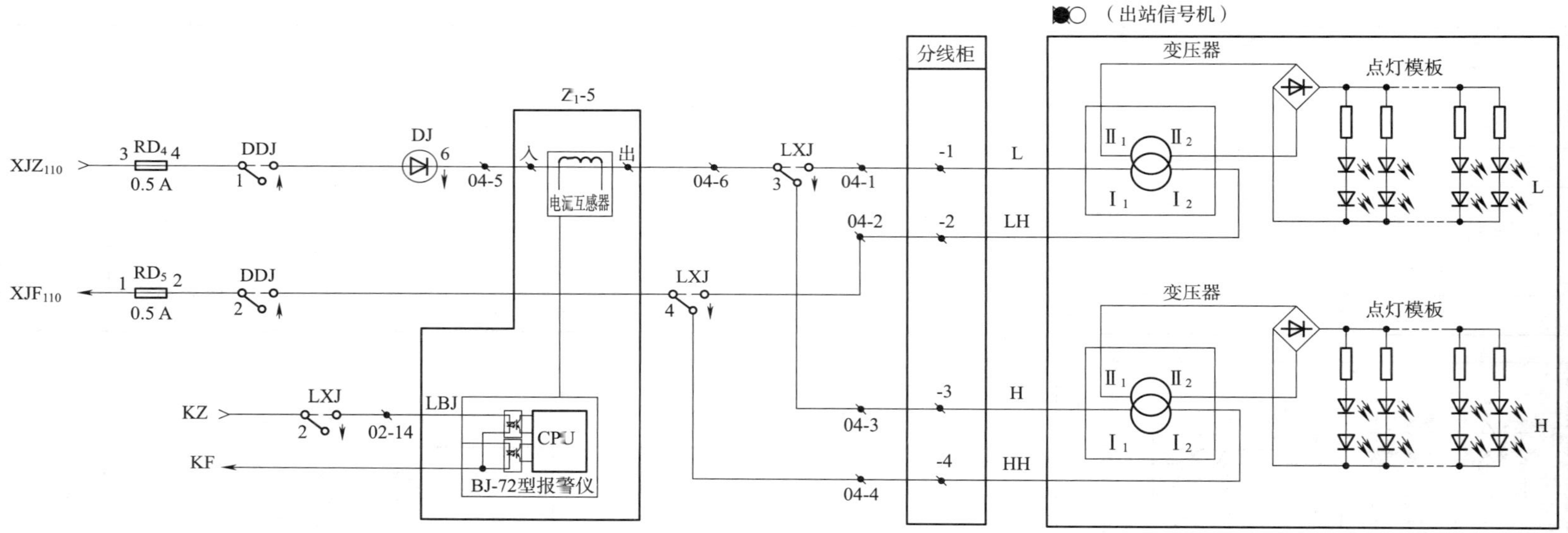

信号机	组合位置	至组合侧面端子				至组合侧面端子		
		至分线柜端子				至灯丝报警仪		
	FCZQX	L	LH	H	HH	互感器-入	互感器-出	电源采集点(LBJ)
(A) XC	Z_1-9(2)	04-1	04-2	04-3	04-4	04-5	04-6	02-14
		1F-203-1	1F-203-2	1F-203-3	1F-203-4	Z_1-5-CJ_1-13	Z_1-5-CJ_1-14	Z_1-5-CJ_1-15

图 1-45　出站信号机点灯电路

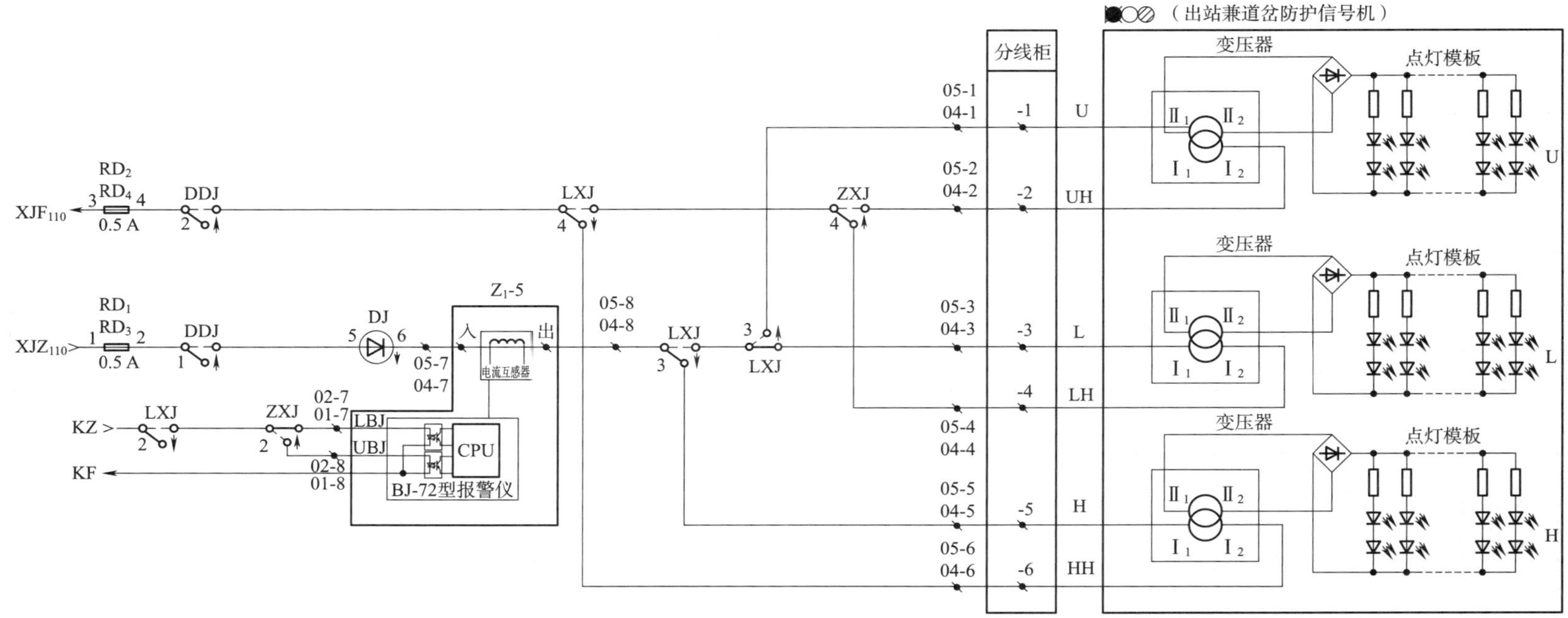

信号机	组合位置	至组合侧百端子						至组合侧面端子			
		至分线柜端子						至灯丝报警仪			
	(C)FZX	U	UH	L	LH	H	HH	互感器-入	互感器-出	电源采集点(LBJ)	电源采集点(UBJ)
(A) SC	Z_1-1(1)	05-1	05-2	05-3	05-4	05-5	05-6	05-7	05-8	02-7	02-8
		1F-304-1	1F-304-2	1F-304-3	1F-304-4	1F-304-5	1F-304-6	Z_1-5-CJ_3-13	Z_1-5-CJ_3-14	Z_1-5-CJ_3-15	Z_1-5-CJ_3-16

图1-46 出站兼防护信号机点灯电路（一）

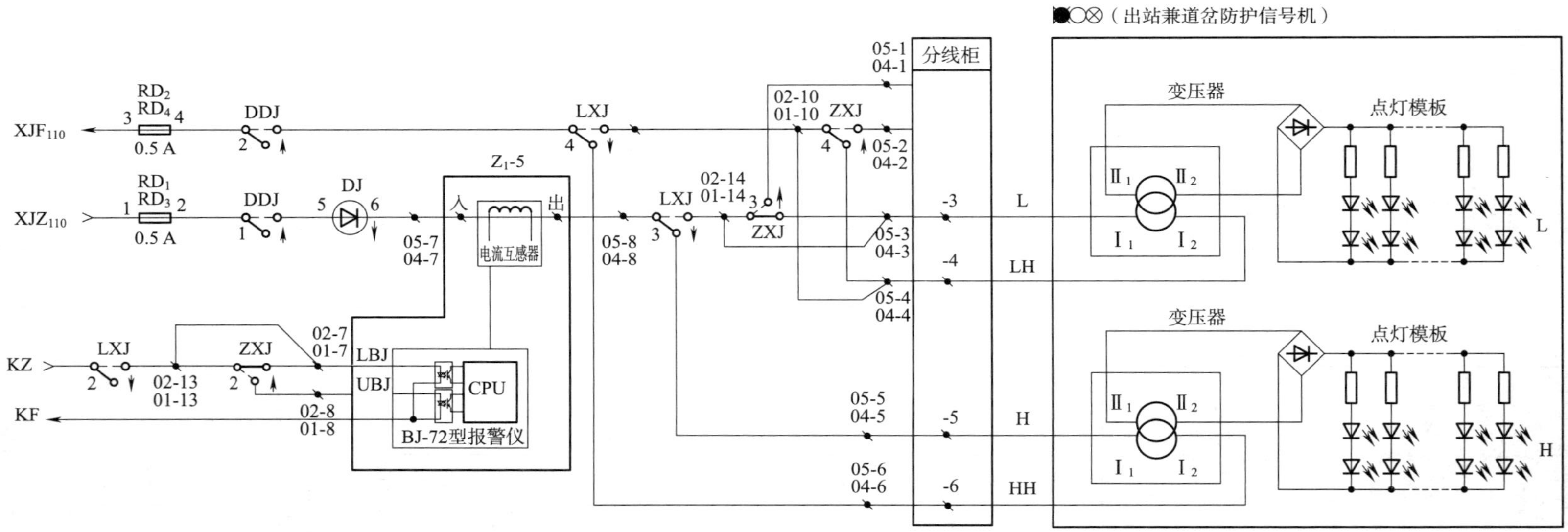

信号机	组合位置	至组合侧面端子				至组合侧面端子		
		至分线柜端子				至灯丝报警仪		
	(C)FZX	L	LH	H	HH	互感器-入	互感器-出	电源采集点(LBJ)
(8) SC	Z_2-7(1)	05-3	05-4	05-5	05-6	05-7	05-8	02-7
		1F-401-3	1F-401-4	1F-401-5	1F-401-6	Z_1-5-CJ_4-21	Z_1-5-CJ_4-22	Z_1-5-CJ_4-23

图 1-47　出站兼防护信号机点灯电路（二）

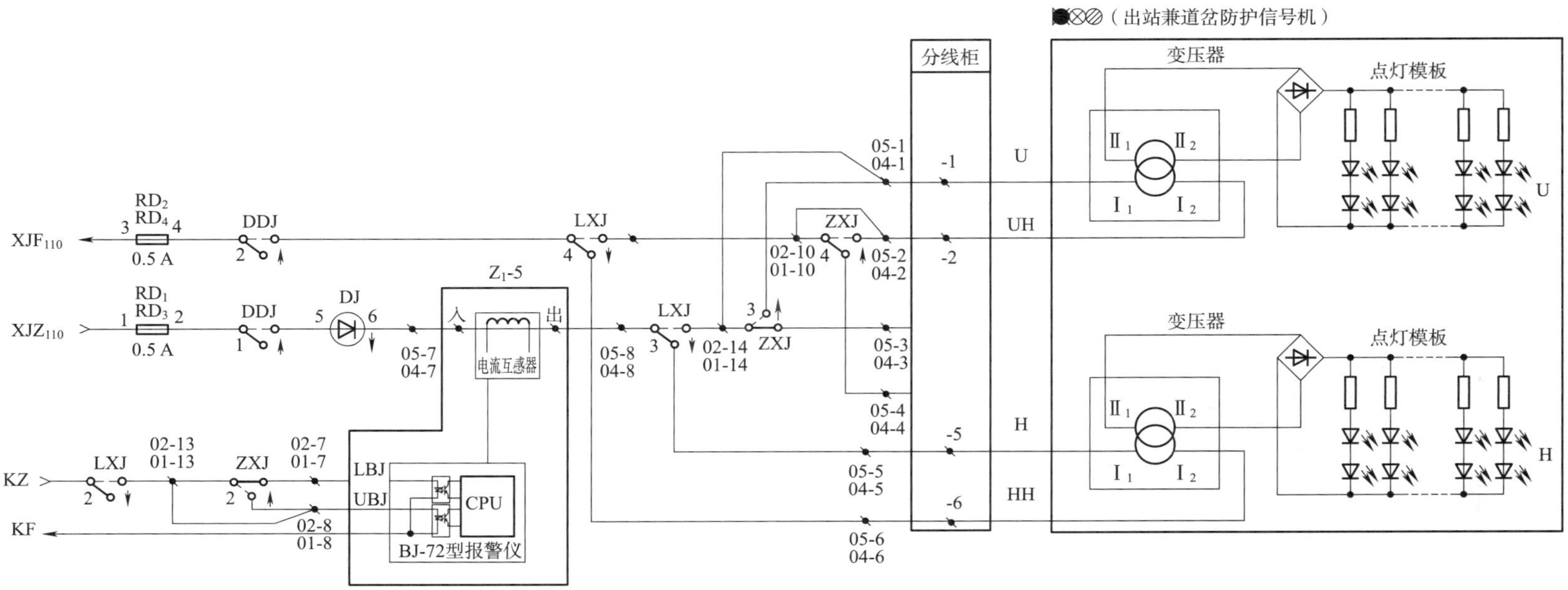

信号机	组合位置	至组合侧面端子				至组合侧面端子		
		至分线柜端子				至灯丝报警仪		
	(C)FZX	U	UH	H	HH	互感器-入	互感器-出	电源采集点(UBJ)
F_1	Z_1-10(1)	05-1	05-2	05-5	05-6	05-7	05-8	02-8
		1F-201-1	1F-201-2	1F-201-5	1F-201-6	Z_1-5-CJ_1-1	Z_1-5-CJ_1-2	Z_1-5-CJ_1-3

图1-48　出站兼防护信号机点灯电路（三）

4. 区间信号机

如果区间较长,可以设置区间通过信号机。如附件图 1 中的 XQ_1、XQ_3、SQ_2、SQ_4、SQ_6 即为区间信号机。区间信号机的电路图和设计方法同出站信号机。

三、道岔控制电路图设计

在设计道岔控制电路图前,除了设计好组合排列表外,还应先分配好分线柜端子。

道岔控制电路如图 1-49 所示。采用 S700K 型电动转辙机,双机牵引,尖轨 1、尖轨 2 分设五线制道岔控制电路。若为双动道岔,图中的 a、b、c 分别与另一动的 a、b、c 相连。

本图按道岔定位时转辙机 1、3 排接点闭合设计,若定位时转辙机 2、4 排接点闭合,需将 X2 与 X3 交叉,X4 与 X5 交叉,现场二极管颠倒极性。

设计时,在所附配线表中填写道岔名称、各组合位置、至分线柜端子号。组合侧面端子号是固定的。

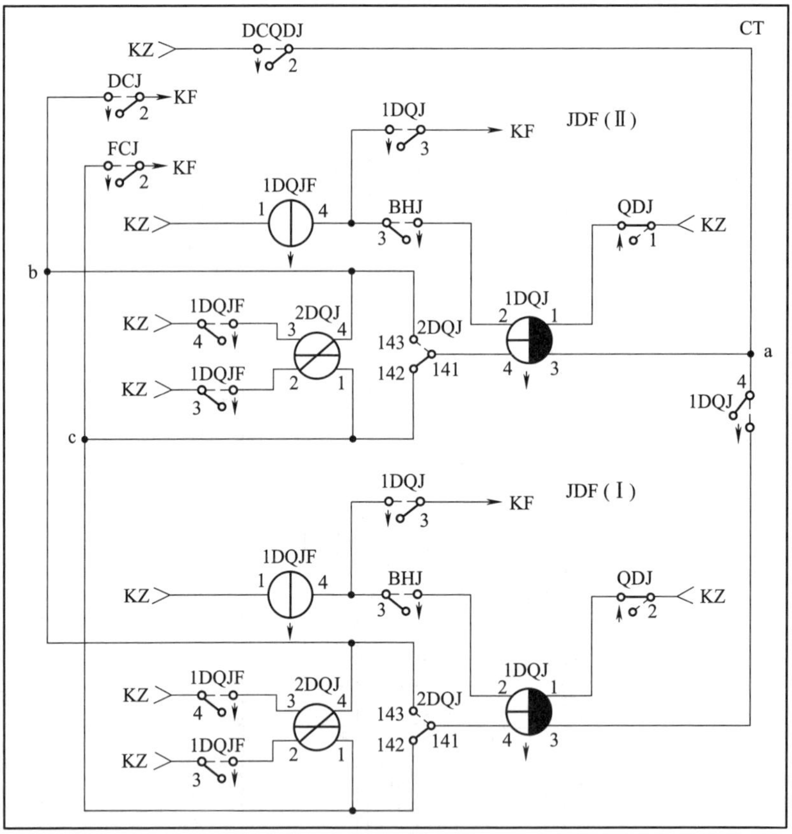

(a) 启动电路

图 1-49

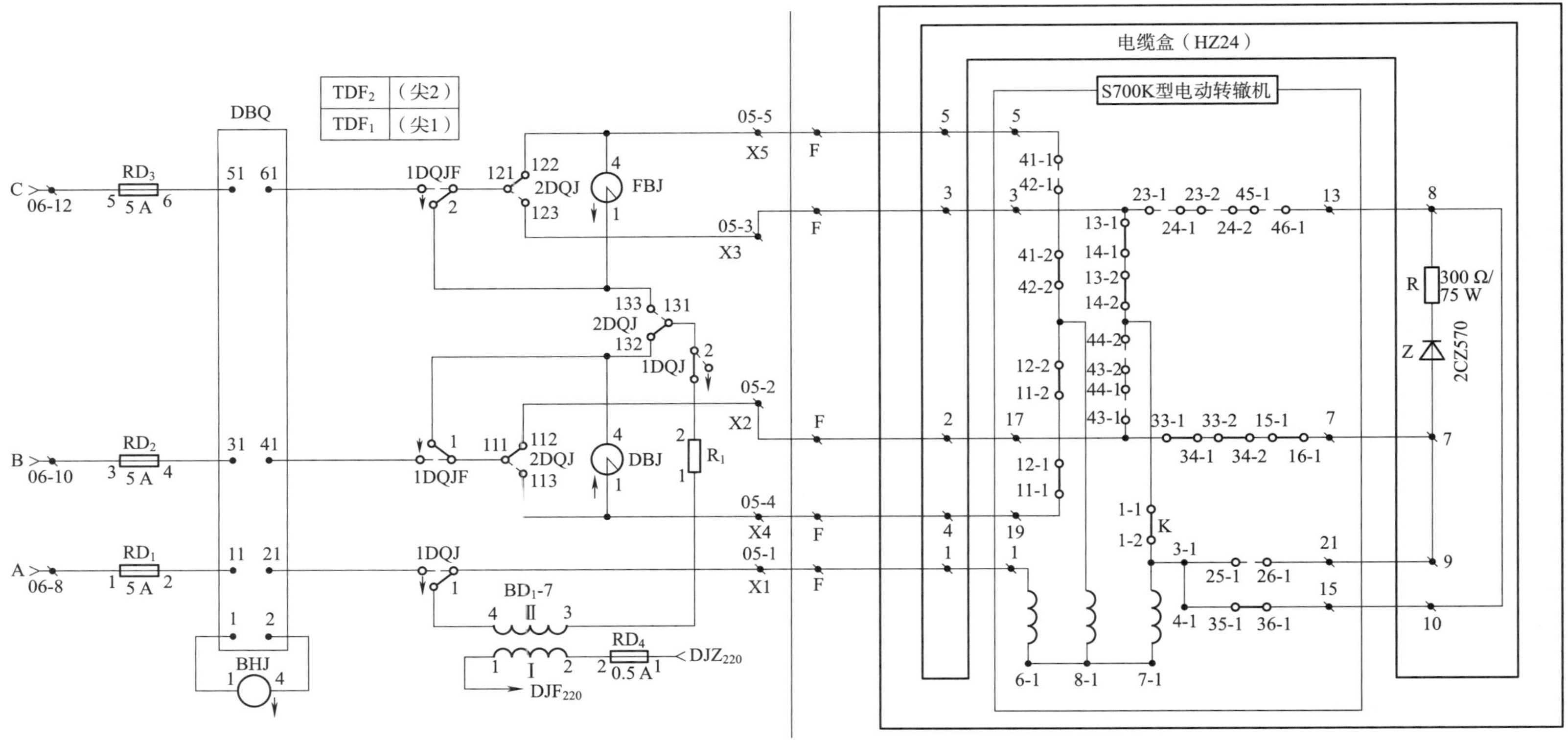

(b) 表示电路

道岔	组合位置		至分线柜端子(尖 1)					组合位置	至分线柜端子(尖 2)					单/双动
	CT	TDF_1	X1 05-1	X2 05-2	X3 05-3	X4 05-4	X5 05-5	TDF_2	X1 05-1	X2 05-2	X3 05-3	X4 05-4	X5 05-5	
1#	Z_4-4(1)	Z_4-10	1F-501-1	1F-501-2	1F-501-3	1F-501-4	1F-501-5	Z_4-9	1F-502-1	1F-502-2	1F-502-3	1F-502-4	1F-502-5	单动

图1-49 道岔控制电路(S700K)

道岔总表示电路如图 1-50 所示。将各牵引点的 DBJ 前接点串联构成 ZDBJ 电路，将各牵引点的 FBJ 前接点串联构成 ZFBJ 电路。设计时，在所附表格中填写尖 1 的 TDF_1、TDF_2 和尖 2 的 TDF_1、TDF_2 的组合位置。

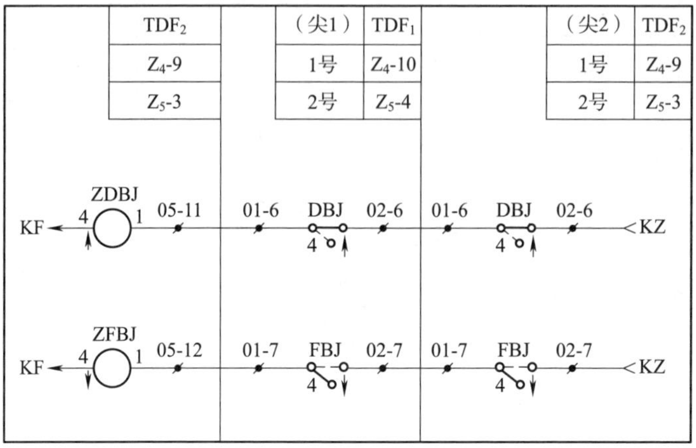

(a) 单动道岔

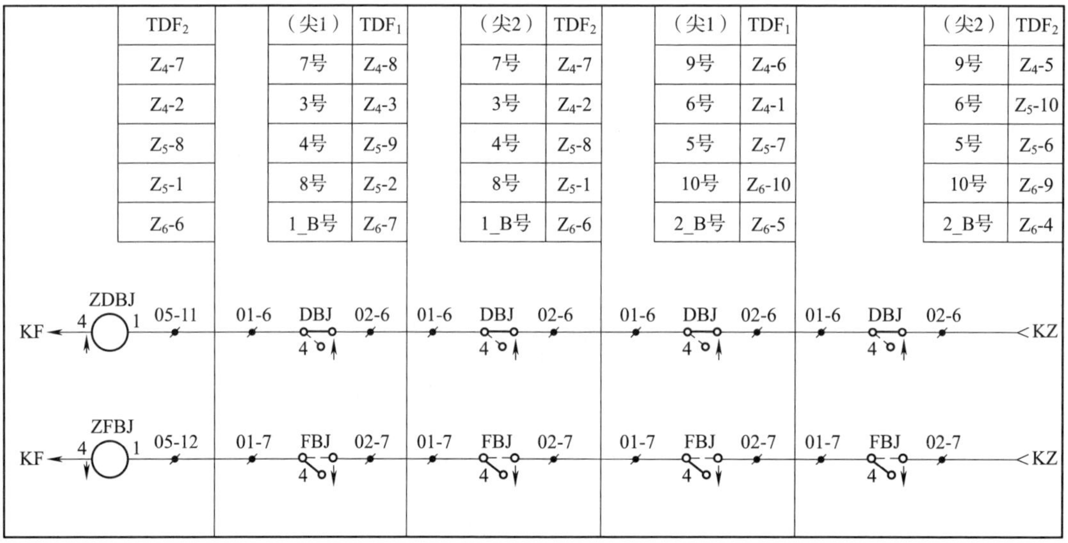

(b) 双动道岔

图 1-50 道岔总表示电路

若采用 ZDJ9 型电动转辙机，与 S700K 型电动转辙机相同。

若采用 ZYJ7 型电动转辙机，其有主机和副机，各动作一个电路牵引点，电路如图 1-51 所示，这时一组道岔只需要一个 TDF 组合。也可以只设主机，这时每个牵引点各需要一个 TDF 组合。设计方法同 S700K 型电动转辙机。

若采用三动道岔，每组道岔需要两组转辙机，三动道岔控制电路如图 1-52 所示。要在所附配线表中填写道岔名称、各组合位置、至分线柜端子号。

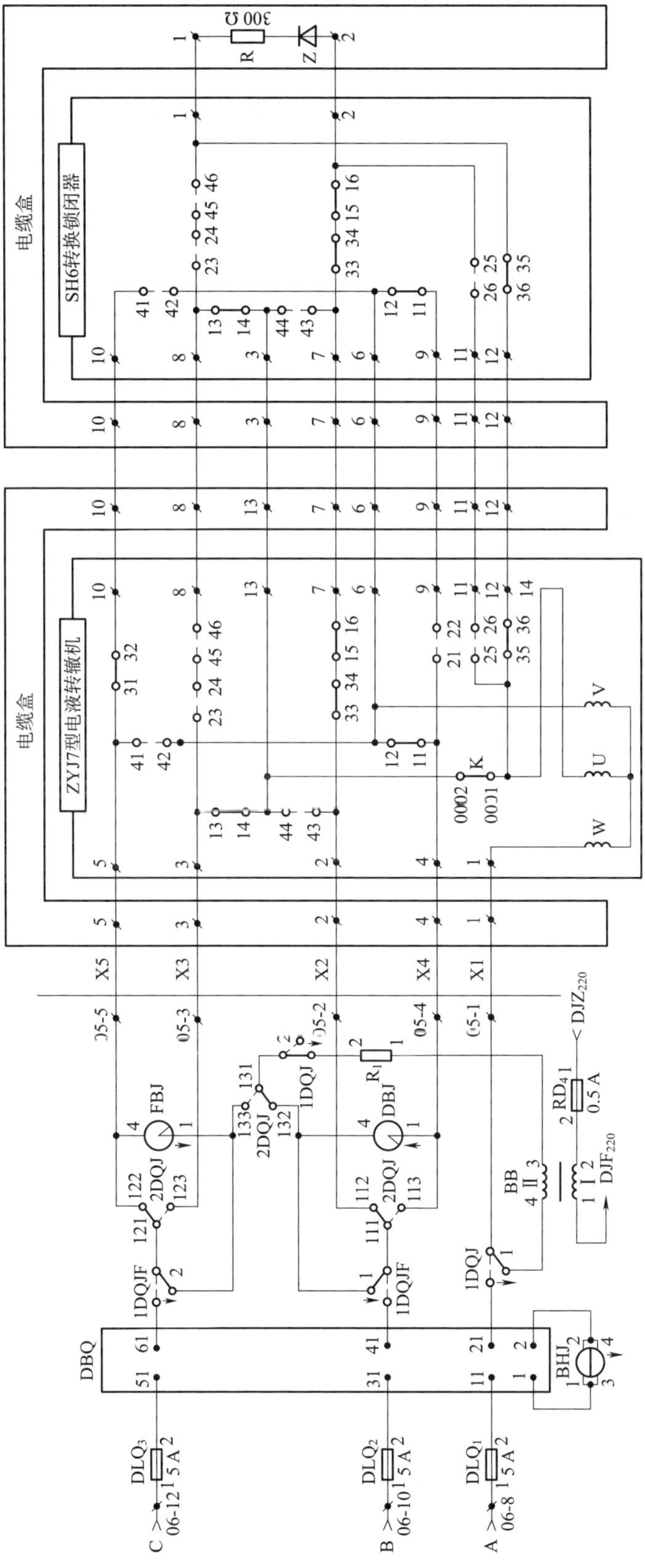

图1-51　ZYJ7型电液转辙机电路

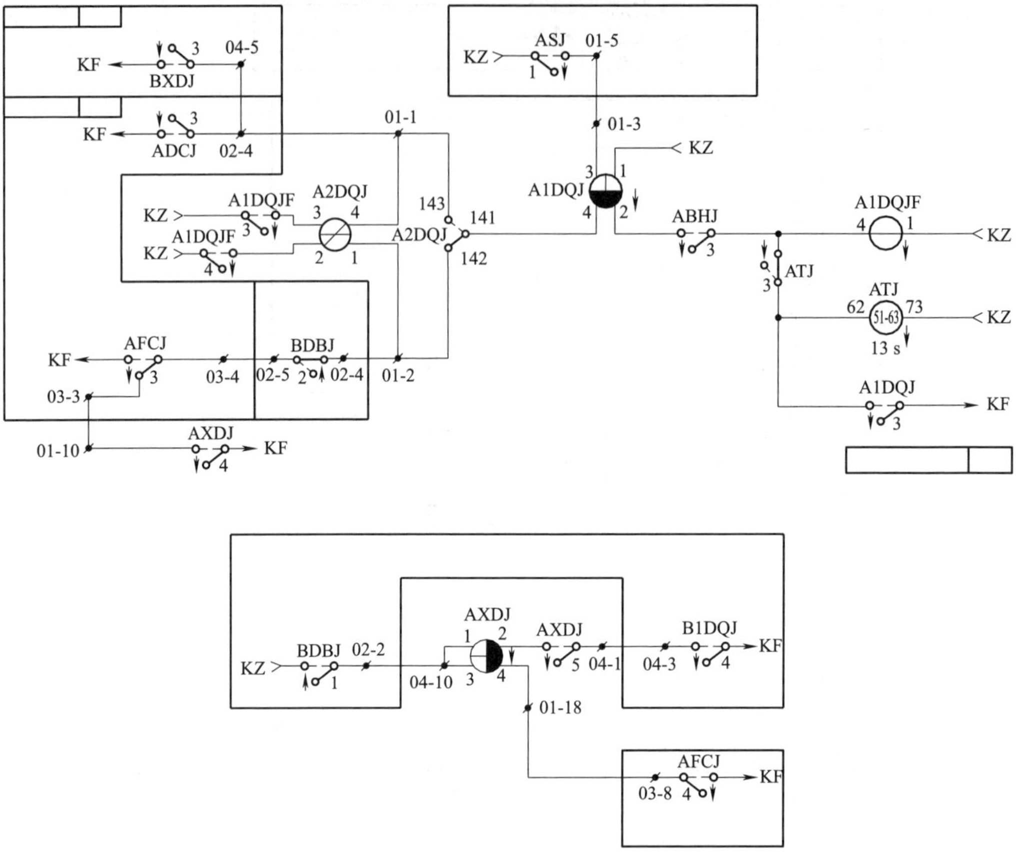

图 1-52　三动道岔控制电路

四、计轴设备控制电路图设计

在设计计轴设备控制电路图前，除了设计好组合排列表外，还应设计好计轴机柜排列图，分配好计轴机柜端子。

计轴设备控制电路如图 1-53 所示。一个计轴机柜可供 24 个区段用。

设计时，在所附表 1 格中填写 GJ 的组合位置。在所附表 2 格中填写计轴点号、计轴机柜端子号、分线柜端子号。计轴机柜端子号的命名方法是：

JZ_1—K—Q—1

- 1：端子序号
- Q：Q 前面，H 后面
- K：层号
- JZ_1：计轴机柜

在所附表 3 格中填写区段、组合侧面端子号、计轴机柜端子号。每个区段的上面一个小格填写组合侧面端子号，下面一个小格填写计轴机柜端子号。

五、紧急关闭控制电路图设计

设计前，要先分配好综合后备盘端了和分线柜端子。

紧急关闭控制电路如图 1-54 所示。设计时，在图上填写综合后备盘端子和分线柜端子。

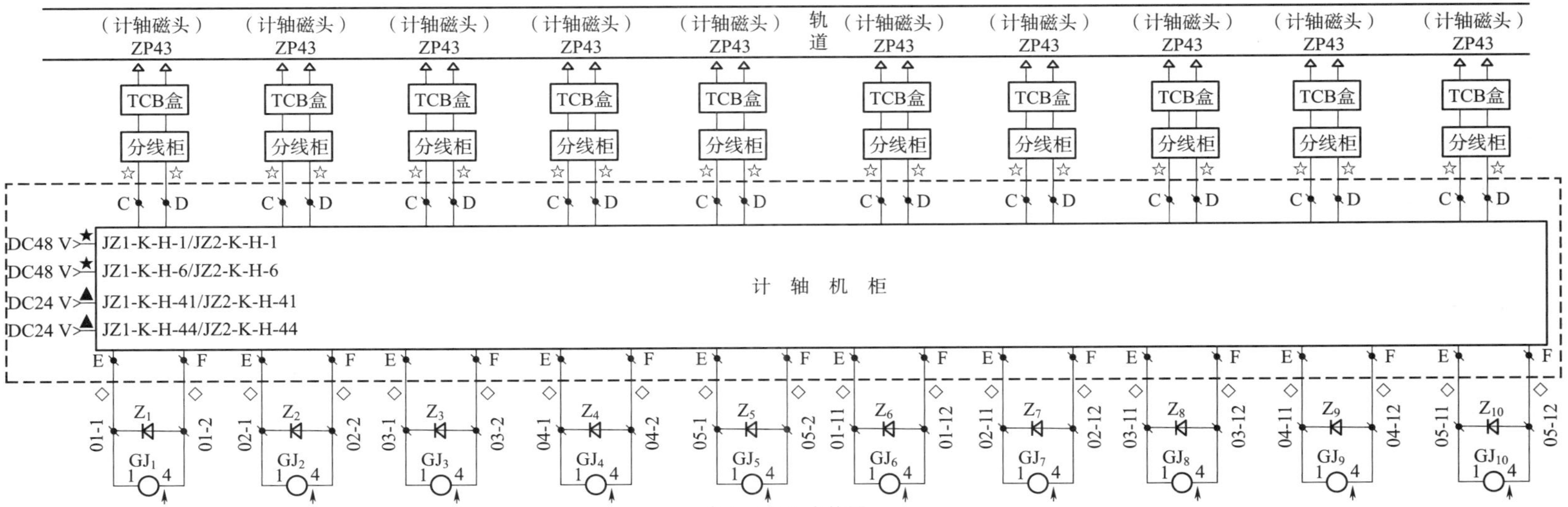

表 1　GJ组合位置

GJ	组合位置	1	2	3	4	5	6	7	8	9	10
	Z_7-10	1G	3G	1DG	3-5DG	5G	7G	7DG	9DG	9G	11G
	Z_7-9	13G	15G	17G	19G	21G	1DG-B	23G	25G		
	Z_7-8	2G	4G	6G	8G	2DG	4-6DG	10G	12G	8DG	10DG
	Z_7-7	14G	16G	18G	20G	22G	24G	26G	28G	30G	2DG-B
	Z_7-6	32G	34G								

表 2　计轴点

计轴点	计轴机柜端子	
	分线柜端子	
	C	D
JZ_1	JZ_2-J-H-11	JZ_2-J-H-12
	1F-8-3A	1F-8-4A

表 3　组合侧面

区段	GJ 组合位置	GJ	
		GJ-1	GJ-4
		E	F
1 G	Z_7-10(1)	JZ_2-J-Q-33	JZ_2-J-Q-34

图1-53　计轴设备控制电路

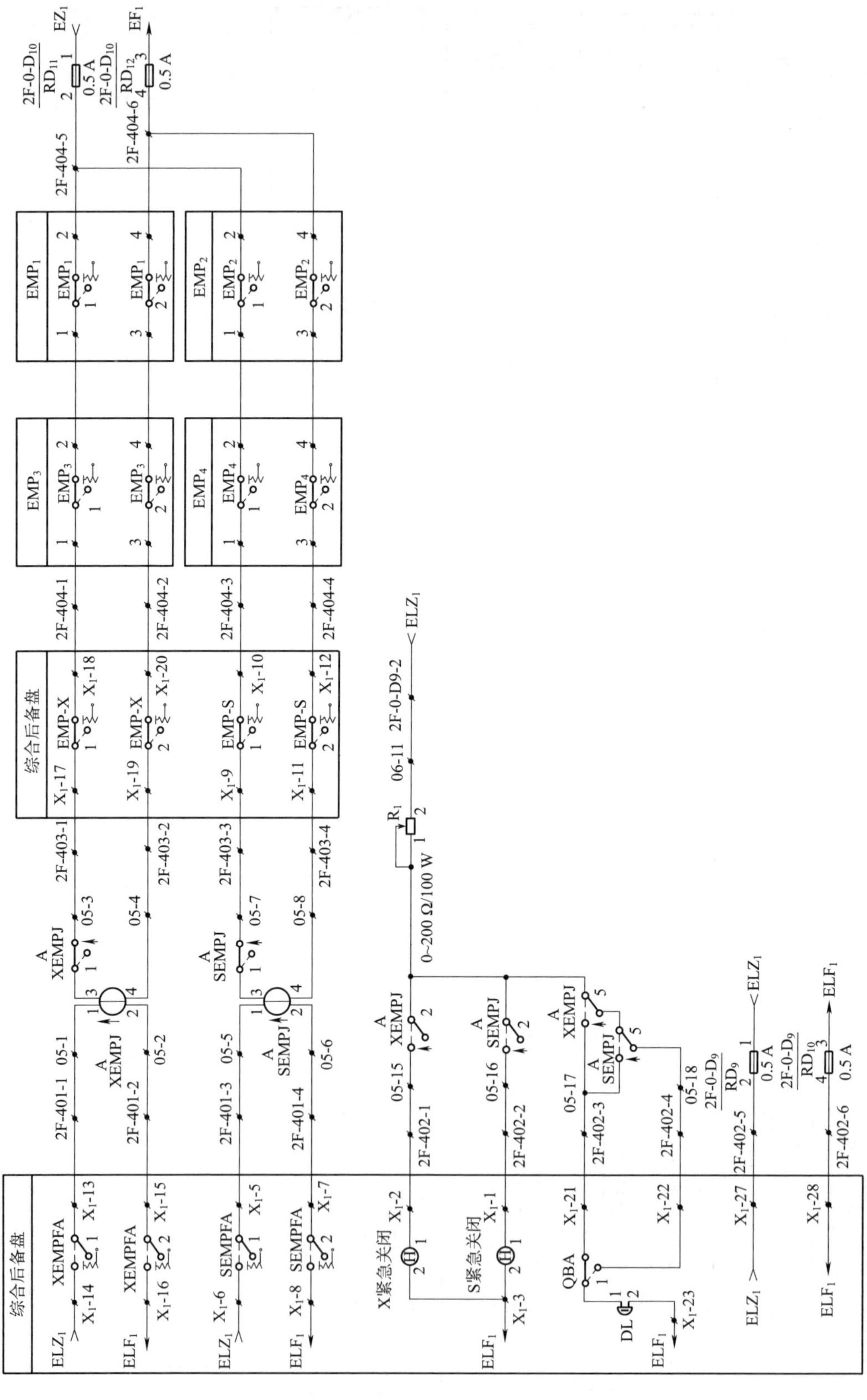

图1-54 紧急关闭控制电路

紧急关闭控制电路设在各车站，其电路图按车站设计。

六、安全门控制电路设计

安全门控制电路如图 1-55 所示。各车站均有安全门控制电路，由集中站信号设备室与各车站安全门设备室的电路组成。设计时，在图上填写分线柜端子。安全门室内的分线柜端子详见安全门专业的图纸。

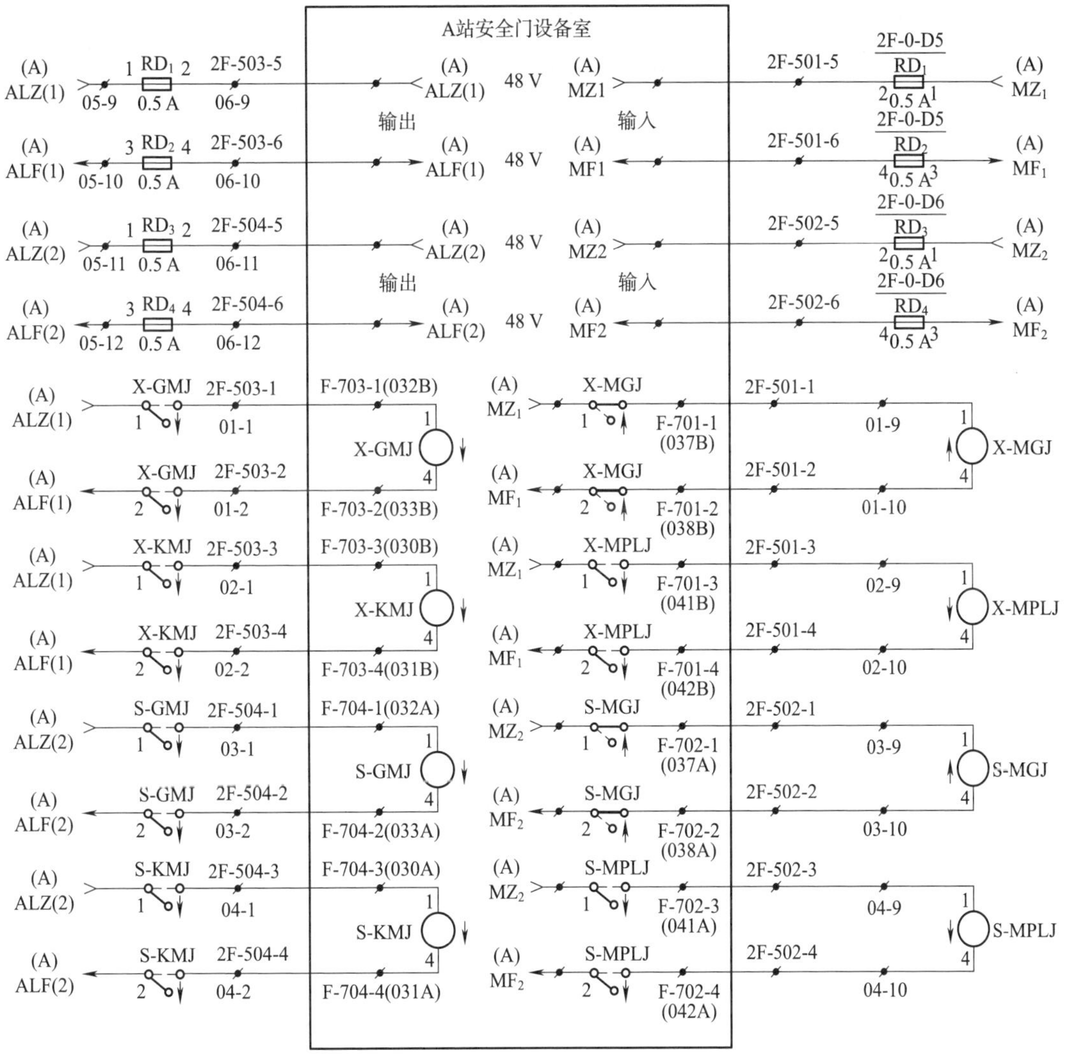

图 1-55 安全门控制电路

七、断路器报警电路图设计

集中站断路器报警电路如图 1-56 所示，非集中站断路器报警电路如图 1-57 所示。为定型设计。

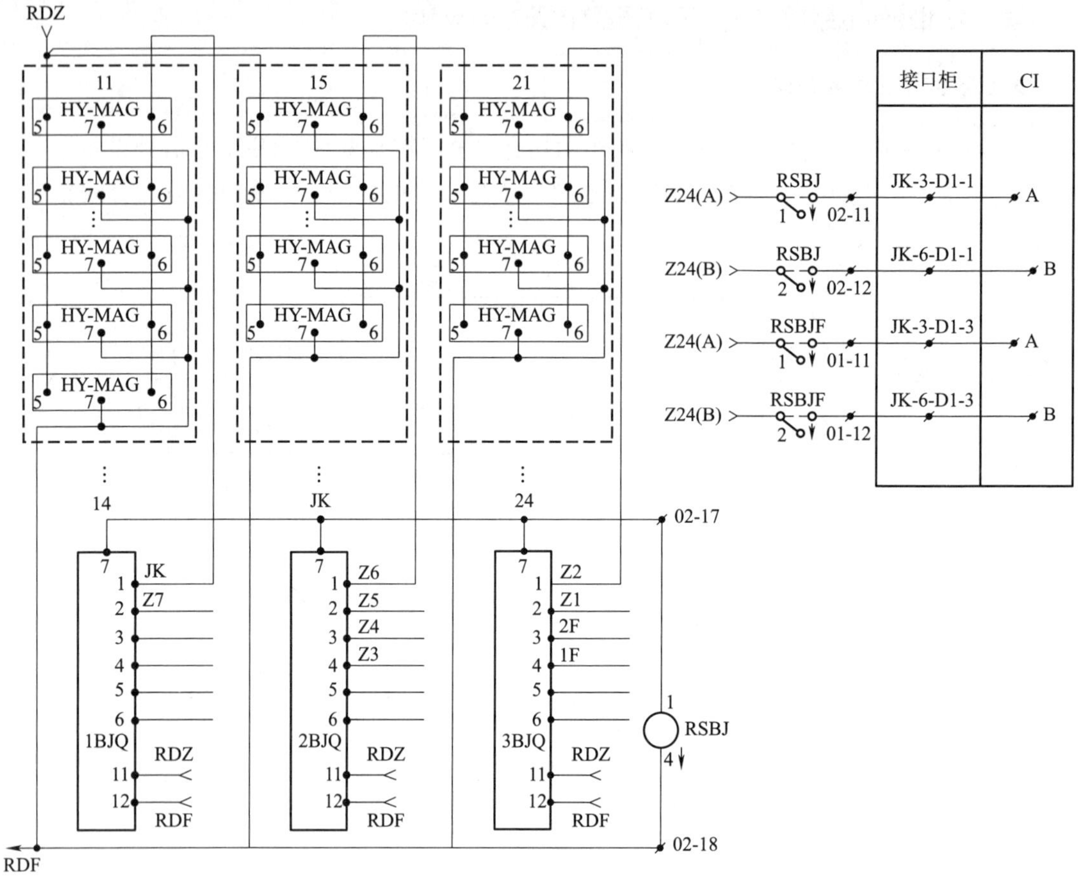

图 1-56　集中站断路器报警电路

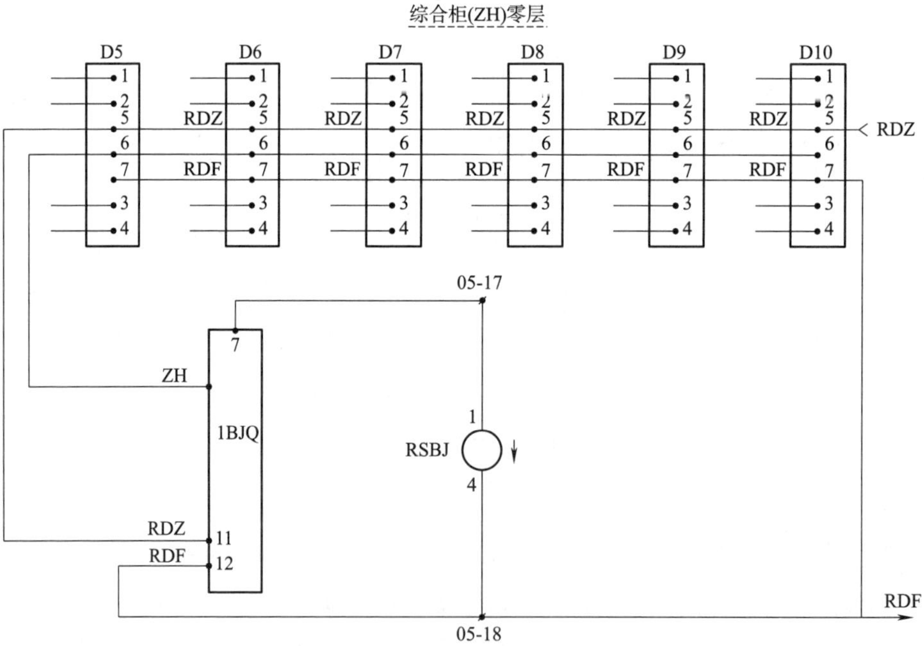

图 1-57　非集中站断路器报警电路

八、与邻站信标编码器站间联系电路图设计

联锁区内非集中站也有重开信标 VB、预告信标 IB,也需要信标编码器(LEU)。但是继电器都设在集中站,所以必须设信标编码器站间联系电路,在非集中站设有关继电器的复示继电器。与邻站信标编码器站间联系电路如图 1-58 所示。

设计时,在图上集中站的组合柜中填写继电器名称和组合位置,在分线柜中填写分线柜端子号,在综合柜中填写综合柜端子号,在非集中站的综合柜填写复示继电器名称及侧面端子号。

九、与车辆段联系电路设计

与车辆段接轨的正线车站必须与车辆段相联系,该车站要了解车辆段的进段信号机和其内方轨道区段的状况以及是否办理出库列车进路;车辆段要了解正线车站出段信号机和其内方轨道区段的状况以及回段列车进路。这种联系通过继电电路实现,即本方用有关继电器接点接通对方复示继电器的电路。表 1-37 所列为正线车站与车辆段信息交互内容(本例转换轨设在正线车站),图 1-59 为正线车站与车辆段的联系电路。

表 1-37　正线车站与车辆段信息交互内容

传递方向	继电器名称	定位状态	吸起时机	落下时机
正线车站→车辆段	ZCJ	↑	正线回段列车进路解锁(出清了转换轨)	办理了正线回段列车进路
	LXJ_1	↓	出段信号机开放	出段信号机关闭
	YXJ_1	↓	出段信号机引导开放	出段信号机引导关闭
	LXJ_2	↓	转换轨出口信号机开放	转换轨出口信号机关闭
	YXJ_2	↓	转换轨出口信号机引导开放	转换轨出口信号机引导关闭
	GJ	↑	转换轨空闲	转换轨占用
车辆段→正线车站	ZCJ	↑	未办理出库列车进路	办理了出库列车进路
	LXJ	↓	进段信号机开放	进段信号机关闭
	YXJ	↓	进段信号机引导开放	进段信号机引导关闭
	GJ	↑	车辆段内方第一区段空闲	车辆段内方第一区段占用
	JGJ	↑	列车出清出库列车进路,而该进路解锁	列车进入出库列车进路内方第一区段

设计时,要填写双方的接口柜端子号、组合侧面端子号、分线柜端子号,以及 ZJK 组合的位置。

十、电源系统示意图设计

电源系统示意如图 1-60 所示,是定型设计。表示电源屏与各机柜[包括联锁(含 LEU)机柜、LATS 机柜、ZC 机柜、计轴机柜、DCS(含 SDH)机柜]、接口柜、组合柜、分线柜、EMC、维护终端及打印机的电源联系,以及联锁机柜与接口柜、接口柜与组合柜、组合柜与分线柜、分线柜与 IBP 盘、各轨旁边信号设备的电源联系。该示意图表示出电源屏与各机柜之间,以及各机柜之间所联系的电源种类。

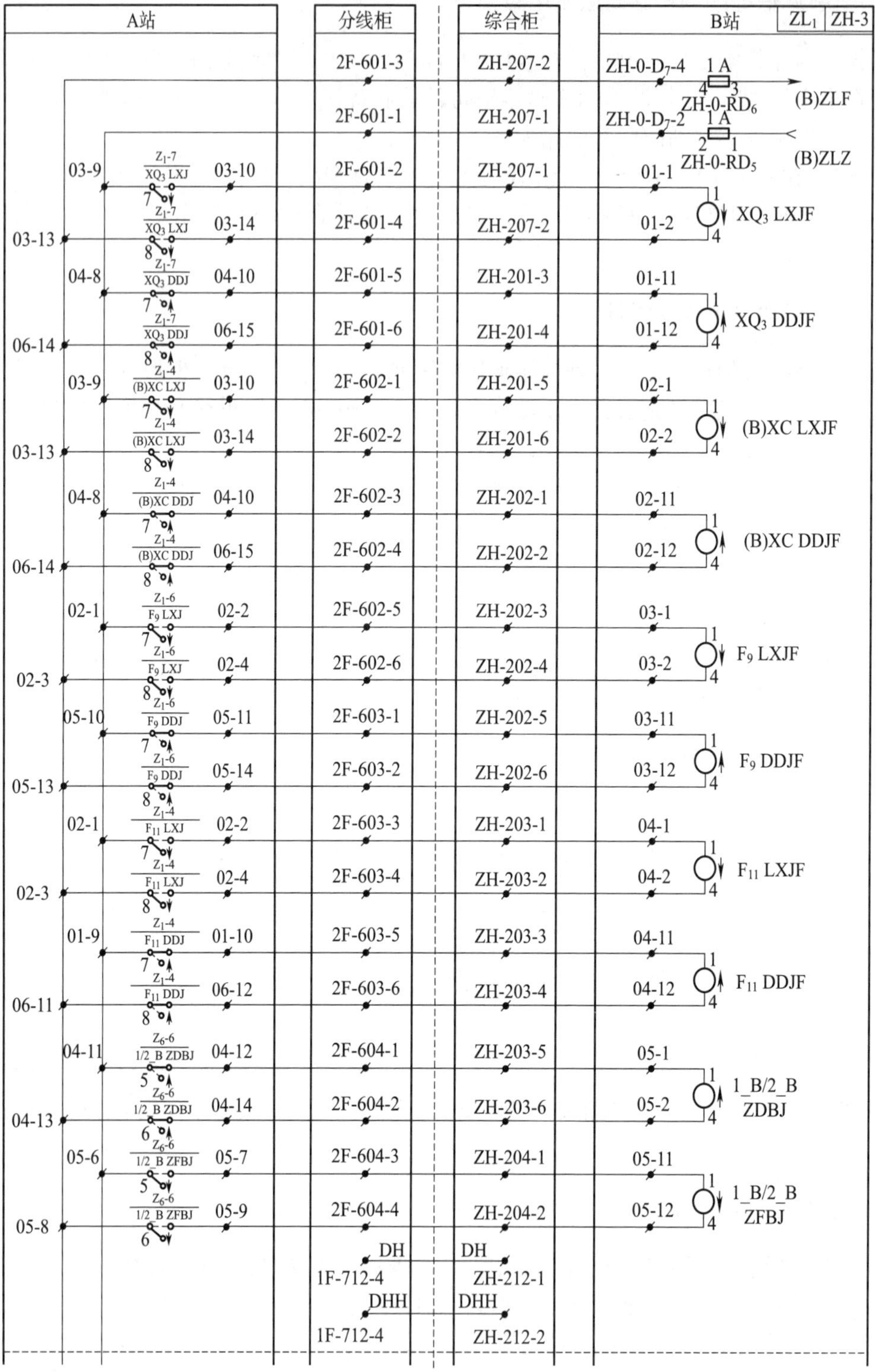
A站
分线柜
综合柜
B站
ZL1
ZH-3
2F-601-3
ZH-207-2
ZH-0-D7-4
1 A
ZH-0-RD6
(B)ZLF
2F-601-1
ZH-207-1
ZH-0-D7-2
ZH-0-RD5
(B)ZLZ
XQ3 LXJF
XQ3 DDJF
(B)XC LXJF
(B)XC DDJF
F9 LXJF
F9 DDJF
F11 LXJF
F11 DDJF
1_B/2_B
ZDBJ
1_B/2_B
ZFBJ
DH
DHH
1F-712-4
ZH-212-1
ZH-212-2

图 1-58

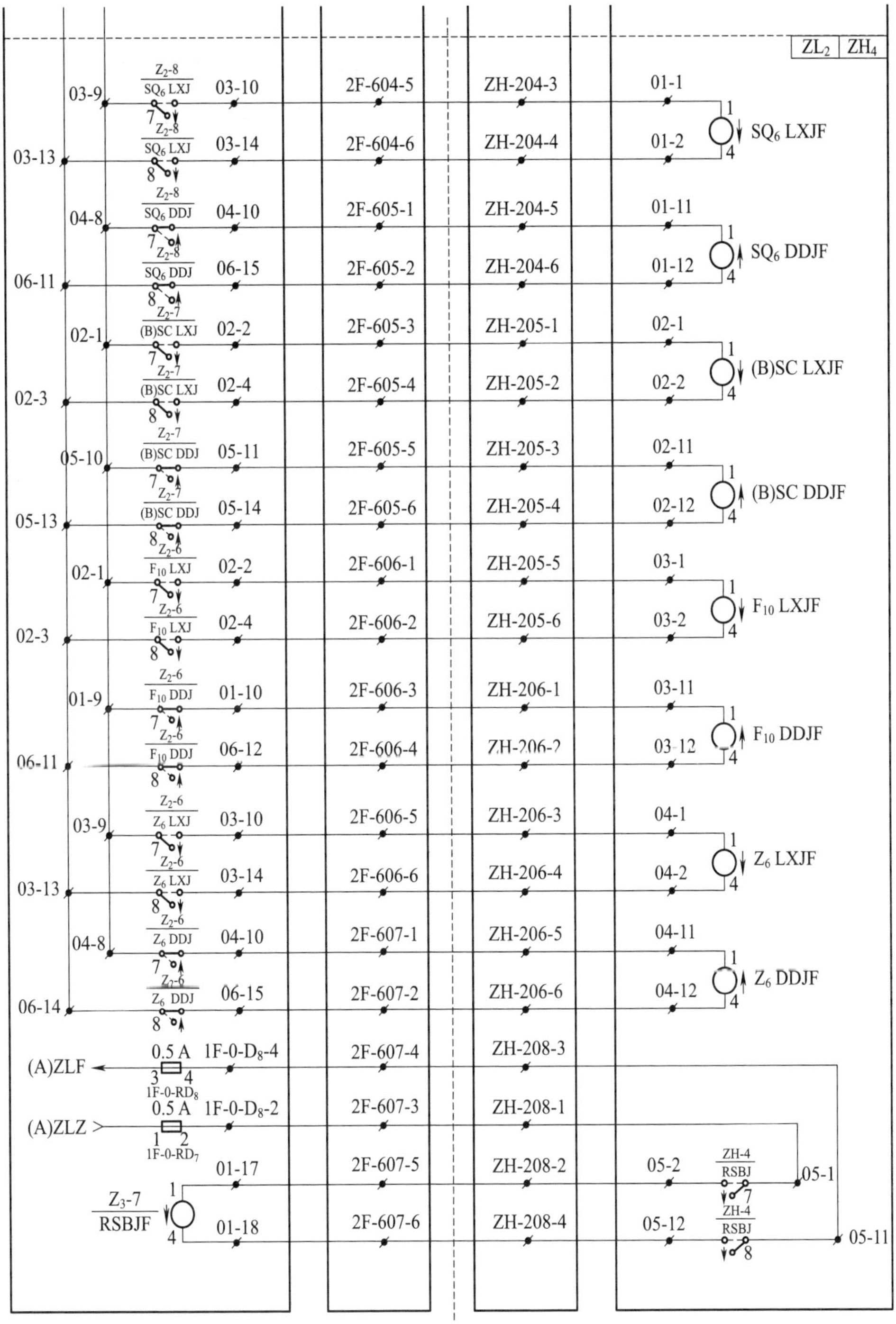

图 1-58　与邻站信标编码器站间联系电路

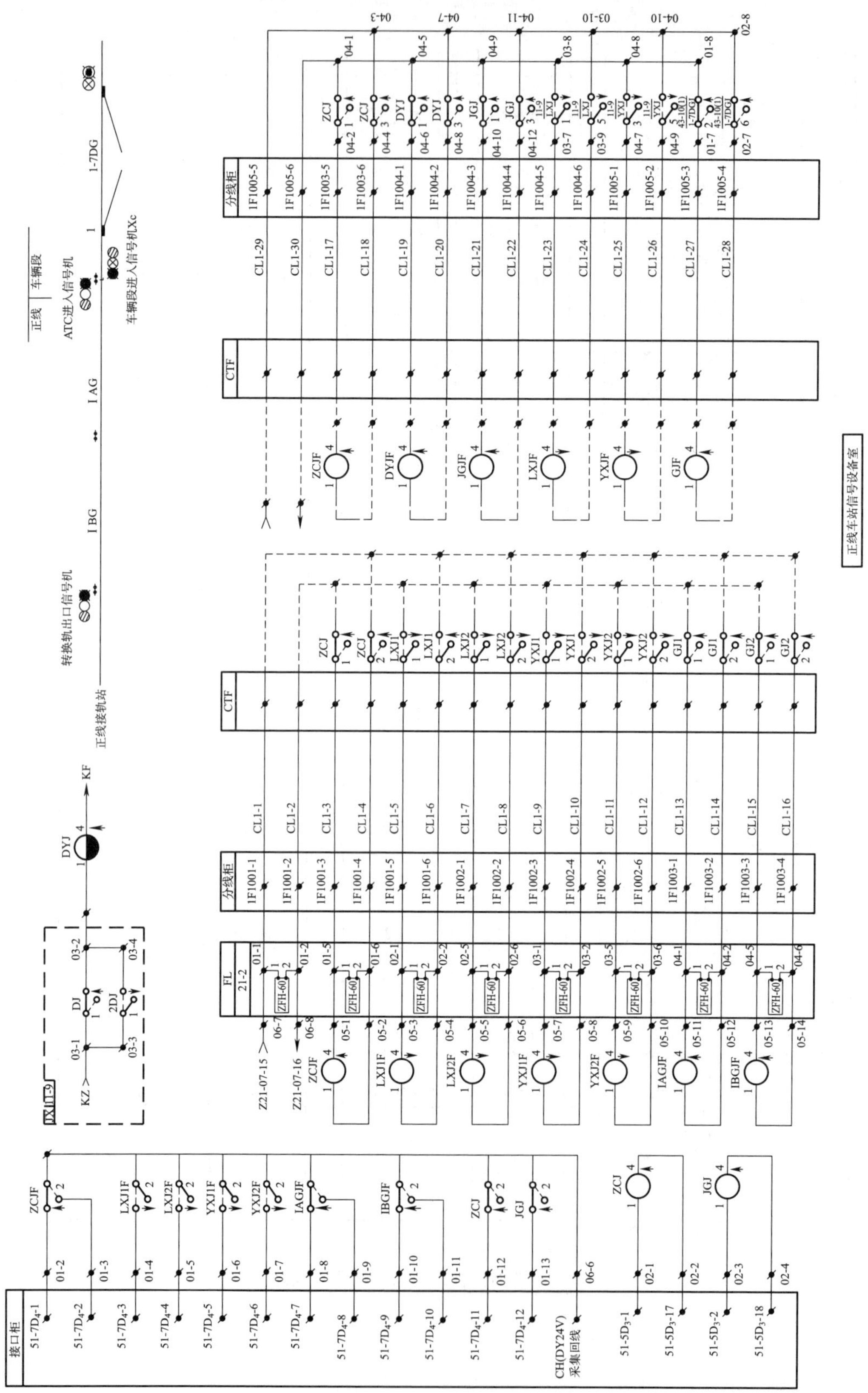

图1-59 正线车站与车辆段的联系电路

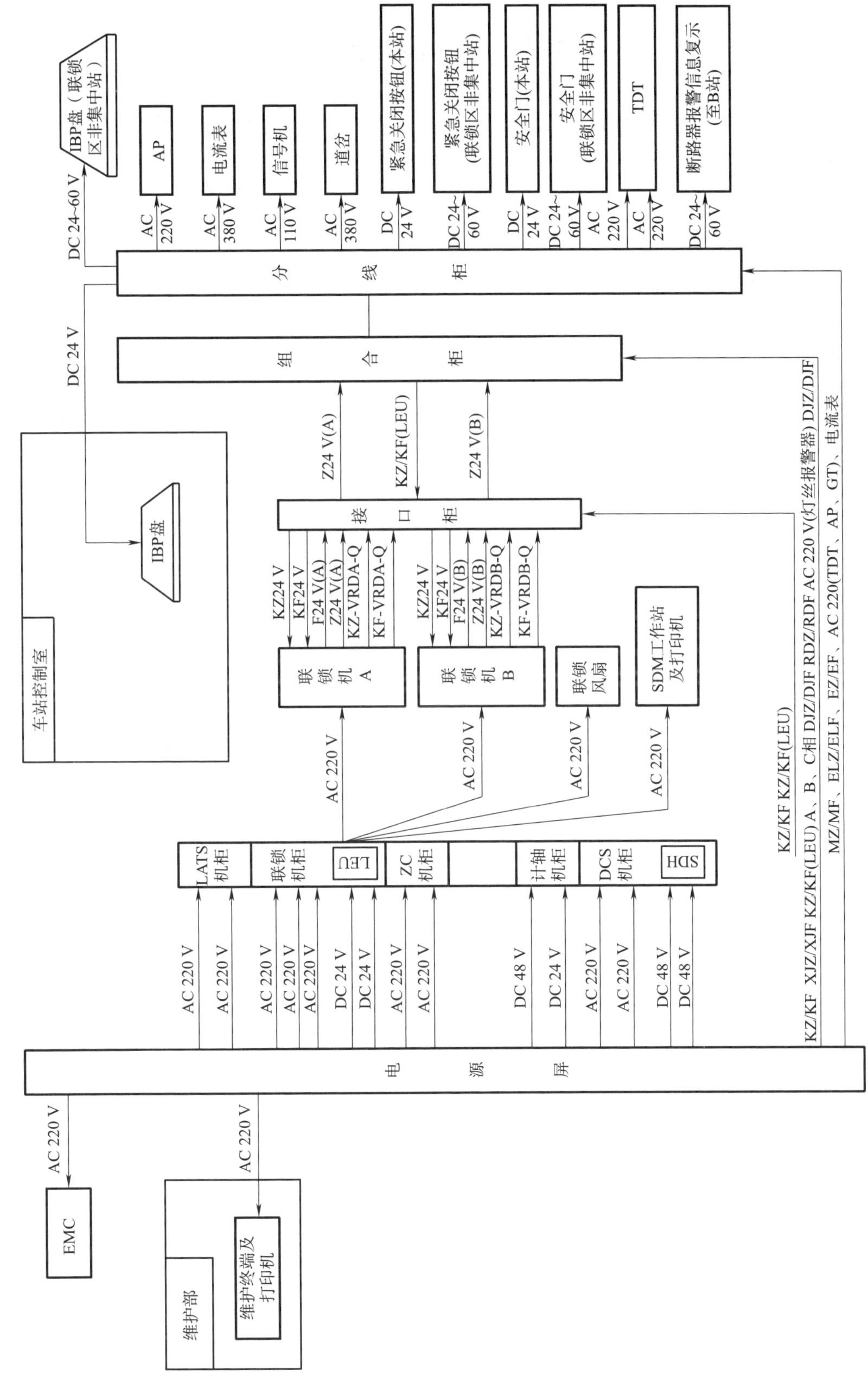

IBP盘（联锁区非集中站）
AP
电流表
信号机
道岔
紧急关闭按钮(本站)
紧急关闭按钮(联锁区非集中站)
安全门(本站)
安全门(联锁区非集中站)
TDT
断路器报警信息复示(至B站)
DC 24~60 V
AC 220 V
AC 380 V
AC 110 V
AC 380 V
DC 24 V
DC 24~60 V
DC 24 V
DC 24~60 V
AC 220 V
AC 220 V
DC 24~60 V
分线柜
组合柜
DC 24 V
Z24 V(A)
KZ/KF(LEU)
Z24 V(B)
接口柜
车站控制室
IBP盘
KZ24 V
KF24 V
F24 V(A)
Z24 V(A)
KZ-VRDA-Q
KF-VRDA-Q
KZ24 V
KF24 V
F24 V(B)
Z24 V(B)
KZ-VRDB-Q
KF-VRDB-Q
联锁机A
联锁机B
联锁风扇
SDM工作站及打印机
AC 220 V
AC 220 V
AC 220 V
AC 220 V
LATS机柜
联锁机柜
LEU
ZC机柜
计轴机柜
DCS机柜
SDH
AC 220 V
AC 220 V
AC 220 V
AC 220 V
AC 220 V
DC 24 V
DC 24 V
AC 220 V
AC 220 V
DC 48 V
DC 24 V
AC 220 V
AC 220 V
DC 48 V
DC 48 V
KZ/KF KZ/KF(LEU)
KZ/KF XJZ/XJF KZ/KF(LEU) A、B、C相 DJZ/DJF RDZ/RDF AC 220 V(灯丝报警器) DJZ/DJF
MZ/MF、ELZ/ELF、EZ/EF、AC 220(TDT、AP、GT)、电流表
电源屏
AC 220 V
AC 220 V
EMC
维护部
维护终端及打印机

图1-60　电源系统示意

第七节 配线图设计

配线分室内配线和室外配线两部分。室外配线对于各种制式的计算机联锁均无区别。室内配线则与制式有关。配线图设计是信号工程设计的重要组成部分。因为配线图是信号工程施工和维护的最主要依据。配线图设计的质量直接影响施工的进度和质量,必须保证配线图的准确性,杜绝错配、漏配。

一、室内配线表设计

室内配线图表包括电源环线配线图、接口柜配线图、组合柜端子配线图、防雷分线柜配线图、计轴机柜配线图、DCS 组合柜端子配线图、后备盘配线图、断路器报警配线图、组合内部配线图、地线连接示意图等。这些配线图表表明了全部配线联系,也是室内配线表设计的全部内容。

所有定型产品的内部配线都在工厂进行,如组合内部配线、电源屏内部配线均在工厂预制。通用零散组合内部配线也可委托工厂配制。其他配线由施工单位在现场进行。

1. 电源环线配线图设计

电源环线配线图是电源零层端子环线图,集中站电源环线配线如图 1-61 所示。它表示各组合柜、接口柜、ODF 机柜、DCS 机柜、计轴机柜、联锁机柜、LATS 机柜、ZC 机柜、维护终端及打印机对各种电源的使用和连接。

从电源屏引出的各种电源,首先引至距离最近的零层电源端子板,然后对机柜的端子板同名端子进行 S 形环连,环至需要这些电源最后的机柜端子板后,再引回到电源屏的输出端子,形成环状供电。电源端子的环连用细线连接的黑点表示(如无黑点,表示该机柜不需要这种电源)。

机柜间电源线的环接一般称为大环。在大环中,全站通用的电源都要与电源屏端子双环。其他各种不直接从电源屏供电的电源,仅需在机柜间环接,不需首尾相环,称为“单环”。

据此,电源环线配线图可设成定型图。设计时根据本车站的具体情况顺序填写各机柜的编号。然后在各表示各种电源的细线上画黑点:本柜需要该种电源的就在本格的各种电源的细线上画上黑点,不需要该种电源的就不画黑点。

非集中站电源环线配线如图 1-62 所示。非集中站的电源屏只给综合柜和信号专用通信前置机 FEP 供电。表示方法同集中站。

2. 接口柜配线图设计

接口柜是计算机联锁采用继电器接口的特有设备。它是联锁机采集、驱动电路与组合柜接口之处,所有的驱动继电器和采集继电器接点均在此处通过计算机用电缆与联锁机的采集板、驱动板相连。

接口柜配线图包括接口柜零层端子配线图和接口柜端子配线图。

(1)接口柜零层端子配线图设计

接口柜零层的 D_1～D_5 为 4 柱端子板,D_6～D_{11} 为 4 柱断路器板,D_{12} 为 18 柱端子板。

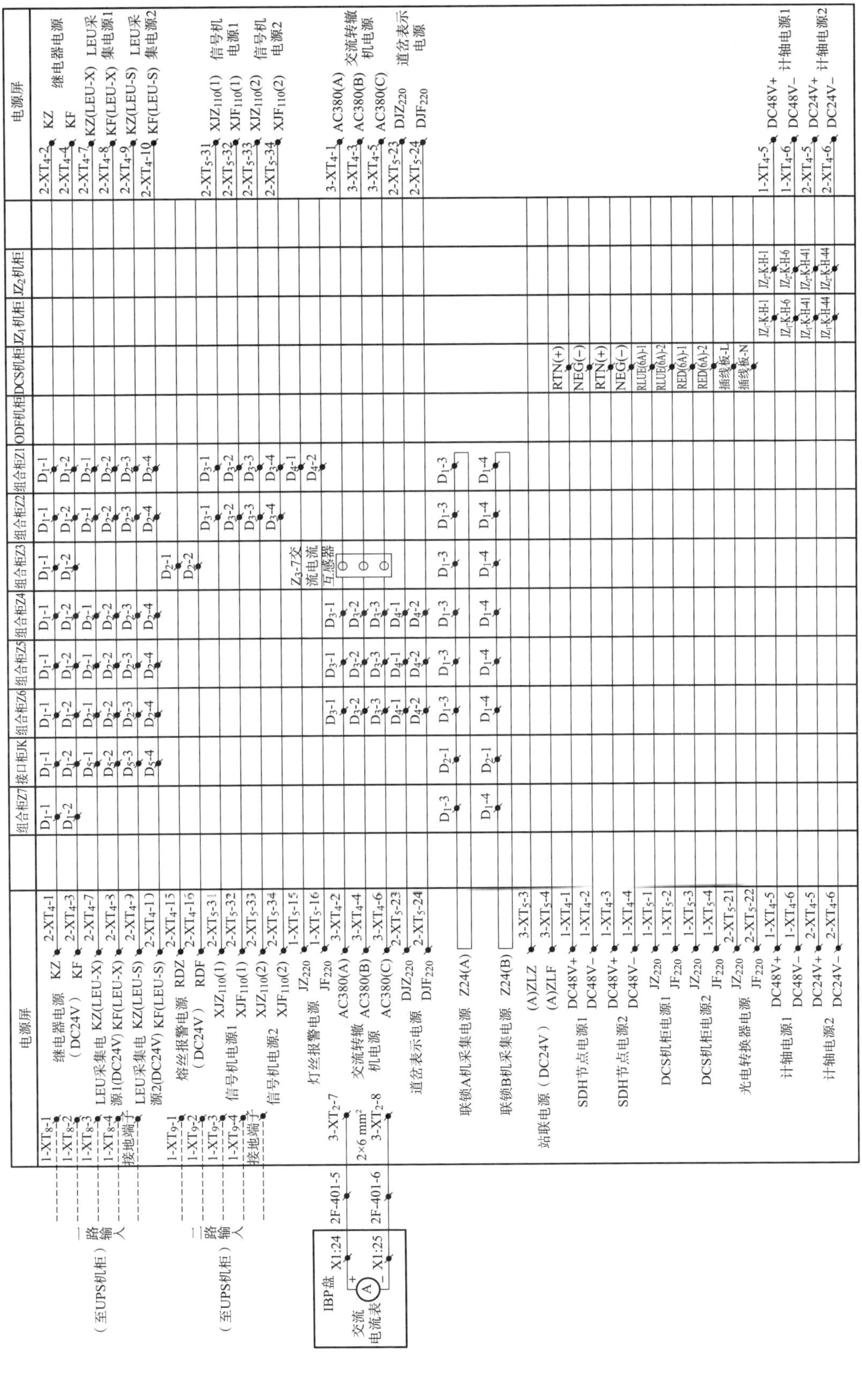
电源屏
组合柜Z7
接口柜JK
组合柜Z6
组合柜Z5
组合柜Z4
组合柜Z3
组合柜Z2
组合柜Z1
ODF机柜
DCS机柜
JZ1机柜
JZ2机柜
电源屏
继电器电源（DC24V）
LEU采集电源1(DC24V)
LEU采集电源2(DC24V)
熔丝报警电源（DC24V）
信号机电源1
信号机电源2
灯丝报警电源
交流转辙机电源
道岔表示电源
联锁A机采集电源
联锁B机采集电源
站联电源（DC24V）
SDH节点电源1
SDH节点电源2
DCS机柜电源1
DCS机柜电源2
光电转换器电源
计轴电源1
计轴电源2
继电器电源
LEU采集电源1
LEU采集电源2
信号机电源1
信号机电源2
交流转辙机电源
道岔表示电源
一路输入
二路输入
（至UPS机柜）
IBP盘
交流电流表
2×6 mm²
Z3-7交流电流互感器
接地端子
图 1-61

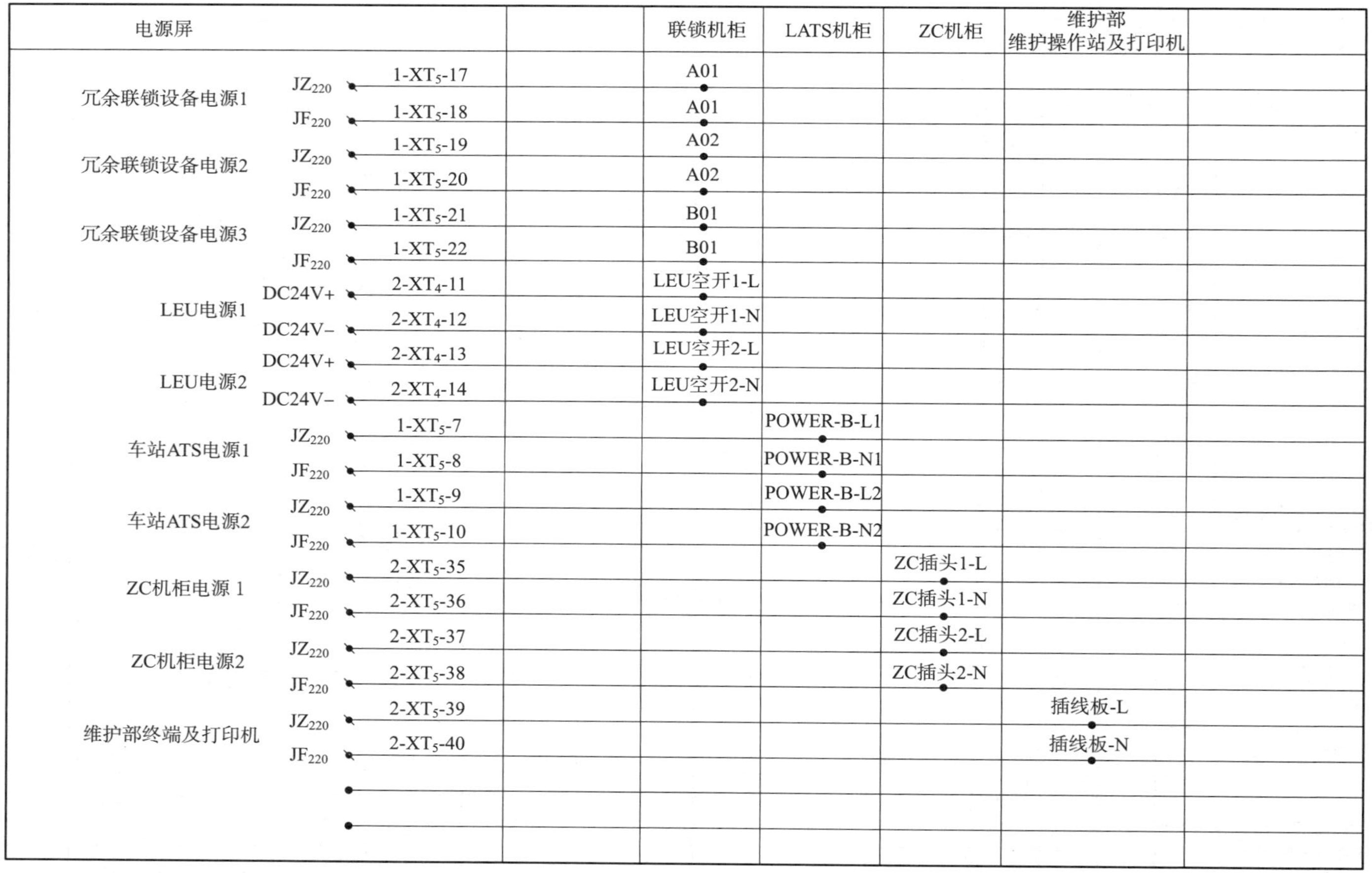

图1-61　集中站电源环线配线

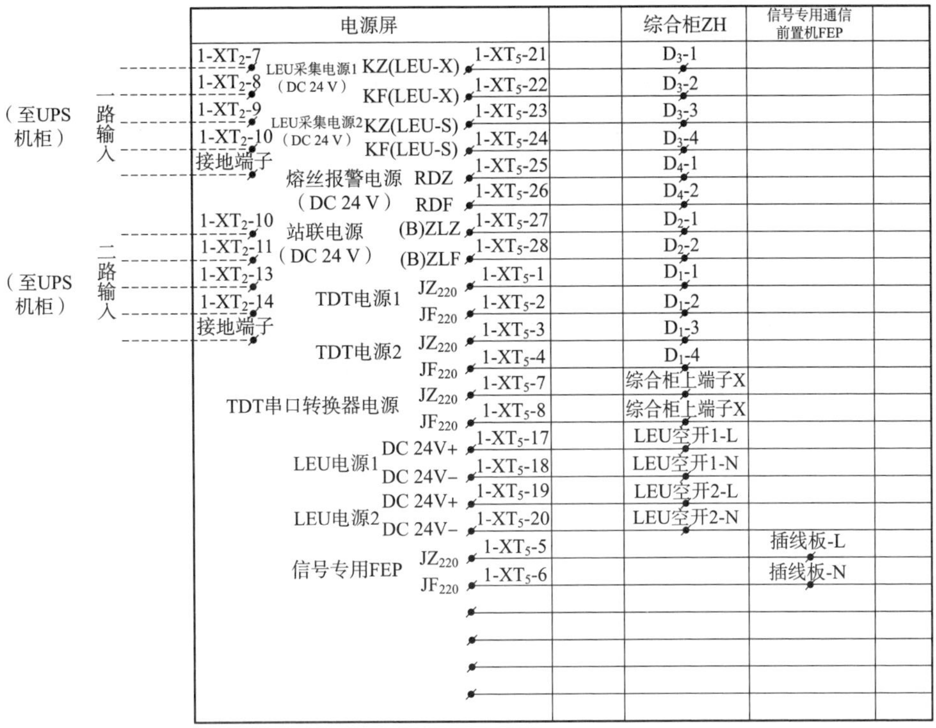

图 1-62 非集中站电源环线配线

KZ、KF、KZ-VRDA-Q、KF-VRDA-Q、KZ-VRDB-Q、KF-VRDB-Q、Z24(A)、F24(A)、Z24(B)、F24(B)、KF(LEU-X)、KF(LEU-S)都加断路器防护，即经 4 柱端子板再经断路器板后，再引至 18 柱端子板。

接口柜零层端子配线如图 1-63 所示，该图是定型设计。

(2)接口柜端子配线图设计

接口柜用的插座，各种计算机联锁并不相同。DS6-K5B、DS6-60 型用 36 芯插座，iLOCK 型用 40 芯插座，其他用 32 芯插座。举例设计采用 iLOCK 型计算机联锁。

接口柜设有接口架端子，其前面是插座，用以安插计算机用电缆的插头。背面是压线端子，用以接入从组合柜来的导线以及采集板、驱动板的 DC 24 V 端子。

接口架用 JK 编号。最多 10 层，自上而下编为 0～9，0 为 0 层。1～9 层，每层 7 块 40 柱端子板。从接口架背面看，01～07，从左向右顺序排列。每块端子板，左侧端子自上而下为 1～20，左侧端子自上而下为 19～36。

接口柜的采集、驱动放在不同的层。采集层按道岔采集、信号机采集、轨道电路采集、安全门采集、报警采集顺序排列。驱动按道岔驱动、信号机驱动、计轴复位驱动的顺序排列。

接口柜端子配线如图 1-64 所示。设计时，在每个端子上填写该端子的驱动/采集码位名称、组合柜侧面端子号、24 芯电缆芯线号、联锁机柜 I/O 端子号。

计算机联锁 I/O 端子号由生产厂家提供的信息表确定，设计时主要根据各电路图填写驱动或采集码位名称、组合柜侧面端子号。

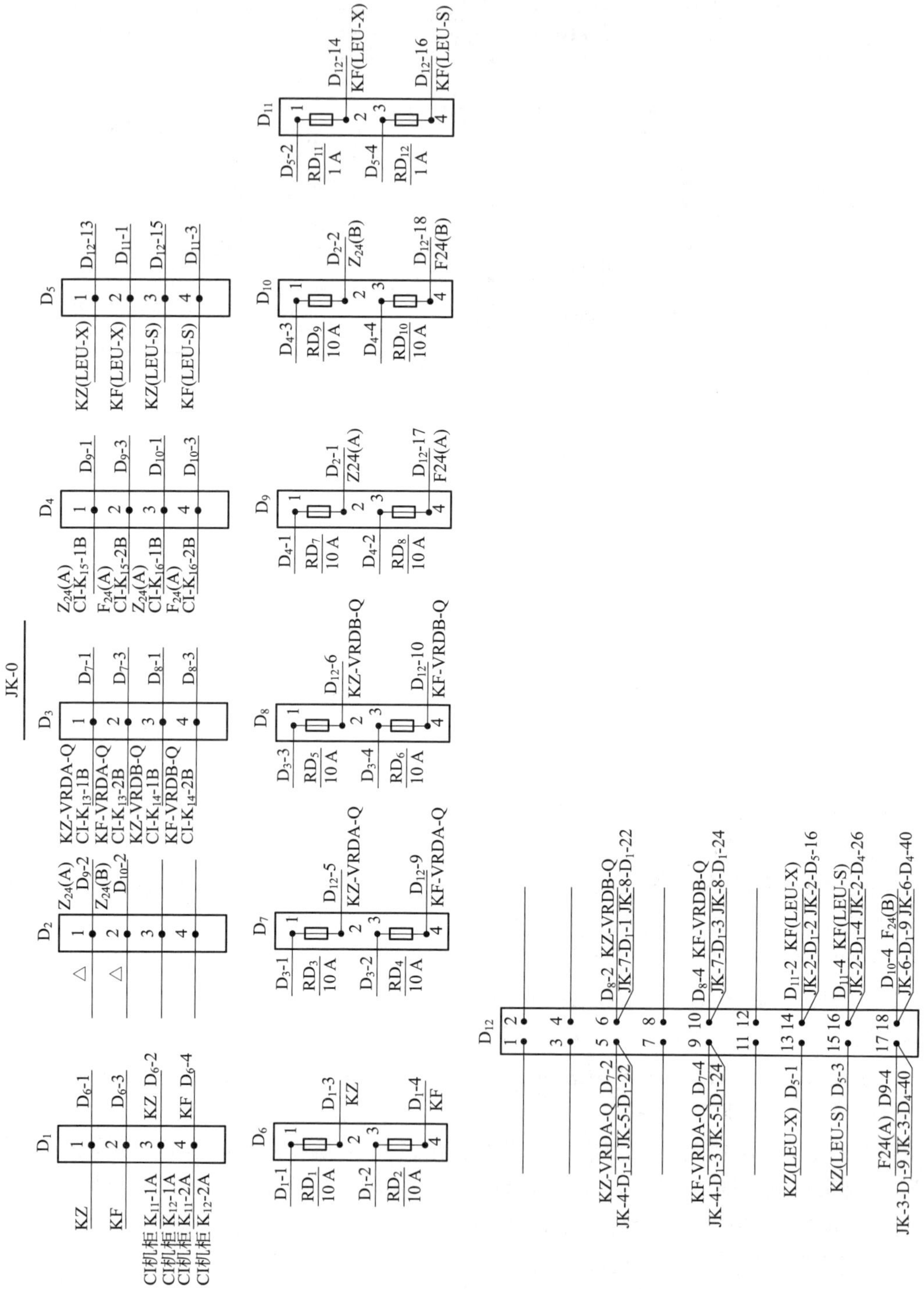

图1-63 接口柜零层端子配线

JK-

接口板端子号	驱动/采集码位名称	组合柜侧面端子号	联锁机柜	
			24 芯电缆芯线号	I/O 驱动/采集码位号
1				
2				
3				
4				
5				
⋮				
39				
40				

图 1-64　接口柜端子配线

接口柜端子的识读：例如，JK-7-D_1-17 为接口柜第 7 层第 1 块端子板的第 17 个端子。

3. 组合柜配线图设计

组合柜配线图包括组合柜零层端子配线图和组合侧面端子配线图。

(1)组合柜零层端子配线图设计

组合柜零层的 D_1～D_5 为 4 柱端子板，D_6～D_{11} 为 4 柱断路器板，D_{12} 为 18 柱端子板。

该图是定型设计，但不同的组合柜，零层端子配线图不同，分为信号组合柜、道岔组合柜、EMP/PSD/ZL/LS 组合柜、GJ/FWJ 组合柜四种情况。

①信号组合柜零层端子配线图设计

信号组合柜零层端子配线如图 1-65 所示。KZ、KF、KZ(LEU-X)、KZ(LEU-S)、XJZ_{110}、XJF_{110}、灯丝报警用 JZ_{220}、JF_{220} 加断路器防护，即经 4 柱端子板再经断路器板后，再引至 18 柱端子板。Z24(A)、Z24(B)、KF(LEU-X)、KF(LEU-S)不经断路器板直接引至 18 柱端子板。

②道岔组合柜零层端子配线图设计

道岔组合柜零层端子配线如图 1-66 所示。KZ、KF、KZ(LEU-X)、KZ(LEU-S)、DJZ_{220}、DJF_{220}、AC380(A)、AC380(B)、AC380(C)加断路器防护，即经 4 柱端子板再经断路器板后，再引至 18 柱端子板。Z24(A)、Z24(B)、KF(LEU-X)、KF(LEU-S)不经断路器板直接引至 18 柱端子板。

③EMP/PSD/ZL/LS 组合柜零层端子配线图设计

EMP/PSD/ZL/LS 组合柜零层端子配线如图 1-67 所示。KZ、KF、RKZ、RKF 加断路器防护，即经 4 柱端子板再经断路器板后，再引至 18 柱端子板。Z24(A)、Z24(B)不经断路器板直接引至 18 柱端子板。

④GJ/FWJ 组合柜零层端子配线图设计

GJ/FWJ 组合柜零层端子配线如图 1-68 所示。KZ、KF 加断路器防护，即经 4 柱端子板再经断路器板后，再引至 18 柱端子板。Z24(A)、Z24(B)不经断路器板直接引至 18 柱端子板。

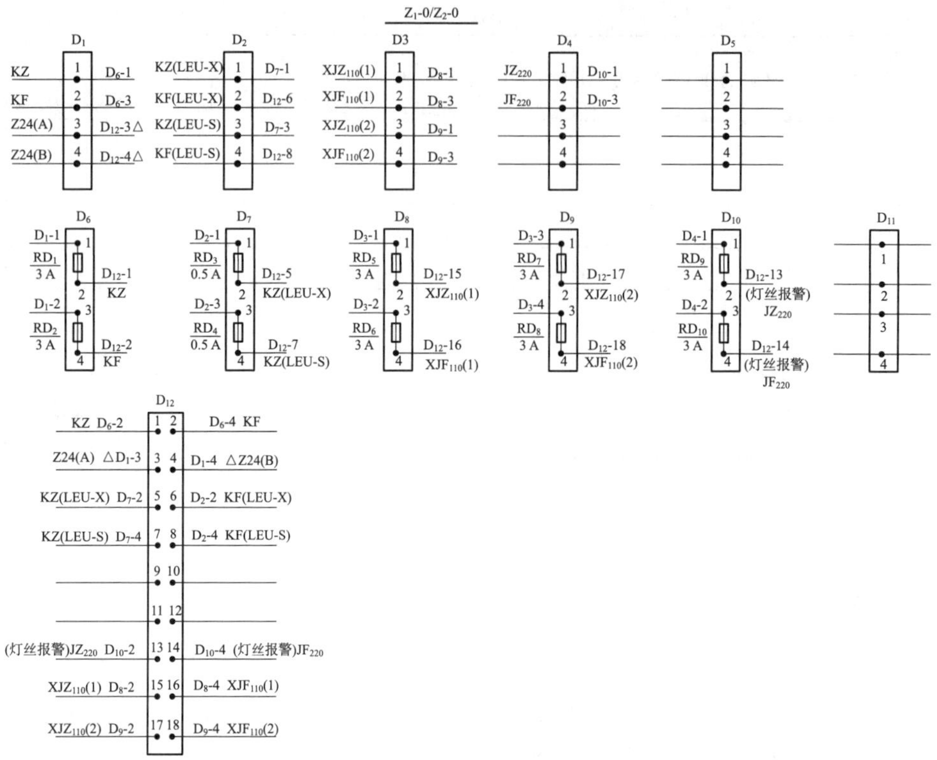

图 1-65 信号组合柜零层端子配线

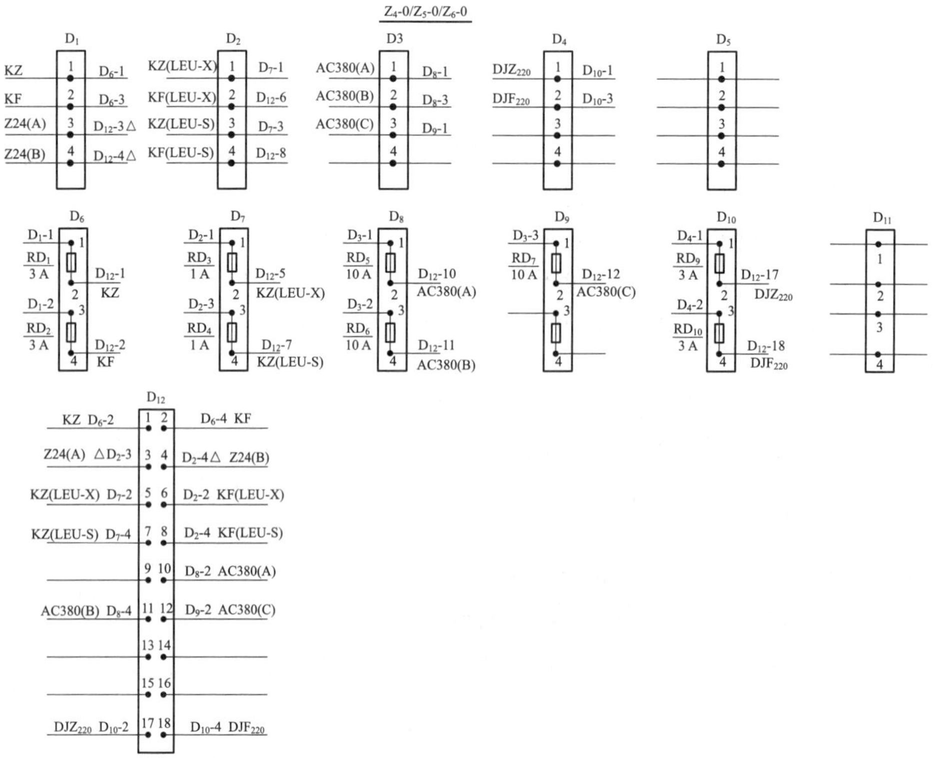

图 1-66 道岔组合柜零层端子配线

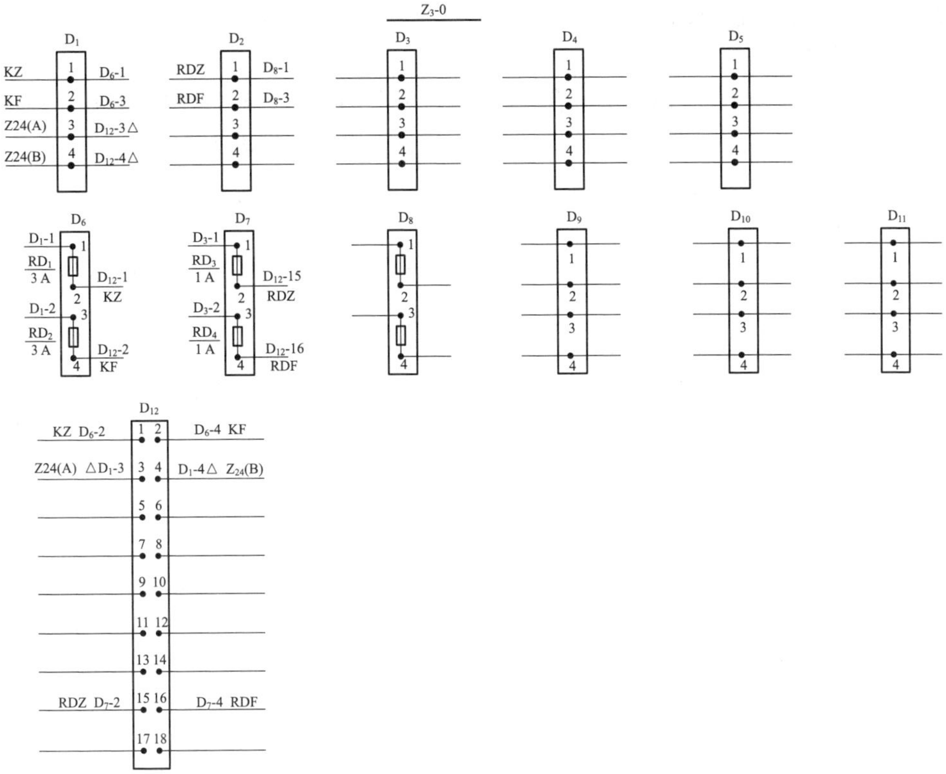

图 1-67　EMP/PSD/ZL/LS 组合柜零层端子配线

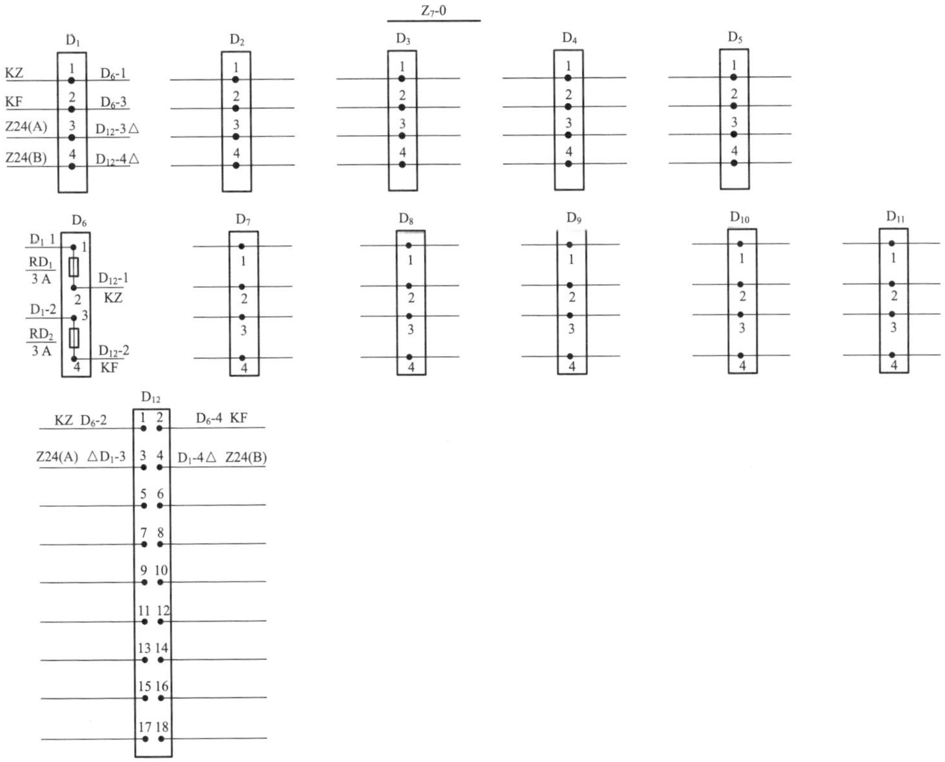

图 1-68　GJ/FWJ 组合柜零层端子配线

(2)组合侧面端子配线图设计

①组合侧面端子

组合柜 1～10 层的每层右侧(从组合架背面看)装有两块端子板,每块板上有 3 列,每列有 18 个端子。列数从右向左顺序编为 01～06;端子号自上而下顺序编为 1～18。例如,Z_1-105-9 是指第一个组合柜第一层组合 05 列的 9 号端子。

②组合侧面端子配线

组合侧面端子除用于与其他组合、本组合零层端子的连接外,还与接口柜、防雷柜、电源屏进行配线联系。

③组合侧面端子配线图的格式

组合侧面端子配线图每个组合架一张,每张十个方框,每个方框表示十层中的一层组合侧面端子。

组合侧面端子配线如图 1-69 所示。

		(A)SC	(C)FZX	Z_1-1			
	06	05	04	03	02	01	
1	D_{12}-1 206-1 KZ	1F-304-1				6	1
2	KZ	1F-304-2				JK-2-D_2-21	2
3	D_{12}-2 206-3 KF	1F-304-3					3
4	KF	1F-304-4					4
5	D_{12}-3 206-5 Z_{24}(A)	1F-304-5				D_{12}-7 203-1 KZ(LEU-S)	5
6	Z_{24}(A)	1F-304-6				1 Z_5-303-11	6
7	D_{12}-4 206-7 Z_{24}(B)	Z_1-5-CJ_3-13			Z_1-5-CJ_3-15		7
8	Z_{24}(B)	Z_1-5-CJ_3-14			Z_1-5-CJ_3-16		8
9							9
10			JK-4-D_4-25				10
11			JK-4-D_4-26			JK-3-D_2-13	11
12			JK-7-D_4-25			JK-6-D_2-13	12
13			JK-7-D_4-26				13
14							14
15			JK-4-D_4-29			JK-4-D_4-27	15
16			JK-4-D_4-30			JK-4-D_4-28	16
17	D_{12}-17 206-17 XJZ_{110}(2)		JK-7-D_4-29			JK-7-D_4-27	17
18	D_{12}-18 206-18 XJF_{110}(2)		JK-7-D_4-30			JK-7-D_4-28	18

图 1-69　组合侧面端子配线

组合侧面端子配线表的上方除了标出该组合的类型、名称外,还标出了组合位置。表内 6 列方格代表了 01～06 列侧面端子,每列的 18 个方格代表每列的 18 柱端子。每个端子上配线不要超过两根,即每个方格内最多可填写两个配线的号码。

组合侧面配线表采用的是双面记载的方法,以防遗漏。

组合侧面端子的编号,为柜号—层号—列号—端子号,例如“Z_1-201-4”,指示的是第一个组合柜第二层组合侧面第一列的第四个端子。

配线端子的编号一般必须填写完整，不能简略。但是，为了清晰起见，对于组合侧面端子可以简化，本排架的可以省略排架号，本层的可以省略层号，本列的可以省略列号。

④组合侧面电源端子环线

组合侧面电源端子环线有两种，一是各组合侧面的电源环线；二是本组合侧面端子的电源环线。

a. 各组合侧面的电源环线

一个组合架可安放 10 个组合，各组合侧面的电源线不能都由组合架零层引接，而是采用组合架零层与本架组合侧面的同名电源端之间的环连方式，即各组合所需的每种电源通过它们的 06 端子互相连接起来，不需某种电源的组合就不连线。习惯上把首尾相环的，即两头都与组合架零层相接的称为双环，只有 KZ、KF 要求双环。只有一头与组合架零层相接的，称为单环。

规定组合侧面的 06 端子为电源端子，是固定使用的。

电源端子的方格内要注明电源名称。

b. 本组合侧面端子的电源环线

一个组合内多个侧面端子需要同种电源时，必须进行环连。每个组合的侧面端子的同种电源都是环连的。环连时，侧面端子列间也要实现“S”形环连，避免迂回跨越，并且当需环连电源的侧面端子超过 3 个时，要形成环状供电。

⑤组合侧面端子配线图设计

组合侧面端子配线表设计的依据是电路图，根据图上的端子号在预先设计的表格中填写。

先在组合侧面端子配线表的上方标出该组合位置、类型、名称。然后在配线表上找到该端子，在其方格内填写与其连接的端子号。

4. 防雷分线柜配线图设计

(1)防雷分线柜及其作用

室内与室外的联系导线大都需经过防雷分线柜端子。这些联系导线的作用包括：向室外信号设备送电，控制道岔、控制信号点灯，连接 TDT、计轴磁头、信标、紧急关闭按钮、安全门、站联等。

(2)防雷分线柜配线图的格式

除电源、TDT、计轴磁头外，均采用 6 柱或 18 柱端子板，现多用 6 柱端子板。防雷分线柜可安装 10 层分线盘，从下向上顺序编为 F-0～F-9。每层可安装 13 块 6 柱端子板。站在室内配线侧(即防雷分线柜正面)看，每层端子板从左向右顺序编号。行和列的数目并可根据需要减少。用数字给分线柜的任一端子编号。例如，1F-101-1 表示第一个防雷分线柜第二层第一块端子板的第一个端子。

①采用 6 柱端子板的防雷分线柜配线图

采用 6 柱端子板的防雷分线柜配线如图 1-70 所示。

每块端子板配线图的上方写着该端子板在该层内的编号及用途。在对应每个端子号旁边的两个小格内，写着每个端子上两根导线的去向和用途。上面一格是室外电缆芯线名称。下面一格：对于

端子号	室外电缆
	组合柜
1	
2	
3	
4	
5	
6	

图 1-70　采用 6 柱端子板的防雷分线柜配线

信号机、道岔、安全门、站联连接的是组合侧面端子；对于 AP 电源，连接的是电源屏端子；对于信标，连接的是 LEU 端子；对于紧急关闭按钮，连接的是组合侧面/后备盘端子。

例如，1F-201-1，端子左侧上面写“F_1-U”，表明是 F_1 信号机的 U 芯线，下面写“Z_1-1005-1”，表明另一根导线连向第一个组合柜第十层侧面 05-1 端子。

除了电源层、TDT 层、计轴层外，其他各层的防雷分线柜配线图都采用这种格式。

②电源层的防雷分线柜配线图

电源层的防雷分线柜配线如图 1-71 所示。D_1～D_4 为 4 柱端子板，D_5～D_8 为 4 柱断路器板，D_9 为 4 柱端子板备用，D_{12} 为接地汇流排。

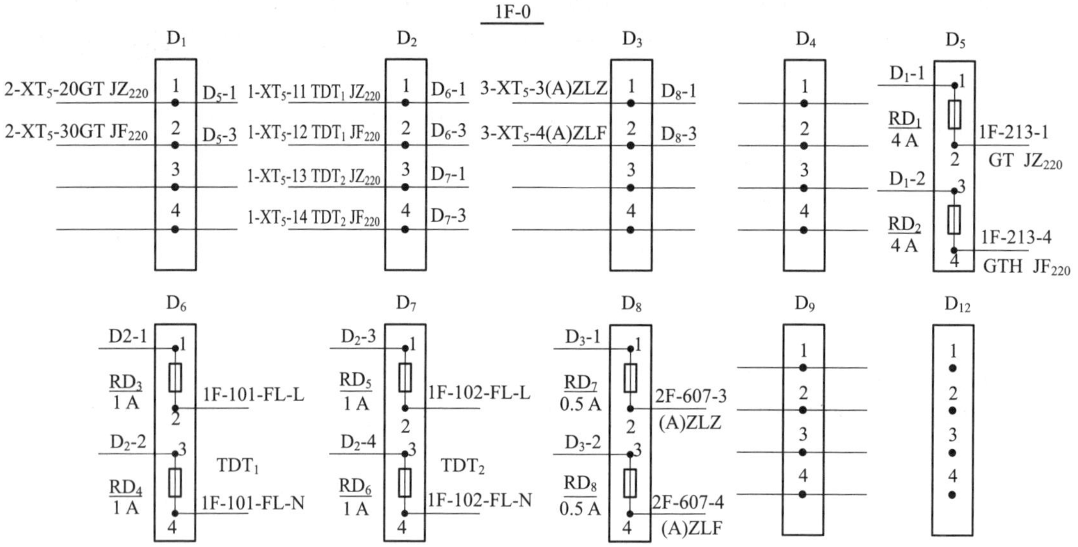

图 1-71 电源层的防雷分线柜配线

GT、TDT 所需 JZ_{110}、JF_{110} 以及 ZL 电源从电源屏引来，加断路器防护，即经 4 柱端子板再经断路器板后输出。

室外电缆钢带(铝护套)、屏蔽层采用室内单端接地，连接至防雷分线柜的接地汇流排，再连接到信号设备室的等电位接线板上。

③TDT 层的防雷分线柜配线图

TDT 层的防雷分线柜配线如图 1-72 所示。只需要填写从电源层引来 TDT 电源的端子号。

④计轴层的防雷分线柜配线图

计轴层的防雷分线柜配线如图 1-73 所示。在至计轴机柜格内填写计轴机柜端子号，如 JZ_1-J-H-11，表示第一个计轴机柜 J 层后面第 11 个端子。在至室外电缆格内填写电缆名称，如 JZ_1-Q，表示第一个计轴器的去线。

变阻器是防雷单元的一部分，安装在防雷分线柜计轴层的位置 1，其余均安装计轴防雷单元。

在“E”处用地线环绕，环绕后接至防雷分线柜的接地汇流排，将来“E”端子的上、下端用计轴电缆短接，以实现并联防雷。

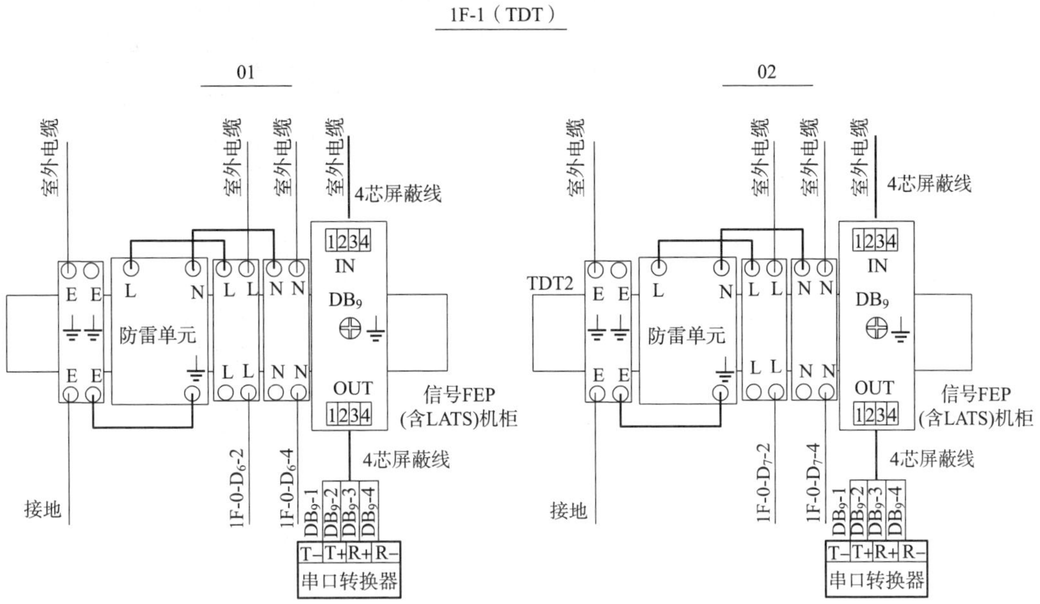

图 1-72　TDT 层的防雷分线柜配线示意

计轴防雷位置	变阻器		(JZ_1)FL		(JZ_2)FL						(JZ_{16})FL		(JZ_{17})FL	
	1		2		3						16		17	
端子号	1A	2A	3A	4A	5A	6A					31A	32A	33A	34A
至计轴机柜														
端子号	1D	2D	3D	3D	5D	6D					31D	32D	33D	34D
至室外电缆														

图 1-73　计轴层的防雷分线柜配线

(3)防雷分线柜配线表的设计

设计时在预先设计好的表格内填写室外电缆芯线名称和所连接的组合柜等端子号。

5. 综合柜端子配线图设计

非集中站的综合柜端子配线图设计与集中站的防雷分线柜配线图设计方法大体相同，只是数量较少。它的 ZH-0 为电源端子和断路器，ZH-1 为 EMP、应答器用，ZH-2 为站联用。

6. 灯丝报警配线图设计

灯丝报警仪最多可安装 9 块采集板，每块采集板可采集 8 个 DJ 回路。

灯丝报警电路通过采集板进行连接，采集板的数量取决于信号机的多少。

灯丝报警配线图设计就是对采集板的填写。采集板端子定义如图 1-74 所示。灯丝报警配线如图 1-75 所示。

根据信号点灯电路图在配线图方格中填写各信号机的组合侧面端子号。注意，有引导信号的信号机有 2DJ。

信号机	端子	外连端子	端子	外连端子
	1	1 号信号电流输入	2	1 号信号电流输出
	3	1 号信号电压采集点 1	4	1 号信号电压采集点 2
	5	2 信号电流输入	6	2 信号电流输出
	7	2 信号电压采集点 1	8	2 信号电压采集点 2
	9	3 信号电流输入	10	3 信号电流输出
	11	3 信号电压采集点 1	12	3 信号电压采集点 2
	13	4 信号电流输入	14	4 信号电流输出
	15	4 信号电压采集点 1	16	4 信号电压采集点 2
	17	5 信号电流输入	18	5 信号电流输出
	19	5 信号电压采集点 1	20	5 信号电压采集点 2
	21	6 信号电流输入	22	6 信号电流输出
	23	6 信号电压采集点 1	24	6 信号电压采集点 2
	25	7 信号电流输入	26	7 信号电流输出
	27	7 信号电压采集点 1	28	7 信号电压采集点 2
	29	8 信号电流输入	30	8 信号电流输出
	31	8 信号电压采集点 1	32	8 信号电压采集点 2
	33	KF24 V	34	KF24 V
	35		36	
	37		38	
	39		40	
	41	报警输出 BJ-13	42	报警输出 BJ-23
	43	报警输出 BJ-12	44	报警输出 BJ-22
	45	报警输出 BJ-11	46	报警输出 BJ-21
	47	OUT	48	12V−

图 1-74　采集板端子定义

信号机	端子	外连端子	端子	外连端子
	1		2	
	3		4	
	5		6	
	7		8	
	9		10	
	11		12	
	13		14	
	15		16	
	17		18	
	19		20	
	21		22	
	23		24	
	25		26	
	27		28	
	29		30	
	31		32	
	33	KF34	34	KF33
	35		36	
	37		38	
	39		40	
	41	BJ-13	42	
	43	BJ-12	44	
	45	BJ-11	46	
	47	OUT	48	12V−

图 1-75　灯丝报警配线

7. 断路器报警配线图设计

断路器报警配线如图 1-76 所示。各组合的各断路器的端子 5（TDF_1、TDF_2 为端子 8）并联后接组合柜零层 RDZ 端子，各断路器的端子 7 并联后接组合柜零层 RDF 端子。每柜各断路器的端子 5（TDF_1、TDF_2 为端子 9）并联后接组合排架报警器 BJQ 的相应报警灯（即 BJQ-1～6 端子 9）。

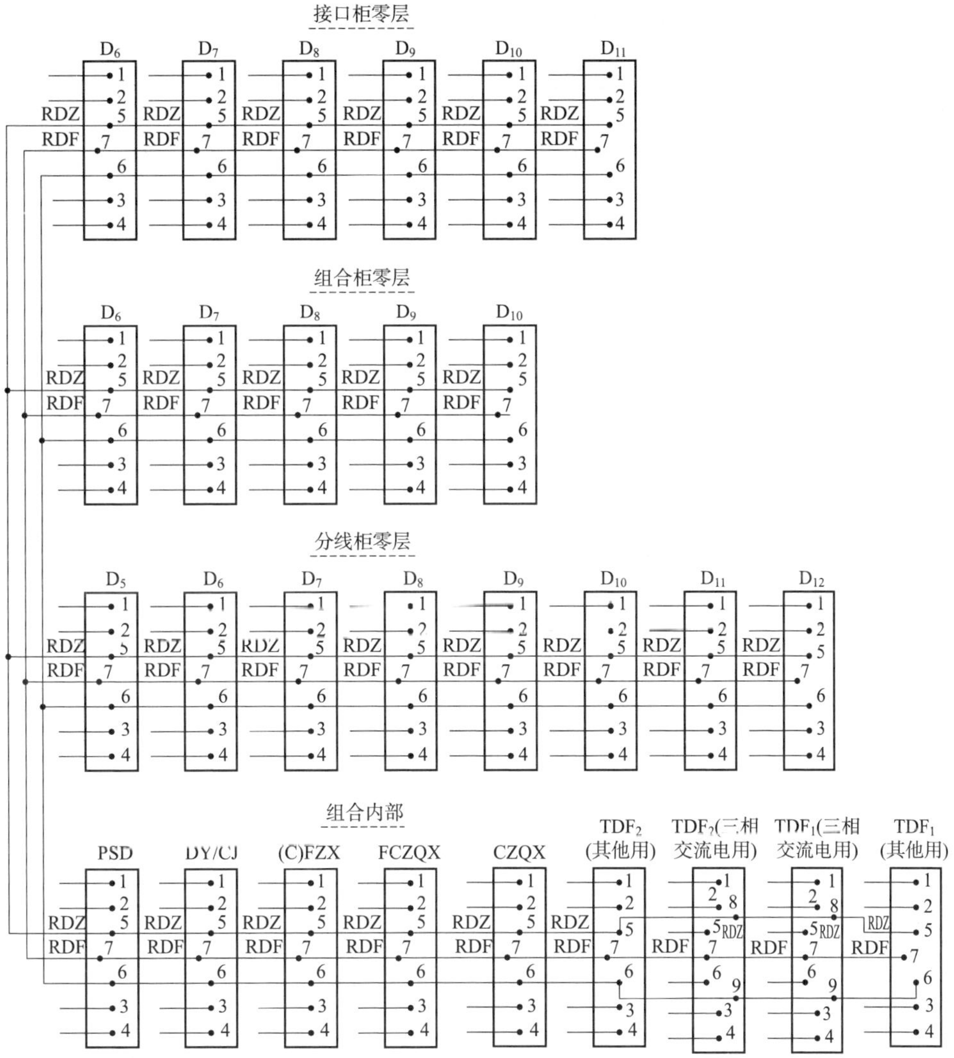

图 1-76　断路器报警配线

8. 组合内部配线表设计

组合内部配线表表示组合内部的配线联系。定型组合内部配线表是定型的，设计时如需要只要附上。零散组合内部配线表在设计时需要制作。

组合内部配线表每个组合一张，其格式如图 1-77 所示。左部是继电器配线表，最多可放 10 个继电器，根据实际需要有几个是几个。右部是组合侧面端子配线表。如果有电阻、电容、断路器等要有相应配线表。

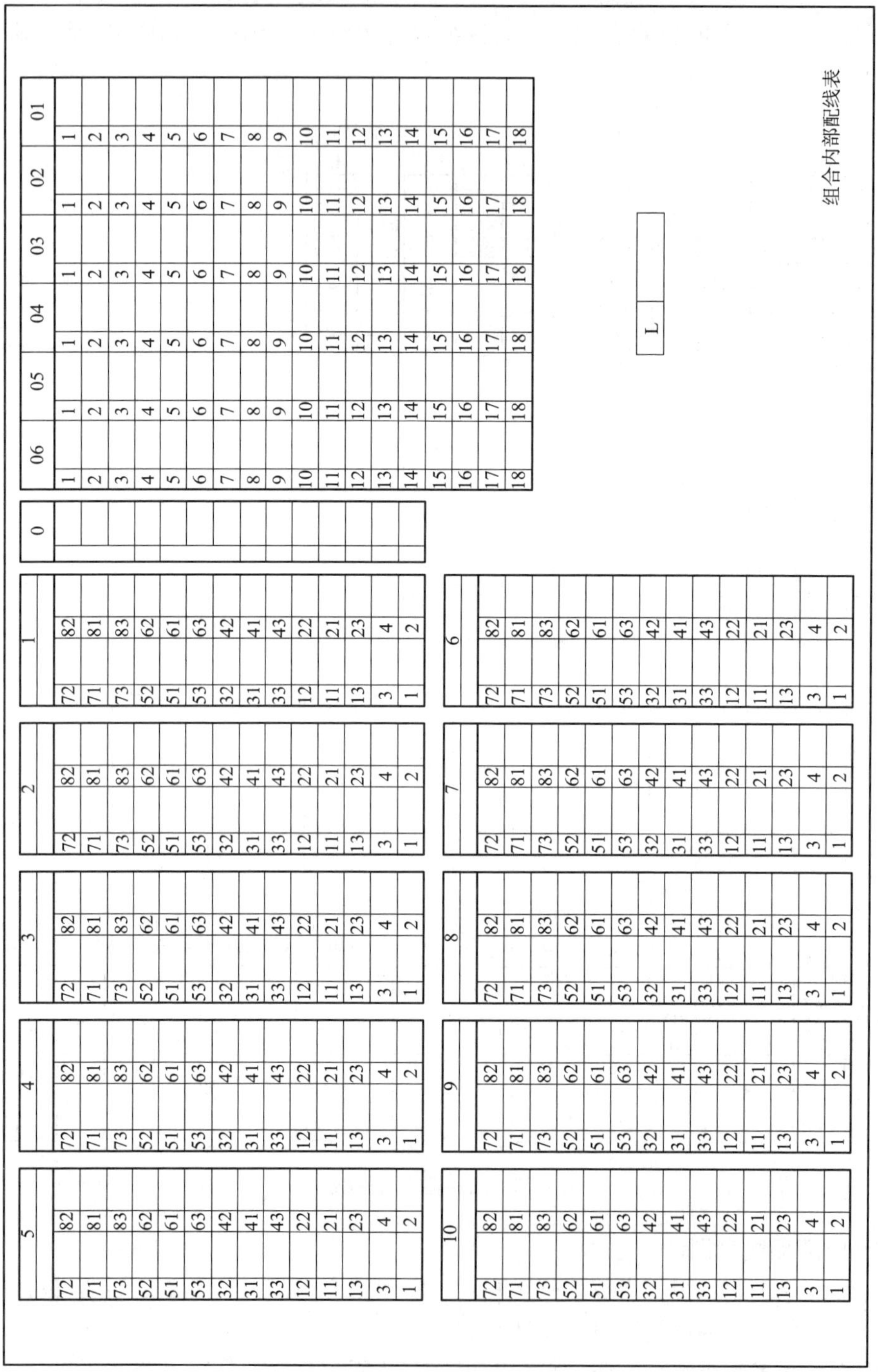

图1-77 组合内部配线

填写组合内部配线表的依据是电路图，即电路图上的端子和继电器线圈、接点的连接。在继电器配线表的小格内填写所连接的组合侧面端子号，在组合侧面端子配线表的小格内填写所连接的继电器线圈、接点号。

在组合侧面端子配线表的小框内填写本组合的名称和位置。

9. 综合后备盘配线图设计

综合后备盘配线如图 1-78 所示。该配线图表明综合后备盘上的按钮、表示灯、报警电铃用的配线，为定型设计。

X_1			
端子板			
S紧急关闭H-1	1	2	X紧急关闭H-1
2F-402-2			2F-402-1
X/S紧急关闭H-2ELF$_1$	3	4	
8			
SEMPFA-11	5	6	SEMPFA-11ELZ$_1$
2F-401-3			14
SEMPFA-21	7	8	SEMPFA-22ELF$_1$
2F-401-4			3　16
EMP-S-11	9	10	EMP-S-13
2F-403-3			2F-404-3
EMP-S-21	11	12	EMP-S-23
2F-403-4			2F-404-4
XEMPFA-11	13	14	XEMPFA-12ELZ$_1$
2F-401-1			6　27
XEMPFA-21	15	16	XEMPFA-22ELF$_1$
2F-401-2			8　23
EMP-X-11	17	18	EMP-X-13
2F-403-1			2F-404-1
EMP-X-21	19	20	EMP-X-23
2F-403-2			2F-404-2
QBA-13	21	22	QBA-12
2F-402-3			2F-402-4
DL$_2$　ELF$_1$	23	24	电流表+
16　28			2F-401-5
电流表-	25	26	
2F-401-6			
IBP盘用电 ELZ$_1$	27	28	IBP盘用电 ELF$_1$
2F-402-154			2F-402-623
	29	30	

图 1-78　综合后备盘配线示意

10. 室内机柜内信息配线图设计

集中站的室内机柜内信息配线如图 1-79 所示。室内机柜内信息配线图表示各机柜之间用于信息传输的网线和光缆联系，为定型设计。

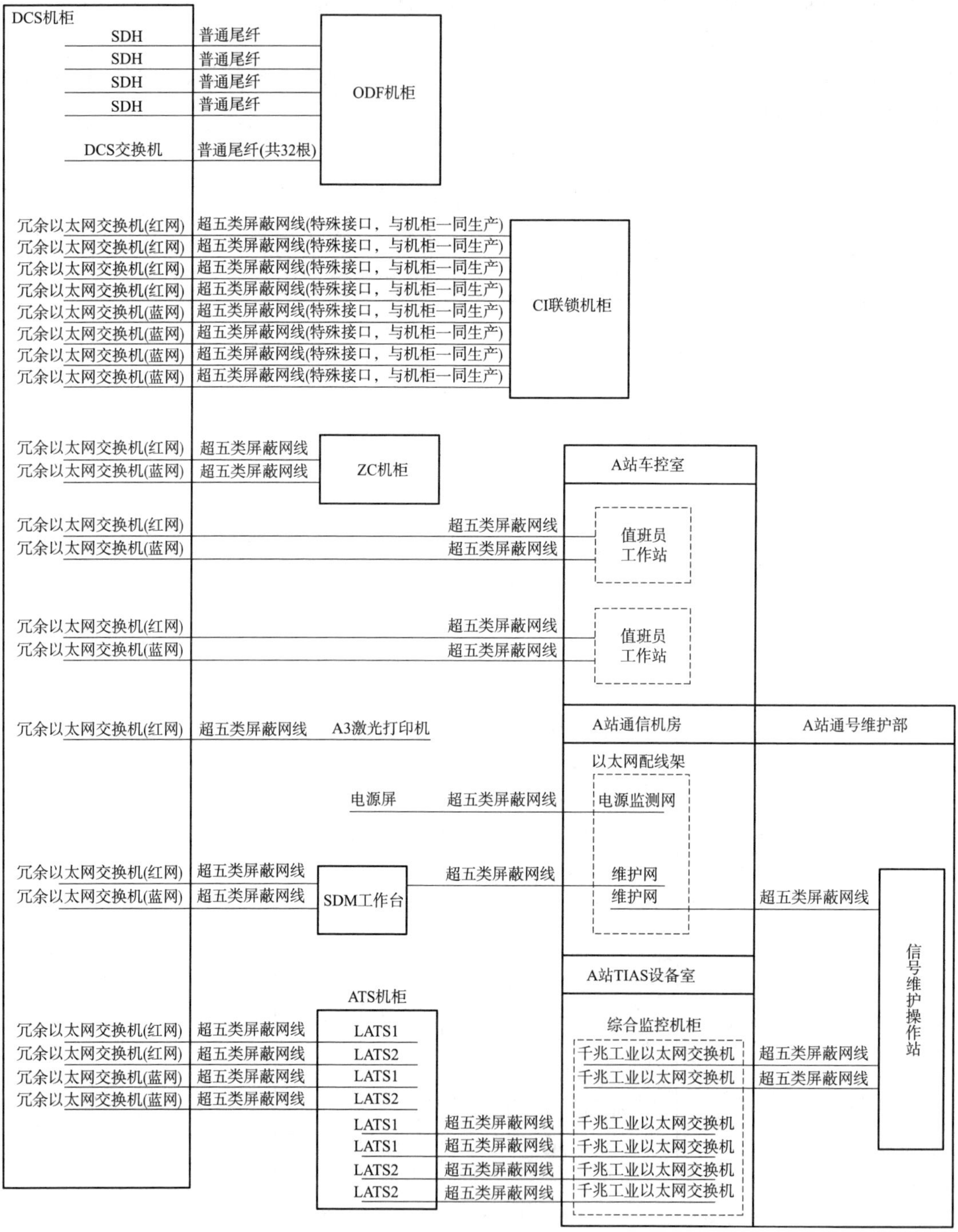

图 1-79　集中站的室内机柜内信息配线示意

其中，TIAS 设备室、车控室内的设备和线缆由综合监控专业实施，通信配线架由通信专业实施。

光缆均为 GYSTZA53-6B1 型。

非集中站的室内机柜内信息配线示意如图 1-80 所示。只有信号专用通信前置机、电源屏与 TIAS 设备室、车控室的联系。

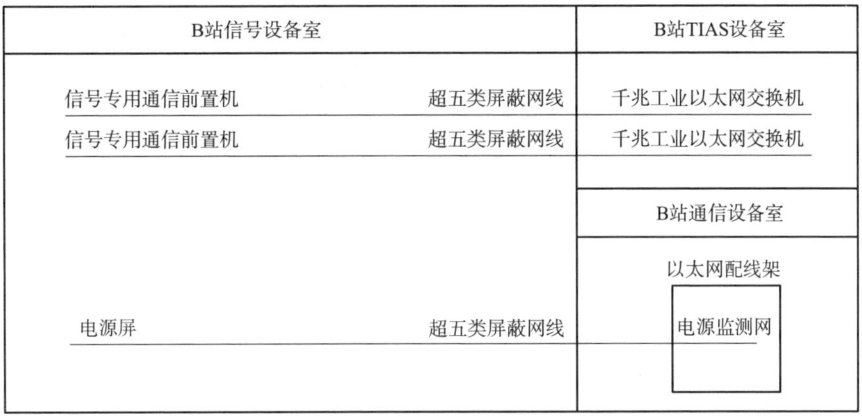

图 1-80　非集中站的室内机柜内信息配线示意

11. 地线连接示意图设计

集中站的地线连接示意如图 1-81 所示。非集中站的地线连接示意如图 1-82 所示。该图表示室内机柜的地线连接情况。信号设备室内应设综合接地箱，当采用综合接地时应接入综合接地弱电母排，接地电阻不应大于 1 Ω。其中，室内综合接地端子箱由供电专业设置。地线采用多股 16 mm^2线缆，综合接地端子箱采用 50 mm×50 mm 铜排。出入信号设备室的电缆应采用屏蔽接地，并应在引入口设金属护套。

机柜内所有接地汇接至本柜接地汇流排，室外电缆钢带(铝护套)、屏蔽层采用室内单端接地，连接至本柜的接地汇流排。接地汇流排连接至信号设备室内的等电位接线板上。

接地有三种：设备地、机柜地、防雷地。它们的接地线缆规格一致，参数如下：

AP 箱入箱地线为两路，分别为防雷地线和信号地线。采用标准地线材质(无铠装)，外径要求为 6～9 mm，地线型号为 DWZR-BYR-1×10 mm^2。

应答器尾缆屏蔽层与 LEU 电缆内层屏蔽层连接(采用焊接方式)，然后再使用 7×0.52 mm^2多股铜线连接到贯通地线(无贯通地线时仅连接屏蔽层)。

信号机：接地线采用 25 mm^2。

转辙机、计轴磁头及箱盒、分线箱、电缆盒、变压器箱无接地要求。

电缆均在室内分线柜处接地。

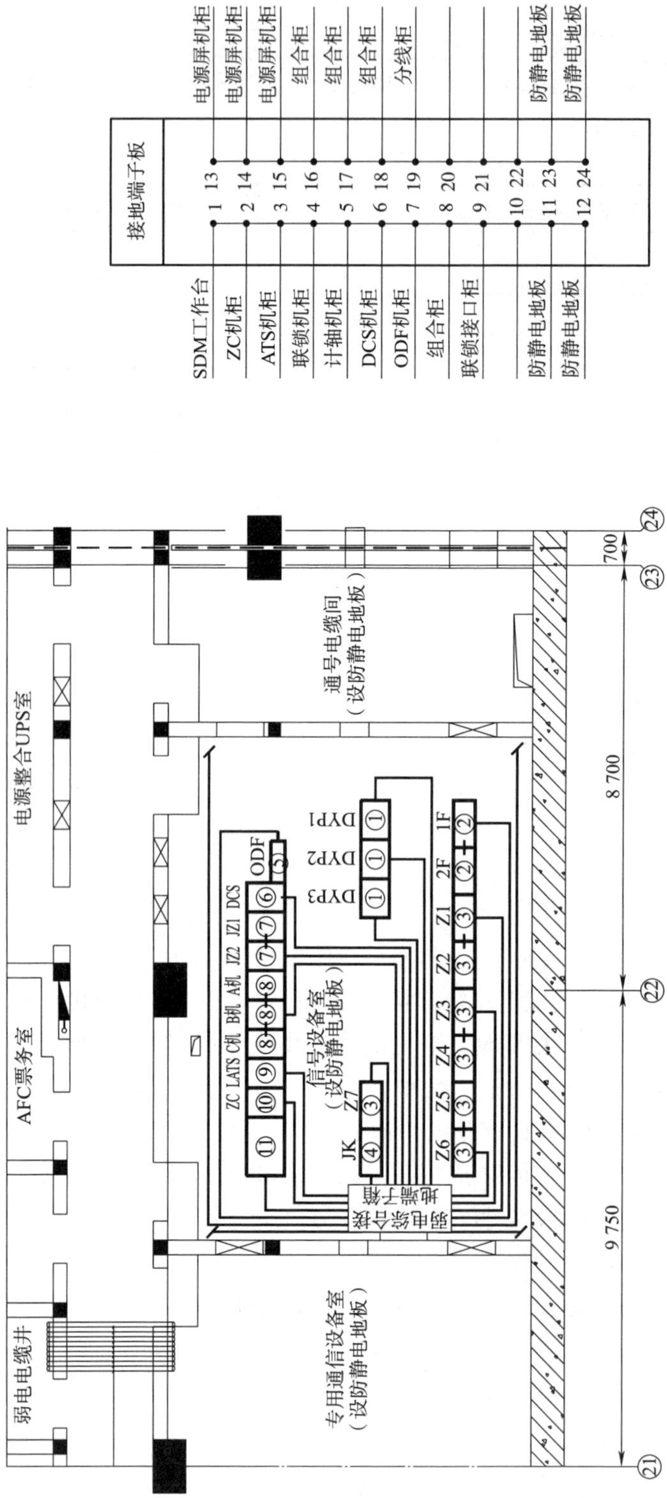

(a) 地线连接

(b) 信号设备室弱电综合接地端子箱示意

图1-81 集中站的地线连接示意（单位：mm）

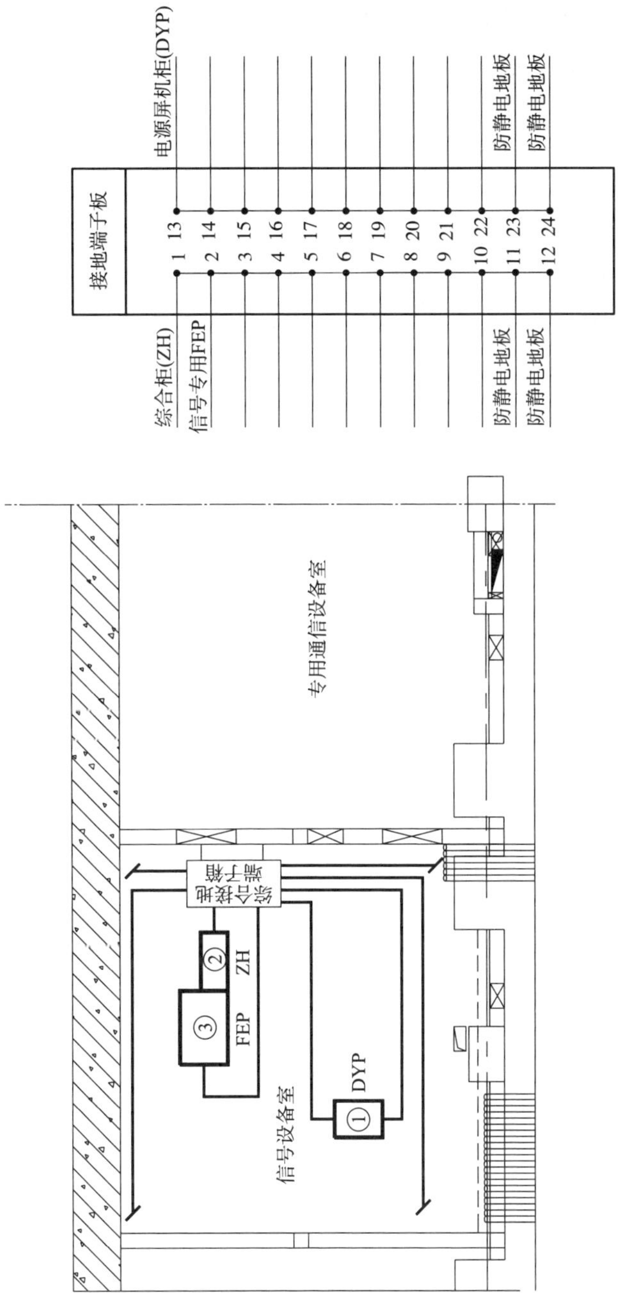

(a) 地线连接

(b) 信号设备室弱电综合接地端子箱示意

图1-82　非集中站的地线连接示意

二、室外配线图设计

室外信号设备通过信号电缆与室内设备连接，在电缆与电缆以及电缆与室外信号设备的连接处，使用分线箱、终端电缆盒和变压器箱等电缆网络连接设备。

室外配线包括室外设备配线和电缆配线两部分。室外设备配线包括：信号机、转辙机、计轴、应答器、紧急关闭按钮、发车计时器、AP 等箱盒内的配线，以及站间联系的配线。电缆配线包括分线箱、终端电缆盒和变压器箱等的电缆配线。

1. 室外设备内部配线图设计

室外设备配线图是定型设计。

室外信号设备不同，使用的电缆网络连接设备也不同。为了便于设计和维修，各种室外信号设备占用分线箱端子、电缆盒端子、变压器箱端子，以及设在箱、盒内的信号器材的位置都是固定的，而经过箱、盒连接其他信号设备的电缆芯线则顺序占用剩余的端子。

(1)信号机箱盒内部配线图设计

三显示信号机箱盒内部配线如图 1-83 所示，二显示信号机箱盒内部配线如图 1-84 所示。其中，封闭的灯位不设点灯变压器，也无需配线。

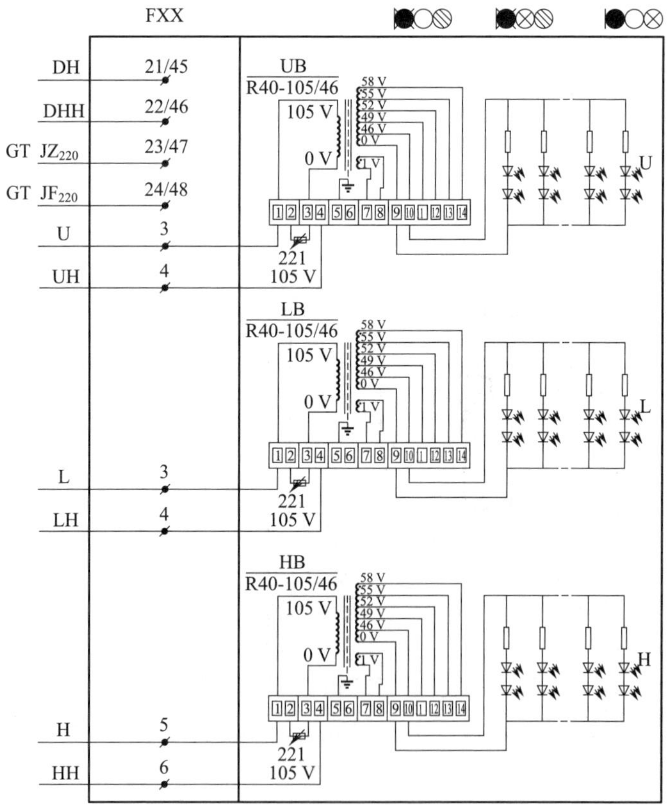

图 1-83 三显示信号机箱盒内部配线

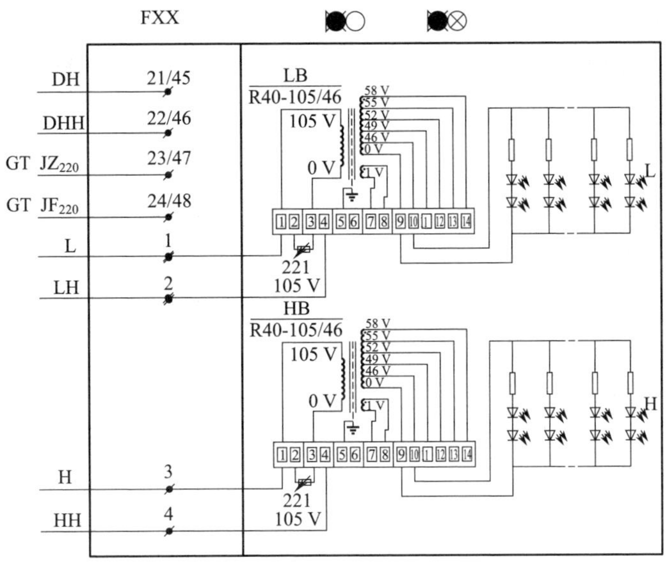

图 1-84　二显示信号机箱盒内部配线

(2)转辙机箱盒内部配线图设计

转辙机箱盒配线如图 1-85 所示。采用的是 S700K 型电动转辙机。本图按转辙机在定位时 1、3 排接点闭合设计,若转辙机在定位时 2、4 排接点闭合,需做以下改变:X2 与 X3 交叉,X4 与 X5 交叉,二极管颠倒极性。

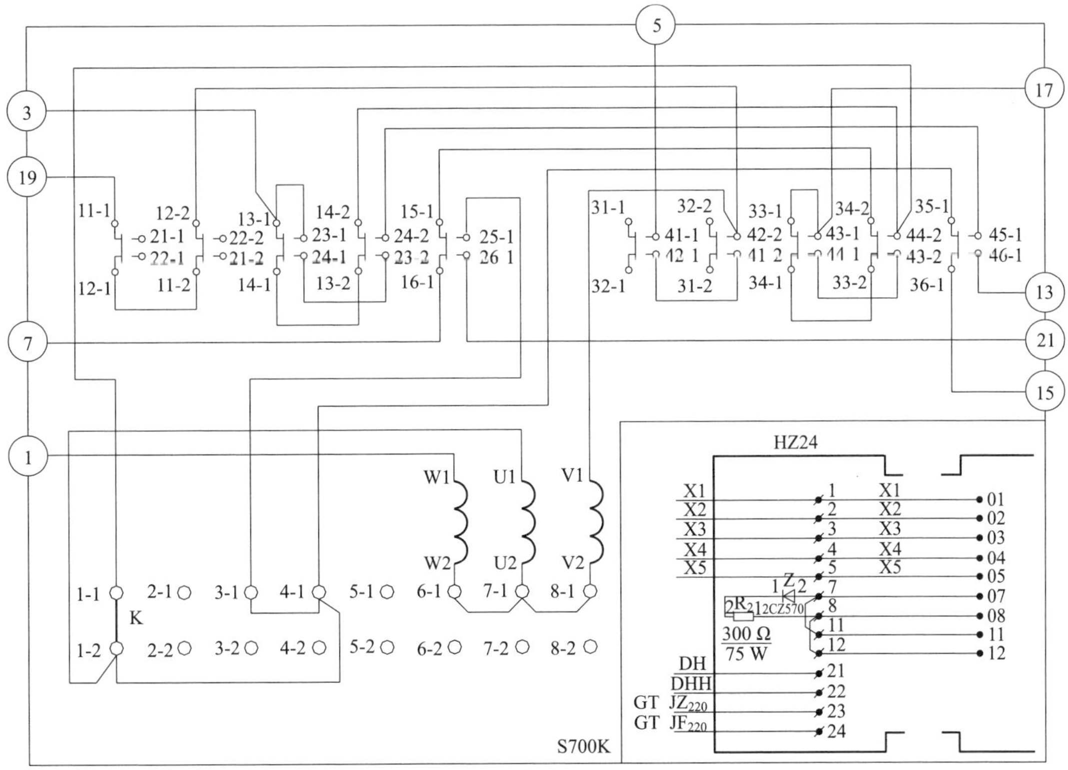

图 1-85　S700K 型电动转辙机箱盒内部配线

(3)计轴箱盒内部配线图设计

计轴箱盒内部配线如图 1-86 所示，表示轨旁连接盒(TCB)内部的配线联系，盒内其他配线由计轴供货商实施。

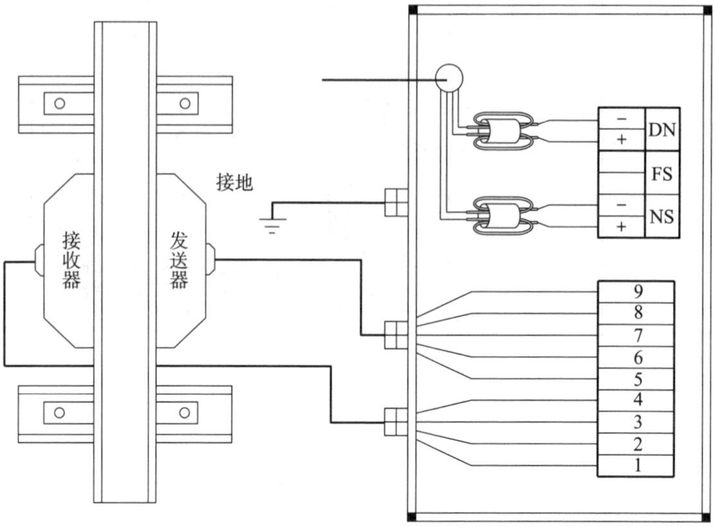

图 1-86　计轴箱盒配线

(4)应答器箱盒内部配线图设计

应答器箱盒内部配线如图 1-87 所示，除了连接应答器的两根电缆芯线外，分线箱的端子 3 要接电缆屏蔽层。

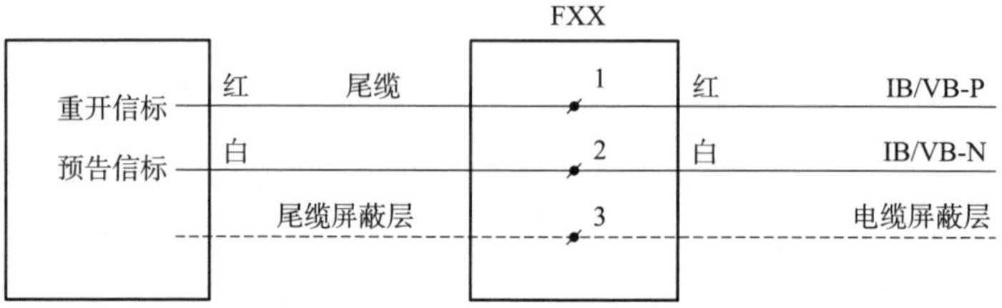

图 1-87　应答器箱盒内部配线

(5)紧急关闭按钮盒内部配线图设计

紧急关闭按钮盒内部配线如图 1-88 所示，由按钮盒 WG 端子连接紧急关闭按钮 EMP 的接点。

(6)发车计时器内部配线图设计

发车计时器内部配线如图 1-89 所示，由电源转接板端子用电缆连接发车计时器。

(7)AP 箱盒内部配线图设计

AP 箱盒内部配线如图 1-90 所示，表示 AP 箱盒内部电缆、光缆的配线联系。

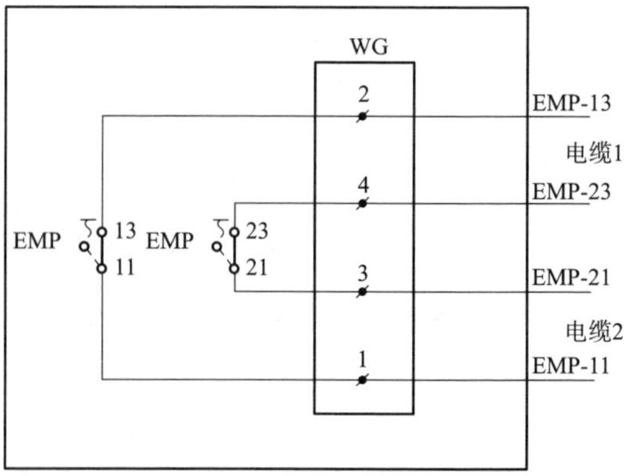

图 1-88　紧急关闭按钮盒内部配线

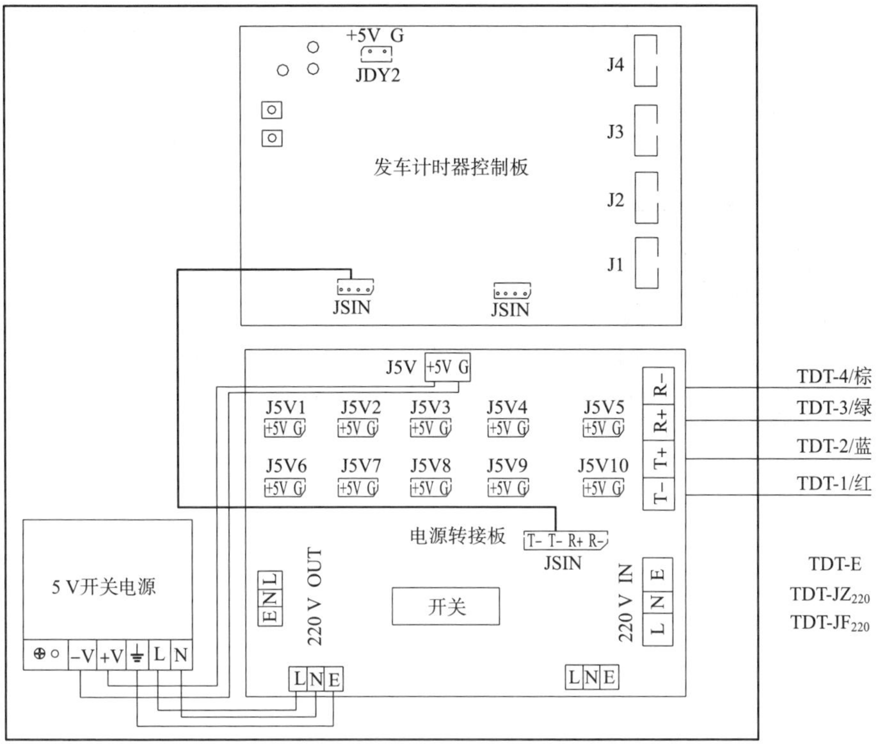

图 1-89　发车计时器内部配线

2. 室外电缆配线图

室外电缆配线包括信号机、转辙机、计轴、应答器、安全门、发车计时器、紧急关闭按钮及 IBP 等箱盒内的配线，分别如图 1-91～图 1-100 所示。以示意图的形式，表示室外电缆与电缆网络连接设备——分线箱和电缆盒连接的情况。即在室外电缆网络图的基础上，详细标注分线柜、分线箱和变压器箱的接线端子和每条电缆的芯线连接。

(1)室外电缆配线图的表示方法

图中的长方框表示分线柜、分线箱、电缆盒，框中的一根根细横线表示电缆芯线，其上的黑圆点表示箱、盒中的接线端子。箱、盒的类型写在长方框上方的右侧，直接连接的室外设备的名称写在左侧。如 F_1 信号机使用的终端连接设备是分线箱，图最左边的长方形框顶部左侧标注“F_1”，右侧标注“FXX”。

电缆配线图上表示箱、盒的长方形框排列顺序与它们在电缆径路上串接的顺序一致。各箱、盒的端子从小号到大号由上而下依次排列。箱、盒直接连接的信号设备的电缆芯线占用小号端子，经过该箱、盒连接其他室外信号设备的电缆芯线所使用的过渡端子则使用大号端子。这样，箱、盒内直接连接室外设备的电缆芯线，总是画在长方形框的上部，表示这些电缆芯线的细横线从长方形框的右边画到长方形框中间表示端子的黑点上；而表示经过该箱、盒端子连接其他室外设备的电缆芯线的细横线，画在长方形框的下部，从长方形框的右边一直画到长方形框的左边，在中间穿过的黑点表示两电缆芯线连接的端子。

每根电缆芯线的用途，也就是每根电缆芯线的名称写在分线柜和终端连接设备的长方框内细横线的端部，而在表示分线柜端子的黑点旁，写上端子号。在细横线还要写明该电缆芯线在所在电缆的编号。

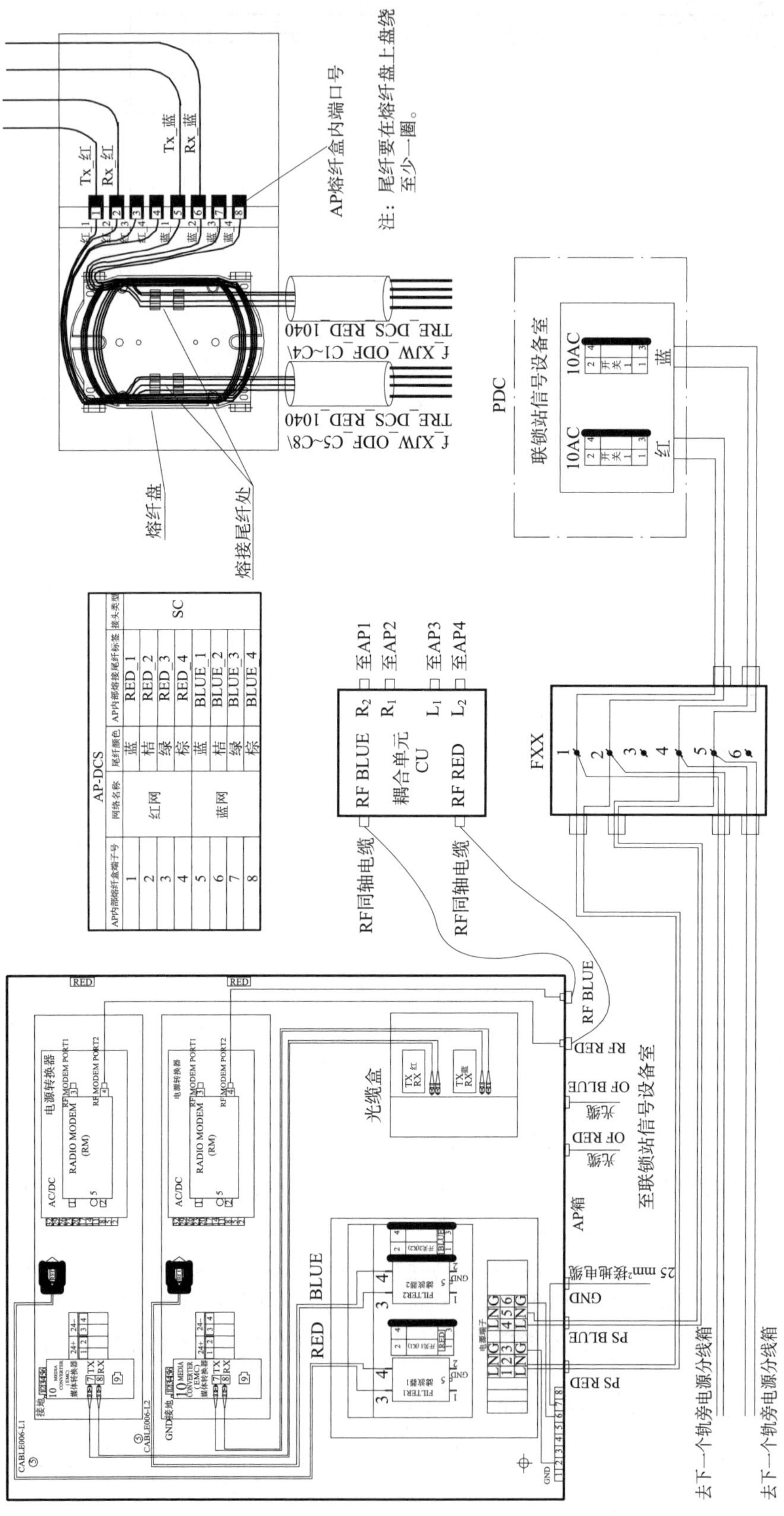

图1-90　AP箱盒内部配线

在左右相邻两长方形框中间画着的细线，表示连接两箱、盒的电缆，在细线的上方写着该电缆的长度、芯数和备用芯数。

为了可靠连接，每个端子上最多只能连接 3 根电缆芯线，超过 3 根时需通过增加端子进行连接。

(2)信号机室外电缆配线图设计

信号机室外电缆配线(部分)如图 1-91 所示，包含了信号机 XQ_1、XQ_3 和(B)XC 的室外电缆配线图。从分线柜端子先接至 XQ_1 的 FXX，一方面接至 XQ_1 信号机，另一方面接至 XQ_3；在 XQ_3 的 FXX，一方面接至 XQ_3 信号机，另一方面接至(B)XC 的 FXX；最后，由(B)XC 的 FXX 接至(B)XC 信号机。

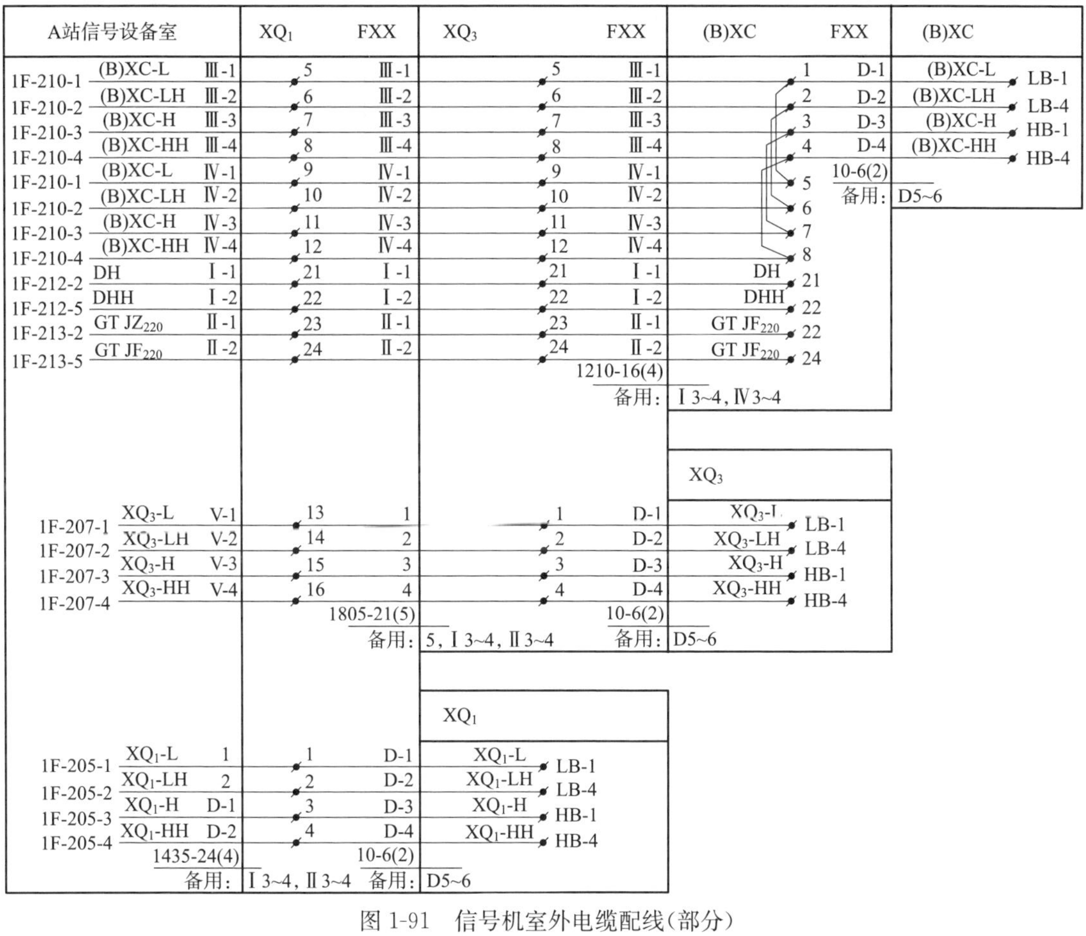

图 1-91　信号机室外电缆配线(部分)

因(B)XC 距集中站的信号设备室较远，其电缆芯线必须加芯，从分线柜一直到(B)XC 的 FXX，每根电缆芯线都加了 1 芯。

电话芯线 DH、DHH 接在各 FXX 的 21、22 号端子。贯通线 GD 接在各 FXX 的 23、24 号端子。

(3)道岔(转辙机)室外电缆配线图设计

道岔(转辙机)室外电缆配线(部分)如图 1-92 所示，包含(B)2 号道岔的室外电缆配线图。从分线柜端子先接至(B)2 号道岔的分线箱 CH-12，再接至(B)2 号道岔岔尖 1、岔尖 2 的电缆盒。

因(B)2 号道岔距集中站的信号设备室较远，其电缆芯线必须加芯，从分线柜一直到电缆盒，每根电缆芯线都加了 2 芯。

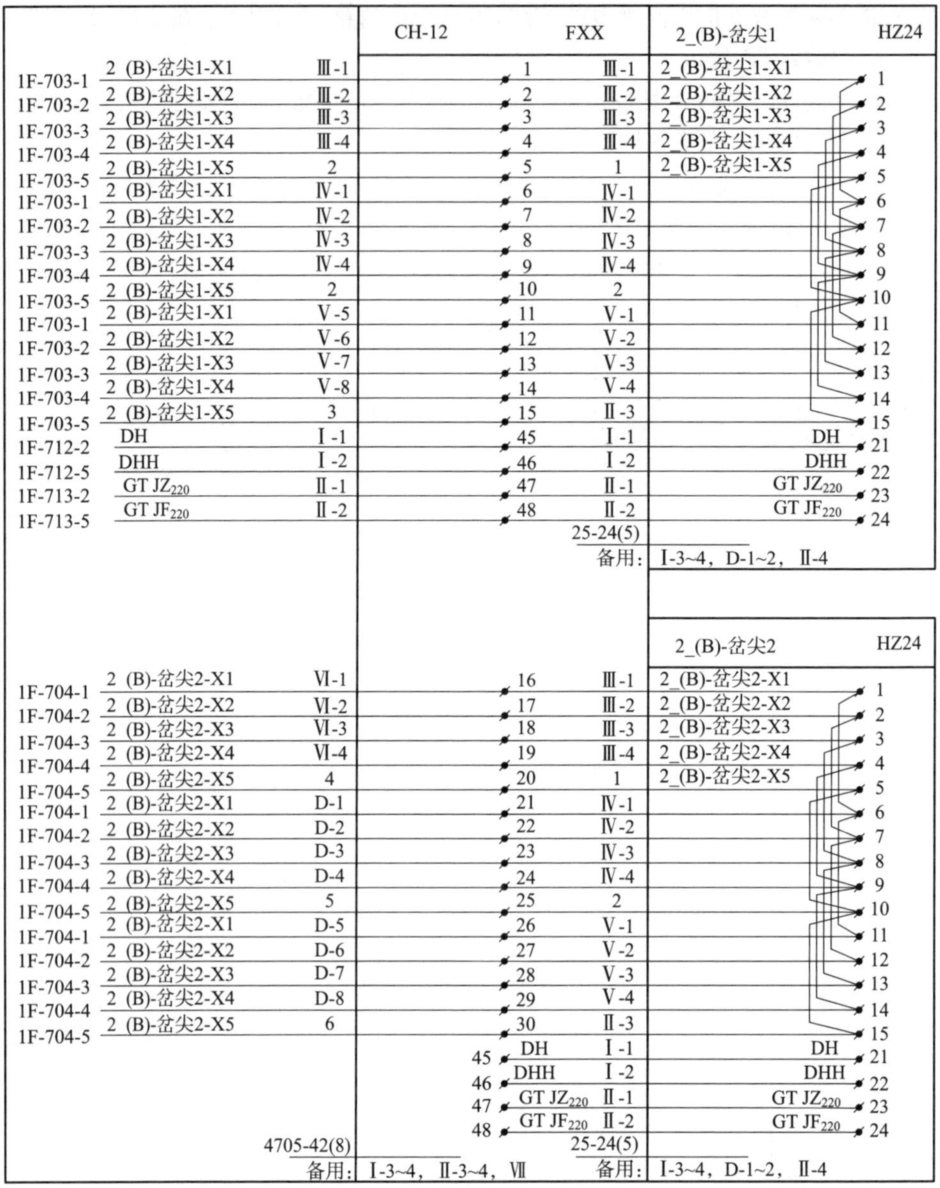

图 1-92 道岔(转辙机)室外电缆配线(部分)

电话芯线 DH、DHH 接在各 FXX 的 45、46 号端子,电缆盒的 21、22 号端子。贯通线 GD 接在各 FXX 的 47、48 号端子,电缆盒的 23、24 号端子。

(4)计轴室外电缆配线图设计

计轴室外电缆配线(部分)如图 1-93 所示,包含计轴点 JZ_1、JZ_7 的室外电缆配线图。

从分线柜端子先接至 FXX,再接至 TCB,最后由尾缆接至发送磁头、接收磁头。

(5)应答器室外电缆配线图设计

应答器室外电缆配线(部分)如图 1-94 所示,包含应答器 VB_1、VB_5 的室外电缆配线图。应答器不是都由集中站控制,而由邻近的车站控制。从分线柜端子先接至 FXX,再由尾缆接至应答器。应答器需要屏蔽,图中的 PE 即为屏蔽层。

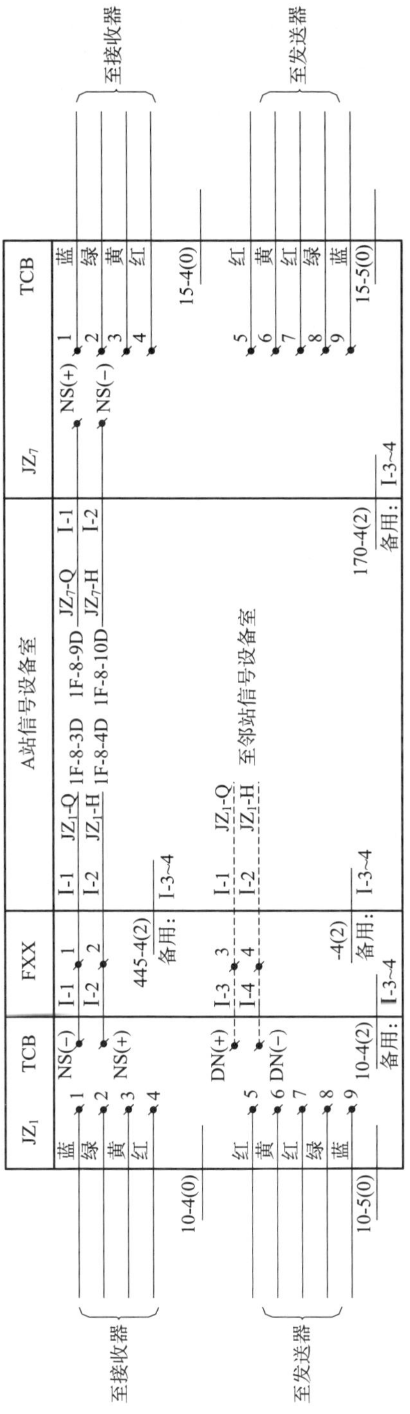

图1-93 计轴室外电缆配线（部分）

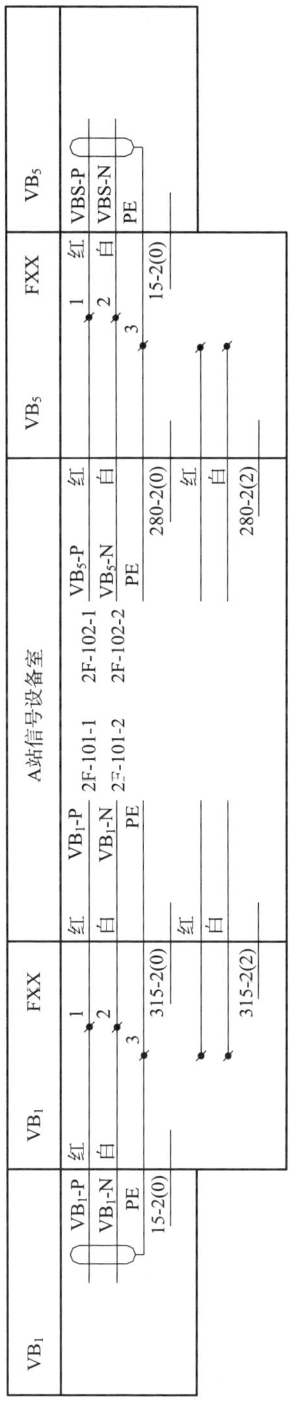

图1-94 应答器室外电缆配线（部分）

(6)安全门室外电缆配线图设计

安全门室外电缆配线(部分)如图 1-95 所示,包含非集中站的上行安全门室外电缆配线图。从集中站信号设备室的分线柜端子接至各站安全门设备室的分线柜端子。因非集中站距集中站较远,ALZ、GMJ-12、GMJ-22、KMJ-12、KMJ-22 所用电缆芯线必须加 1 芯。

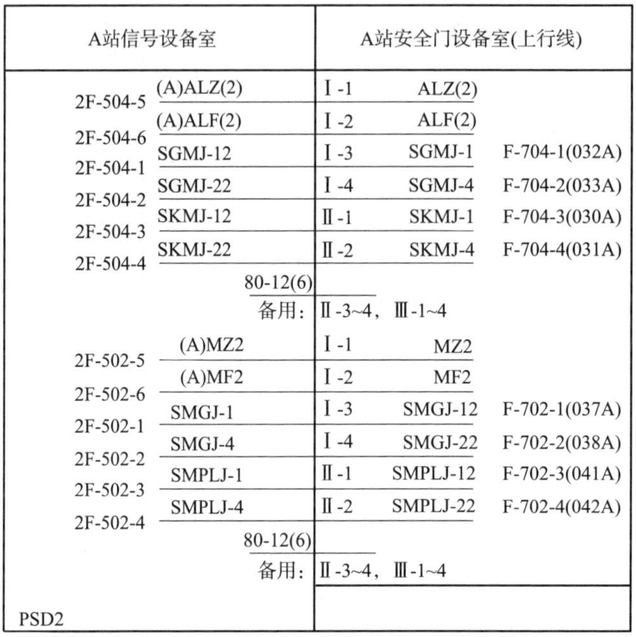

图 1-95 安全门室外电缆配线(部分)

(7)发车计时器室外电缆配线图设计

发车计时器室外电缆配线(部分)如图 1-96 所示,包含一个站的上行发车计时器室外电缆配线图。发车计时器是由所在站控制,从各站信号设备室的分线柜端子接至它的发车计时器,电源电缆、数据电缆分开。

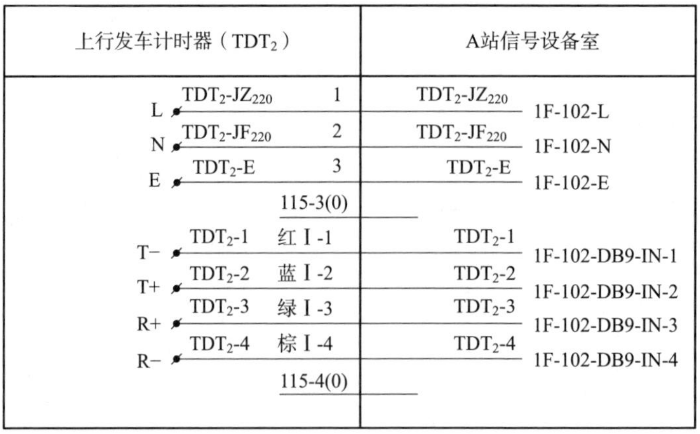

图 1-96 发车计时器室外电缆配线(部分)

(8)紧急关闭按钮及 IBP 室外电缆配线图设计

紧急关闭按钮及 IBP 室外电缆配线(部分)如图 1-97 所示,包含非集中站的上行紧急关闭按钮及 IBP 室外电缆配线图。对于集中站,从信号设备室的分线柜端子接至它的上、下行 BMP 组和 IBP。对于非集中站,先从集中站信号设备室的分线柜端子接至非集中站信号设备室的分线柜端子,再接至它的上、下行 BMP 组和 IBP。

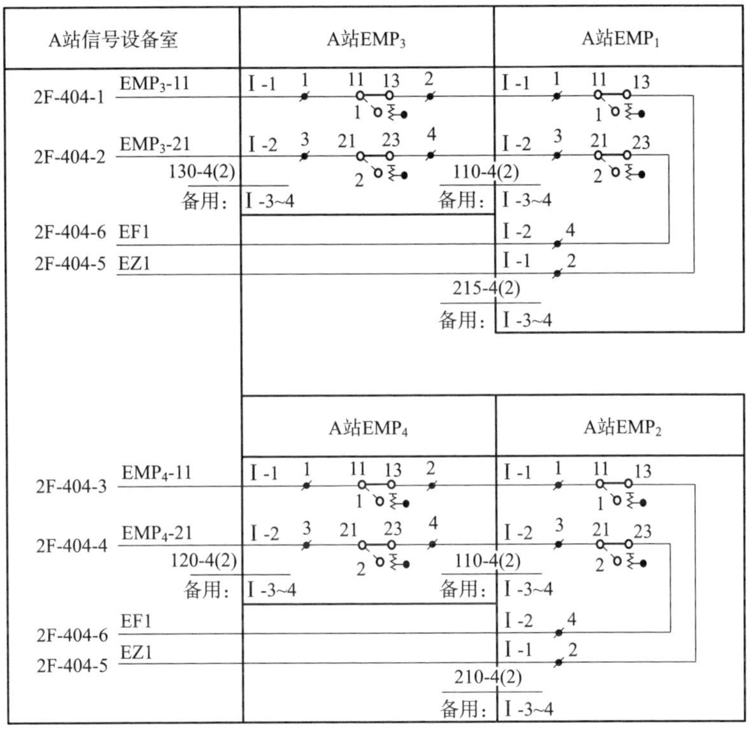

图 1-97　紧急关闭按钮及 IBP 室外电缆配线

(9)AP 室外光、电缆配线图设计

AP 室外光、电缆配线(部分)如图 1-98 所示,包含 AP_{115}、AP_{059}、AP_{061} 的室外光、电缆配线图。光缆是从集中站信号设备室的无线接入交换机单独接至各 AP 内部光缆终端盒。电缆是从集中站信号设备室的分线柜端子先接至 AP 的内部防雷及空开。

(10)站间联系室外电缆配线图设计

站间联系室外电缆配线(部分)如图 1-99 所示,表示集中站与非集中站之间的电缆联系。

(11)组网光缆配线图设计

组网光缆配线(部分)如图 1-100 所示,表示各站之间的光缆联系,用来传输 ATC 信息,用 4 芯,备用 12 芯。

3. 室外设备接地

室外电缆钢带(铝护套)、屏蔽层在室内防雷分线柜统一接地,应保证钢带、屏蔽层接地等电位。

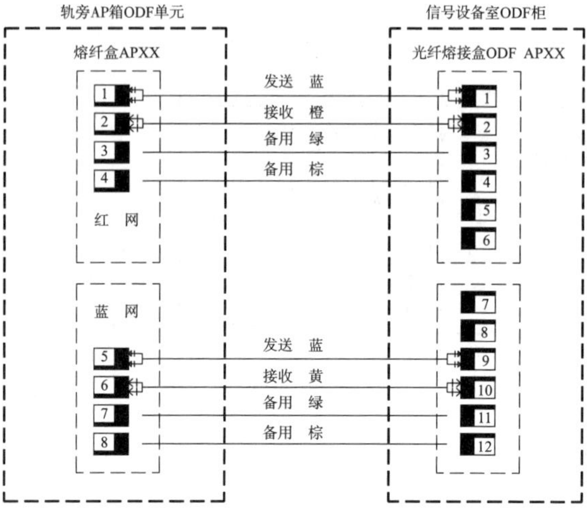

(a) 轨旁AP ODF单元与信号设备室ODF柜光缆连接示意

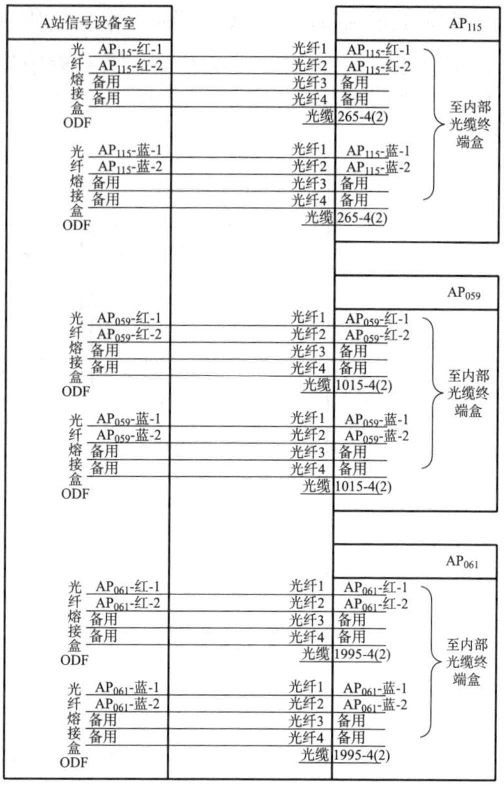

(b) 光缆配线

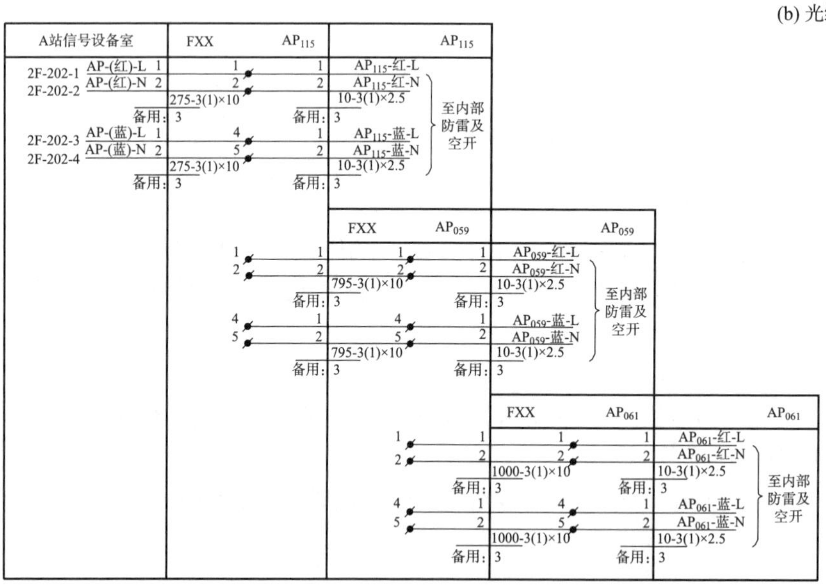

(c) 电缆配线

图 1-98 AP 室外光、电缆配线

ZL1

A站信号设备室			B站信号设备室		
ZF-601-1	(B)ZLZ	Ⅱ-1	Ⅱ-1	(B)ZLZ	ZH-207-1
ZF-601-2	(B)ZLF	Ⅱ-2	Ⅱ-2	(B)ZLF	ZH-207-2
ZF-601-3	XQ_3 LXJ-72	Ⅲ-1	Ⅲ-1	XQ_3 LXJ-72	ZH-201-1
ZF-601-4	XQ_3 LXJ-82	Ⅲ-2	Ⅲ-2	XQ_3 LXJ-82	ZH-201-2
ZF-601-5	XQ_3 DDJ-72	Ⅲ-3	Ⅲ-3	XQ_3 DDJ-72	ZH-201-3
ZF-601-6	XQ_3 DDJ-82	Ⅲ-4	Ⅲ-4	XQ_3 DDJ-82	ZH-201-4
ZF-602-1	(B)XC LXJ-72	Ⅳ-1	Ⅳ-1	(B)XC LXJ-72	ZH-201-5
ZF-602-2	(B)XC LXJ-82	Ⅳ-2	Ⅳ-2	(B)XC LXJ-82	ZH-201-6
ZF-602-3	(B)XC DDJ-72	Ⅳ-3	Ⅳ-3	(B)XC DDJ-72	ZH-201-1
ZF-602-4	(B)XC DDJ-82	Ⅳ-4	Ⅳ-4	(B)XC DDJ-82	ZH-202-2
ZF-602-5	F_9 LXJ-72	Ⅴ-1	Ⅴ-1	F_5 LXJ-72	ZH-202-3
ZF-602-6	F_9 LXJ-82	Ⅴ-2	Ⅴ-2	F_9 LXJ-82	ZH-202-4
ZF-603-1	F_9 DDJ-72	Ⅴ-3	Ⅴ-3	F_9 DDJ-72	ZH-202-5
ZF-603-2	F_9 DDJ-82	Ⅴ-4	Ⅴ-4	F_5 DDF-4	ZH-202-6
ZF-603-3	F_{11} LXJ-72	Ⅵ-1	Ⅵ-1	F_{11} LXJF-1	ZH-203-1
ZF-603-4	F_{11} LXJ-82	Ⅵ-2	Ⅵ-2	F_{11} LXJF-4	ZH-203-2
ZF-603-5	F_{11} DDJ-72	Ⅵ-3	Ⅵ-3	F_{11} DDJF-1	ZH-203-3
ZF-603-6	F_{11} DDJ-82	Ⅵ-4	Ⅵ-4	F_{11} DDF-4	ZH-203-4
ZF-604-1	1_B/2_B ZDBJ-52	Ⅶ-1	Ⅶ-1	1_E/2_B ZDBJ-1	ZH-203-5
ZF-604-2	1_B/2_B ZDBJ-62	Ⅶ-2	Ⅶ-2	1_B/2_B ZDBJ-4	ZH-203-6
ZF-604-3	1_B/2_B ZFBJ-52	Ⅶ-3	Ⅶ-3	1_E/2_B ZFBJ-1	ZH-204-1
ZF-604-4	1_B/2_B ZFBJ-62	Ⅶ-4	Ⅶ-4	1_E/2_B ZFBJ-4	ZH-204-2
ZF-712-1	DH	Ⅰ-1	Ⅰ-1	DH	ZH-212-1
ZF-712-4	DHH	Ⅰ-2	Ⅰ-2	DHH	ZH-212-2
		4760-28(4) 备用：	Ⅰ-3~4，Ⅱ-3~4		

ZL2

A站信号设备室			B站信号设备室		
ZF-604-5	SQ_6 LXJ-72	Ⅰ-1	Ⅰ-1	SQ_6 LXJF-1	ZH-204-3
ZF-604-6	SQ_6 LXJ-82	Ⅰ-2	Ⅰ-2	SQ_6 LXF-4	ZH-204-4
ZF-605-1	SQ_6 DDJ-72	Ⅰ-3	Ⅰ-3	SQ_6 DDJF-1	ZH-204-5
ZF-605-2	SQ_6 DDJ-82	Ⅰ-4	Ⅰ-4	SQ_6 DDJF-4	ZH-204-6
ZF-605-3	(B)SC LXJ-72	Ⅱ-1	Ⅱ-1	(B)SC LXJF-1	ZH-205-1
ZF-605-4	(B)SC LXJ-82	Ⅱ-2	Ⅱ-2	(B)SC LXJF-4	ZH-205-2
ZF-605-5	(B)SC DDJ-72	Ⅱ-3	Ⅱ-3	(B)SC DDJF-1	ZH-205-3
ZF-605-6	(B)SC DDJ-82	Ⅱ-4	Ⅱ-4	(B)SC DDJF-4	ZH-205-4
ZF-606-1	F_{10} LXJ-72	Ⅲ-1	Ⅲ-1	F_{10} LXJF-1	ZH-205-5
ZF-606-2	F_{10} LXJ-82	Ⅲ-2	Ⅲ-2	F_{10} LXJF-4	ZH-205-6
ZF-606-3	F_{10} DDJ-72	Ⅲ-3	Ⅲ-3	F_{10} DDJF-1	ZH-206-1
ZF-606-4	F_{10} DDJ-82	Ⅲ-4	Ⅲ-4	F_{10} DDJF-4	ZH-206-2
ZF-606-5	Z_6 LXJ-72	D-1	D-1	Z_6 LXJF-1	ZH-206-3
ZF-606-6	Z_6 LXJ-82	D-2	D-2	Z_6 LXJF-4	ZH-206-4
ZF-607-1	Z_6 DDJ-72	1	1	Z_6 DDJF-1	ZH-206-5
ZF-607-2	Z_6 DDJ-82	2	2	Z_6 DDJF-4	ZH-206-6
ZF-607-3	(A)ZLZ	Ⅳ-1	Ⅳ-1	(A)ZLZ	ZH-208-1
ZF-607-4	(A)ZLF	Ⅳ-2	Ⅳ-2	(A)ZLF	ZH-208-2
ZF-607-5	RSBJF-1	Ⅳ-3	Ⅳ-3	RSBJ-1	ZH-208-3
ZF-607-6	RSBJF-4	Ⅳ-4	Ⅳ-4	RSBJ-4	ZH-208-4
		4680-24(4) 备用：	Ⅴ-1~4		

图1-99　站间联系室外电缆配线（部分）

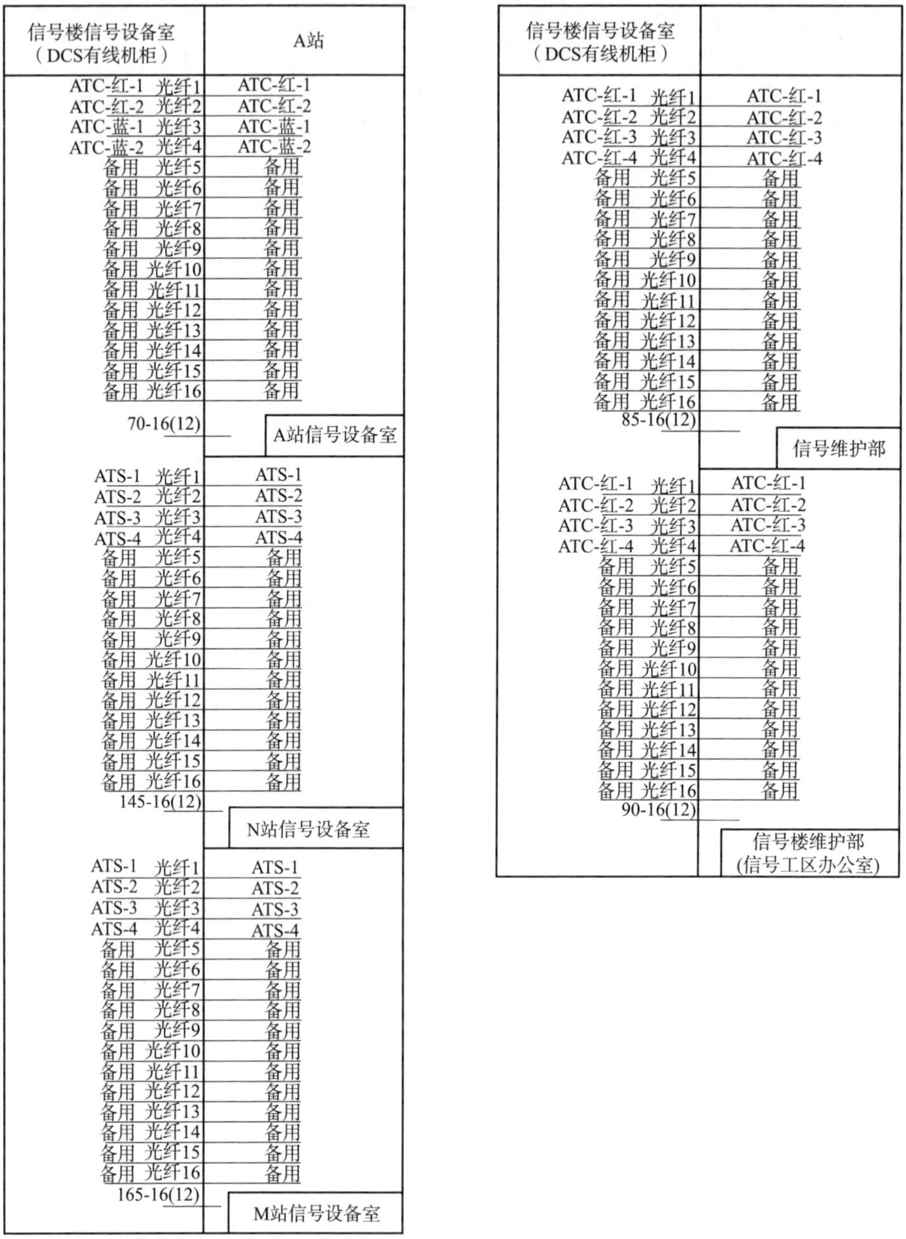

图 1-100 组网光缆配线(部分)

第八节 采用 LTE-M 的 CBTC 联锁区信号工程设计

采用 LTE-M 的 CBTC 与采用自由波的 CBTC 基本相同,只是车地间的通信方式不同。它们的信号工程设计也只是车地通信部分有差异,其他均雷同。

一、LTE-M 简介

地铁长期演进系统 LTE-M 是针对城市轨道交通综合业务承载需求的 TD-LTE 系统,它在保证基于通信的列车控制系统(CBTC)车地信息传输基础上,可同时传输视频监控、乘客信息系统、列车运行状态监测、集群调度业务等信息。

LTE-M 的列车运行控制业务根据列车在线路上运行的客观条件和实际情况,对列车运行速度及制动方式等状态进行监督、控制和调整。

1. LTE-M 的结构

LTE-M 采用双网冗余结构,两个网络的所有网元设备(包括核心网、基站、车载终端等)都是独立的。两个独立的网络应分别为 CBTC 系统提供独立的地面物理接口。

LTE-M 网络冗余覆盖方案采用同站址双网络无线覆盖。两个 LTE-M 的基站放置在同一个地点,可以共用漏泄电缆等传输介质。

LTE-M 核心板卡应进行冗余备份,必须防止任何板卡出现单个故障点时影响 CBTC 车地之间正常通信。

LTE-M 系统应具备冗余备份功能,必须防止任何 LTE-M 设备出现单个故障点时影响 CBTC 车地之间正常通信。

LTE-M 有专用的通信频道,工作频段 1 785～1 825 MHz,带宽 1.4 MHz、3 MHz、5 MHz、10 MHz,双工方式。

对于支持集群功能和数据功能业务的 LTE-M 系统架构,基于 B-TrunC 架构。由无线终端、集群基站、集群核心网、调度台和运营与支撑子系统组成,如图 1-101 所示。

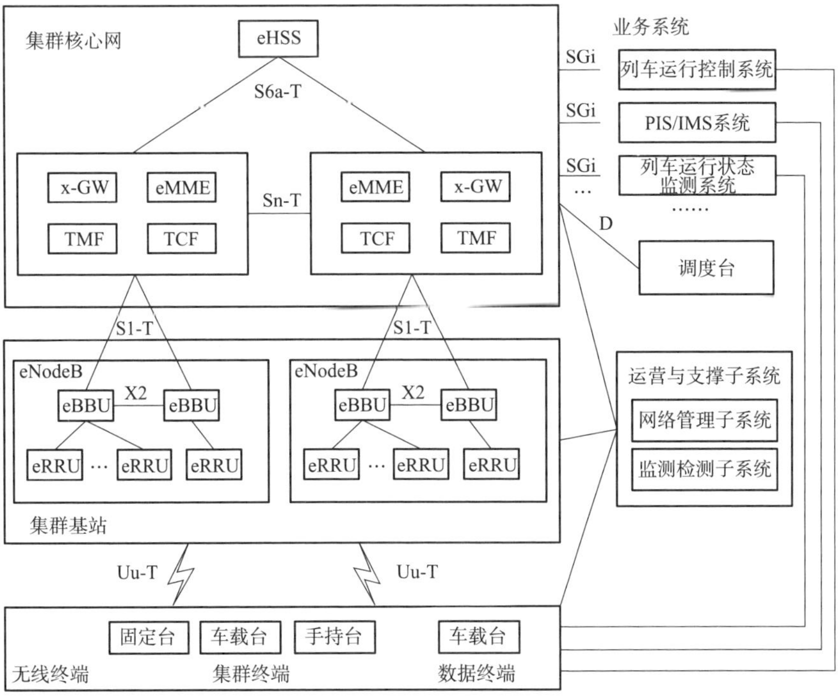

图 1-101　LTE-M 系统架构

HSS—归属签约用户服务器;GW—网关;MME—移动管理实体;TMF—集群媒体功能体;
TCF—集群控制功能体;BBU—基带处理模块;RRU—射频拉远模块

(1)核心网

LTE-M 集群核心网提供宽带集群业务和数据业务,包含 eHSS、eMME、x-GW、TCF、TMF 五个逻辑实体,eMME、x-GW、TCF、TMF 逻辑实体根据实际部署可合设形成实际网元设备。

演进的归属用户服务器 eHSS 是签约数据管理中心和鉴权中心。

演进的移动管理单元 eMME 是移动管理实体,负责移动性和承载管理。

服务网关 S-GM 与分组数据网关 P-GM 合一的 x-GW 支持集群业务承载管理、集群数据路由和转发。

集群控制功能体 TCF 负责集群业务的调度管理。

集群媒体功能体 TMF 负责集群业务的数据传输。

(2)运营与支撑子系统

运营与支撑子系统负责对系统网元进行操作维护,包括网络管理子系统和监测检测子系统,主要包括下列功能:提供配置管理、性能管理、故障管理、安全管理、日志管理等网管;提供系统设备的维护接口,搜集、监视网络的运行信息和状况,并能够按照操作人员的要求生成系统运行报告;LTE-M 系统整合后的告警信息应能通过接口上传。

(3)基站

LTE 基站支持 LTE 数据功能,设备结构如图 1-102 所示,基带处理单元 BBU、射频拉远单元 RRU 为逻辑模块,在物理实现时可以合设。

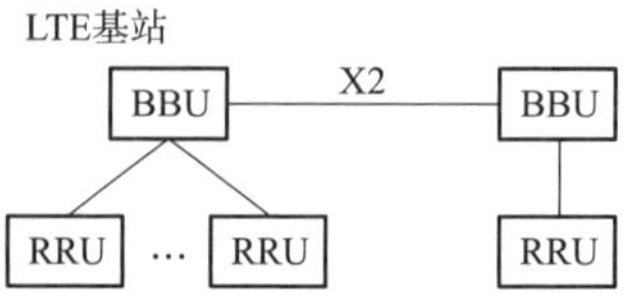

图 1-102　LTE 基站设备结构

(4)无线终端

无线终端包括数据终端和集群终端。数据终端支持 fro-LTE 数字蜂窝移动通信网终端技术要求的基本功能。集群终端除支持数据终端的功能外,还应支持集群业务和功能。

2. 自动运行等级(GOA)

根据自动运行的程度,城市轨道交通的自动运行等级(GOA)可分为四个不同的等级。

GOAla,不连续监督下的人工驾驶运行,列车运行控制系统在特定的位置上监督列车速度,等同于现有的点式控制方式。

GOAlb,连续监督下的人工驾驶运行,列车运行控制系统连续地监督列车速度,等同于装有 ATP。

GOA2,半自动运行,等同于装有 ATO。自动化程度相比上一等级有了进一步提升,又称为 ATO 模式。

GOA3,无司机运行,列车上不再安排专职司机,司机被 ATO 等系统功能所取代,仅安排乘务人员以应对突发事件。

GOA4，无人监督运行，列车上不安排任何工作人员。

3. LTE-M 与 CBTC 系统接口

LTE-M 系统与 CBTC 系统的物理接口位于核心网的网络设备和/或 CBTC 传输网的网络设备上。接口形式为标准以太网口 RJ45 或光纤接口连接。

LTE-M 系统接收 CBTC 系统从地面发送来的移动授权等信息，并通过 LTE-M 系统传输到 CBTC 车载设备。同时 LTE-M 网络将 CBTC 系统车载设备发送的列车位置等信息传送给 CBTC 系统地面设备。

LTE-M 系统应满足 CBTC 业务以下功能：

(1)LTE-M 系统应连续、双向、可靠地传输 CBTC 车地数据信息。

(2)LTE-M 系统为 CBTC 系统提供透明传输，不对 CBTC 信息做任何处理。

(3)LTE-M 系统的车载和地面设备应提供数据记录功能，记录文件应采用通用的简单格式(如文本文件)。车载记录存储时间应不少于 144 h。在最恶劣的运行条件下，地面记录可以在线存储一个月的日志数据。同时该数据可供发生通信故障时追溯分析问题所用。

(4)LTE-M 系统应具备网络管理功能。

(5)LTE-M 系统应具有自诊断能力。

(6)LTE-M 系统应采取安全策略以保证网络的安全性。

(7)LTE-M 系统应为 CBTC 业务提供高优先级处理功能。LTE-M 网络中任何节点出现拥塞时，CBTC 业务能得到足够的网络资源优先处理。

在城市轨道交通车辆上，LTE 终端向 CBTC 系统车载设备提供 100BASE-T 的以太网络接口，接口形式为 M12D Code。

LTE-M 车载设备接收从地面 LTE-M 网络发送来的移动授权等信息，并且传输到 CBTC 车载设备。同时 LTE-M 车载设备将 CBTC 系统车载设备发送的列车位置等信息通过地面 LTE-M 网络传送给 CBTC 系统地面设备。

二、采用 LTE-M 的 CBTC 的车地通信

采用 LTE-M 的 CBTC 由 LTE-M 的核心网连接各基站，各基站通过漏泄电缆发送信息，由车载设备接收。

各站的系统结构如图 1-103 所示，可见，光纤骨干网连接各集中站的以太网交换机，LTE 环网络连接各集中站的 LTE 环网络交换机。

两个 LTE-M 的基站同址设于轨旁，通过耦合单元传送至漏泄电缆，如图 1-104 所示。基站之间的距离也要根据场强确定，一般为 1 km，最大可达 1.2 km，邻近车站时为保证可靠接收信息，此距离约 600 m。

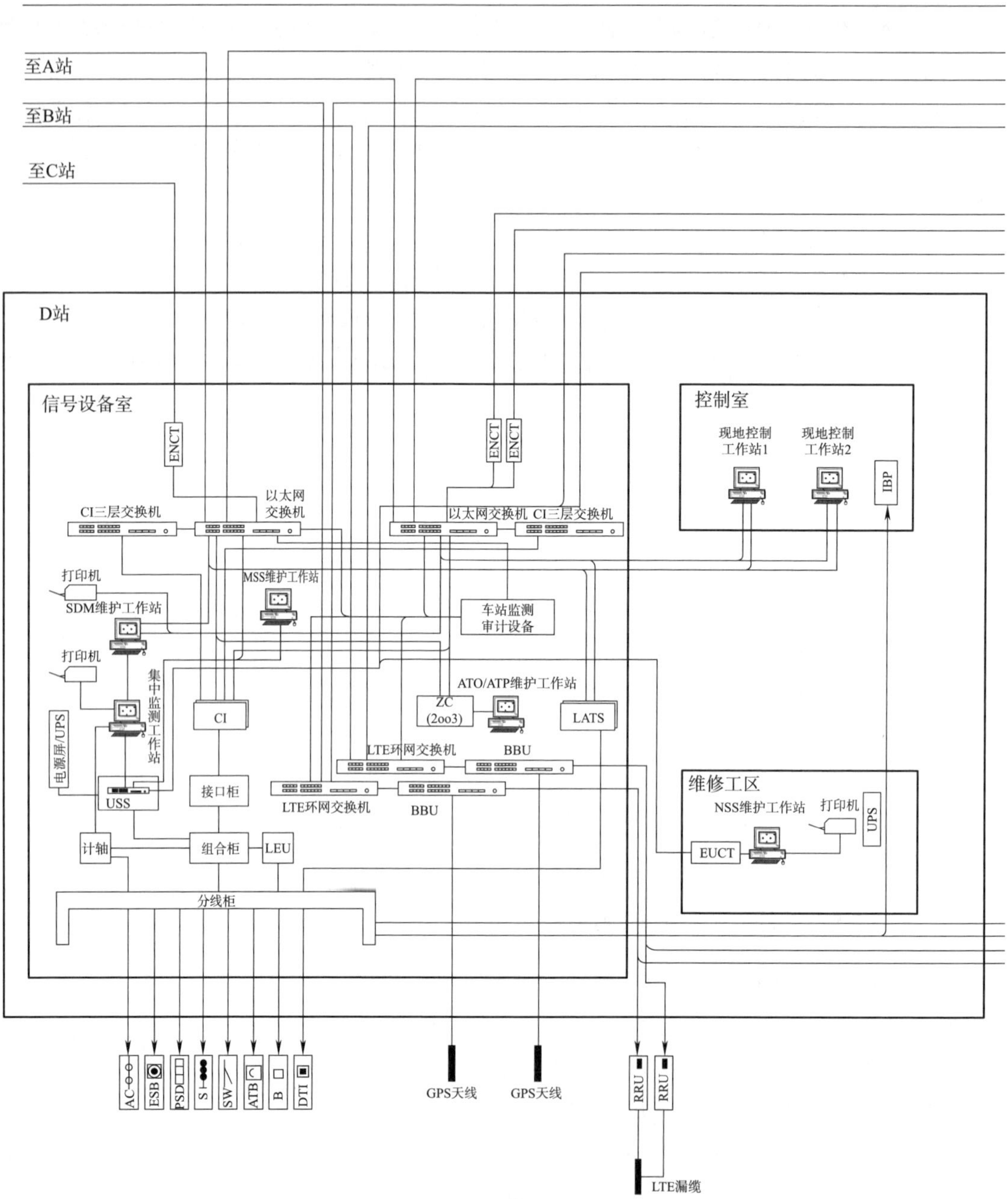
至A站
至B站
至C站
D站
信号设备室
ENCT
ENCT
ENCT
以太网
交换机
CI三层交换机
以太网交换机
CI三层交换机
控制室
现地控制
工作站1
现地控制
工作站2
IBP
打印机
SDM维护工作站
MSS维护工作站
车站监测
审计设备
打印机
集中监测工作站
ATO/ATP维护工作站
ZC
(2oo3)
CI
LATS
电源屏/UPS
LTE环网交换机
BBU
USS
接口柜
LTE环网交换机
BBU
维修工区
NSS维护工作站
打印机
UPS
EUCT
计轴
组合柜
LEU
分线柜
AC
ESB
PSD
S
SW
ATB
B
DTI
GPS天线
GPS天线
RRU
RRU
LTE漏缆

(a) D站

图 1-103

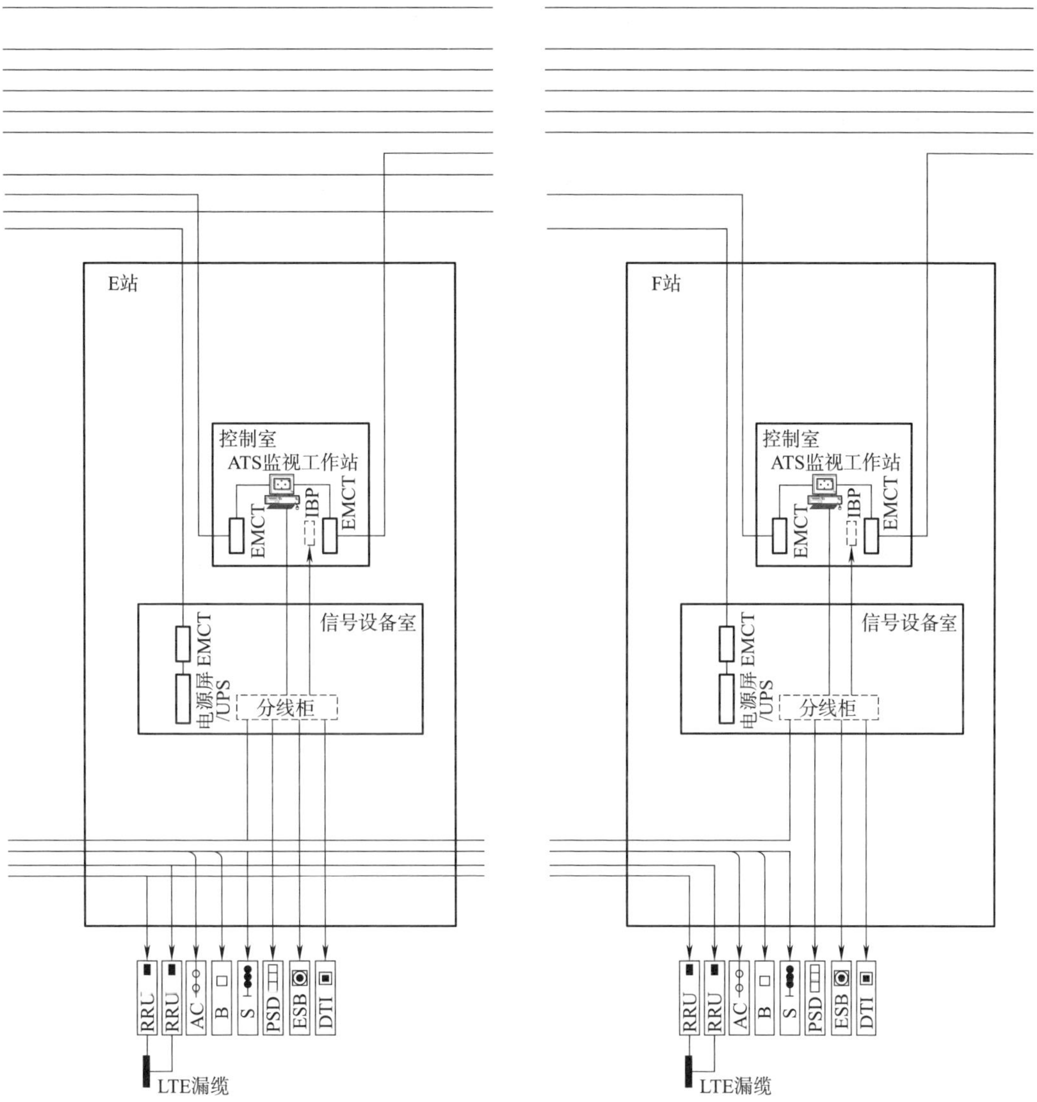

(b) E站　　(c) F站

图 1-103　各站的系统结构

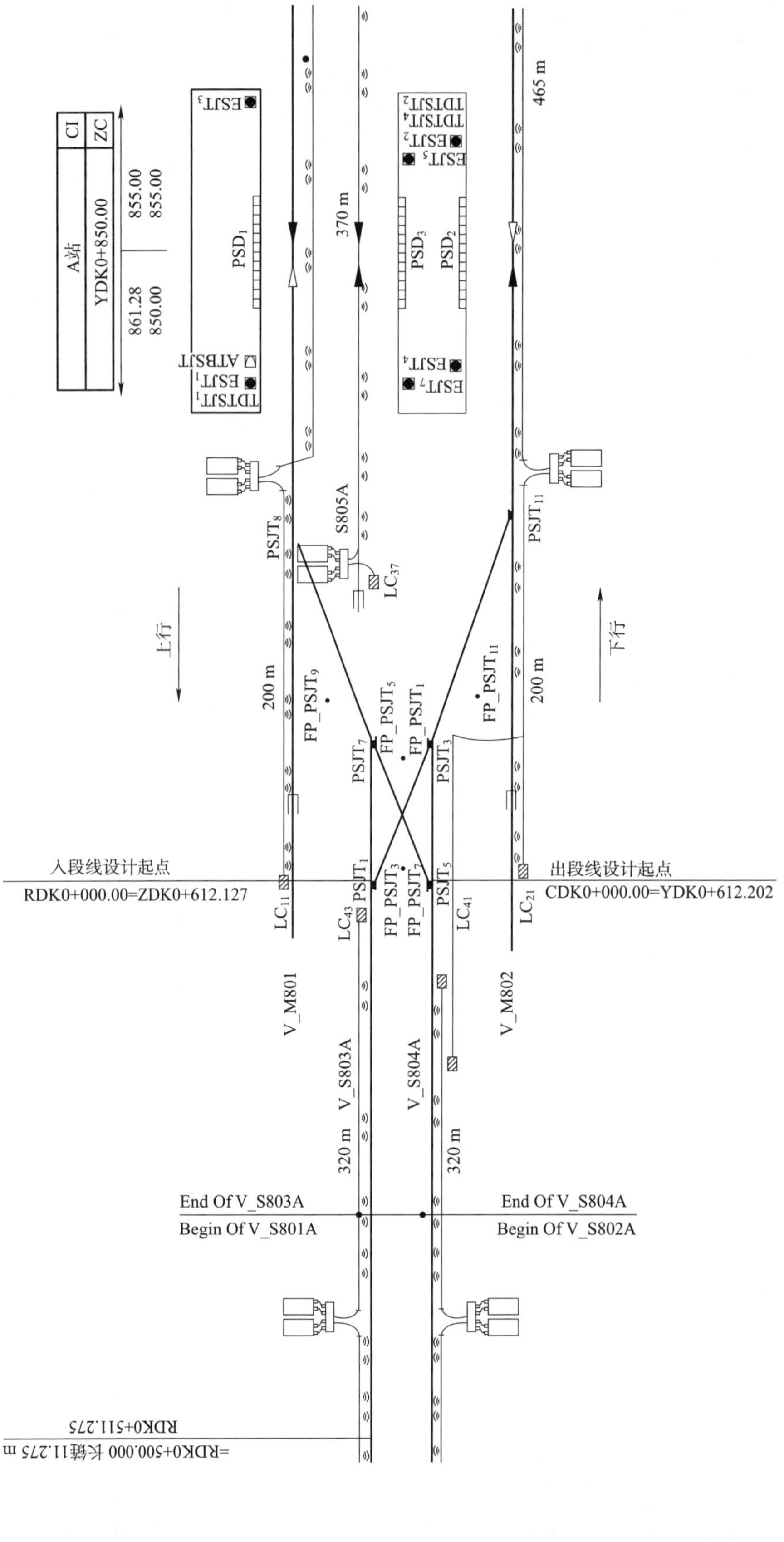
A站
YDK0+850.00
CI
ZC
861.28
850.00
855.00
855.00
PSD1
PSD2
PSD3
ESJT1
ESJT2
ESJT3
ESJT4
ESJT5
ESJT7
TDTSJT1
TDTSJT2
TDTSJT4
ATBSJT
370 m
465 m
S805A
LC37
PSJT8
PSJT11
上行
下行
200 m
200 m
FP_PSJT9
FP_PSJT5
FP_PSJT1
FP_PSJT11
PSJT7
PSJT3
PSJT1
PSJT5
FP_PSJT3
FP_PSJT7
入段线设计起点
RDK0+000.00=ZDK0+612.127
出段线设计起点
CDK0+000.00=YDK0+612.202
LC11
LC43
LC41
LC21
V_M801
V_M802
V_S803A
V_S804A
320 m
320 m
End Of V_S803A
Begin Of V_S801A
End Of V_S804A
Begin Of V_S802A
RDK0+511.275
=RDK0+500.000 长链11.275 m

(a) A站

图 1-104

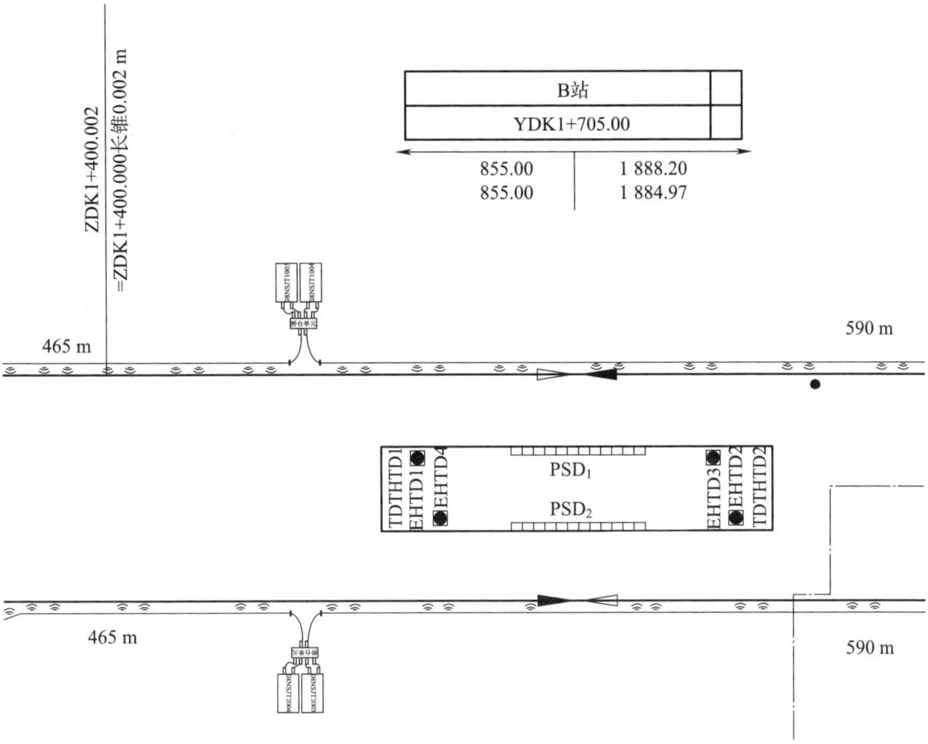

(b) B站

图 1-104　正线设备布置示意

第二章　车辆段信号工程设计

车辆段(以及停车场,以下表述为车辆段,包含停车场),单独设置计算机联锁,因此车辆段信号工程设计主要是计算机联锁工程设计和试车线信号设计。有的线路 CBTC 延伸到车辆段内,也需要进行有关设计。

第一节　计算机联锁工程设计综述

一、计算机联锁工程设计的内容

计算机联锁工程设计包括室内部分和室外部分。设计图纸通常也分为室内部分图册和室外部分图册两部分。

1. 室内部分

(1)室内信号设备平面布置示意图

计算机联锁室内设备包括信号计算机房设备、信号机械室设备、信号电源室设备、防雷分线室设备、控制台室设备,室内信号设备平面布置示意图要清楚地表明这些设备的布置。

(2)联锁表

联锁表准确无误地、全面不漏地表明全站的联锁关系。

(3)组合排列表

组合排列表表明全站所有继电器组合在组合柜上的位置。

(4)信号隔离变压器排列图

信号隔离变压器排列图表明全站所有信号隔离变压器在站内综合柜上的位置。

(5)继电器类型表

继电器类型表表明各组合内继电器的名称和型号。

(6)接口电路图

接口电路图分为信号机接口电路图、道岔接口电路图、轨道电路(计轴器)接口电路图、零散接口电路图,每种接口电路图包括采集电路图和驱动电路图。

采集电路图表明计算机联锁采集的信息,以及对驱动对象的回采集电路图,主要指明接口架和组合柜的联系。

驱动电路图表明计算机所驱动的对象,指明接口柜和组合柜的联系。

(7)执行电路图

执行电路主要包括信号机点灯电路、道岔电路图。

信号机点灯电路图表明各种信号机的点灯电路及配线联系。

道岔电路图表明各种道岔控制电路及配线联系。

(8)轨道电路(计轴器)图

轨道电路(计轴器)图表明各种情况的轨道电路(计轴器)图及配线联系。

(9)轨道测试盘盘面及配线图

轨道测试盘盘面及配线图表明轨道测试盘盘面布置及配线联系。

(10)报警电路图

报警电路图包括轨道停电监督报警电路图、主灯丝报警电路图、断路器报警电路图。各报警电路图表明电路图及配线联系。

(11)车辆段与正线车站联系电路图

车辆段与正线联系电路图表明车辆段与正线之间的电路及配线联系。

(12)电源图

电源电缆配线图包括室内电源电缆配线图和柜间电源端子环线图,表明室内设备的电源连接及配线联系。

(13)配线图表

配线图表包括接口柜配线图、防雷分线柜配线表、组合侧面端子配线表、轨道柜侧面端子配线表、隔离变压器侧面端子配线表,表明全部配线联系。

2. 室外部分

(1)信号设备平面布置图

车站信号设备平面布置图是车站联锁设计的基本依据,表明信号机的类型及位置、轨道区段的划分、警冲标位置、道岔的类型和开向、信号楼位置、车挡位置等。

采用轨道电路时还应有双线轨道电路布置图。

(2)室外设备配线图

室外设备配线图包括:信号机配线图、轨道电路配线图。从道岔控制电路图已经可以清楚地了解转辙机的配线,故室外设备配线图不再专有转辙机配线图。

(3)电缆径路图

电缆径路图除了表示室外信号机灯光配列及位置外,还具体表示转辙机、轨道电路送受电设备的类型和位置,更突出地表示电缆网络构成:电缆的走向、长度、类型、芯数,电缆的连接设备的类型和位置。

(4)电缆网络图

电缆网络图是将室外信号设备布置图中的电缆网络抽出来单独绘制而成,以更加清晰地表示各电缆网络的构成。图中不再考虑电缆网络的具体走向,而突出每根电缆与连接设备的连接关系。按电缆网络性质,分别表示道岔、信号机、轨道电路(计轴器)的构成。

(5)室外电缆配线图

室外电缆配线图分为信号机、道岔、轨道电路的室外电缆配线图。室外电缆配线图是室外电缆网络图的细化,以示意图的形式表示室外电缆与电缆网络连接设备——变压器箱和电缆盒连接的情况。即在室外电缆网络图的基础上,详细标注分线盘、电缆盒和变压器箱的接线端子与每条电缆的芯线连接。

二、对计算机联锁生产厂家提出的要求

计算机联锁的全部联锁关系的实现是由计算机软件完成的,软件由研发单位编制,操纵和表示设备由生产厂家生产。因此,设计部门在进行计算机联锁工程设计时,必须向生产厂家提

供信号设备平面布置图和联锁表，并提出相关的技术要求。

正常情况下，转换轨、运用库（检修停车库）内区段、非尽头无岔区段有车占用时，不允许向该区段排列调车进路，其他无岔区段有车占用时允许向该区段排列调车进路。不允许经由非尽头无岔区段排列组合调车进路。

默认情况下，办理至运用库内股道的进路，须检查库内股道空闲。特殊情况下，可通过按压“停止库内股道检查”按钮办理入库调车进路，不检查库内股道空闲，进路锁闭后自动恢复为默认情况，并可以通过按压“总取消”按钮和“停止库内股道检查”按钮办理取消。一次“停止库内股道检查”的办理仅对一条入库调车进路有效。

车辆段与正线车站之间按场间联系设计，进、出段进路的办理需检查互相的照查条件。列车进路需设保护区段，延时解锁时间为 180 s。

车辆段与试车线的联系按非进路调车设计。

第二节　信号设备布置图设计

信号设备平面布置图是室外信号设备的布置图。附图 3 所示为 A 车辆段的信号设备平面布置图，附图 4 所示为 B 车辆段的信号设备平面布置图（为双线轨道电路布置图）。

附图 3　附图 4

一、信号平面布置图包括的内容

信号平面布置图包括以下内容：

（1）集中区范围内的线路，以及与集中区范围有密切联系的非集中线路。

（2）所有集中区范围内道岔的编号及定位状态，并标出每组岔尖坐标（距信号楼中心的距离，下同）。

（3）信号机的名称、灯光配列及其坐标。

（4）轨道区段的划分，标出股道和无岔区段的名称。对不与信号机并置和不是渡线上的绝缘节，应标出其坐标。侵限绝缘节应用圆圈标出。

（5）与信号机位置有关的以及侵入限界绝缘节处的警冲标坐标。

（6）信号楼设置位置，并标出其距该线路起点站的公里标数，以及信号楼外墙至最近线路中心的距离。

（7）道岔类型和数量、股道有效长的统计表。

二、转换轨的设置

在正线与车辆段衔接处，必须设转换区段，称为转换轨，以实现正线与车辆段信号系统的转接。正线与车辆段采用不同的信号系统，正线由 ATC 和联锁系统控制，车辆段/停车场由联锁系统控制，不受 ATC 控制。列车从车辆段/停车场进入正线，必须转为 ATC 控制；列车从正线进入车辆段/停车场，必须退出 ATC 控制。这一信号系统的转接，在转换轨完成。在未采用 CBTC 的车辆段，信号系统的转接是通过转换轨轨道电路来完成的。

转换轨有两种设置方式：第一种，设在车辆段内，如附图 3 所示；第二种，设在车辆段外，如附图 4 所示。

三、联锁区的划分

联锁区，是指车辆段内纳入联锁由信号楼集中控制的区域。根据实际情况，部分较少运用的库线可以不纳入联锁区。

划分联锁区就是确定车辆段内哪些设备由信号楼集中控制。

对于出入段线转换轨处及转换轨外方的出段信号机、计轴器、应答器由相接的正线车站控制。试车线上的列车信号机、计轴器由试车线单独控制。

四、信号机的设置

集中区范围确定后，要对线路、道岔进行编号，并确定道岔定位位置，然后设置信号机。

1. 信号机设置的原则

(1)一般设于线路的右侧

我国城市轨道交通是右侧行车制，司机座位设在驾驶室的右边，所以地面信号机应设在列车运行方向的线路右侧。在特殊情况下，如线路右侧没有装设信号机的条件或因曲线、隧道、桥梁等影响，装在左侧比装在右侧显示距离较远，在保证不致使司机误认的条件下，须经批准，才可以设在线路左侧。

(2)信号机的设置位置

信号机应该尽可能靠近线路设置，但应遵守建筑接近限界的限制，绝对不准许侵入限界。在弯道上设置信号机时，限界要根据规定尺寸加宽；有时因为地形地物影响视线，也可以考虑设在离线路较远的地点。

信号机的设置位置与被防护地点的距离，既要考虑停车位置不当不致引起危险，又要考虑不致引起在线路运用方面受到限制，给行车作业带来麻烦，还要考虑显示距离及其他因素。

当信号机需要设在曲线地段时，要适当选择显示条件较好的地点，还应考虑该信号机不致被误认为邻线的信号机。特别是在两条平行线路的曲线地段，信号机应并排设置，不能一前一后，以免造成误认。

(3)信号机柱的选择

高柱信号机具有显示距离远，观察位置明确等优点，因此车辆段的规定显示距离较远的进段、出段信号机均采用高柱信号机。它们的最低灯位距轨面为 1.8 m。而其他信号机由于对显示距离要求不远，一般采用矮型信号机。

(4)信号机建筑限界

信号机不得侵入设备限界。设备限界是用以限制设备安装的控制线。信号设备与设备限界之间应至少留 50 mm 的安全间隙。

2. 各种信号机的设置

(1)进段信号机设置

车辆段的每条出入段线的始端都必须设置进段信号机。

(2)出段信号机设置

出段信号机一般由相接的正线车站控制，但在车辆段的信号设备平面布置图上必须表示出来。出段信号机也可以由车辆段控制。

转换轨设在车辆段内时，出段信号机与进段信号机并置，如附图 3 所示。

转换轨设在车辆段外时，出段信号机设在转换轨另一端端部，如附图 4 所示。

(3)进、出库信号机设置

列车进段后的进库进路有两种处理方法：一是按调车进路进库；二是按列车进路进库。

如按调车进路进库，不需要设置进、出库信号机，如附图 3 所示。

如按列车进路进库，则在进段信号机内方设置进库信号机，相应在每条出库线端部设置出库信号机，如附图 4 所示。

(4)调车信号机的设置

调车信号机用以指示段内各种调车作业，如编组、解体、摘挂、转线、车辆的取送等。调车信号机的设置应根据车辆段的调车作业过程和调车工作的繁忙程度、段内必要的平行进路和较短的车辆走行距离而确定。由于各个站场线路布置情况和调车作业复杂程度不同，布置调车信号机的灵活性很大。一般来说，布置调车信号机的原则是最大限度地满足调车作业需要，但又不能单纯地追求调车信号机的数量和过多地划分轨道区段，因为这不但将增加工程投资，而且造成设备复杂，给长期的维修工作带来不便。

调车信号机的设置一般应考虑下列几种情况：

尽头线通向集中区的入口处，均应装设调车信号机。这类信号机统称为尽头线调车信号机。

在咽喉区，应设置起转线、平行作业、减少调车车列走行距离等作用的调车信号机。

设于咽喉区的调车信号机称为咽喉区调车信号机。按设置情况，咽喉区调车信号机分为单置、并置、差置三种。在线路一侧单独设置的称为单置调车信号机，如附图 3 中的 D_5。在线路两侧并列设置的称为并置调车信号，如 D_7、D_8。两架背向调车信号机之间可构成不小于 50 m 的无岔区段时，称为差置调车信号机，如 D_{12}、D_{21}。设置了差置信号机就可以利用无岔区段进行调车作业。

在同时能存放两列及以上列车的停车线中间进段方向设列车阻挡信号机(兼作调车信号机)。

调车信号机按其所起作用分为起始调车信号机、折返调车信号机和阻挡调车信号机。尽头线调车信号机只能作为起始调车信号机。咽喉区调车信号机有的仅作为调车折返用。但多数咽喉区调车信号机既可作为折返调车信号机，又可作为阻挡信号机。

布置调车信号机的顺序是：首先布置集中区边界处的防护信号机和转线作业用的信号机；再将满足平行作业起阻挡作用的信号机以及减少调车车列走行距离的折返用的信号机布置好；最后再考虑有无特殊情况需要设置的调车信号机。布置调车信号机时，应去现场勘测调查，熟悉调车作业情况，搜集调车作业资料，广泛听取现场调车员、连结员、调车机车司机等有关人员对于设置调车信号机的意见，对初步设置的调车信号机进行必要的调整，以便使得信号机的布置既能方便运输又经济合理。

3. 信号机及信号表示器的命名

不同用途的信号机及信号表示器设置地点不同，命名也不同。

车辆段的进段信号机冠以“JD”，出段信号机冠以“CD”。一般为两条进出段线，后缀编号，以 1、2 区分。有第三进出段线的，进段信号机命名为 JD_3，出段信号机命名为 CD_3。

进库信号机冠以“JK”，和进段信号机一样，以 1、2 区分。出库信号机冠以“CK”后缀运用线的编号。

列车阻挡信号机和调车信号机冠以“D”，下缀编号，从段外向段内顺序编号。在同时能存放两列及以上列车的停车线中间进库方向设列车阻挡信号机(可兼作调车信号机)。该信号机并置调车信号机，此时，列车阻挡信号机命名为 $D_{\times\times}B$，并置调车信号机命名为 $D_{\times\times}A$。

或者根据业主要求进行命名。如上海轨道交通规定，信号机命名为“设备类型—设备编号”。列车信号机以其所指示运行方向的字母表示，由车辆段往正线的以 S 表示，由正线往车辆段的以 X 表示。入段信号机的序号为 A，其余段线上的信号机采用 B、C 等。出段线上的总出段信号机采用罗马数字Ⅰ，其余出段的总出段信号机采用Ⅱ、Ⅲ等。其余列车信号机采用其相邻外方的股线编号。

4. 信号机构选用和灯光配列

色灯信号机的机构有二显示和三显示两种机构。

(1)信号机灯光配列和应用的规定

①当根据实际情况需要减少灯位时，应以空位停用方式处理。减少灯位的处理方式可以保持信号机应有的外形，防止司机误认。不允许改变信号机外形，因为信号机的外形是识别信号机类型的重要标志。如列车阻挡信号机采用三显示机构，绿灯封闭。

②当两种不同颜色的灯光组成一种信号显示时，例如进段信号机黄、红灯光显示为引导信号，可允许采用同一个三显示机构的上下两灯位来显示，但其间必须间隔一个灯位。

(2)各种信号机的灯光配列

①进段信号机

进段信号机采用高柱三显示机构，自上而下灯位为黄、绿、红。

②出段信号机

出段信号机采用高柱二显示机构，自上而下灯位为绿、红。

③进、出库信号机

进库信号机和出库信号机采用矮型三显示机构，自上而下灯位为黄、月白、红。

④列车阻挡信号机

列车阻挡信号机采用矮型三显示机构，自上而下灯位为绿(封闭)、月白、红。

⑤调车信号机

调车信号机，采用二显示机构。

如按列车进路进库，设有进库、出库信号机，此时，调车信号机自上而下是月白、蓝灯。

如按调车进路进库，不设置进库、出库信号机，此时，调车信号机的蓝灯可用红灯代替。

五、转辙机的设置

要根据道岔的类型和辙叉号确定转辙机类型和数量。

道岔分为普通道岔、AT 道岔。

车辆段内采用 50 kg/m 钢轨，7 号普通道岔，每组道岔由一台转辙机牵引，采用 ZD6-D 型电动转辙机，内锁闭。

试车线采用 60 kg/m 钢轨，9 号 AT 道岔，每组道岔由两台转辙机牵引，S700K 型、ZYJ7 型和 ZDJ9 型转辙机，外锁闭。

转辙机以所牵引的道岔编号。

六、轨道区段的划分

联锁区内所有列车和调车进路均应装设轨道电路或计轴设备。

如采用轨道电路，轨道电路区段的划分是根据车辆段作业情况和轨道电路技术特性进行的。站内轨道区段的划分，应保证轨道电路的可靠工作、排列平行进路的需要和便于车站作业。

1. 轨道区段划分的原则

符合下列条件之一的区段，应装设轨道电路或计轴设备。如：段内的列车进路和调车进路；装有转辙机集中控制的道岔区段；需要监督是否被车占用的其他线路区段及为了特定目的而确定的线路区段。轨道区段划分的原则有：

①车辆段内凡设置信号机的地方，都要用钢轨绝缘把信号机前后方线路划分成不同的轨道电路区段。

②停车线、检修线、静调线、吹扫线、月检线、定修线、牵出线、机车走行线等经常使用的线路均应设轨道电路区段。

③同一道岔区段轨道电路，一般不应超过三组单动道岔或两组复式交分道岔。

④一送多受轨道电路最多不应超过三个受电端。一送四受轨道电路，因维修调整困难，不再使用。遇有此种情况应分成两个轨道电路区段。

⑤计算机联锁的进路采用逐段解锁制，为了提高线路运用效率和咽喉区通过能力，可以将轨道区段适当划短。

⑥凡能够构成平行进路的两条线路之间，应设置钢轨绝缘将它们隔成不同的轨道区段。渡线间绝缘节的设置，就满足了渡线道岔处于定位时，分别经渡线两道岔定位的平行进路的建立。

⑦遇有八字进路时，即如图 2-1 所示的道岔布置，应将 1 号与 7 号道岔划分在两个轨道电路区段。

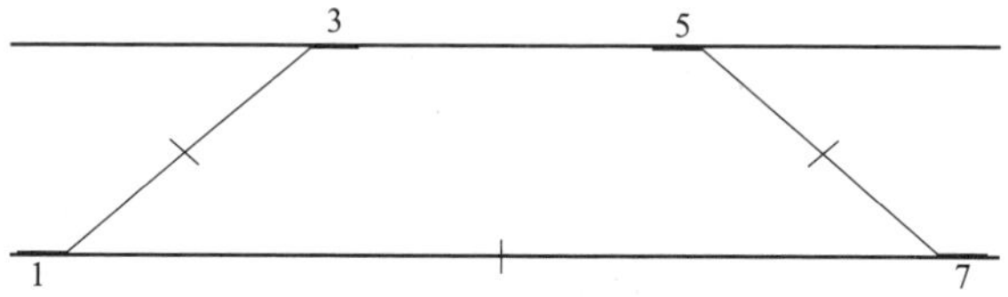

图 2-1　八字进路处的绝缘

⑧考虑轨道电路的极限长度（允许长度）。

任何情况下，轨道电路长度不能超过该制式轨道电路的极限长度。例如，在一送一受情况下，50 Hz 相敏轨道电路带有无受电分支的允许长度如表 2-1 所列。

表 2-1　一送一受轨道电路长度

单位：m

分类	一个分支	两个分支	三个分支
长度	1 000	900	800

2. 站内区段的命名

段内轨道区段有道岔区段和无岔区段，采用不同的命名方式。

(1)道岔区段轨道电路的命名

道岔区段轨道电路依据道岔编号来命名,如附图 3 所示站场道岔区段轨道电路。

只包含一组道岔的,用其所包含的道岔编号来命名,如 39DG。

包含两组道岔的,用两组道岔编号连缀来命名,如 1-2DG。

若包含三组道岔,则以两端的道岔编号连缀来命名。

(2)无岔区段的命名

对于停车线、检修线,以线路编号命名。同时能存放两列列车的停车线、检修线分成两段,如 1AG、1BG 。

差置调车信号机之间的无岔区段,以两端相邻的道岔编号写成分数形式来表示。如 D_{12}、D_{21}间的 8/14WG。

牵出线、机车走行线、库线等调车信号机外方的接近区段,用调车信号机编号后加 G 来表示,如 D_1G。

或者根据业主要求进行命名。如上海轨道交通规定,轨道区段命名为设备类型—设备编号。

3. 轨道检查设备的选用

车辆段轨道检查设备可采用 50 Hz 相敏轨道电路,50 Hz 相敏轨道电路又有继电式和微电子式两种。也可以采用计轴器。

4. 钢轨绝缘位置的确定

采用 50 Hz 相敏轨道电路时,必须采用钢轨绝缘。

①信号机处的两钢轨绝缘,原则上应当和信号机并列。当不能设于同一坐标处时,绝缘可设在信号机前方或后方 1 m 的范围内。

②道岔区段的钢轨绝缘,在岔尖一端的设在基本轨的接缝处,在辙叉一端的设在距警冲标 3.5～4 m 处。渡线上钢轨绝缘不受此限制。

③若不得已,在道岔辙叉后设置的钢轨绝缘距警冲标的距离少于 3.5 m 时,称为侵限绝缘,在车站信号设备平面布置图上以绝缘外加一圆圈表示,如图 2-2(b)所示。设计联锁表和电路图时需进行条件检查,充分考虑“侵限绝缘”的防护问题。

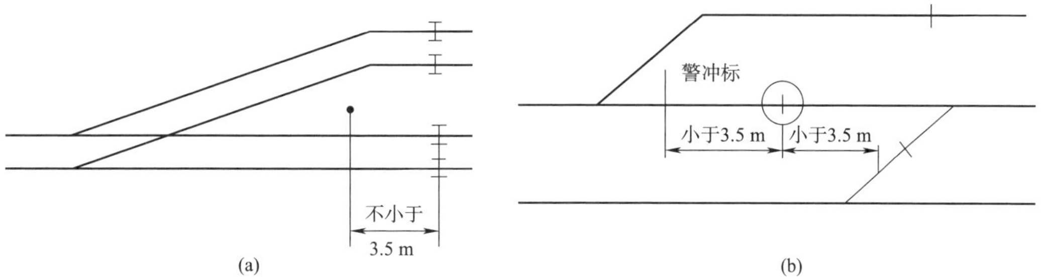

图 2-2　钢轨绝缘与警冲标设置示意

④牵出线、机车走行线、库线等上的钢轨绝缘,应尽可能设在尽头处。

⑤两根钢轨的绝缘应尽量设在同一坐标,当不能设于同一坐标时,则两绝缘错开的部分有车占用时不能发现,称之为死区段。城市轨道交通车辆两轮对内侧距 1 358 mm,轮径 840 mm,两者之和为 2 198 mm,所以规定死区段的长度不得大于 2.5 m,如图 2-3(a)所示。这一规定避免了小车占用死区段时,电路检查不出来。

城市轨道交通车辆两转向架轴距为15～18 m，为防止车辆跨压，轨道区段的长度、两相邻死区段的间隔及死区段与相邻区段的距离不得小于18 m，如图2-3(b)、(c)所示。当死区段小于2.1 m时，其与相邻死区段间的间隔或与相邻轨道电路的间隔允许15～18 m。

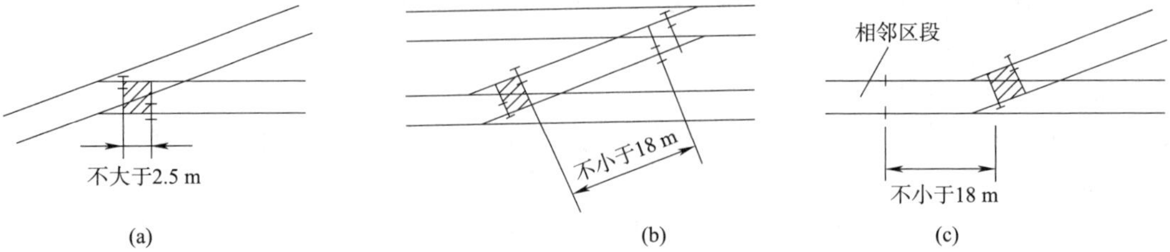

图2-3　死区段

⑥异型钢轨接头处，不得安装钢轨绝缘。

⑦在轨道电路内的轨距杆、道岔连接杆、道岔连接垫板、尖端杆、各种转辙设备的安装装置和其他具有导电性能的连接钢轨的配件均应装设轨道绝缘。

5. 计轴器的设置

如果车辆段内采用计轴器来代替轨道电路，则在对应的钢轨绝缘处安装计轴器。

七、坐标计算

信号设备平面布置图中道岔、警冲标、信号机、绝缘节等的坐标，是指这些设备至信号楼中心的距离。计算各种设备的坐标为计算电缆长度提供了依据。

1. 道岔坐标

由基建部门提供的车辆段缩尺平面图上，给出的道岔坐标是道岔中心距车辆段中心的距离。而信号工程施工时，转辙机安装在道岔尖轨尖端，因此需要得到道岔岔尖的坐标。

常用的单开、交叉渡线和复式交分道岔的主要尺寸见附录1的表1-1、表1-2、表1-3。单渡线道岔尺寸可由单开道岔尺寸表查到。

根据道岔尺寸表可以查出道岔尖轨尖端(岔尖)至道岔中心(岔心)的距离b，就可以把岔心坐标换算成岔尖坐标了。如果岔尖较岔心靠近站中心，则岔心坐标减去长度b，就是岔尖坐标；如果岔尖较岔心远离站中心，则将岔心坐标加上长度b，就是岔尖坐标。

例如：一辙叉号为7号，钢轨类型为50 kg/m的道岔岔心距信号楼248 m。查附录1的表1-1，可知该道岔岔心至岔尖距离为13 m。那么，当岔尖在靠近信号楼一侧时，岔尖坐标为248－13＝235(m)，当岔尖在远离信号楼一侧时，岔尖坐标为：248＋13＝261(m)。

2. 警冲标坐标

警冲标设在两分歧线路中心线相距4 m的中间，即警冲标至两线路中心线距离均为2 m。警冲标设在弯股曲线部分时，其距弯股线路中心线距离还应再加上曲线上建筑接近限界加宽值。线路中心线相距4 m，是根据车辆限界3.4 m再加上一定安全系数而确定的。

3. 信号机坐标

(1)设在辙叉后的信号机坐标

信号机，在警冲标内方不少于3.5 m处，按安装标准安装，不会侵入限界。并且，车体轮对在信号机前方，不影响邻线车辆安全通过。当然，又不能离警冲标过远，否则，会影响线路有效长。一般设在警冲标内方 3.5～4 m 的地方。在实际安装时，还需要考虑信号机处的钢轨绝缘应与信号机处在同一坐标。从道岔跟端算起到信号机处的距离往往不是标准长 12.5 m 的整数倍，要在信号机坐标处设置钢轨绝缘，就要配置短轨。标准短轨的长度只有 4.5 m、6.25 m 和 8.0 m 三种。显然，配置短轨后，设置钢轨绝缘的轨缝至道岔跟端的距离不得小于道岔跟端至信号机的距离，应该是最接近值。此时，设置钢轨绝缘轨缝的坐标，就是最后确定的信号机坐标。

一般信号机距警冲标为 4 m。

(2)设在岔尖前的信号机坐标

此类信号机一般并列在道岔前的基本轨缝处。由附录 1 的表 1-1 和表 1-2 可查得岔尖至基本轨缝的距离，再由岔尖坐标很容易计算出信号机的坐标。

道岔、信号机的坐标应标在信号设备平面布置图的上方。与信号机、侵限绝缘位置相关的警冲标坐标值则标注在所属道岔的示意位置上。

第三节　联锁表设计

联锁表是根据信号平面布置图所展示的线路、道岔、信号机、轨道区段等情况，按规定的原则和格式编制的。

对于计算机联锁来说，联锁表非常重要。联锁表是编制计算机联锁程序的唯一依据，也是进行联锁试验的依据。

因此联锁表的编制必须准确，设计时要认真、细致，不能疏漏，不能出错。

一、联锁表的格式

联锁表以进路为主体，逐条地把排列进路需顺序按压的按钮、防护该进路的信号机名称和显示、进路要求检查并锁闭的道岔编号和位置、进路应检查的轨道电路区段名称，以及与所排进路敌对的信号填写清楚。

联锁表有以下各栏：

(1)方向栏

填写进路性质(接车、调车)和运行方向。

(2)进路号码栏

按全段列车进路和调车进路顺序编号。如为贯通式车辆段，亦可按咽喉区分别编号。

(3)进路栏

逐条列出列车及调车的基本进路。

列车进路：如将列车接至某转换轨时，记作“至×ZHG”。或接至某进库信号机时，记作“至 $JK_{\times}$”。

调车进路：如由 $D_{\times\times}$ 信号机调车时记作“由 $D_{\times\times}$”。调车至另一顺向调车信号机时记作“至 $D_{\times\times}$”。向尽头线等处调车时分别填记由各该线向集中区调车的调车信号机名称，记作“向 $D_{\times\times}$”。

(4)排列进路按下按钮栏

填写排列该进路时需按下的按钮名称。

(5)信号机栏

填写排列该进路时开放的信号机名称及其显示。色灯信号机按显示颜色表示。

(6)道岔栏

顺序填写进路中所包括的全部道岔及防护和带动道岔的编号和位置。其填写方式如：5/6,表示将 5/6 号道岔锁在定位；(5/6),表示将 5/6 号道岔锁在反位；[7/8],表示将 7/8 号道岔防护在定位；[(7/8)],表示将 7/8 号道岔防护在反位；{13/14},表示将 13/14 号道岔带动到定位；{(13/14)},表示将 13/14 号道岔带动到反位(附图 3 所示车辆段没有带动道岔)。

(7)敌对信号栏

填写排列该进路的全部敌对信号。

敌对信号的填写方式为：D_1,D_1信号机为所排进路的敌对信号。

有条件敌对时的填写方式为：＜7/8＞D_{12},经 7/8 号道岔定位的 D_{12}信号机为所排进路的敌对信号；＜(5/6)＞D_{13},经 5/6 号道岔反位的 D_{13}信号机为所排进路的敌对信号。

(8)轨道电路区段栏

顺序填写排列进路时须检查空闲的轨道电路区段名称。其填写方式举例如下：

1-2DG,表示排列进路时须检查 1-2 区段的空闲；＜16＞16DG,表示当 16 号道岔在定位时排列进路须检查侵限绝缘区段 16DG 空闲；＜(18)＞18DG,表示当 18 号道岔在反位时排列进路须检查侵限绝缘区段 18DG 空闲。

(9)迎面进路栏

对于贯通式车辆段,须填写同一运用线上对向列车、调车进路的敌对关系,以线路区段名称表示。

(10)其他联锁栏

保护区段：对于按调车进路进库的情况,接车进路须设保护区段。保护区段应单独列表。

非进路调车：与试车线的联系按非进路调车方式,表示所排进路与非进路调车为敌对。非进路调车的联锁表应单独列表。

附图 3 所示车辆段的联锁表(部分)如表 2-2 所列。

二、保护区段表

保护区段表如表 2-3 所列,包括：进路号码、保护区段名称、保护锁闭道岔、开始解锁区段、保护区段锁闭道岔延时解锁时间、保护区段锁闭道岔触发区段。

三、非进路调车的联锁表

非进路联锁调车联锁表如表 2-4 所列,包括：非进路调车的线路、非进路调车按下的按钮、进路上应锁闭的道岔编号及位置、进路上应开放的信号机、检查侵限绝缘区段及照查关系(敌对信号)。

表 2-2 联锁表(部分)

方向			进路号码	进路	排列进路按下按钮		信号机		道岔	敌对信号	轨道区段	其他联锁
							名称	显示				
列车进路	正线车站方向	接车	1	至 ZHG_1	JD_1LA	D_9LZA	JD_1	L		<7/8>D_{12}、<5/6>D_{13}	ZHG_1	保护区段
			2	至 ZHG_2	JD_2LA	$D_{10}LZA$	JD_2	L		D_{15}	ZHG_2	保护区段
			3	至 ZHG_3	JD_3LA	$D_{11}LZA$	JD_3	L		D_{15}	ZHG_3	保护区段
调车进路	由	D_1	4	至 D_8	D_1A	D_7A	D_1	B	1、(2)、(3)、(4)	D_5、D_7	1-2DG、3-4DG	
		D_2	5	至 D_8	D_2A	D_7A	D_2	B	2、(3)、(4)	D_5、D_7	1-2DG、3-4DG	
		D_3	6	至 D_8	D_3A	D_7A	D_3	B	3、(4)	D_7	3-4DG、1-2DG	
		D_4	7	至 D_8	D_4A	D_7A	D_4	B	(1)、(2)、(3)、(4)	D_5、D_7	1-2DG、3-4DG	
		D_5	8	向 D_4	D_5A	D_4A	D_5	B	(2)、(1)	D_4	1-2DG	
			9	向 D_1	D_5A	D_1A	D_5	B	(2)、1	D_1	1-2DG	
			10	向 D_2	D_5A	D_2A	D_5	B	2	D_2	1-2DG	
		D_6	11	至 D_8	D_6A	D_7A	D_6	B	4	D_7	3-4DG	
		D_7	12	至 D_5	D_7A	D_5A	D_7	B	(4)、(3)	D_4、D_1、D_2	3-4DG	
			13	至 D_3	D_7A	D_3A	D_7	B	(4)、3	D_3	3-4DG、1-2DG	
			14	至 D_6	D_7A	D_6A	D_7	B	4	D_6	3-4DG	
		D_8	15	至 D_{21}	D_8A	$D_{12}A$	D_8	B	5/6、7/8	D_{12}、<13/14>D_{22}	5-8DG、	
			16	至 D_{14}	D_8A	$D_{13}A$	D_8	B	5/6、[7/8]	D_{13}	5-8DG、6-7DG	
		D_9	17	至 D_{21}	D_9A	$D_{12}A$	D_9	B	(7/8)、[5/6]	D_{12}、<13/14>D_{22}	6-7DG、5-8DG	
			18	至 D_{14}	D_9A	$D_{13}A$	D_9	B	7/8、5/6	D_{13}	6-7DG	
		D_{10}	19	至 D_{16}	$D_{10}A$	$D_{15}A$	D_{10}	B	39	D_{15}	39DG	

表 2-3 保护区段表

进路号码	进路	后备模式			保护区段锁闭道岔延时解锁时间(s)			保护区段锁闭道岔触发区段	
		保护区段	保护锁闭道岔	开始解锁区段	后备模式	CBTC 模式		后备模式	CBTC 模式
						未收到停稳信息	收到停稳信息		
1	JD_1—D_9	6-7DG	5/6、7/8 (7/8)、[5/6]	ZHG_1	250	168	67	ZHG_1、29G、31G、33G	ZHG_1、29G、31G、33G
2	JD_2—D_{10}	39DG	39	ZHG_2	250	168	67	ZHG_2、32G、34G、36G	ZHG_2、32G、34G、36G
3	JD_3—D_{11}	39DG	(39)	ZHG_3	250	168	67	ZHG_3及与ZHG_3相邻正线区段	ZHG_3及与ZHG_3相邻正线区段

表 2-4 非进路联锁调车联锁表

进路调车的线路	编号	非进路调车按下的按钮	道岔	开放的信号机	侵限绝缘区段	其他
试车线	F	FA	38	D_{42}、D_{47}		

第四节 电缆径路图设计

一、电缆径路图的作用和内容

电缆径路图不同于信号设备平面布置图，除了表示室外信号机灯光配列及位置外，还具体表示转辙机、轨道电路送受电设备的类型和位置，更突出地表示电缆网络构成：电缆的走向、长度、类型、芯数，电缆的连接设备的类型和位置。

电缆径路图是初步设计的重要图纸，据此确定信号工程所需电缆的类型、芯数和长度。

电缆径路图也是进行室外电缆施工的重要图纸。电缆径路图包括如下内容：

(1)轨道电路极性的配置；

(2)轨道电路送、受电端的布置；

(3)室外信号设备的串接顺序和电缆径路；

(4)室外电缆网络连接设备的类型和位置；

(5)每根电缆的长度和芯数。

附图 4 所示为 B 车辆段的双线轨道电路及室外设备布置图。图中表示了室外电缆网络连接设备的类型和位置，但是没有表示出每根电缆的走向、长度和芯数。主要是因为双线轨道电路及室外设备布置图已经比较复杂，再表示电缆，就显得凌乱。需重新设计一张电缆网络图。

电缆网络图是将室外设备布置图中的电缆网络抽出来单独设计而成，以清晰地表示各电缆网络的构成。该图不考虑电缆网络的具体走向，而突出每根电缆与连接设备的连接关系。

电缆网络图分为道岔电缆网络、信号机电缆网络、轨道电路送电电缆网络、轨道电路受电电缆网络。B 车辆段道岔的部分电缆网络如图 2-4 所示。

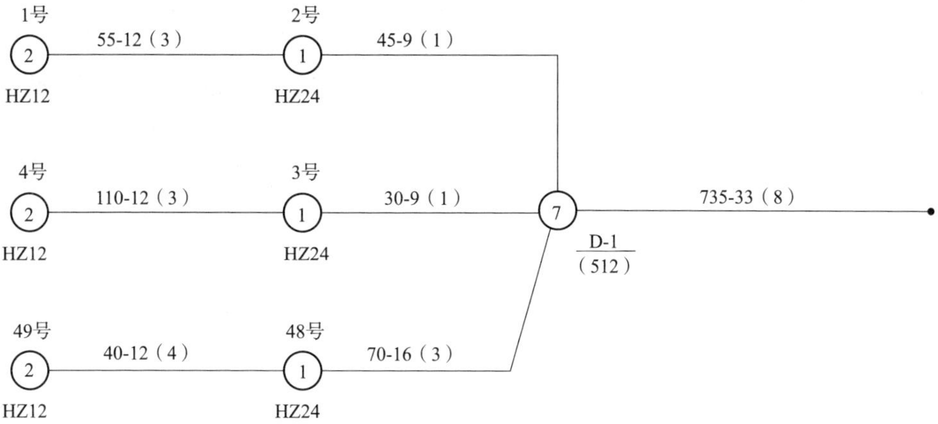

图 2-4　B 车辆段道岔的部分电缆网络图

二、电缆及其连接设备的表示方法

1. 电缆

电缆用数字表示其长度、芯数和备用芯数。例如，60-16(3)，60 表示电缆长度为 60 m，16 表示为 16 芯电缆，(3)表示备用 3 芯，即该电缆实际使用 13 芯。

2. 变压器箱

室外设备配线图对信号机、轨道电路用变压器箱的型号已作了规定，所以对每个变压器箱不再标注其型号。

3. 电缆盒

对转辙机和调车信号机用终端电缆盒的型号作了集中规定，所以对每个终端电缆盒不再标注其型号。

分向电缆盒按干线电缆的使用类别命名，如信号电缆命名为"X"，道岔电缆命名为"D"，轨道电路送电电缆命名为"S"，轨道电路受电电缆命名"Sh"，并顺序编号，上行咽喉编为偶数，下行咽喉编为奇数。分向电缆盘的型号用圆圈中的数字表示，"4"为 HF-4 型分向电缆盒，"7"为 HF-7 型分向电缆盒。

三、轨道电路极性的配置

轨道电路的极性配置关系到轨道绝缘的安装位置，进而在某种程度上关系到轨道电路送、受电端的布置，因此在设计电缆径路图时首先要进行轨道电路极性的配置。

检查站内轨道电路能否极性交叉，可以利用封闭回路图。方法是以单线条绘出站内轨道平面图，在图上要标出轨道区段的绝缘位置，还要标出道岔绝缘的位置。可先把道岔绝缘布置在直股上，这样道岔绝缘受力均匀，使用寿命会长一些。

在无分支线路上，极性交叉配置非常容易，只要依次变换轨道电路供电电源的极性。而在有分支线路上，即有道岔处，极性交叉的配置就要复杂一些。因为道岔绝缘节可以设在道岔直股，也可设在弯股，不同的设置，将影响整个车站极性交叉的配置。

极性交叉的配置方法，可先在如图 2-5(a)所示平面图上，按一定原则，用绝缘节将各轨道电路划分好。然后在图 2-5(b)中暂按道岔绝缘节设在弯股,用虚线表示跳线。这样,可构成两个闭合回路:回路Ⅰ和回路Ⅱ。跳线连上的道岔绝缘不计,当回路中的绝缘节为偶数时,可以实现极性交叉配置。现在回路Ⅱ中有 4 个绝缘节,可实现极性交叉配置;而回路Ⅰ中有 5 个绝缘节,不能实现极性交叉配置。此时为了实现极性交叉配置,可把 6 号道岔的道岔绝缘从直股移至弯股,如图 2-5(c)所示,回路Ⅰ就有了 6 个绝缘节,实现了极性交叉配置。

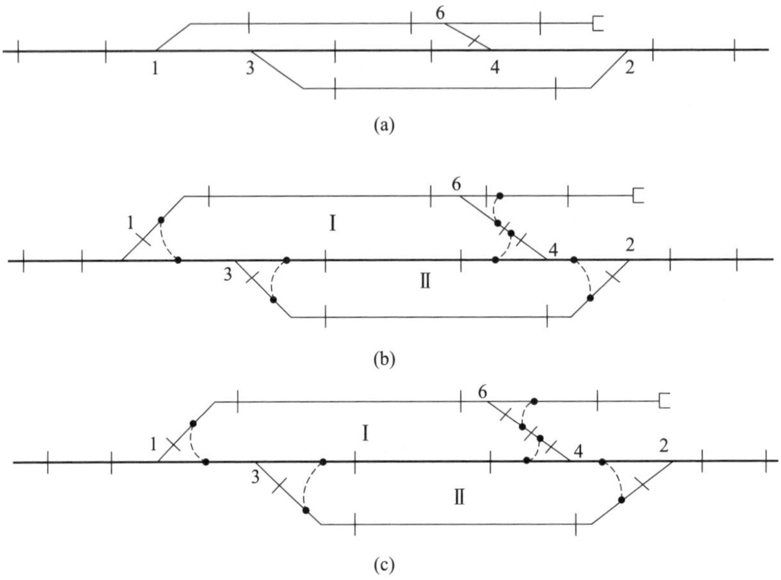

图 2-5 极性交叉的配置

有时因站形复杂,各回路间互相牵制,就使得有些回路绝缘节个数不能成为偶数,从而无法使整个车站实现极性交叉配置。这时,只有采用"人工极性交叉"的方法,即在奇数绝缘节的闭合回路中再增加一个绝缘节。如图 2-6 所示,在轨道电路中增加一组轨端绝缘节,再增加两根连线,构成"人工极性交叉",以满足极性交叉配置的要求。

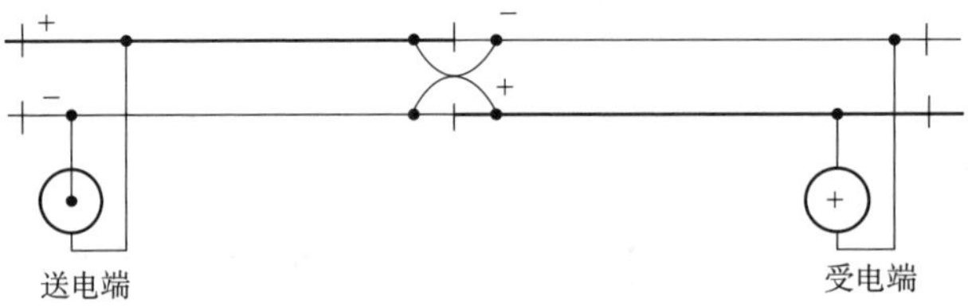

图 2-6 轨道电路的人工极性交叉

双线轨道电路图明确了各轨道电路区段极性交叉的配置,图中加粗的线条为正极性,未加粗的线条为负极性。

四、轨道电路送、受电端布置

轨道电路送、受电端的布置,应以节省电缆和方便施工、维修为原则。

(1)相邻两轨道电路的送、受电端尽量集中于一组钢轨绝缘两侧,采用双引(指一个电缆盒或变压器箱引向两轨道电路），放在同一个电缆盒或变压器箱内，以便节省电缆网络连接设备。

(2)相邻两轨道电路分界绝缘两侧尽可能都设送电端（简称“双送”）或都设受电端（简称“双受”）。这样做的好处是：配线有规律，便于施工和维修；有利于绝缘破损时防止轨道继电器误动；使得引入变压器箱的电缆根数或电缆芯数相对减少。假若采用双引时，相邻两轨道电路的送、受电端放在一个变压器箱内，为防止混线造成轨道继电器误动，受电电缆芯线与送电电缆芯线应避免合用一根电缆，势必要用两根电缆引入变压器箱。而做成“双受”，两个受电电缆芯线可以合用一根电缆引入变压器箱，可降低造价。至于做成“双送”，不仅两个送电电缆芯线可合用一根电缆，而且在送电电缆网络电压降未超过许可值条件下，两个轨道电路送电电缆芯线也可以合并，会进一步降低造价。

(3)轨道电路送电端一次侧电流小，采用干线供电方式，用 2 芯电缆可供几个区段，而每个受电端至少用 2 芯电缆。因此，股道上轨道电路受电端应设于距信号楼较近的一端，可以节省电缆。

(4)与库线相衔接的分支末端应增设受电端，如附图 3 的 21-22DG。另外，所有列车进路上的道岔区段，其分支长度超过 65 m（自并联起点的道岔岔心算起），经计算不能保证可靠分路，在该分支末端，应增设受电端。个别分支小于 65 m 的分支线末端，当分路不良，危及行车安全时，亦应增设受电端。

五、室外电缆网络连接设备的选用

在电缆径路图上，还应根据车站信号设备平面布置图，布置好信号机、转辙机和轨道电路送、受电端电缆网络的连接设备。

不考虑串接其他室外信号设备时，信号机、转辙机及轨道电路送、受电端所需的器材及电缆网络连接设备类型，分别如表 2-5、表 2-6、表 2-7 所列。

表 2-5　信号机所需的器材及电缆网络连接设备类型

种类		电缆网络连接设备类型	点灯变压器　R40-105/46		备　注
			数量	设置处	
三显示	进段信号机	XB_1	3	变压器箱中	
	进库信号机、出库信号机	HZ12	3	信号机构后盖	
	列车阻挡信号机	HZ12	2	信号机构后盖	封绿
二显示	调车信号机	HZ12	2	信号机构后盖	

表 2-6　转辙机所需的器材及电缆网络连接设备类型

种类	电缆网络连接设备类型	所需的器材数量		备　注
		二极管(2CZ570)	电阻(300 Ω,75W)	
交流转辙机	HZ24	1	1	用于五线制道岔电路
直流转辙机	HZ12	1		用于四线制单动道岔电路和多动道岔的末动处的直流转辙机
	HZ24			用于四线制多动道岔的除末动外的直流转辙机

表 2-7 轨道电路所需的器材及电缆网络连接设备类型

种类	电缆网络连接设备类型	所需的器材数量					
		BG_5-B	BZ-B	JNQ-B	R(2 Ω)	DLQ(10 A)	DLQ(1 A)
双送	XB_2	2		2	2	2	4
单送	XB_1	1		1	1	1	2
一送一受	XB_2	1	1	1	2	2	2
双受	XB_2		2		2	2	
单受	XB_1		1		1	1	

当需要串接其他室外信号设备时，连接设备的类型可能要改变，主要考虑电缆盒、变压器箱的电缆引入孔和接线端子的容量是否满足要求；变压器箱、电缆盒的电缆引入孔和接线端子容量如表 2-8 和表 2-9 所列。

表 2-8 变压器箱类型及引入电缆芯数表

型号	最多可容纳数		电缆引入孔		安装尺寸(mm)	重量(kg)
	二柱端子	电缆保护管	孔径(mm)	允许电缆PYV22(芯)		
XB_1	14	4	22×4	16×4	4 孔 ϕ14 240×520	62
XB_2	18	5	25×5	24×5	4 孔 ϕ14 240×610	82

表 2-9 电缆盒类型及引入电缆芯数表

型号		电缆引入孔				电线引入管			端子(个)	备注
		个数	孔径(mm)	引入电缆(芯)		个数	孔径(mm)	引入电线(根)		
				PVV2	PYV22					
终端电缆盒	HZ12	1	28	27	30	1	25	8	12	重 10 kg
	HZ24	2	24 28	19 27	21 30	1	30	12	24	重 20.5 kg
分向电缆盒	HF-4	5	24×3 28×2	19×3 27×2	21×3 30×2				24	附塞孔板 2 个
	HF-7	8	22×4 28×3 32	12×4 30×3 48	16×4 30×3 48				42	附塞孔板 4 个

六、电缆径路的选择

选择电缆径路应考虑节省电缆和便于施工、维修。

(1)电缆径路应尽量选择在线路的外侧，或在间距不少于 4.5 m 的线路之间。

(2)电缆径路应选择在通过线路及障碍物最少、两设备间距离最短的地方。还应考虑不妨碍线路及其他建筑物的扩建。

(3)电缆径路必须穿越线路时，应避开道岔的岔尖、辙叉心和钢轨接头处。

(4)电缆径路应避开下列地点：

①砾石堵塞的地方；

②土壤松软、可能发生塌陷的地方；

③有酸、碱、盐性等化学腐蚀物质的地带；

④坚石、池沼和污水坑地带；

⑤热力、煤气、液体燃料等管道的正上方和正下方。

(5)在一般情况下，信号电缆和通信电缆，高、低压电力电缆应分设两个沟槽布放；特殊情况下，在加装隔离措施后，信号电缆和高、低压电力电缆可以在同一沟、槽内分别布放。施工时，尽量安排所有电缆一次同沟埋设。

七、电缆网络的构成

1. 对电缆网络的几点要求

(1)信号电缆网络

①每架信号机的点灯用导线数，要根据不同的种类和运用情况来确定。

进段信号机、进库信号机和出库信号机、调车信号机的点灯电路分别如图 2-20、图 2-21、图 2-22 所示。它们的点灯用导线数如表 2-10 所列。

表 2-10　信号机的点灯用导线数

信号机种类	导线名称								导线数
进段信号机	U	UH	L	LH	H	HH	DH	DHH	8
进库信号机、出库信号机	U	UH	B	BH	H	HH	DH	DHH	8
列车阻挡信号机	B	H	BHH				DH	DHH	5
调车信号机	B	A(H)	BAH (BHH)				DH	DHH	5

②方便维修，信号机的变压器箱或电缆盒内均应引入一对电话线。

③高柱信号机用的信号变压器均放置在变压器箱内，占用端子较多。串接其他设备时，应注意箱盒内端子容量。

④矮型信号机的信号变压器若放置在信号机构内，占用电缆盒端子较少。

(2)道岔电缆网络

①每台直流转辙机用电缆盒需引入的导线数，要根据该道岔是单动道岔还是双动道岔，双动道岔是第几动而定。

四线制道岔控制电路，每台单动的转辙机用电缆盒需引入 4 根导线。每台双动的第一动转辙机用电缆盒需引入 9 根导线，每台双动的第二动转辙机用电缆盒需引入 5 根导线。

②不管什么型号，每台交流转辙机用电缆盒需引入 5 根导线。

③为方便维修，在每台转辙机用的电缆盒内设的电话线并接后引入信号楼内。

(3)轨道电路送、受电网络

轨道电路送、受电端可以合并用变压器箱，形成“双送”、“双受”、“一送一受”形式。这时，由变压器箱引至两侧钢轨，称为“双引”。

每个送电端、受电端都各需引入 2 根导线。双引的需要 4 根导线，单引的需要 2 根导线。

2. 电缆网络构成原则

(1)为防止相互干扰,室外信号机、转辙机、轨道电路送电、受电电缆芯线,要分别单独构成电缆网络。

(2)根据连接室外信号设备所用的导线数量,分别统计各种室外信号设备所用的导线总数。可以40～42根导线合用一根干线电缆,初步规划一个咽喉需要几根干线电缆。因为48芯(备用6芯)电缆外径正好满足HF-7型分向电缆盒的电缆引入孔孔径的要求。

(3)从干线电缆出来要经过分支电缆、末端电缆才最后连接电缆终端用的电缆盒和变压器箱。干线电缆与分支电缆、分支电缆与末端电缆连接时要通过分向电缆盒。

(4)电缆终端连接设备要安装在便于维修的线路一侧:信号机用电缆盒、变压器箱要通过法兰盘、电缆保护管直接与信号机基础、机柱相连,所以必须安装在信号机一侧,没有选择余地。转辙机用电缆盒和转辙机,应该选择安装在没有其他线路的一侧。

(5)选择分支电缆、末端电缆径路应避免迂回。

(6)穿越线路时,电缆要集中,以减少打过道的次数。

(7)串接箱、盒时,只要箱、盒端子和电缆引入孔容量允许,尽量使同种电缆芯线合股,用芯数较多电缆代替芯数较少电缆,以降低造价。

八、电缆网络计算

1. 电缆类型选择

(1)对于信号电缆类型选择的要求

信号所用电缆的导电芯线应采用标称直径为1.0 mm的软铜线,其允许工作电压不得低于工频500 V或直流1 000 V。

集中联锁的信号电缆,应采用综合护套、铝护套信号电缆。

有特殊要求的设备,如计轴设备、应答器等设备应采用专用数字信号电缆。

(2)信号所用电缆

信号电缆按芯线扭绞方式分为普通型和综合扭绞型两种;按护套类型分为塑料护套、综合护套和铝护套三种,其中又分为带铠装和不带铠装两类;按绝缘分为聚氯乙烯绝缘和聚乙烯绝缘两种。

普通型电缆成缆时,用成缆机将芯线分层顺一个方向扭绞制成的,仅为层绞。普通型电缆仅用于非音频制设备,现已较少使用。

塑料护套电缆仅用于信号楼室内。

综合扭绞型电缆是把芯线分成若干四芯星绞组、二芯对绞组,再分层按一定要求扭绞制成的。综合扭绞减少了芯线间电磁场干扰,工作电容小,电容耦合系数小,优化了电气参数,有利于信号传输。

综合护套由聚乙烯薄膜和铝箔粘接制成,为半密闭型护套,综合护套电缆内以不小于0.21 mm厚的铝带缠绕,理想屏蔽系数不大于0.8。带铠装的用于室外可直埋;不带铠装的用于室外需有电缆槽、管的有效防护。

铝护套为密闭型护套,铝护套的厚度为1.3 mm,理想屏蔽系数不大于0.3。铝护套电缆无论在强度和防干扰性能等均高于综合护套。无论是否带铠装,均可用于室外直埋。

规定新设计信号工程,室外电缆一律使用铝护套和综合护套电缆。聚氯乙烯透湿率高于聚乙烯,用于室外时,聚乙烯护套优于聚氯乙烯护套。

有特殊要求的设备，应采用符合特殊要求的专用电缆。如计轴设备，采用计轴电缆（内含直径 0.9 mm 的星绞组）。

信号电缆型号由汉语拼音字母和阿拉伯数字组成。其含义如表 2-11 所列。

表 2-11　信号电缆代号含义

序号	代号	含　义	序号	代号	含　义
1	P	信号电缆	5	A	综合护套
2	T	铁路	6	L	铝护套
3	Y	聚乙烯绝缘（护套）	7	22	钢带铠装聚氯乙烯外护套
4	V	聚氯乙烯护套	8	23	钢带铠装聚乙烯外护套

信号电缆类型如表 2-12 所列。

表 2-12　信号电缆类型

护套类型	电缆型号	含　义
塑料护套	PTY03	聚乙烯绝缘聚乙烯外护套
	PTY23	聚乙烯绝缘钢带铠装聚乙烯外护套
综合护套	PTYA22	聚乙烯绝缘综合护套钢带铠装聚氯乙烯外护套
	PTYA23	聚乙烯绝缘综合护套钢带铠装聚乙烯外护套
铝护套	PTYL22	聚乙烯绝缘铝护套钢带铠装聚氯乙烯外护套
	PTYL23	聚乙烯绝缘铝护套钢带铠装聚乙烯外护套

电缆规格用电缆芯数表示为：4、6、8、9、12、14、16、19、21、24、28、30、33、37、42、44、48、52、56、61。

电缆芯线的备用量，是为了满足电缆本身部分芯线损坏或绝缘不良时替换使用的。对使用于音频设备的电缆芯线要求成对备用，使之能成对替换。为了保证电缆的使用，在设计中应满足音频设备的要求，原则上应备用星绞组线对，如无星绞组时再备用对绞线组。不宜用普通芯线代替使用于音频设备的线对。但是对绞或星绞芯线可以使用于非音频的普通信号设备。

由于成对备用时，电缆的备用芯线普遍大于单芯备用时的备用量，因此在设计中应综合考虑，合理选用电缆和备用芯线。综合扭绞型信号电缆如用于非音频信号设备时，其备用芯线数与普通型信号电缆相同。

信号电缆芯线备用量如表 1-10 所列。

2. 电缆长度的计算

在此之前，均未考虑电缆加芯的问题，现对电缆的长度以及线路压降进行计算，考虑是否需要加芯。

电缆长度按式（2-1）计算：

$$L=(l+X\times G+\alpha)\times 1.02 \tag{2-1}$$

式中　L——电缆总长度，m；

l——电缆沟长度，m；

X——股道间距离（最小值取 5.5），m；

G——电缆穿越线路数；

α——电缆附加长度，包括：室内储备量为 5 m，室外每端环状储备量为 2 m(20 m 以下 1 m)，每端出入土及做头为 2 m；

1.02——敷设电缆的自然弯曲系数。

3. 电缆芯线分配原则

在一条电缆中包括几根芯线称为芯线数。相同数量的电缆芯线，分配在去线和回线中的方式不同，回路上的压降也不同。电缆芯线的分配原则是，使电缆回路的电阻最小，压降也最小。

设双线电缆回路总芯数为 Z，去线芯数为 Z_Q，回线芯数为 Z_H，长度为 L，单芯电缆每米电阻为 r，回路电阻为 R，则：

$$R=\frac{Lr}{Z_Q}+\frac{Lr}{Z_H}=\frac{Lr(Z_Q+Z_H)}{Z_Q\cdot Z_H}=\frac{LrZ}{Z_Q\cdot(Z-Z_Q)} \tag{2-2}$$

要电缆芯线回路电阻 R 最小，最经济的分配原则是：当总芯数为偶数时，Z_Q与 Z_H相等；当总芯数为奇数时，去线和回线的芯数不可能相等，Z_Q与 Z_H相差 1，一般 Z_H多 1。

4. 电缆最大控制长度计算

将 $R=\Delta U/I$ 代入式(2-2)，可得出双线电缆回路最大控制长度计算公式：

$$L_{max}=\frac{R}{r}\cdot\frac{Z_Q\cdot Z_H}{Z_Q+Z_H}=\frac{\Delta U}{rI}\cdot\frac{Z_Q\cdot Z_H}{Z_Q+Z_H} \tag{2-3}$$

多线回路可以化成双线回路计算。由于多线回路控制对象都是一样的，取一个控制对象进行计算，一个控制对象的回线芯数将是多线回路回线芯数的 $1/n$ 即 Z_H/n。按照式(2-3)计算可得：

$$L_{max}=\frac{\Delta U}{rI}\cdot\frac{Z_Q\cdot Z_H/n}{Z_Q+Z_H}=\frac{\Delta U}{rI}\cdot\frac{Z_Q\cdot Z_H}{nZ_Q+Z_H} \tag{2-4}$$

5. 电缆回路压降计算

已知电缆回路的去线和回线芯数、工作电流和电缆计算长度，可求出电缆回路压降。

双线回路压降：

$$\Delta U=rLI\frac{Z_Q+Z_H}{Z_Q\cdot Z_H} \tag{2-5}$$

多线回路压降：

$$\Delta U=rLI\frac{nZ_Q+Z_H}{Z_Q\cdot Z_H} \tag{2-6}$$

九、各种电缆网络芯线数的确定

1. 信号电缆芯线数的确定

LED 信号机正常工作时，室外点灯变压器一次侧输入电压范围为 AC 85～110 V，一次侧电流为 128～135 mA(此电流值能保证 LED 在损坏 30%时，确保灯丝继电器可靠工作)。

标准电缆(线阻≤23.5 Ω/km)，1 km 环阻压降：

U=信号机工作电流×线阻=0.135 A×47 Ω=6.345 V

LED 信号机最低输入电压为 85 V，最高输入电压 110 V，控制距离≤(110－85)/6.345=

3.94 km。

所以信号机控制距离大于或等于 3.5 km 时，去、回线各加 1 芯。

2. 道岔电缆芯线数的确定

(1)直流转辙机控制的道岔电缆芯线的确定

ZD6 系列电动转辙机，其额定工作电压为 160 V，工作电流为 2 A。采用四线制道岔控制电路，其中 X3 线为表示线，采用单芯就可满足要求；另有两根为动作去线，X1 为正转去线，X2 为反转去线；X4 线为动作共用回线。对于动作电缆回路，仍可按双线式回路计算。先计算出去线和回线均采用 1 芯时的电缆最大控制长度 L_{max}，若 L_{max} 值大于道岔电缆盒至信号楼的电缆计算长度，表明去线和回线都采用 1 芯即满足要求。否则，应增加电缆芯线，先在回线上加 1 芯。按去线采用 1 芯，回线采用 2 芯进行计算。此时 L_{max} 若还不大于电缆计算长度，再在回线上加 1 芯。按去线 1 芯，回线 3 芯进行计算(不给去线加 1 芯，是由于动作去线是两根)。如果 L_{max} 仍然小于电缆计算长度，那么将回线改用 2 芯，给去线加 1 芯。按去线 2 芯，回线 2 芯进行计算。因为动作去线是两根，给去线加 1 芯，相当于总电缆芯数加了 2 芯。如此反复，直到 L_{max} 大于电缆计算长度时为止。

连接线、端子、接点电阻按 1.6 Ω 计，将数据代入式(2-3)。

$$L_{max}=\frac{\Delta U}{rI}\times\frac{Z_Q\cdot Z_H}{Z_Q+Z_H}=\frac{220-160-1.6\times 2}{0.023\ 5\times 2}\times\frac{Z_Q\cdot Z_H}{Z_Q+Z_H}=\frac{56.8}{0.023\ 5\times 2}\times\frac{Z_Q\cdot Z_H}{Z_Q+Z_H}$$

$$=1\ 208.5\frac{Z_Q\cdot Z_H}{Z_Q+Z_H}$$

根据不同的 Z_Q 和 Z_H 值计算出来的电缆最大控制长度如表 2-13 所列。

表 2-13　直流转辙机道岔电缆芯线表

电缆最大控制长度(m)	至电动转辙机电缆芯数									
	至单动、多动第一动					多动之间				
	正转去线	反转去线	回线	表示	合计	正转去线	反转去线	回线	表示	合计
604	1	1	1	1	4	1	1	1	2	5
805			2		5			2		6
906			3		6			3		7
1 208	2	2	2		7	2	2	2		8
1 450			3		8			3		9
1 611			4		9			4		10
1 812	3	3	3		10	3	3	3		11
2 071			4		11			4		12
2 265			5		12			5		13
2 417	4	4	4		13	4	4	4		14
2 685			5		14			5		15
2 900			6		15			6		16
3 021	5	5	5		16	5	5	5		17
3 296			6		17			6		18

(2)交流转辙机控制的道岔电缆芯线的确定

交流转辙机控制的道岔电缆芯线的确定见第一章第四节。

3. 轨道电路受电电缆芯数的确定

50 Hz 相敏轨道电路受电端变压器至轨道继电器间电缆回路的电阻不得超过 150 Ω。根据式(2-3)可得：

$$L_{\max}=\frac{R}{r}\cdot\frac{Z_Q\cdot Z_H}{Z_Q+Z_H}=\frac{150}{0.023\ 5}\times\frac{Z_Q\cdot Z_H}{Z_Q+Z_H}=6\ 382\times\frac{Z_Q\cdot Z_H}{Z_Q+Z_H}$$

根据不同的 Z_Q和 Z_H值计算出轨道电路受电电缆最大控制长度如表 2-14 所列。

表 2-14 50 Hz 相敏轨道电路受电电缆最大控制长度表

电缆芯数	$Z_Q=1,Z_H=1$	$Z_Q=1,Z_H=2$	$Z_Q=2,Z_H=2$	$Z_Q=2,Z_H=3$
控制距离(m)	3 191	4 255	6 382	7 659

4. 轨道电路送电电缆芯线数的确定

根据式(2-5)，可以看出，双线回路电压降 ΔU 是电流矩 LI 和电缆芯数 $Z(Z_Q+Z_H)$的函数，给出不同的 LI 和 Z 值，便可计算出相应的 ΔU，据此可得表 2-15。可以用查表的方法确定轨道送电电缆芯线。表中只列出了 10 A·m 的 1～10 整数倍的 LI 数值，当 LI 值大于或小于这些数时，需要将查得的 ΔU 值以 10 的倍数乘或除之。

表 2-15 双线路供电电缆芯线使用表

LI(A·m) / 电缆芯数	10	20	30	40	50	60	70	80	90	100
2	0.470	0.940	1.410	1.880	2.350	2.820	3.290	3.760	4.230	4.700
3	0.353	0.705	1.058	1.410	1.763	2.115	2.468	2.820	3.173	3.525
4	0.235	0.470	0.705	0.940	1.175	1.410	1.645	1.880	2.115	2.350
5	0.196	0.392	0.588	0.783	0.979	1.175	1.371	1.567	1.763	1.958
6	0.157	0.313	0.470	0.627	0.783	0.940	1.097	1.280	1.410	1.567
7	0.137	0.274	0.411	0.548	0.685	0.823	0.959	1.097	1.234	1.371
8	0.118	0.235	0.353	0.470	0.588	0.705	0.823	0.940	1.058	1.175
9	0.106	0.212	0.317	0.423	0.529	0.635	0.740	0.846	0.952	1.058
10	0.094	0.188	0.288	0.376	0.470	0.564	0.658	0.752	0.846	6.940
11	0.086	0.172	0.259	0.345	0.431	0.517	0.603	0.689	0.775	0.862
12	0.078	0.157	0.235	0.313	0.392	0.470	0.548	0.627	0.705	0.783
13	0.073	0.145	0.218	0.291	0.364	0.436	0.509	0.582	0.654	0.727
14	0.067	0.134	0.203	0.269	0.336	0.403	0.470	0.537	0.604	0.671

十、电缆网络芯线数的汇总

各种电缆的芯线数分别确定之后，要根据电缆径路和串接顺序汇总每段电缆的总芯线数。汇总时，要根据规定考虑电缆芯线的备用量，还要根据接线端子和电缆引入孔的容量确定连接设备的类型。

第五节　信号楼内设备布置图设计

信号楼内设备布置设计包括信号系统配置示意图设计、信号楼内设备布置图设计、组合选用和组合排列表设计、轨道柜排列表设计等。

一、信号系统配置示意图设计

信号系统配置示意如图 2-7 所示。该图清楚地表示车辆段信号设备室、车控室、车辆段 TIAS 设备室的设备配置及互相之间的关系，以及室外设备与设备室之间的联系。该图为定型设计。单元控制台可不设。

二、信号楼内设备布置图设计

信号楼内设备分别设置于信号设备室（信号计算机房和信号机械室可以分建，如合建则称为信号设备室）、信号电源室、车辆段控制室。信号楼内设备布置如图 2-8 所示，清楚地表示室内信号设备的布置，还包括电缆径路示意。单元控制台可不设。

1. 信号计算机房设备布置

信号计算机房要求温度保持在 15～30 ℃，湿度保持在 10％～75％，有完善的防静电措施、良好的密封防尘措施。

信号计算机房中最主要的是计算机联锁机柜。各种类型的计算机联锁系统的组成不尽相同，但一般均将联锁机柜和其他计算机系统的机柜放成一排。电务维修台包括显示器、键盘、打印机等。为便于电务维修人员观察联锁机柜的指示灯，电务维修台一般安装在正对联锁机柜处，距机柜 1.2 m。

各种类型的计算机联锁系统的组成和机柜尺寸如附录 5。

信号计算机房中除了计算机联锁机柜（CI 机柜）外，有 FEP 机柜（LATC 柜）、信号集中监测站机柜、DSS 机柜、ODF 机柜。标准机柜占地为 600 mm×800 mm。

2. 信号机械室设备布置

信号机械室需安装计算机联锁用组合柜、轨道柜（或计轴柜）、接口柜、组合柜、防雷分线柜。

计算机联锁组合柜要根据车站具体情况确定所需组合数量而定。

各种类型的计算机联锁系统的接口继电器不尽相同，所需各种组合的数量也不相同。

轨道柜用于安放相敏轨道电路设备，若采用继电 50 Hz 相敏轨道电路，则最多 10 层，每层可用于四个轨道区段的接收端。若采用微电子 50 Hz 相敏轨道电路，则排列有所不同，详见轨道电路设计。

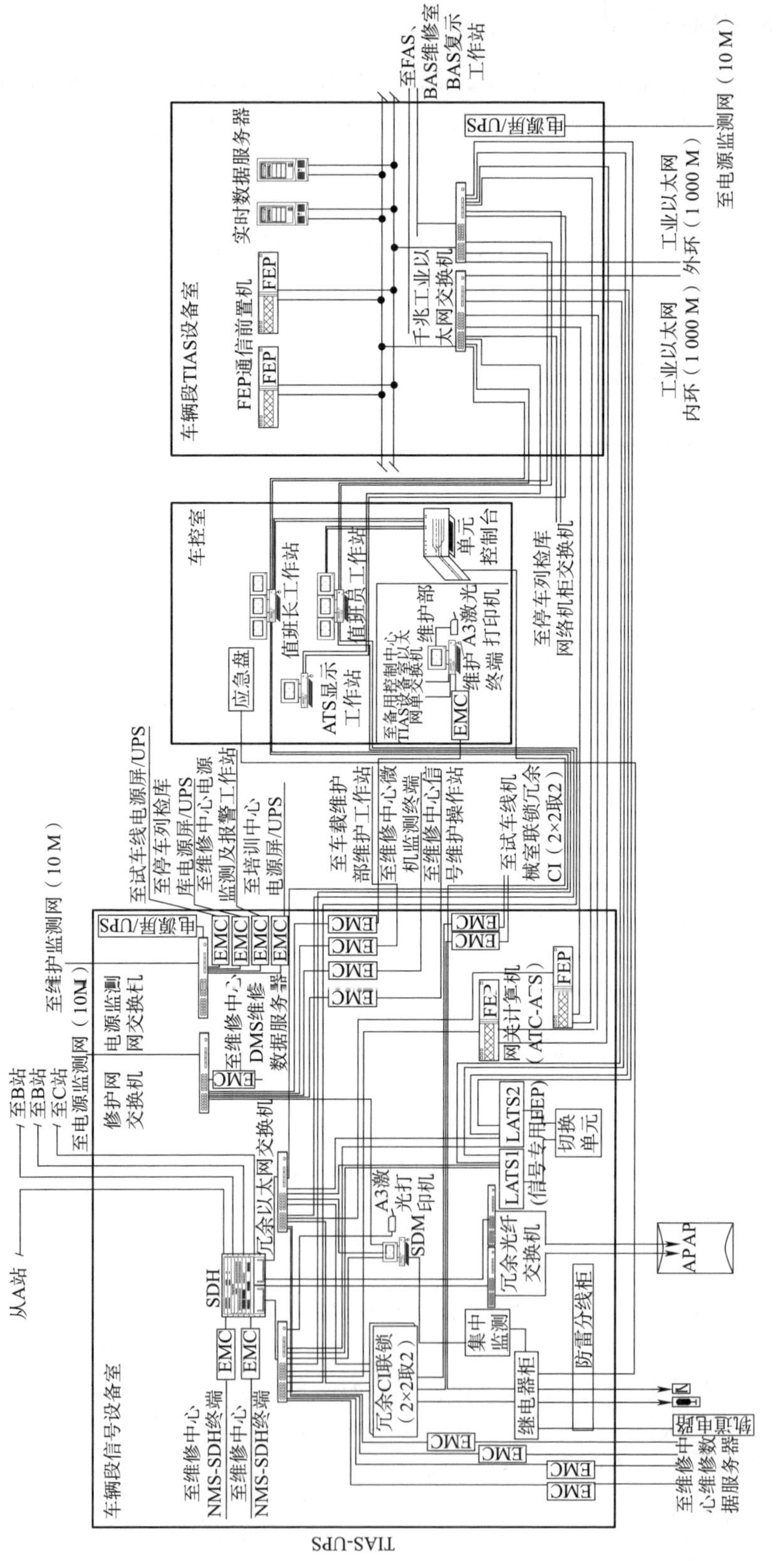

图2-7 信号系统配置示意

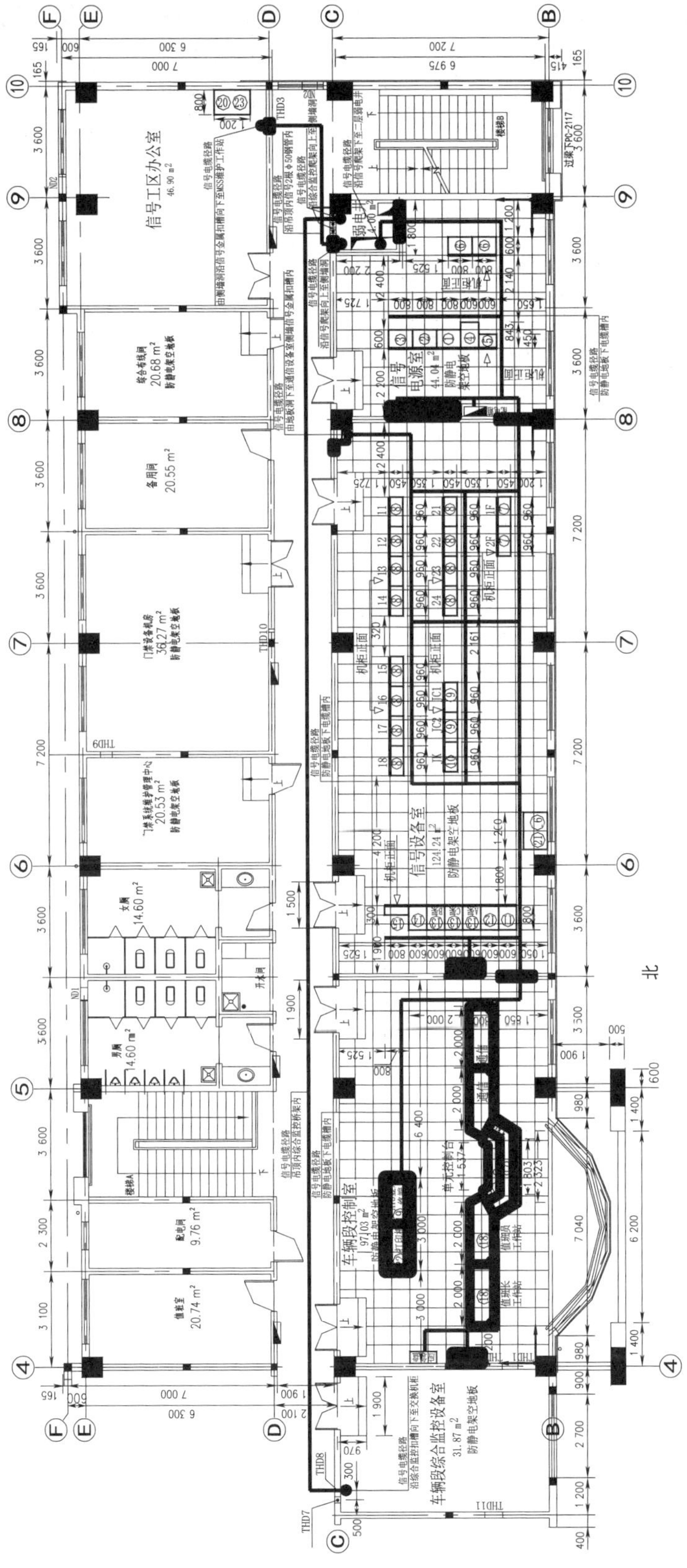

图2-8　信号楼内设备布置示意（单位：mm）

接口柜用于联锁机和组合柜的接口，应根据所需采集、驱动的对象数量来确定它的容量。接口柜最多10层，每层有10块36(或32，或40)柱端子，采集和驱动放在不同的层。

防雷分线柜用于信号设备防雷和室外电缆引入，和室内设备相联系。防雷分线柜分为10层，每层可安装6柱端子板13块。按信号机、道岔、轨道送电、轨道受电分配。

3. 信号电源室设备布置

电源屏、UPS、稳压器和电池柜安装在电源室内。目前均采用智能电源屏，电源屏的电源模块要根据联锁设备的负载计算来确定。各种类型的智能电源屏其组成也不尽相同。

4. 车辆段控制室设备布置

对于计算机联锁，目前推荐的工作站采用LCD显示和鼠标操作，LCD显示屏的数量要根据车辆段规模确定。

还有ATS显示终端和打印机。

有的车辆段还按用户的要求设单元控制台(建议不再采用)。

三、组合选用及组合排列表设计

1. 组合选用

计算机联锁目前绝大部分采用继电电路接口，故需继电器组合。各种类型的计算机联锁的接口电路也不尽相同。

现以一种类型的组合为例，介绍各种组合的选用。计算机联锁采用组合包括信号组合、道岔组合、轨道复示组合、应急盘组合、电源组合、报警组合。各种组合的继电器类型如表2-16所列。

(1)信号组合

信号组合分为进段信号组合JX、列车信号组合LX和调车信号组合DX。一个JX组合供一架进段信号机用。一个LX信号组合供三架进、出库信号机用。一个DX组合供四架调车信号机用。

(2)道岔组合

每组7号道岔需用一个道岔组合DC。

(3)轨道组合

无论采用继电50 Hz相敏轨道电路，还是采用微电子50 Hz相敏轨道电路，都需要设置轨道继电器。因为，交流二元继电器是感应式继电器且无附加轴，它的后接点不得在控制和表示电路中使用，只有两组接点，故必须设复示继电器。微电子相敏轨道电路的微电子接收器也必须驱动轨道继电器。如采用计轴设备，计轴器也驱动轨道继电器。

每个轨道组合GJ中设8个轨道继电器，可供8个受电端用。

(4)应急盘组合

有的车辆段还按用户的要求设应急盘(现计算机联锁安全可靠性比较高，可以不采用)，需设一个应急盘组合YJP。

(5)电源组合

全段设一个电源组合DY。

表 2-16　继电器类型

组合名称	0	1	2	3	4	5	6	7	8	9	10
JX	RD_1～RD_3 0.5 A	1DJ	LXJ	2DJ	YXJ	YZHJ	YAJ				
		JZXC-H18	JWXC-H340	JZXC-H18	JWXC-H340	JWXC-H340	JWXC-1700				
LX	RD_1～RD_4 0.5 A	RD_5、RD_6 0.5A	(1)LXJ	(1)DXJ	(1)DJ	(2)LXJ	(2)DXJ	(2)DJ	(3)LXJ	(3)DXJ	(3)DJ
			JWXC-H340	JWXC-H340	JZXC-H18	JWXC-H340	JWXC-H340	JZXC-H18	JWXC-H340	JWXC-H340	JZXC-H18
DX	RD_1～RD_4 0.5 A	RD_5、RD_6 0.5A	RD_7～RD_8 0.5A	(1)DXJ	(1)DJ	(2)DXJ	(2)DJ	(3)DXJ	(3)DJ	(4)DXJ	(4)DJ
				JWXC-H340	JZXC-H18	JWXC-H340	JZXC-H18	JWXC-H340	JZXC-H18	JWXC-H340	JZXC-H18
DC	RD_1、RD_2，0.3 A RD_3，5 A RD_4，0.5 A	BB	1DQJ	2DQJ	DCJ	FCJ	DBJ	FBJ	DCQDJ	阻容盒	
		BD_1-7	JWJXC-125/0.44	JYJXC-160/260	JPXC-1000	JPXC-1000	JPXC-1000	JPXC-1000	JWXC-H340	R 750，25W C 4μF，500V	
YJP		YZSAJ	ZDAJ	ZFAJ							
		JWXC-1700	JWXC-1700	JWXC-1700							
DY		KZKFJ	SYSAJ	SYSBJ	YJPJ	ILOCKFUJ					
		JPXC-1000	JPXC-1000	JPXC-1000	JWJXC-H125/80	JWXC-1700					
BJ		1GDJ	2GDJ	BSBJ	DSBJ	GBJ	KZTQHJ				
		JWXC-1700	JWXC-1700	JWXC-1700	JWXC-1700	JWXC-1700	JWXC-1700				
GJ		(1)GJ	(2)GJ	(3)GJ	(4)GJ	(5)GJ	(6)GJ	(7)GJ	(8)GJ		
		JWXC-1700	JWXC-1700	JWXC-1700	JWXC-1700	JWXC-1700	JWXC-1700	JWXC-1700	JWXC-1700		

(6)报警组合

全段设一个报警组合 BJ。

2. 组合排列表设计

对于贯通式车辆段，计算机联锁组合排列按上、下行咽喉分开，然后按信号组合、道岔组合、轨道组合等的顺序排列，计算机联锁所需各组合之间较少联系，对于组合排列没有非常严格的要求。

对于尽头式车辆段，只有一个咽喉，按组合类型排列。

四、轨道柜排列表设计

如采用轨道电路，需进行轨道柜排列表设计。该排列表可以和组合排列表放在一起。

1. 继电式轨道柜排列表设计

继电式 50 Hz 相敏轨道电路采用 ZL50 轨道电路组合，安装在继电器室组合柜上，用于安装 JRJC 型继电器。ZL50 轨道电路组合布置如图 2-9 所示。组合上装有 50 Hz 的 JRJC 继电器插座 4 块，可插 4 台 JRJC-45/300 或 JRJC-40/265 型继电器。另有元件安装板 1 块，用于安装防雷元件和补偿电容各 4 个；断路器板 2 块，3×18 接线端子板 2 块。内部配线均单独引至侧面端子板。ZL50 轨道电路组合外形尺寸 880 mm×180 mm，安装尺寸 68 mm×850 mm，4 孔 $\varphi10$。

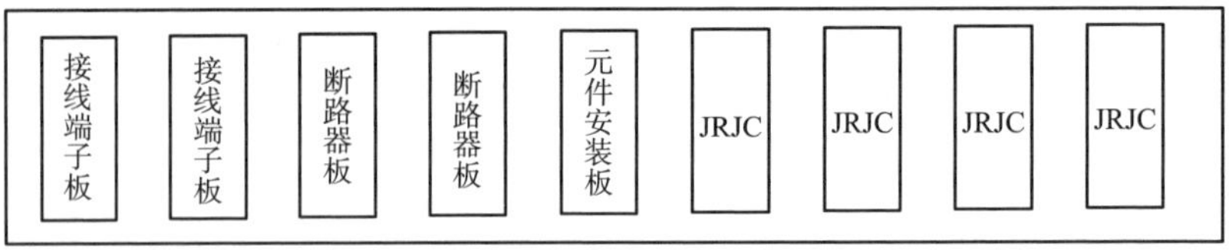

图 2-9　ZL50 轨道电路组合

每个轨道柜可安装 10 个 ZL50 轨道电路组合，每个 ZL50 轨道电路组合可安装 4 个 JRJC 型继电器，可供 4 个轨道电路受电端用。在轨道柜排列表依次填写轨道电路区段的名称，要注意一送多受的情况。

2. 微电子式轨道柜排列表设计

微电子 50 Hz 相敏轨道电路采用 50 Hz 微电子相敏轨道电路组合。

一个 50 Hz 微电子相敏轨道电路组合包括 8 台 JWX50 微电子相敏接收器、2 个 TFQ 调相防雷器、1 个 SBJQ 双套报警器。轨道电路组合内器件排列如图 2-10 所示。

1	2	3	4	5	6	7	8	9	10	11
$1/GJS_1$	$1/GJS_2$	1/G 2/G	$2/GJS_1$	$2/GJS_2$	$3/GJS_1$	$3/GJS_2$	3/G 4/G	$4/GJS_1$	$4/GJS_2$	
JWX50	JWX50	TFQ	JWX50	JWX50	JWX50	JWX50	TFQ	JWX50	JWX50	BJH

图 2-10　50 Hz 微电子相敏轨道电路组合

每个轨道柜可安装 50 Hz 微电子相敏轨道电路组合，每个组合安装 8 台 JWX50 微电子相敏接收器，两台 JWX50 微电子相敏接收器双机并用，因此每个组合可供 4 个轨道电路受电端用。在轨道柜排列表依次填写轨道电路区段的名称，要注意一送多受的情况。

第六节　电路图设计

计算机联锁的电路图设计包括接口电路、执行电路、报警电路等的设计。

一、接口电路图设计

1. 信号机驱动、采集电路图设计

车辆段的信号机有进段信号机、进库信号机、出库信号机、调车信号机。在设计信号机驱动采集电路图前，除了设计好组合排列表外，还应先分配好接口柜端子。

(1)进段信号机驱动、采集电路图设计

车辆段的列车信号机有进段信号机和出段信号机，进段信号机由车辆段控制，出段信号机由相接的正线车站控制。

进段信号机驱动、采集电路如图 2-11 所示。设计时，在所附配线表中填写信号机名称、组合位置、接口柜端子号、联锁机柜端子号。组合侧面端子使用是固定的。

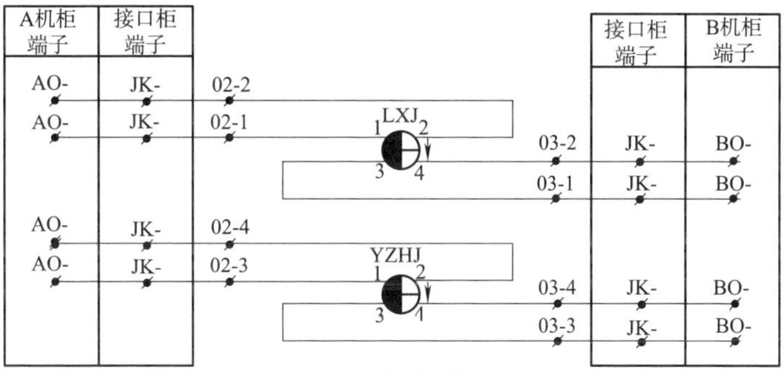

(a) 驱动电路

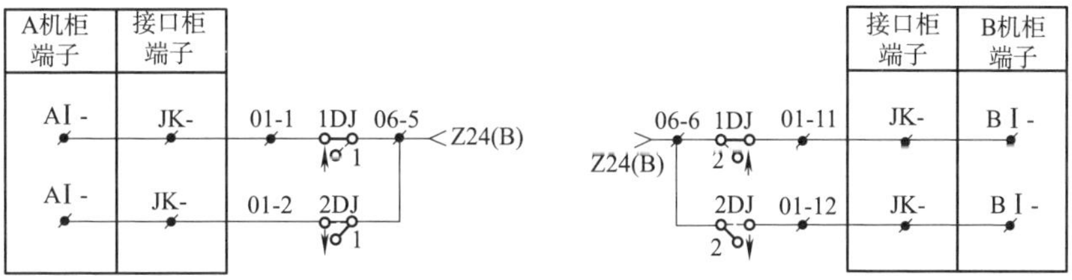

(b) 采集电路

信号机	组合位置	接口柜端子								接口柜端子			
		机柜端子								机柜端子			
		A 机				B 机				A 机		B 机	
		LXJ-1 02-1	LXJ-2 02-2	YZHJ-1 02-3	YZHJ-2 02-4	LXJ-3 03-1	LXJ-4 03-2	YZHJ-3 03-3	YZHJ-4 03-4	1DJ-12 01-1	2DJ-12 01-2	1DJ-22 01-11	2DJ-22 01-12
JD_1	18-6	JK-807-25	JK-807-26	JK-807-27	JK-807-28	JK-407-25	JK-407-26	JK-407-27	JK-407-28	JK-1003-15	JK-1003-16	JK-603-15	JK-603-16
		AO-4-X_5-26	AO-4-X_5-27	AO-4-X_5-27	AO-4-X_5-28	BO-4-X_5-25	BO-4-X_5-26	BO-4-X_5-27	BO-4-X_5-28	AI-1-X_3-15	AI-1-X_3-16	BI-1-X_3-15	AI-1-X_3-16

图 2-11　进段信号机驱动、采集电路

(2)进、出库信号机驱动、采集电路图设计

进、出库信号机驱动电路如图 2-12 所示。设计时，在所附配线表中填写信号机名称、组合位置、接口柜端子号、联锁机柜端子号。组合侧面端子使用是固定的。

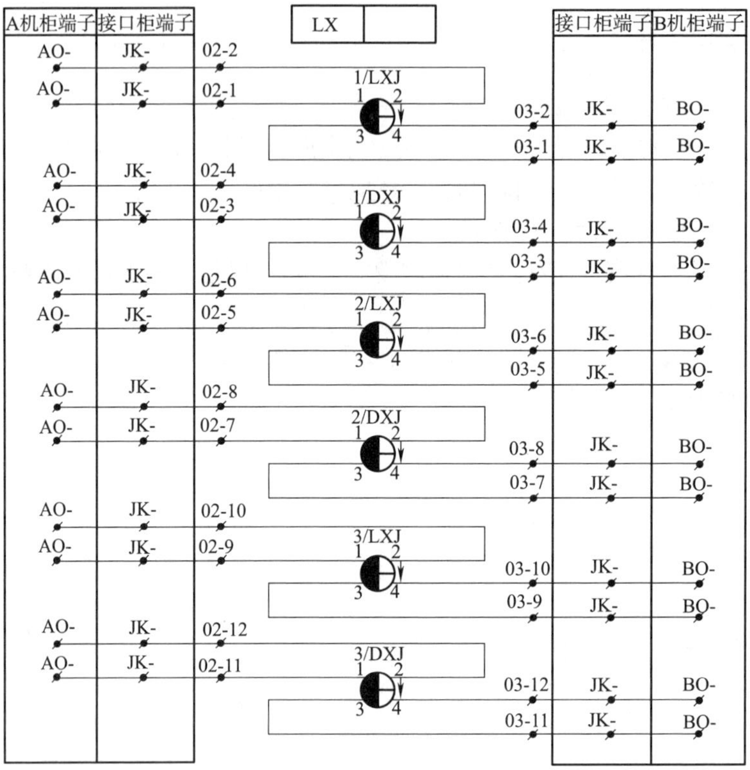

信号机	组合位置	A 机		B 机		A 机		B 机	
		组合侧面端子							
		接口柜端子							
		机柜端子							
CK_1	26-2	02-1 1/LXJ-1	02-2 1/LXJ-2	03-1 1/LXJ-3	03-2 1/LXJ-4	02-3 1/DXJ-1	02-4 1/DXJ-2	03-3 1/DXJ-3	03-4 1/DXJ-4
		JK_1-402-13	JK_1-402-14	JK_2-402-13	JK_2-402-14	JK_1-404-7	JK_1-404-8	JK_2-404-7	JK_2-404-8
		AO-4-X_5-13	AO-4-X_5-14	BO-4-X_5-13	BO-4-X_5-14	AO-4-X_7-7	AO-4-X_7-8	BO-4-X_7-7	BO-4-X_7-8
		02-5 2/LXJ-1	02-6 2/LXJ-2	03-5 2/LXJ-3	03-6 2/LXJ-4	02-7 2/DXJ-1	02-8 2/DXJ-2	03-7 2/DXJ-3	03-8 2/DXJ-4
		02-9 3/LXJ-1	02-10 3/LXJ-2	03-9 3/LXJ-3	03-10 3/LXJ-4	02-11 3/DXJ-1	02-12 3/DXJ-2	03-11 3/DXJ-3	03-12 3/DXJ-4

图 2-12 进、出库信号机驱动电路

进、出库信号机采集电路如图 2-13 所示。设计时，在所附配线表中填写信号机名称、组合位置、接口柜端子号、联锁机柜端子号。组合侧面端子使用是固定的。

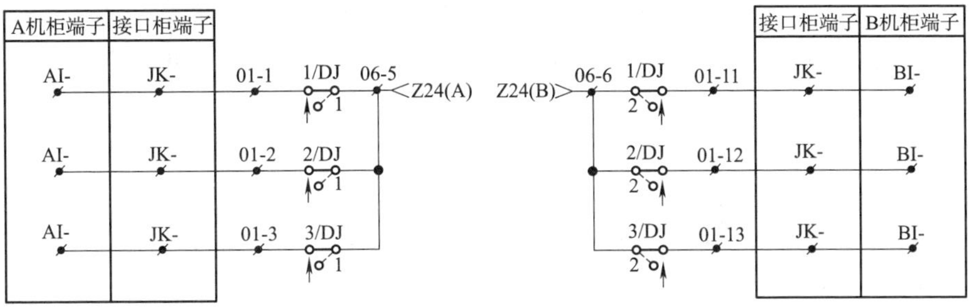

信号机	组合位置	A机	B机
		组合侧面端子	
		接口柜端子	
		机柜端子	
CK_1	26-2	01-1　1/DJ-12	01-11　1/DJ-22
		JK_1-706-11	JK_2-706-11
		AI-1-X_8-11	BI-1-X_8-11
		01-2　2/DJ-12	01-12　2/DJ-22
		01-3　3/DJ-12	01-13　3/DJ-22

图 2-13　进、出库信号机采集电路

(3)调车信号机驱动、采集电路图设计

调车信号机驱动、采集电路如图 2-14 所示。设计时，在所附配线表中填写信号机名称、组合位置、接口柜端子号、联锁机柜端子号。

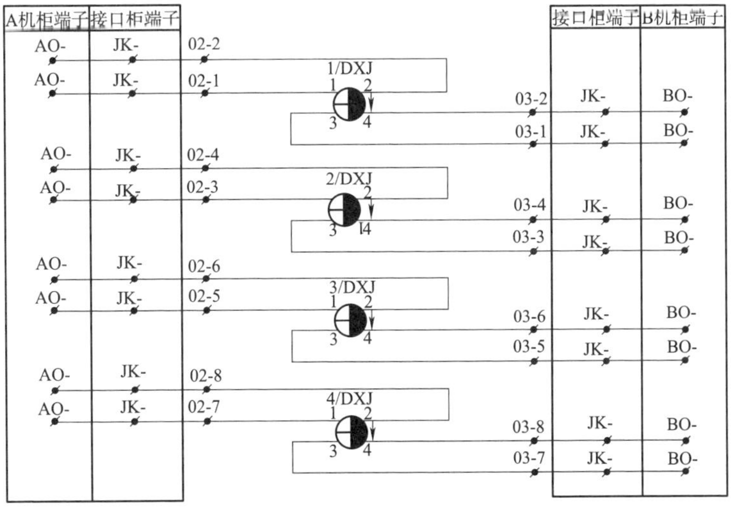

(a) 驱动电路

图　2-14

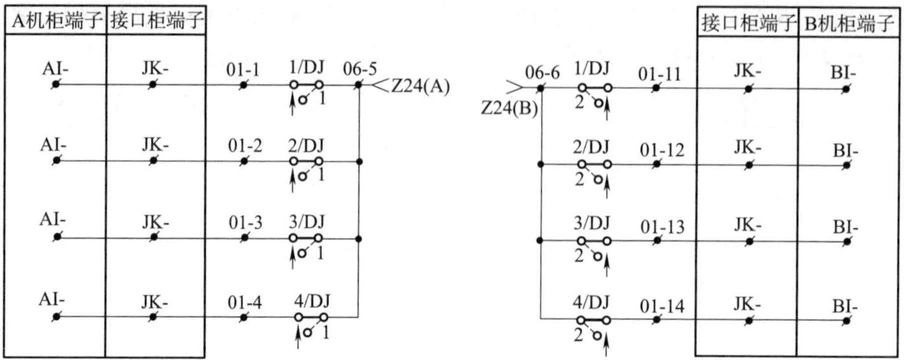

(b) 采集电路

调车信号机驱动电路图配线表

信号机	组合位置	组合柜端子 接口柜端子 机柜端子			
		A机		B机	
D_1	16-1	1/DXJ-1 02-1	1/DXJ-2 02-2	1/DXJ-3 03-1	1/DXJ-4 03-2
		JK-807-33	JK-807-34	JK-407-33	JK-407-34
		AO-4- X_3-33	AO-4- X_3-34	BO-4- X_3-33	BO-4- X_3-34
		2/DXJ-1 02-3	2/DXJ-2 02-4	2/DXJ-3 03-3	2/DXJ-4 03-4
		3/DXJ-1 02-5	3/DXJ-2 02-6	3/DXJ-3 03-5	3/DXJ-4 03-6
		4/DXJ-1 02-7	4/DXJ-2 02-8	4/DXJ-3 03-7	4/DXJ-4 03-8

调车信号机采集电路图配线表

信号机	组合位置	组合柜端子 接口柜端子 机柜端子	
		A机	B机
D_1	16-1	1/DXJ-12 01-1	1/DXJ-22 01-2
		JK-1003-23	JK-603-23
		AI-1-X_5-23	BI-1-X_5-23
		2/DXJ-12 01-3	2/DXJ-22 01-4
		3/DXJ-12 01-5	3/DXJ-22 01-6
		4/DXJ-12 01-7	4/DXJ-22 01-8

图 2-14 调车信号机驱动、采集电路

2. 道岔(转辙机)驱动、采集电路图设计

直流转辙机的道岔驱动、采集电路如图 2-15 所示。设计时,在所附配线表中填写道岔名称、组合位置、接口柜端子号、联锁机柜端子号。组合侧面端子使用是固定的。

交流转辙机的道岔驱动、采集电路图设计同正线联锁区的道岔驱动、采集电路图设计。

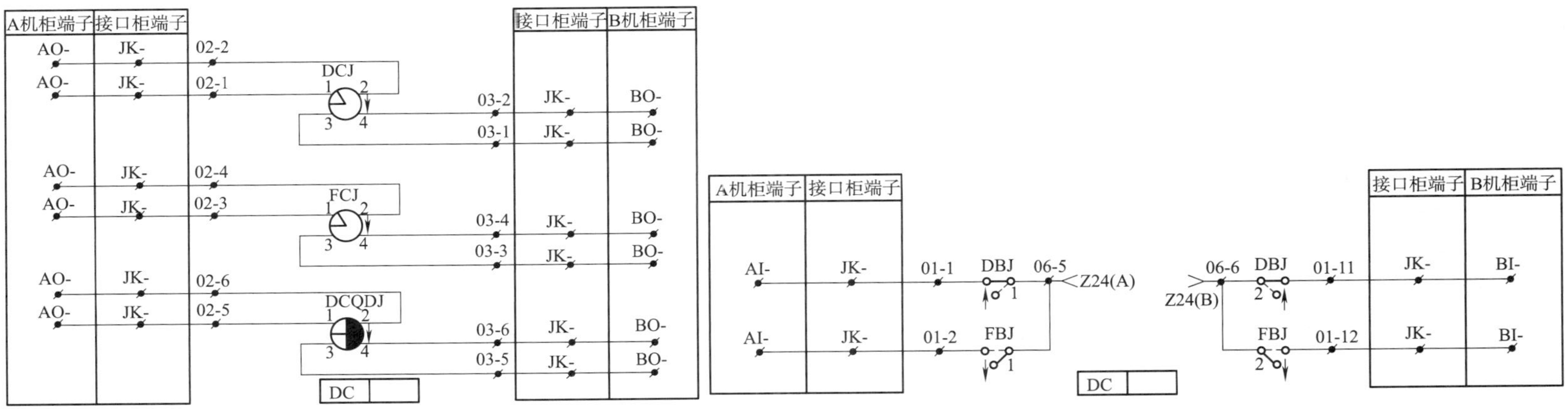

(a) 驱动电路　　(b) 采集电路

道岔	组合位置	A机						B机						A　机		B　机	
		接口柜端子												接口柜端子			
		机柜端子												机柜端子			
		DCJ-1 02-1	DCJ-2 02-2	FCJ-1 02-3	FCJ-2 02-4	DCQDJ-1 02-5	DCQDJ-2 02-6	DCJ-3 03-1	DCJ-4 03-2	FCJ-3 03-3	FCJ-4 03-4	DCQDJ-3 03-5	DCQDJ-4 03-6	DBJ-12 01-1	FBJ-12 01-2	DBJ-22 01-11	FBJ-22 01-12
1	21-1	JK-801-5	JK-801-6	JK-801-7	JK-801-8	JK-801-9	JK-801-10	JK-401-5	JK-401-6	JK-401-7	JK-401-8	JK-401-9	JK-401-10	JK-1001-11	JK-1001-12	JK-601-11	JK-601-12
		AO-3-X_3-5	AO-3-X_3-6	AO-3-X_3-7	AO-3-X_3-8	AO-3-X_3-9	AO-3-X_3-10	BO-3-X_3-5	BO-3-X_3-6	BO-3-X_3-7	BO-3-X_3-8	BO-3-X_3-9	BO-3-X_3-10	AI-1-X_3-11	AI-1-X_3-12	BI-1-X_3-11	BI-1-X_3-12

图 2-15　道岔(转辙机)驱动、采集电路

3. 轨道继电器采集电路图设计

轨道继电器采集电路如图 2-16 所示。设计时,在所附配线表中填写轨道区段名称、组合位置、接口柜端子号、联锁机柜端子号。

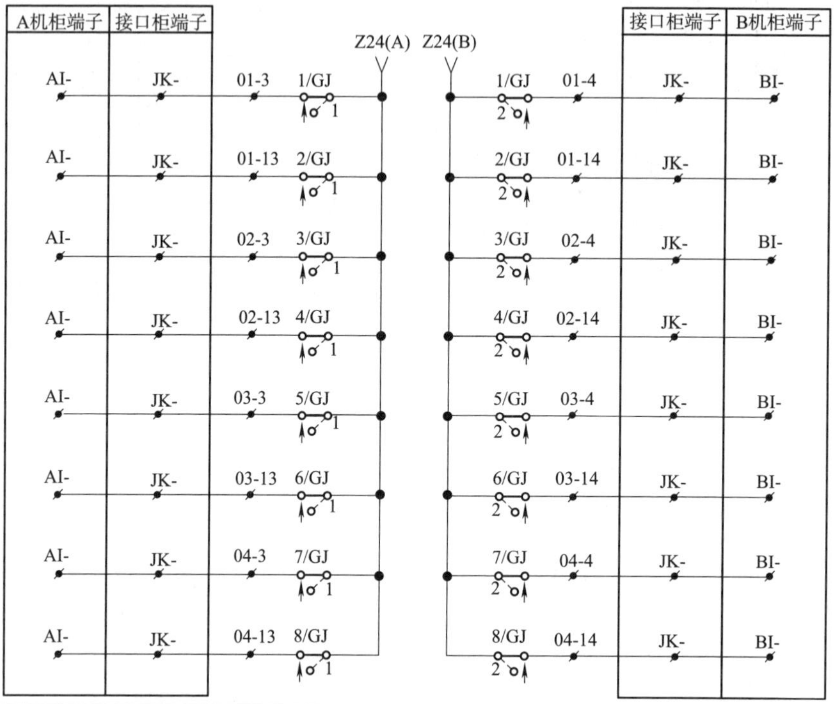

轨道区段		组合位置	A	B
			接口柜端子	
			机柜端子	
			GJ-12	GJ-22
1	1-2DG	14-2	JK-1006-16	JK-606-16
			AI-1-X_8-16	BI-1-X_8-16
2				
3				
4				

图 2-16 轨道继电器采集电路

若采用计轴,车辆段的计轴复位驱动和轨道继电器采集电路图同正线联锁区的计轴复位驱动和轨道继电器采集电路图,详见第一章第六节。

4. 轨道停电报警采集电路图设计

轨道停电报警采集电路如图 2-17 所示,设计时要在图中填写接口柜端子号和联锁机柜端子号。

5. 灯丝报警采集电路图设计

计算机联锁采集灯丝报警继电器 DSBJ 的前接点,灯丝报警采集电路如图 2-18 所示,设计时要在图中填写接口柜端子号和联锁机柜端子号。

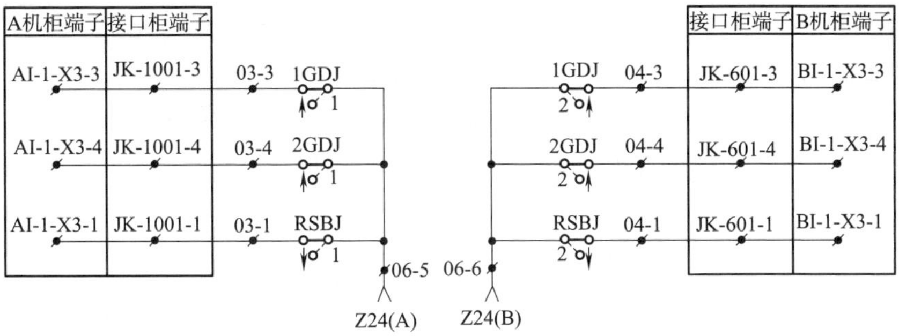

图 2-17　轨道停电报警采集电路

6. 联锁机切换驱动、采集电路图设计

联锁机切换驱动、采集电路如图 2-19 所示，驱动 KZKFJ、SYSAJ、SYSBJ，采集 SYSAJ、SYSBJ 前接点。设计时要在图中填写 DY 组合位置、接口柜端子号和联锁机柜端子号。

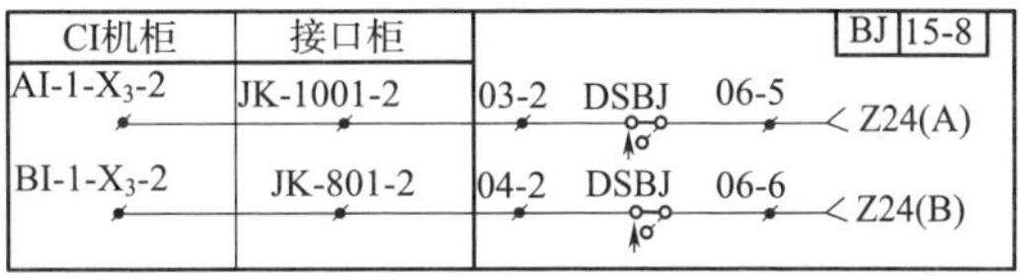

图 2-18　灯丝报警采集电路

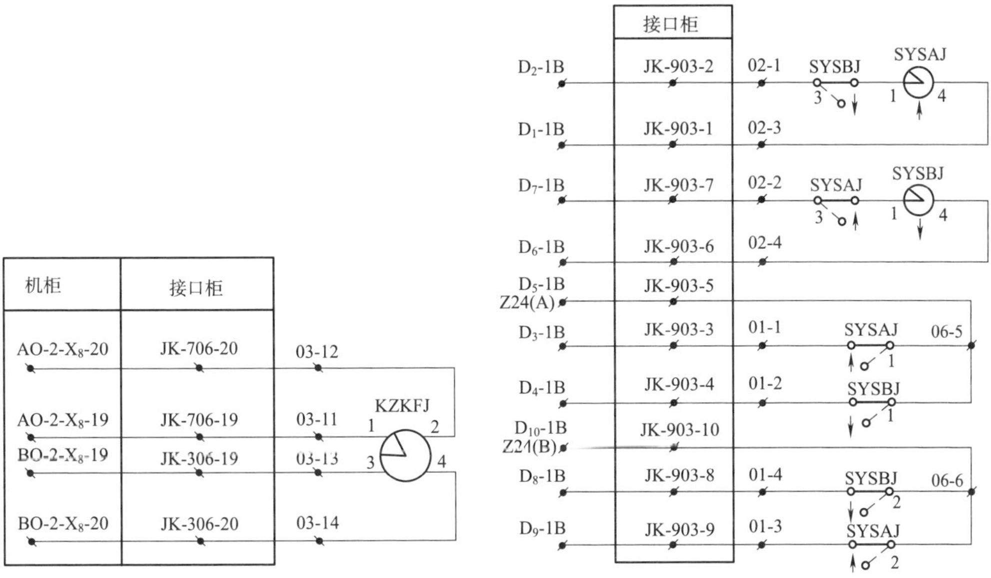

图 2-19　联锁机切换驱动、采集电路

二、执行电路图设计

1. 信号机点灯电路图设计

车辆段的信号机有列车信号机、调车信号机。所有信号机正常使用时都点灯。

在设计信号机点灯电路图前，除了设计好组合排列表外，还应先分配好分线柜端子和组合柜上灯丝报警仪端子。

(1)进段信号机点灯电路图设计

进段信号机点灯电路如图 2-20 所示。设计时，在所附配线表中填写信号机名称、组合位置、至分线柜端子号、至灯丝报警仪端子号。组合侧面端子使用是固定的。

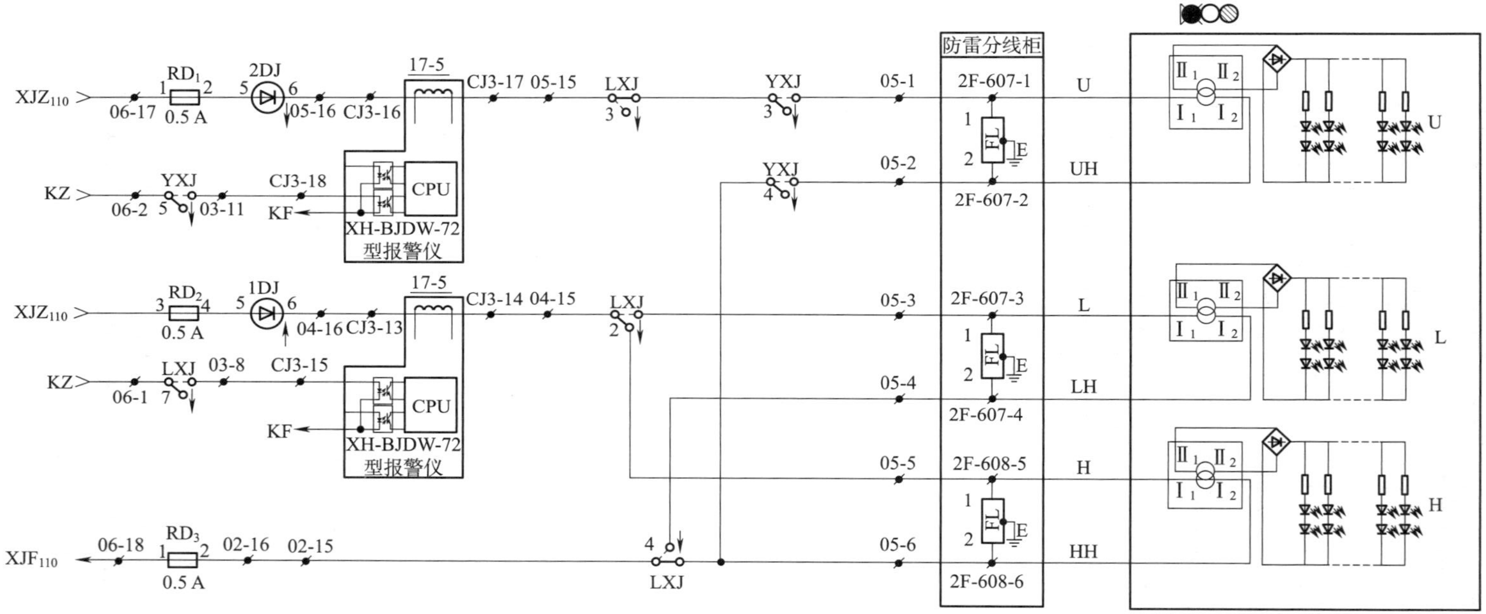

信号机	组合位置	组合侧面端子						组合侧面端子					
		防雷分线柜端子						灯丝报警仪端子			2 灯丝报警仪端子		
		U	UH	L	LH	H	HH	互感器-入	互感器-出	电源采集点(LBJ)	互感器-出	互感器-出	电源采集点(UBJ)
JD_1	18-6	05-1	05-2	05-3	05-4	05-5	05-6	04-16	04-15	03-8	05-16	05-15	03-11
		2F-607-1	2F-607-2	2F-607-3	2F-607-4	2F-607-5	2F-607-6	17-5-CJ_3-13	17-5-CJ_3-14	17-5-CJ_3-15	17-5-CJ_3-16	17-5-CJ_3-17	17-5-CJ_3-18

图 2-20 进段信号机点灯电路

(2)进、出库信号机点灯电路图设计

进、出库信号机点灯电路如图 2-21 所示。设计时,在所附配线表中填写信号机名称、组合位置、至分线柜端子号、至灯丝报警仪端子号。组合侧面端子使用是固定的。

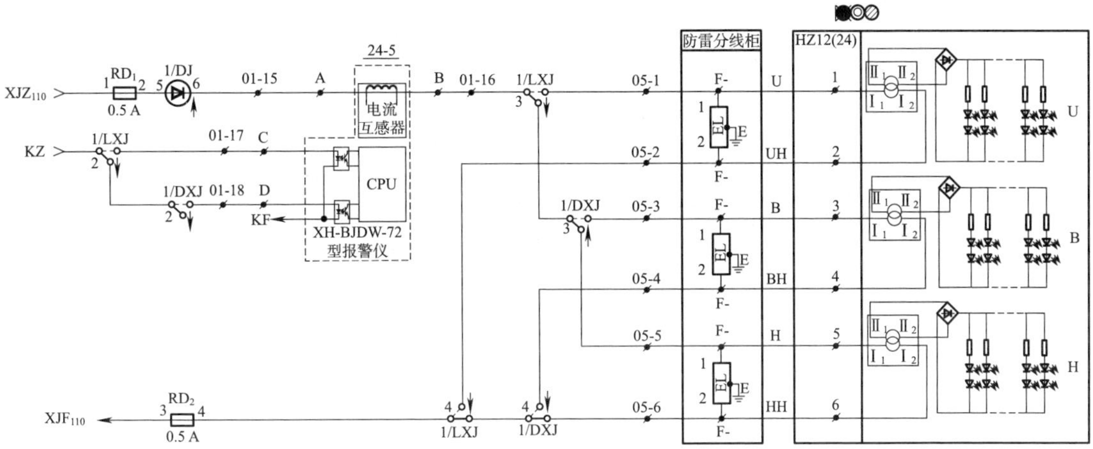

信号机	组合位置	组合侧面端子						组合侧面端子			
		防雷分线柜端子						灯丝报警仪端子			
		U	UH	B	BH	H	HH	A	B	C	D
		05-1	05-2	05-3	05-4	05-5	05-6	01-15	01-16	01-17	01-18
		05-1	05-2	05 3	05-4	05-5	05-6	02-15	02-16	02-17	02-18
		05-1	05-2	05-3	05-4	05-5	05-6	03-15	03-16	03-17	03-18

图 2-21　进、出库信号机点灯电路

(3)调车信号机

调车信号机点灯电路如图 2-22 所示。设计时,在所附配线表中填写信号机名称、组合位置、至分线柜端子号、至灯丝报警仪端子号。组合侧面端子使用是固定的。

2. 道岔控制电路图设计

在设计道岔控制电路图前,除了设计好组合排列表外,还应先分配好分线柜端子、道岔传感器端子、道岔开关量采集器端子。这里介绍直流转辙机的四线制道岔控制电路。交流转辙机的五线制道岔控制电路与正线联锁区的道岔控制电路图相同。

(1)单动道岔四线制控制电路图设计

单动道岔四线制控制电路如图 2-23 所示。车辆段多数单动道岔采用 ZD6-D 型电动转辙机,单机牵引,为四线制道岔控制电路。本图按道岔定位时转辙机 1、3 排接点闭合设计,若定位时转辙机 2、4 排接点闭合,需将 X1 与 X2 交叉,现场二极管颠倒极性。

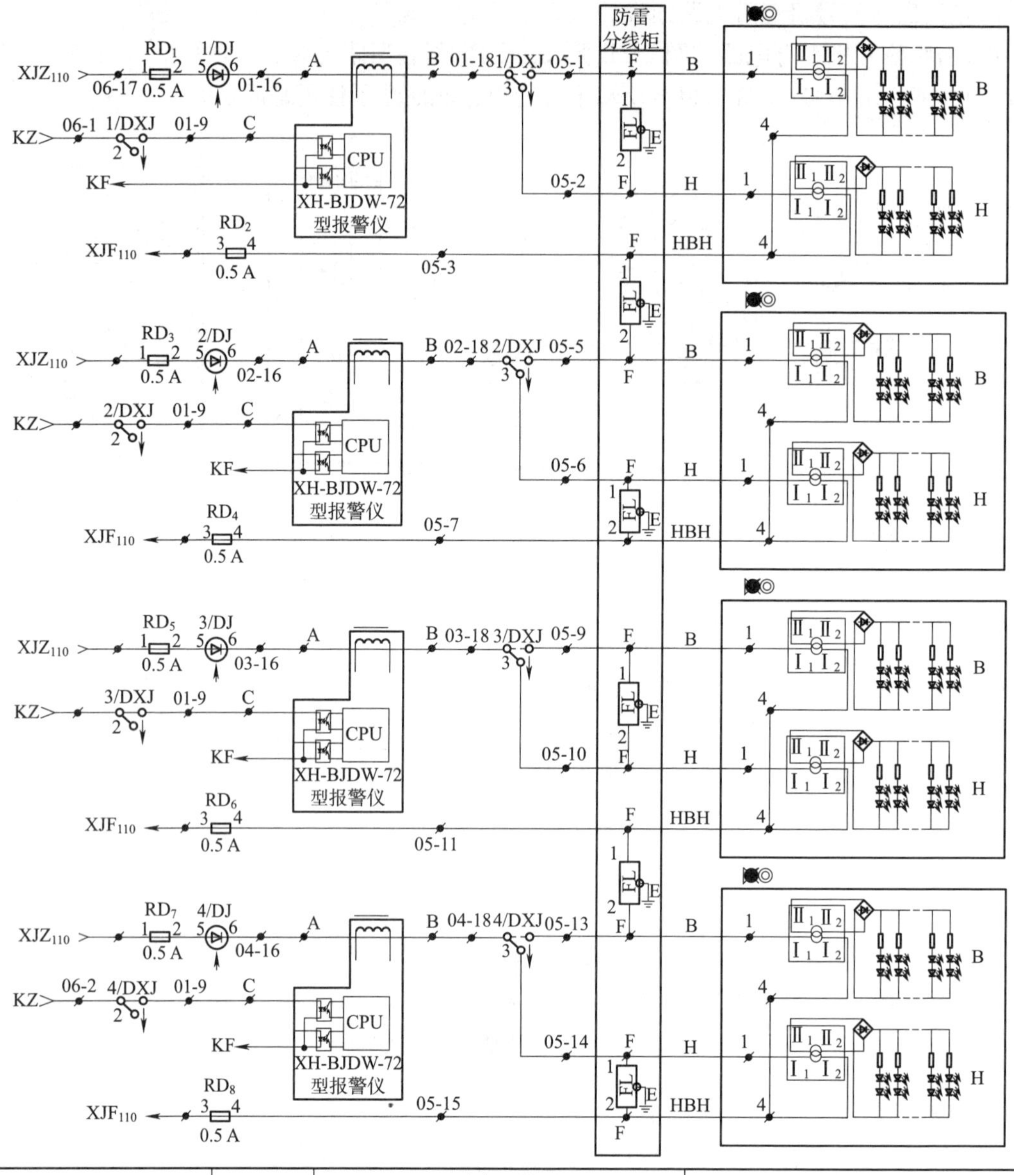

信号机		组合位置	组合侧面端子			组合侧面端子		
			分线柜端子			灯丝报警仪端子		
		DX	B	H	HBH	A	B	C
1	D_1	16-1	05-1	05-2	05-3	01-16	01-18	01-9
			2F-201-1	2F-201-2	2F-201-3	16-5-CJ_1-1	16-5-CJ_1-2	16-5-CJ_1-3
2			05-5	05-6	05-7	02-16	02-18	02-9
3			05-9	05-10	05-11	03-16	03-18	03-9
4			05-13	05-14	05-15	04-16	04-18	04-9

图 2-22　调车信号机点灯电路

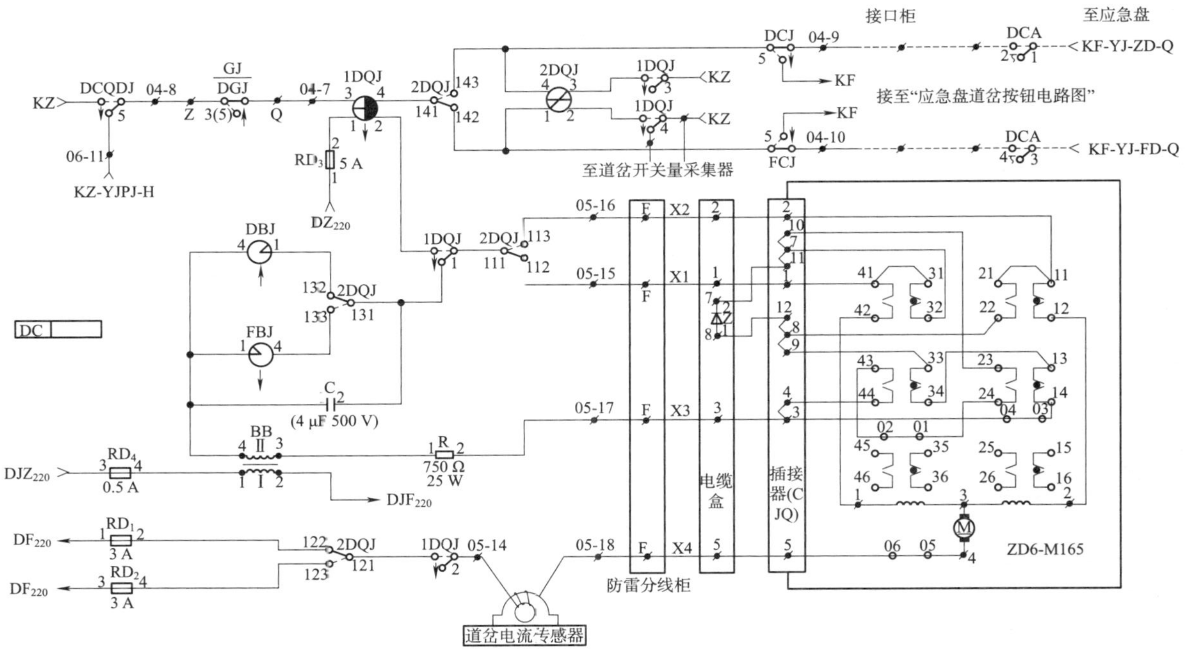

道岔	组合位置	分线柜端子				至 DGJ 接点/GJ 组合		至道岔传感器端子		至道岔开关量采集器端子	
		X1 05-15	X2 05-16	X3 05-17	X4 05-18	DGJ-Z 04-8	DGJ-Q 04-7	05-14	05-18	1DQJ-41	1DQJ-43
1	21-1	2F-701-1	2F-701-2	2F-701-3	2F-701-4	1-2DGJ-31 14-201-5	1-2DGJ-32 14-201-6	22-1-1-传感器1-出	22-1-1传感器1-人	21-1-K-端子 4	21-1-K-端子 5
								传感器2-出	传感器2-人	-K-端子 4	-K-端子 5
								传感器3-出	传感器3-人	-K-端子 4	-K-端子 5

图 2-23　单动道岔四线制控制电路

设计时，在所附配线表中填写道岔名称、组合位置、分线柜端子号。组合侧面端子号是固定的。在至DGJ接点/GJ组合栏中的上格中填写轨道继电器名称及接点号，下格中填写组合侧面端子号。在至道岔传感器栏中填写道岔传感器所在组合位置及该传感器在组合中的编号。在至道岔开关量采集器端子填写本道岔的组合位置。

(2)双动道岔四线制控制电路图设计

双动道岔四线制控制电路如图2-24所示。采用ZD6-D型电动转辙机，双机牵引，为四线制道岔控制电路。本图按道岔定位时转辙机1、3排接点闭合设计，若定位时转辙机2、4排接点闭合，需将X1与X2交叉，现场二极管颠倒极性。

设计时，填写方法基本上与单动道岔相同。只是双动道岔处于两个轨道电路区段中，在所附配线表中至“DGJ接点/GJ组合”栏中的上格要分别填写两轨道继电器名称及接点号，下格中填写各自所在组合的侧面端子号。

3. 轨道电路图设计

车辆段检测轨道区段的占用和空闲，可采用轨道电路，也可采用计轴器。轨道电路有继电式和微电子式50 Hz相敏轨道电路两种。

(1)继电式50 Hz相敏轨道电路图设计

继电式50 Hz相敏轨道电路如图2-25所示。

设计本电路图前，除了设计好组合排列表外，还应先分配好分线柜端子、轨道测试盘端子。设计时，在所附配线表中，填写分线柜端子、轨道测试盘端子。要注意一送多受的情况。

(2)微电子式50 Hz相敏轨道电路图设计

微电子式50 Hz相敏轨道电路如图2-26所示，为JWX50B型双套微电子式相敏轨道电路。

设计本电路图前，除了设计好组合排列表外，还应先分配好分线柜端子、轨道测试盘端子。设计时，在所附配线表中填写分线柜端子、轨道测试盘端子。要注意一送多受的情况，通过组合侧面端子间配线把1GJ的第4组前接点接入GJ电路。

(3)轨道电路测试盘设计

轨道电路测试盘盘面如图2-27所示。每个轨道电路测试盘最多可测试48个轨道电路受电端，根据车辆段的轨道电路受电端数量决定用几个轨道电路测试盘。设计时，要填写轨道电路受电端名称。

轨道电路测试盘电路如图2-28所示，为定型设计。

若采用计轴，车辆段的计轴设备控制、复位电路同正线联锁区的计轴设备控制、复位电路图，详见第一章第六节。

三、报警电路图设计

1. 轨道停电报警电路图设计

轨道停电报警电路如图2-29所示，为定型电路，设计时要填写BJ组合所在位置。

2. 灯丝报警电路图设计

灯丝报警仪有9块采集板，每块采集板可对8架调车信号机或4架列车信号机进行采集，每块采集板驱动1个报警继电器BJ，BJ定位吸起，有灯丝断丝时BJ落下。将全站所有的BJ的前接点串联起来构成灯丝报警继电器DSBJ电路，如图2-30所示。设计时，要填写各BJ所在的组合位置以及采集板号。

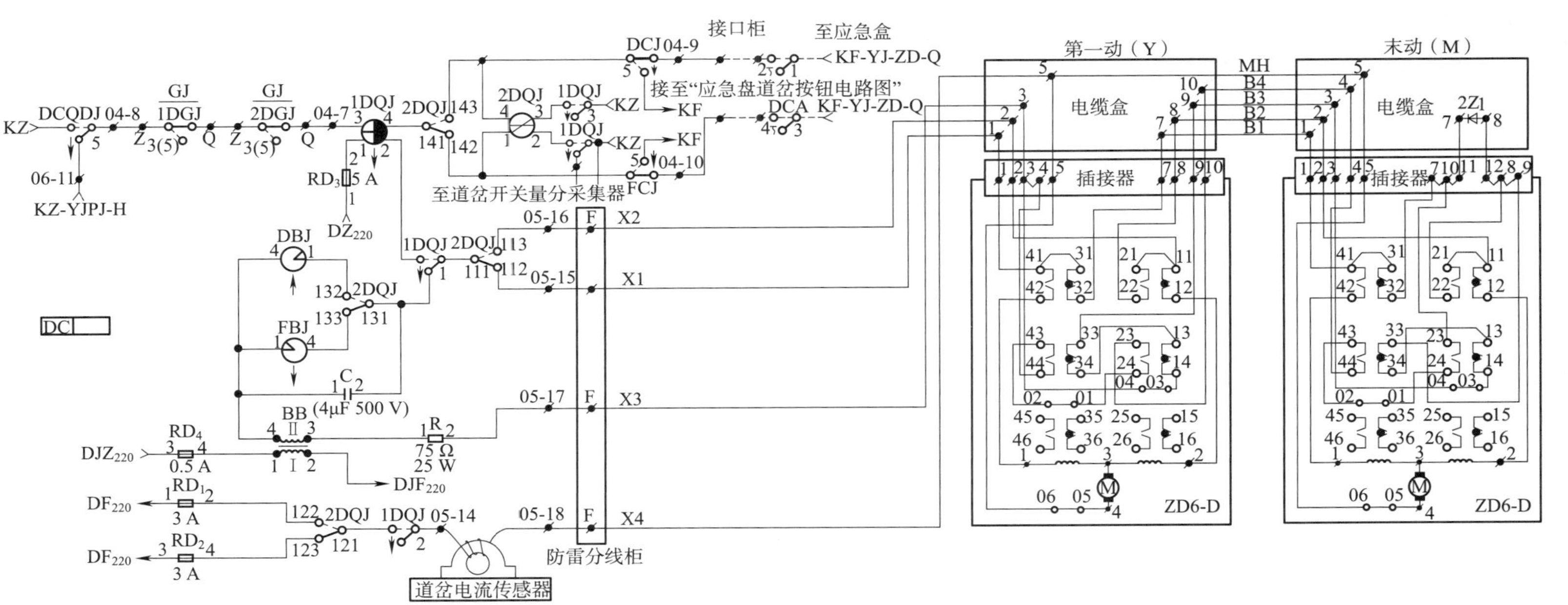

道岔	组合位置	分线柜端子				至 DGJ 接点/GJ 组合				至道岔传感器端子		至道岔开关量采集器端子	
		X1 05-15	X2 05-16	X3 05-17	X4 05-18	1DGJ-Z 14-8	1DGJ-Q •	2DGJ-Z •	2DGJ-Q 04-7	05-14	05-18	1DQJ-41	1DQJ-43
5/6	21-5	2F-705-1	2F-705-2	2F-705-3	2F-705-4	5-8DGJ-31	5-8DGJ-32	6-7DGJ-31	6-7DGJ-32	21-1-2-传感器1-出	21-1-2-传感器1-入	21-5-K-端子 4	21-5-K-端子 5
										传感器2-出	传感器2-入	-K-端子 4	-K-端子 5
										传感器3-出	传感器3-入	-K-端子 4	-K-端子 5

图 2-24　双动道岔四线制控制电路

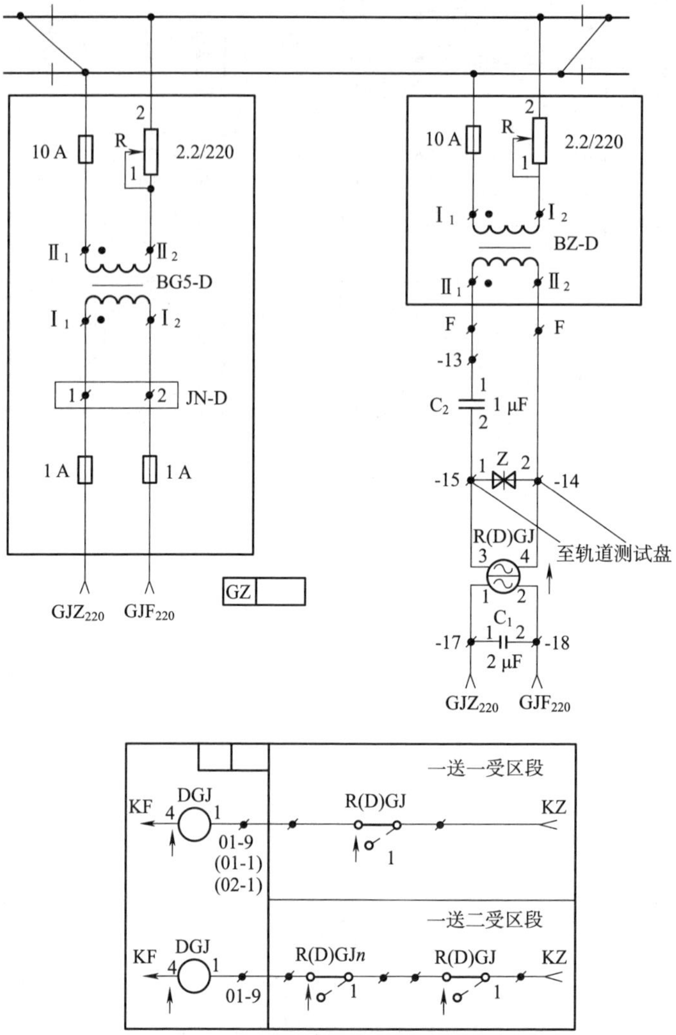

轨道区段	组合位置		分线柜端子（万可端子）		轨道测试盘端子		轨道柜侧面端子				组合侧面端子
	R(D)GJ	DGJ	C_2-1	R(D)GJ-4	R(D)GJ-3	R(D)GJ-4	R(D)GJ-1	R(D)GJ-2	R(D)GJ-11	R(D)GJ-12	DGJ-1
1DG	G_1-3(1)	102-4	02-13	02-14	02-15	02-14	02-17	02-18	02-2 KZ	02-1	021
			F_1-21-3-D	F_1-21-4-D	G_6-401-15	G_6-401-16	$1GJZ_{220}$	$1GJF_{220}$			

图 2-25　继电式 50 Hz 相敏轨道电路

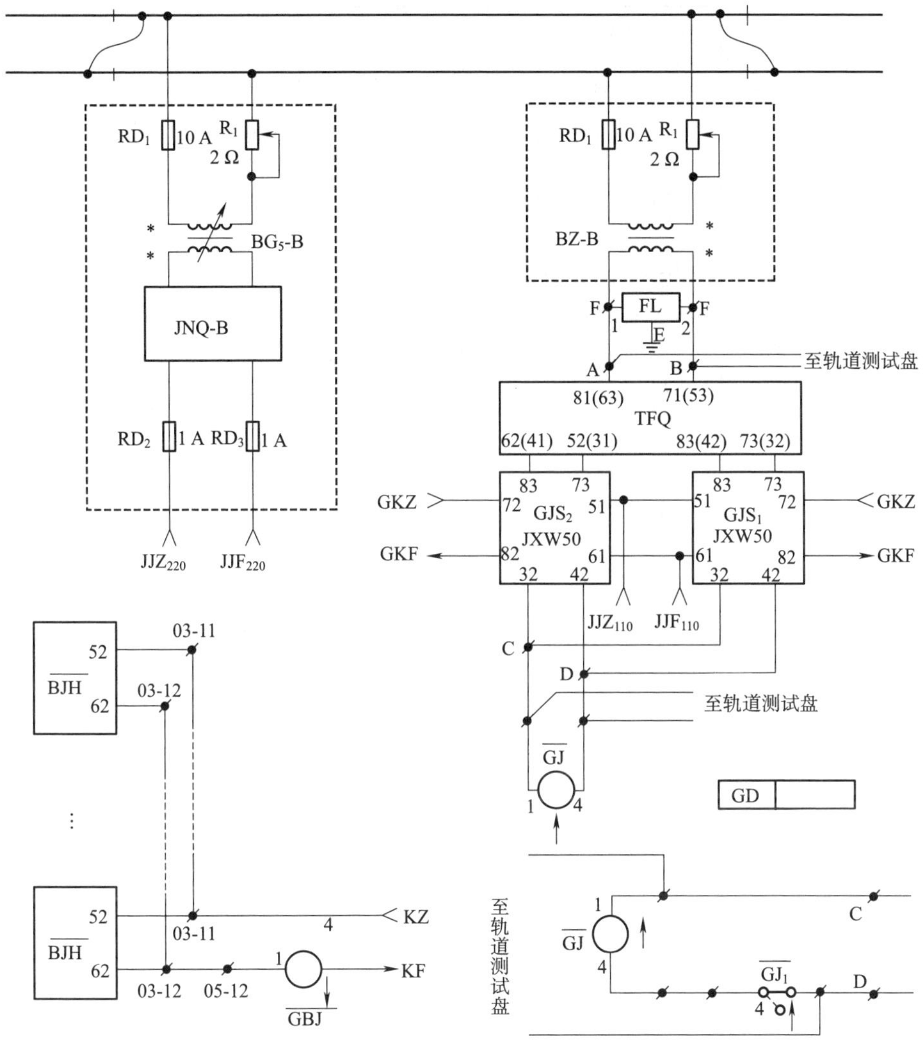

轨道区段		组合位置	组合侧面端子				组合侧面端子		组合侧面端子间配线		
			轨道测试盘端子				分线柜端子		C	D	GJ-4
			A	B	GJ-1	GJ-4 或 1 GJ-42	A	B	GJ-1	GJ-4	1 GJ-41
1	1-2DG	11-2	01-15	02-15	14-201-1	14-201-18	01-15	02-15	02-1	01-1	14-201-2
			11-501-4	11-501-3	11-501-1	11-501-2	1F-301-1	1F-301-2	14-201-1	14-201-18	14-201-17
2				01-16	02-16			01-16	02-16	02-2	01-2
3				01-17	02-17			01-17	02-17	02-3	01-3
4				01-18	02-18			01-18	02-18	02-4	01-4

图 2-26　微电子式 50 Hz 相敏轨道电路

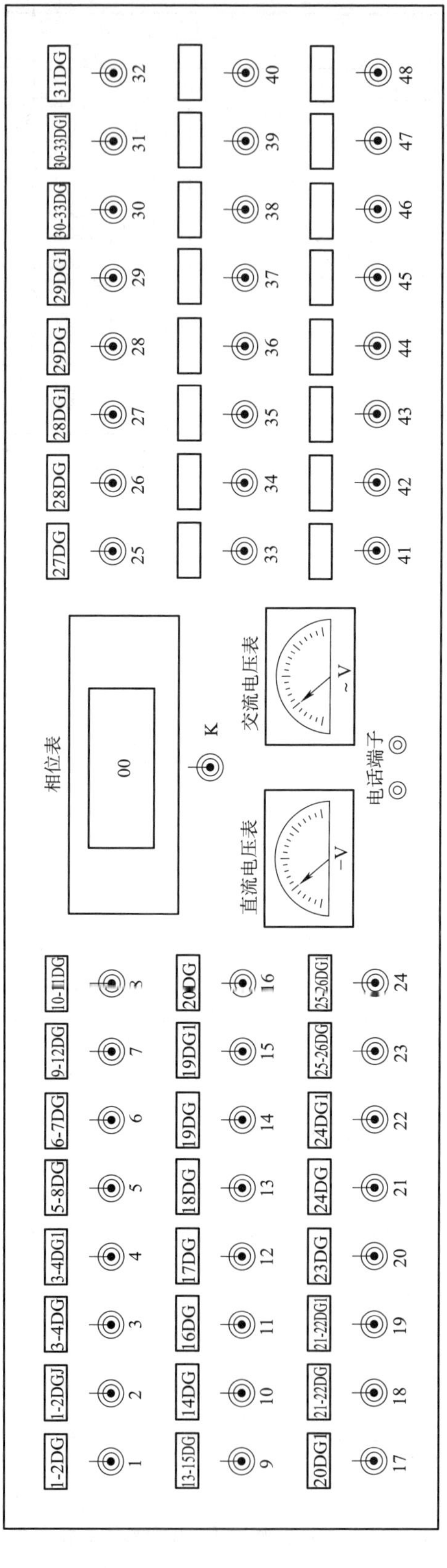

图2-27 轨道电路测试盘盘面图

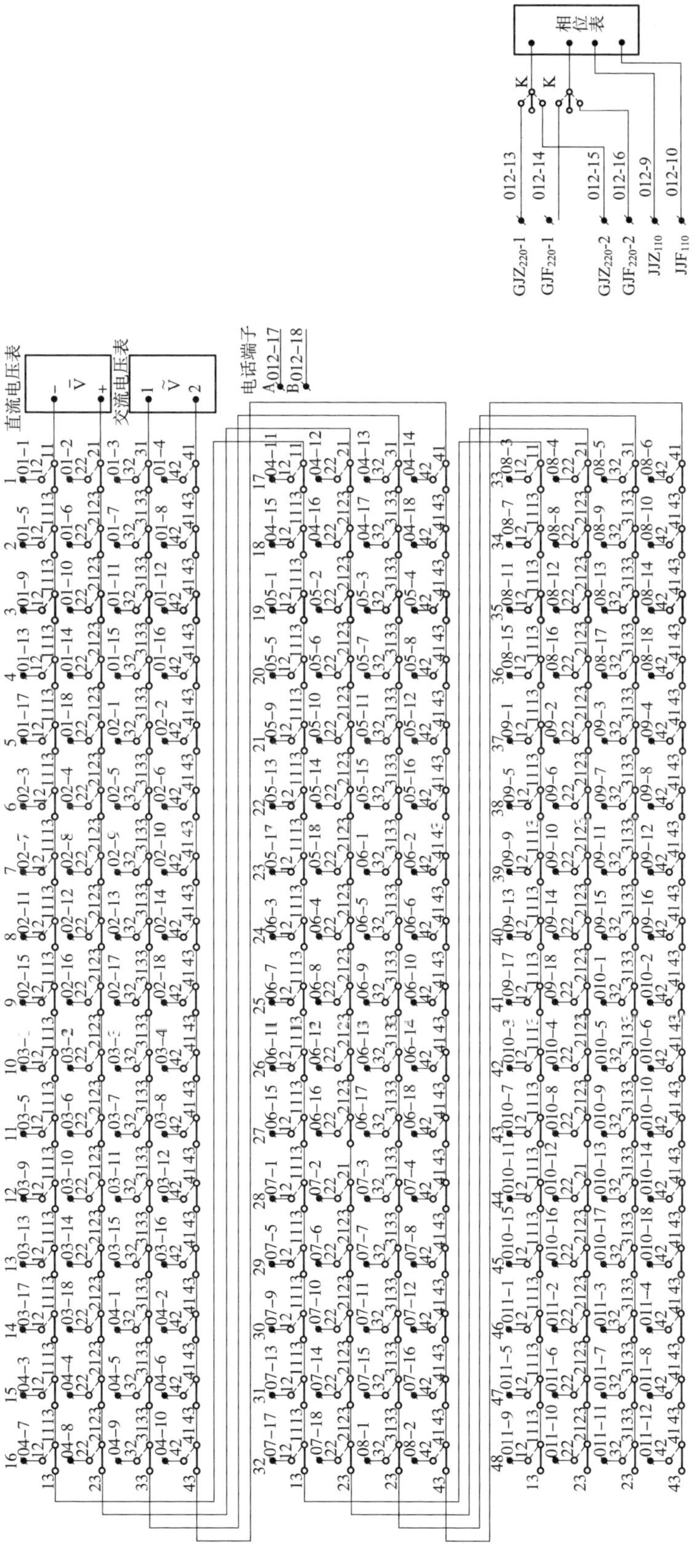

图 2-28　轨道电路测试盘电路

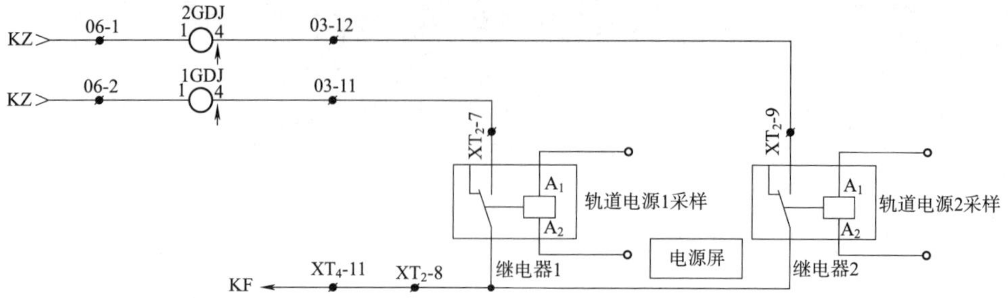

图 2-29 轨道停电报警电路

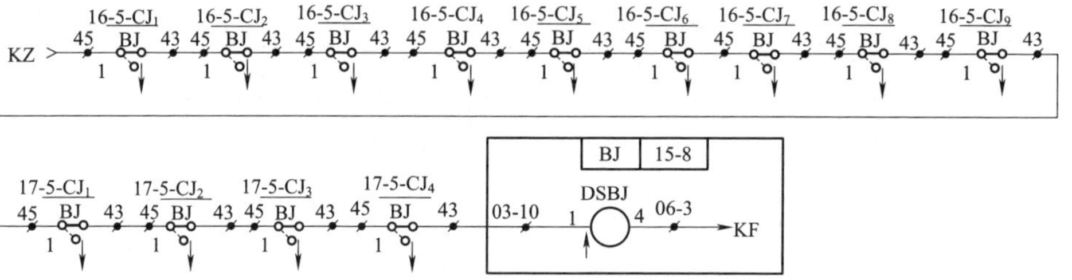

图 2-30 灯丝报警继电器 DSBJ 电路

3. 断路器报警电路图设计

断路器报警电路如图 2-31 所示，为定型电路。各断路器的端子 5 并联后接组合排架报警器 BJQ 的相应排架灯(即 BJQ-1～6 端子)，各断路器的端子 7 并联后接组合柜零层 RDF 端子。设计时，填写 BJ 组合位置。

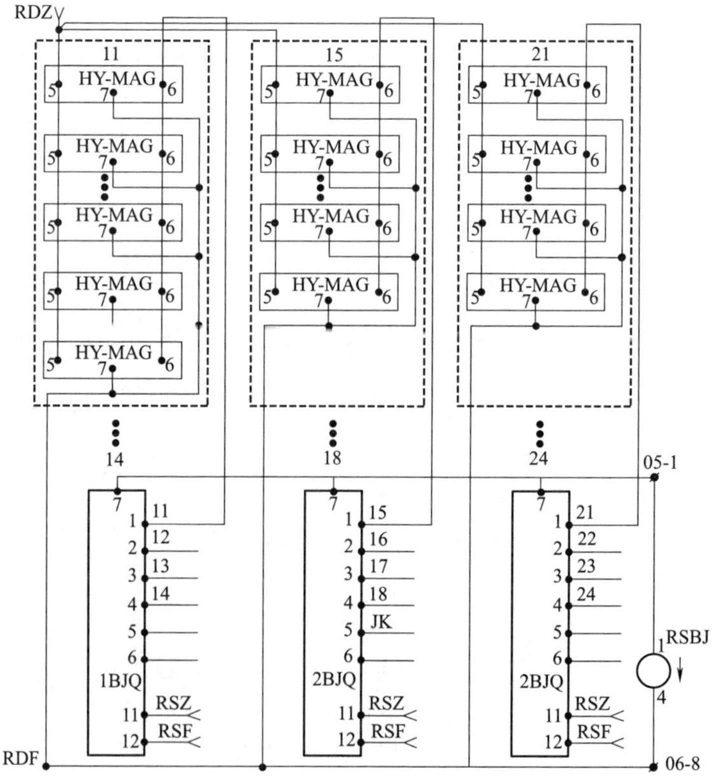

图 2-31 断路器报警电路

四、与正线车站联系电路图

与正线车站联系电路如图 2-32 所示。采用继电器电路进行联系，正线车站设车辆段进段信号机 LXJ 的复示继电器。设计时，图中要填写 ZL 组合位置、防雷分线柜端子号。

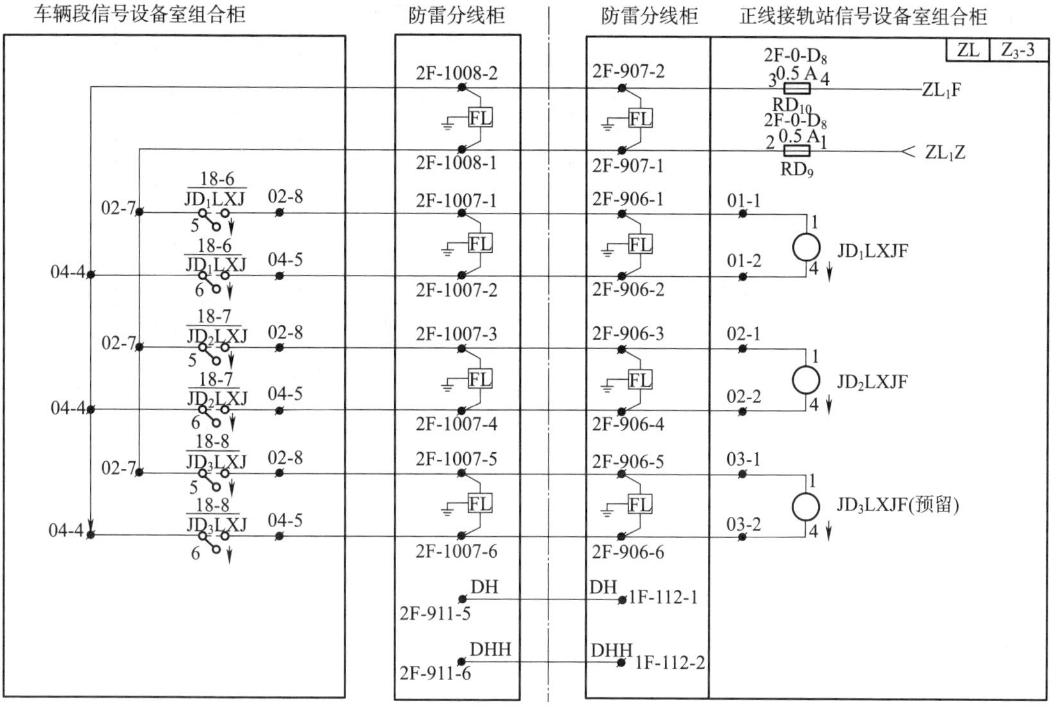

图 2-32　与正线车站联系电路

第七节　配线图设计

一、室内配线图设计

室内配线图表包括电源环线配线图、接口柜配线图、组合柜端子配线图、防雷分线柜配线图、计轴机柜配线图、DCS 组合柜端子配线图、后备盘配线图、断路器报警配线图、组合内部配线图、地线连接示意图等。这些配线图表表明了全部配线联系，也是室内配线表设计的全部内容。

所有定型产品的内部配线都在工厂进行，如组合内部配线、电源屏内部配线均在工厂预制。通用零散组合内部配线也可委托工厂配制。其他配线由施工单位在现场进行。

1. 电源系统联系示意图设计

电源系统联系示意如图 2-33 所示。该图是定型设计，表示电源屏与联锁机柜、监测机柜、ATS 显示工作站、现地控制工作站、应急盘、接口柜、组合柜、分线柜、电源联系，以及联锁机柜与接口柜、接口柜与组合柜、组合柜与分线柜、分线柜与各轨旁边信号设备的电源联系。图中，表示出电源屏与各机柜之间，以及各机柜之间所联系的电源种类。

2. 室内电源电缆配线图设计

室内电源电缆配线如图 2-34 所示，表明电源屏与室内其他设备间的电源配线，包括与配电盘、UPS、稳压器、联锁机柜、DCS 机柜、FEP 机柜、集中监测机柜、SDM 及打印机、维护终端的电源配线。

对于指定型号的电源屏，可设计成定型图。图中电源屏内的电源种类及其端子号都是固定

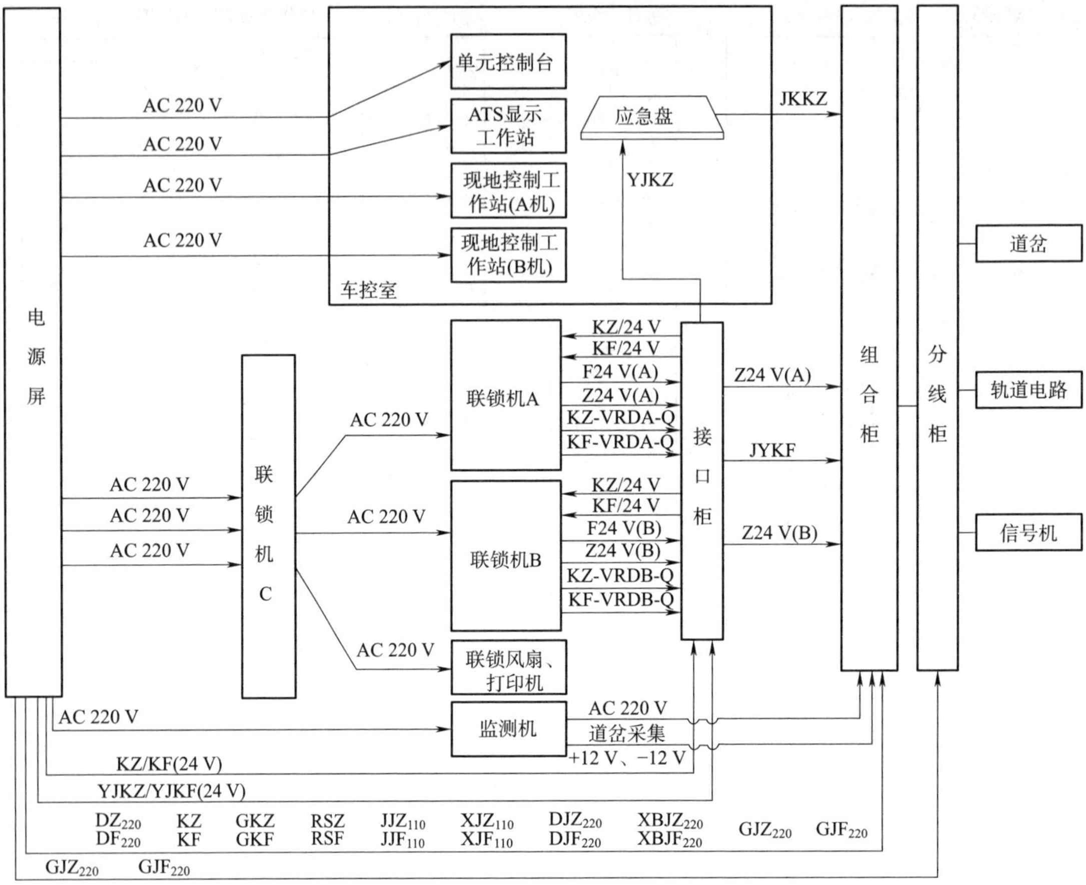

图 2-33　电源系统联系示意

的。设计时，主要是填写连接端子号，配线电源名称，电源种类和电压，电缆芯数、截面和线种。

电源配线采用电力电缆，为 DWZR-YJY 型。$5\times25\ mm^2$ 表示为 5 芯电缆，截面 $25\ mm^2$。

(1)与室内配电盘的配线设计

交流外电网由室内配电盘引入电源屏。电源屏输入为两路三相五线 AC 380 V 电源。从三相电源引入电力配电盘开始，必须请供电部门明确相位、相序。

(2)与 UPS 的配线设计

电源屏送往 UPS 的为 UPS 输入电源，UPS 送向电源屏的是交流电源，均为三相四线 AC 380 V 电源。

(3)与稳压器的配线设计

稳压器送往电源屏的是稳压电源，为三相四线 AC 380 V 电源。

(4)与联锁机柜的配线设计

电源屏送往联锁机柜的是三束联锁机柜电源，为 AC 220 V 电源。

(5)与 DCS 机柜的配线设计

电源屏送往 DCS 机柜的是两束光交换机电源、两束以太网交换机电源、一束光纤转换器电源、两束 SDH 电源，均为 AC 220 V 电源；两束 SDH 节点电源，为 DC 48 V 电源。

(6)与 FEP 机柜的配线设计

电源屏送往 FEP 机柜的是两束网关计算机电源、两束 ATS 电源，均为 AC 220 V 电源。

图 2-34　室内电源电缆配线

(7)与集中监测机柜的配线设计

电源屏送往集中监测机柜的集中监测电源，为 AC 220 V 电源。

(8)与 SDM 及打印机的配线设计

电源屏送往 SDM 及打印机的是 SDM 及打印机电源，为 AC 220 V 电源。

(9)与维护终端的配线设计

电源屏送往维护终端的是维护终端电源，为 AC 220 V 电源。

3. 电源环线配线图设计

电源环线配线图是电源零层端子环线图，电源环线配线如图 2-35 所示。它表示各组合柜、接口柜、防雷分线柜、监测机柜对各种电源的使用和连接。

从电源屏引出的各种电源，首先引至距离最近的零层电源端子板，然后对机柜的端子板同名端子进行“S”形环连，环至需要这些电源最后的机柜端子板后，再引回到电源屏的输出端子，形成环状供电。电源端子的环连用细线连接的黑点表示(如无黑点，表示该机柜不需要这种电源)。

机柜间电源线的环接一般称为大环。在大环中，全站通用的电源都要与电源屏端子双环。其他各种不直接从电源屏供电的电源，仅需在机柜间环接，不需首尾相环，称为“单环”。据此，电源环线配线图可设成定型图。设计时根据本车站的具体情况顺序填写各机柜的编号。然后在各表示各种电源的细线上画黑点：本柜需要该种电源的就在本格的各种电源的细线上画上黑点，不需要该种电源的就不画黑点。

4. 接口柜配线图设计

接口柜是计算机联锁采用继电器接口的特有设备。它是联锁机采集、驱动电路与组合柜接口之处，所有的驱动继电器和采集的继电器接点均在此处通过计算机用电缆与联锁机的采集板、驱动板相连。

接口柜配线图包括接口柜零层端子配线图和接口柜端子配线图。

(1)接口柜零层端子配线图设计

接口柜零层的 D_1～D_6为 4 柱端子板，D_7～D_{12}为 4 柱断路器板，D_{13}为 18 柱端子板。

Z24(A)、F24(A)、Z24(B)、F24(B)、KZ、KF、KZ-VRDA-Q、KF-VRDA-Q、KZ-VRDB-Q、KF-VRDB-Q、YJKZ、RKZ 都加断路器防护，即经 4 柱端子板再经断路器板后，再引至 18 柱端子板。

接口柜零层端子配线如图 2-36 所示，该图是定型设计。

(2)接口柜端子配线图设计

接口柜用的插座，各种计算机联锁并不相同。DS6-K5B、DS6-60 型用 36 芯插座，iLOCK 型用 40 芯插座，其他用 32 芯插座。举例设计采用的是 iLOCK。

接口柜设有接口柜端子，其前面是插座，用于安插计算机用电缆的插头。背面是压线端子，接入从组合柜来的导线以及采集板、驱动板的 DC 24 V 端子。

接口柜用 JK 编号。最多 10 层，自上而下编为 1～10。每层 7 块 40 柱端子板。从接口柜背面看，01～07，从左向右顺序排列。每块端子板，自上而下为 1～40。

接口柜的采集、驱动放在不同的层。采集层按道岔采集、信号机采集、轨道电路采集的顺序排列。驱动按道岔驱动、信号机驱动、计轴复位驱动的顺序排列。

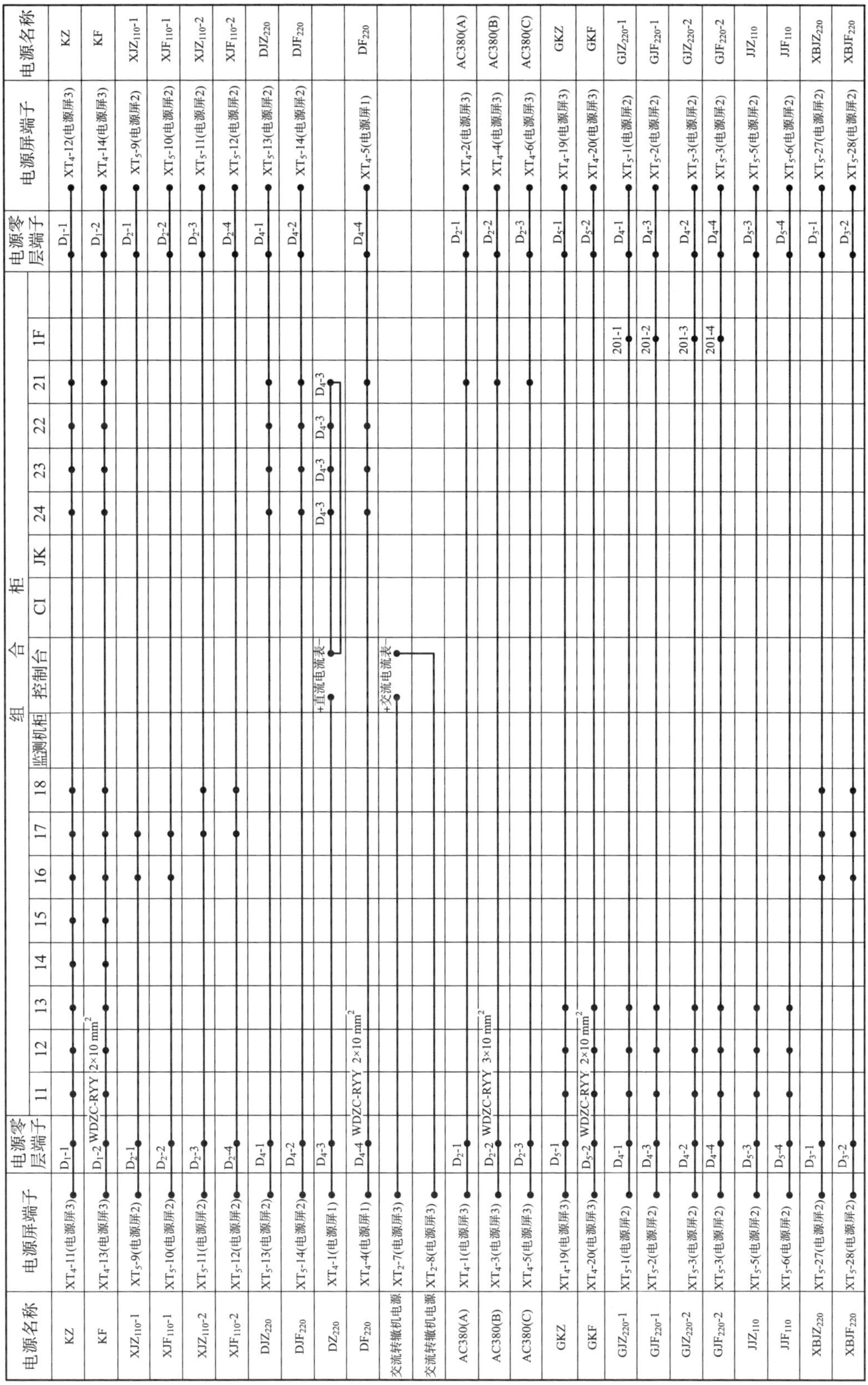
电源名称
电源屏端子
电源零层端子
组合柜
监测机柜
控制台
CI
JK
11 12 13 14 15 16 17 18 24 23 22 21 1F
KZ
KF
XJZ110-1
XJF110-1
XJZ110-2
XJF110-2
DJZ220
DJF220
DZ220
DF220
交流转辙机电源
AC380(A)
AC380(B)
AC380(C)
GKZ
GKF
GJZ220-1
GJF220-1
GJZ220-2
GJF220-2
JJZ110
JJF110
XBJZ220
XBJF220
XT4-11(电源屏3)
XT4-13(电源屏3)
XT5-9(电源屏2)
XT5-10(电源屏2)
XT5-11(电源屏2)
XT5-12(电源屏2)
XT5-13(电源屏2)
XT5-14(电源屏2)
XT4-1(电源屏1)
XT4-4(电源屏1)
XT2-7(电源屏3)
XT2-8(电源屏3)
XT4-1(电源屏3)
XT4-3(电源屏3)
XT4-5(电源屏3)
XT4-19(电源屏3)
XT4-20(电源屏3)
XT5-1(电源屏2)
XT5-2(电源屏2)
XT5-3(电源屏2)
XT5-5(电源屏2)
XT5-6(电源屏2)
XT5-27(电源屏2)
XT5-28(电源屏2)
XT4-12(电源屏3)
XT4-14(电源屏3)
XT4-2(电源屏3)
XT4-4(电源屏3)
XT4-6(电源屏3)
XT4-5(电源屏1)
D1-1 D1-2 D2-1 D2-2 D2-3 D2-4 D4-1 D4-2 D4-3 D4-4 D5-1 D5-2 D3-1 D3-2 D5-3 D5-4
WDZC-RYY 2×10 mm2
WDZC-RYY 3×10 mm2
+直流电流表-
+交流电流表-
201-1 201-2 201-3 201-4

图 2-35

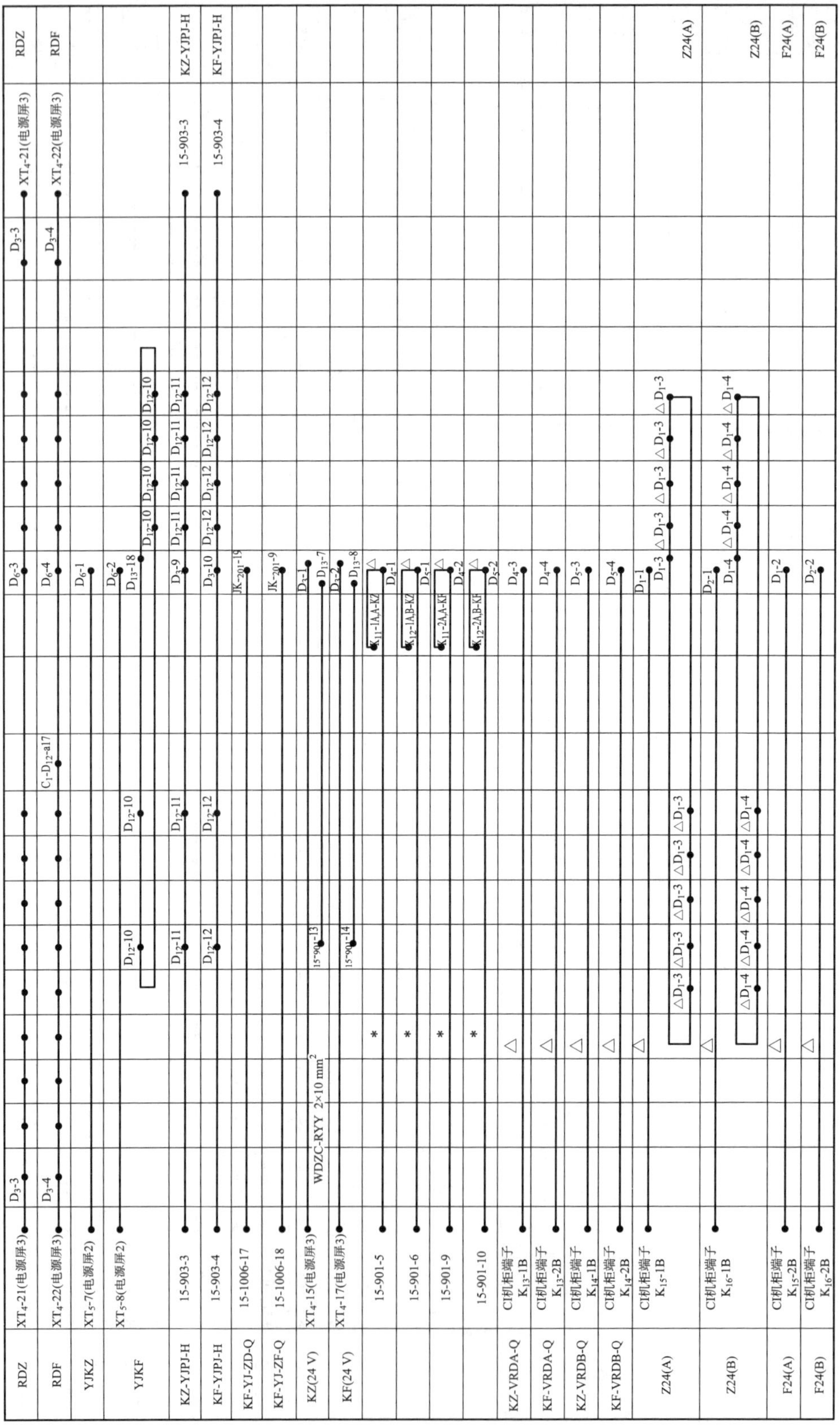
RDZ
RDF
YJKZ
YJKF
KZ-YJPJ-H
KF-YJPJ-H
KF-YJ-ZD-Q
KF-YJ-ZF-Q
KZ(24 V)
KF(24 V)
KZ-VRDA-Q
KF-VRDA-Q
KZ-VRDB-Q
KF-VRDB-Q
Z24(A)
Z24(B)
F24(A)
F24(B)
XT4-21(电源屏3)
XT4-22(电源屏3)
XT5-7(电源屏2)
XT5-8(电源屏2)
15-903-3
15-903-4
15-1006-17
15-1006-18
XT4-15(电源屏3)
XT4-17(电源屏3)
15-901-5
15-901-6
15-901-9
15-901-10
CI机柜端子 K13-1B
CI机柜端子 K13-2B
CI机柜端子 K14-1B
CI机柜端子 K14-2B
CI机柜端子 K15-1B
CI机柜端子 K16-1B
CI机柜端子 K15-2B
CI机柜端子 K16-2B
WDZC-RYY 2×10 mm2
C1-D12-a17
K11-1AA-KZ
K12-1AB-KZ
K11-2AA-KF
K12-2AB-KF

图2-35 电源环线配线

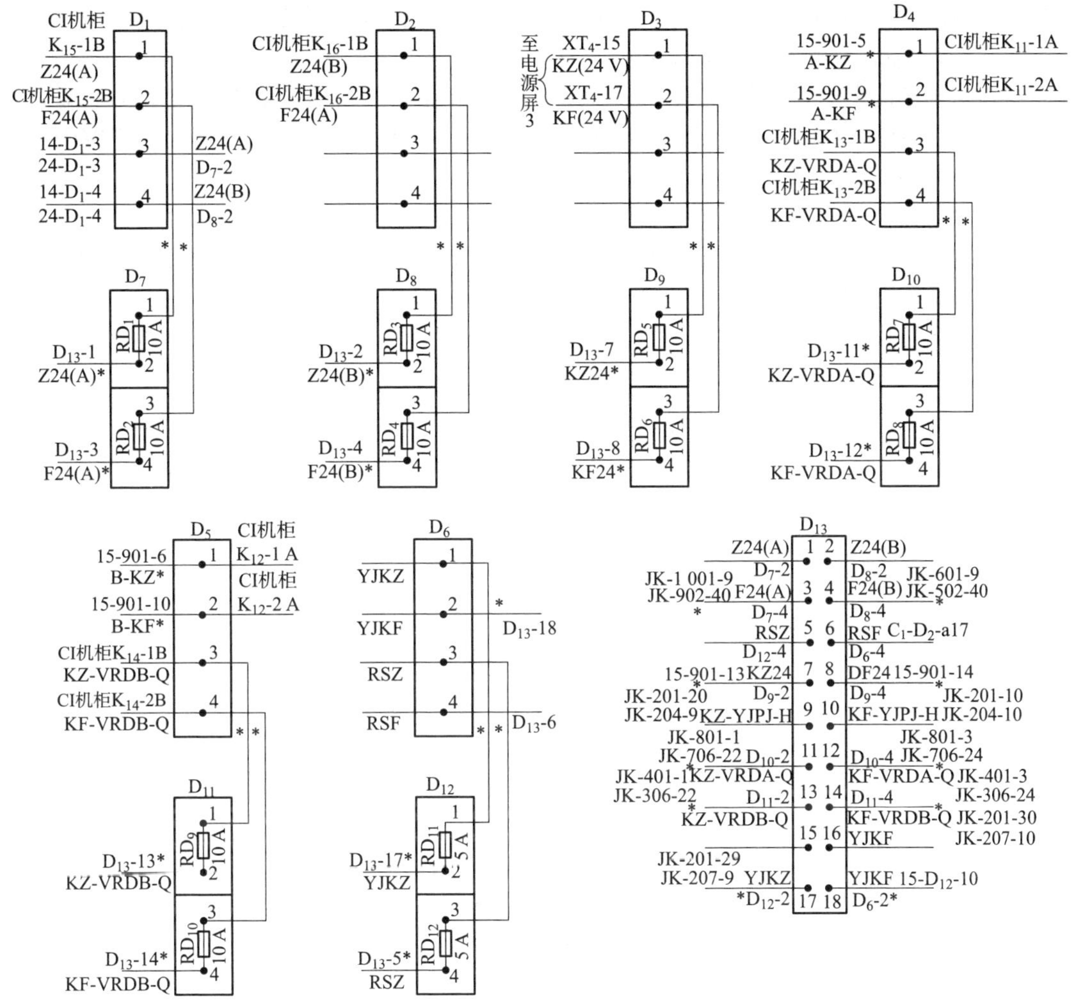

图 2-36　接口柜零层端子配线

接口柜端子配线如图 2-37 所示。设计时，在每个端子上填写该端子的驱动/采集码位名称、组合柜侧面端子号、24 芯电缆芯线号、联锁机柜 I/O 端子号。

JK-1001

接口板端子号	驱动/采集码位名称	组合柜侧面端子号	联锁机柜	
			24 芯电缆芯线号	I/O 驱动/采集码位号
1	RBJ	15-803-1	a1	1
2				
3				
⋮				
39				
40				

图 2-37　接口柜端子配线

计算机联锁 I/O 端子号由生产厂家提供的信息表确定，设计时主要根据各电路图填写驱动或采集码位名称、组合柜侧面端子号。

接口柜端子的表示方法为，例如 JK-701-17 为接口柜第 7 层第 1 块端子板的第 17 个端子。

在接口柜中，F24(A)、F24(B)、KZ-VRDA-Q、KF-VRDA-Q、KZ-VRDB-Q、KF-VRDB-Q 必须环接，环线截面积不得小于 1.5 mm^2。

电缆选用 2 根 24 芯信息电缆，输入端子每 20 位为一组，其中 AB 系统工作板输入端子每位 2 芯，每芯截面积为 0.35～0.4 mm^2，芯线外径 1.1～1.3 mm，电缆外护套直径不大于 11 mm。

接口电缆必须带屏蔽，屏蔽线须接地，接地电阻小于 4 Ω。

5. 组合柜配线图设计

组合柜配线图包括组合柜零层端子配线图和组合侧面端子配线图。

(1)组合柜零层端子配线图设计

组合柜零层的 D_1～D_5 为 4 柱端子板，D_6～D_{11} 为 4 柱断路器板，D_{12} 为 18 柱端子板。

该图是定型设计，但不同的组合柜，零层端子配线图不同，分用于信号的组合柜、用于道岔的组合柜、用于 EMP/PSD/ZL/LS 的组合柜、用于 GJ/FWJ 的组合柜四种情况。

①用于信号的组合柜零层端子配线图设计

用于信号的组合柜零层端子配线如图 2-38 所示。KZ、KF、XJZ_{110}、$XBJZ_{220}$、RDZ 加断路器

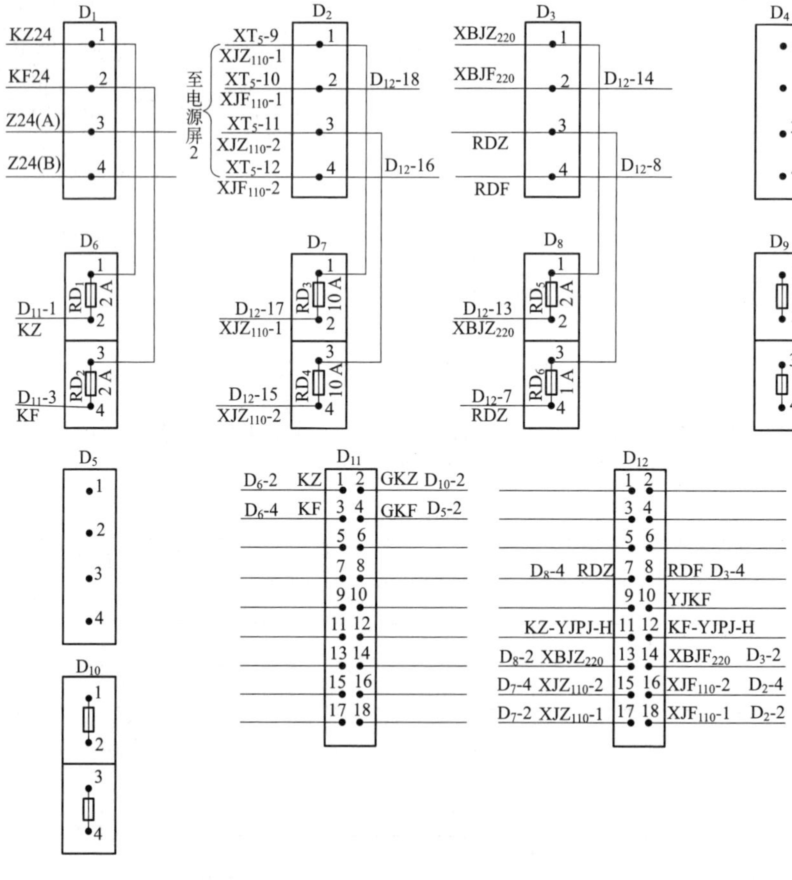

图 2-38 用于信号的组合柜零层端子配线

防护，即经 4 柱端子板再经断路器板后，再引至 18 柱端子板。Z24(A)、Z24(B)、XJF_{110}、$XBJF_{220}$、RDF 不经断路器板直接引至 18 柱端子板。

②用于轨道电路的组合柜零层端子配线图设计

用于轨道电路的组合柜零层端子配线如图 2-39 所示。KZ、KF、RDZ、GKZ、GJZ_{220}、JJZ_{110} 加断路器防护，即经 4 柱端子板再经断路器板后，再引至 18 柱端子板。Z24(A)、Z24(B)、RDF、GKF、GJF_{220}、JJF_{110} 不经断路器板直接引至 18 柱端子板。

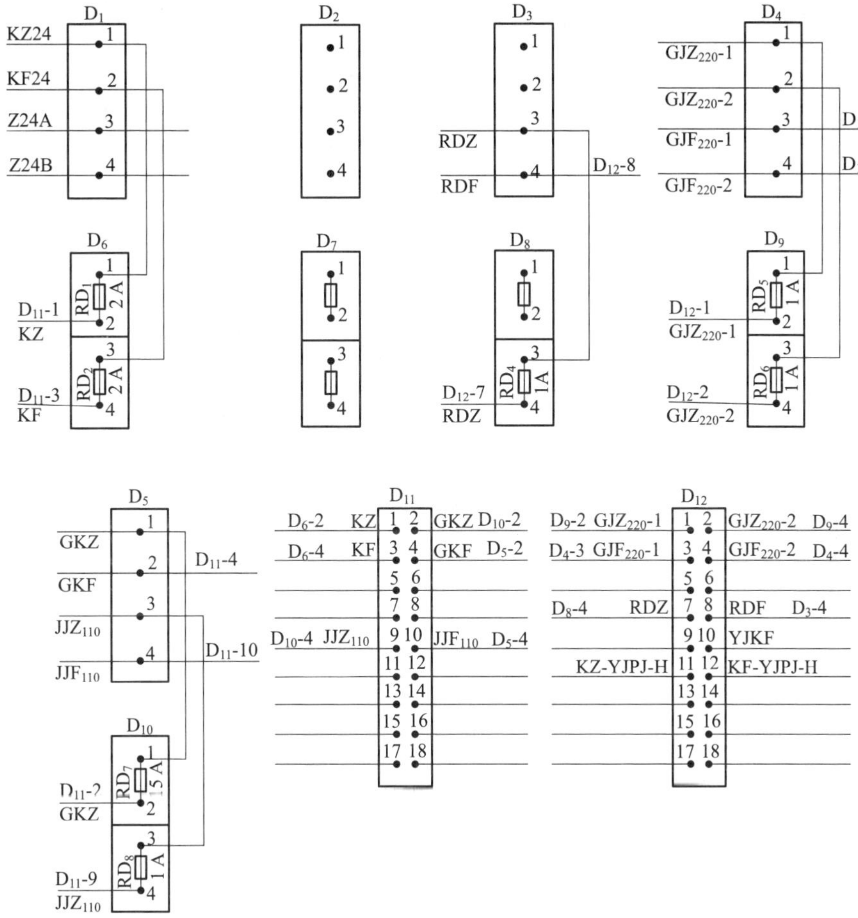

图 2-39　用于轨道电路的组合柜零层端子配线

③用于道岔的组合柜零层端子配线图设计

用于道岔的组合柜零层端子配线如图 2-40 所示。KZ、KF、RDZ、AC380(A)、AC380(B)、AC380(C)、DZ_{220}、DJZ_{220} 加断路器防护，即经 4 柱端子板再经断路器板后，再引至 18 柱端子板。Z24(A)、Z24(B)、RDF、DF_{220}、DJF_{220} 不经断路器板直接引至 18 柱端子板。

④用于 EMP/PSD/ZL/LS 的组合柜零层端子配线图设计

该组合所需电源种类较少，仅在 D_1 上引入 KZ、KF、Z24(A)、Z24(B)，在 D_2 上引入 RDZ、RDF。

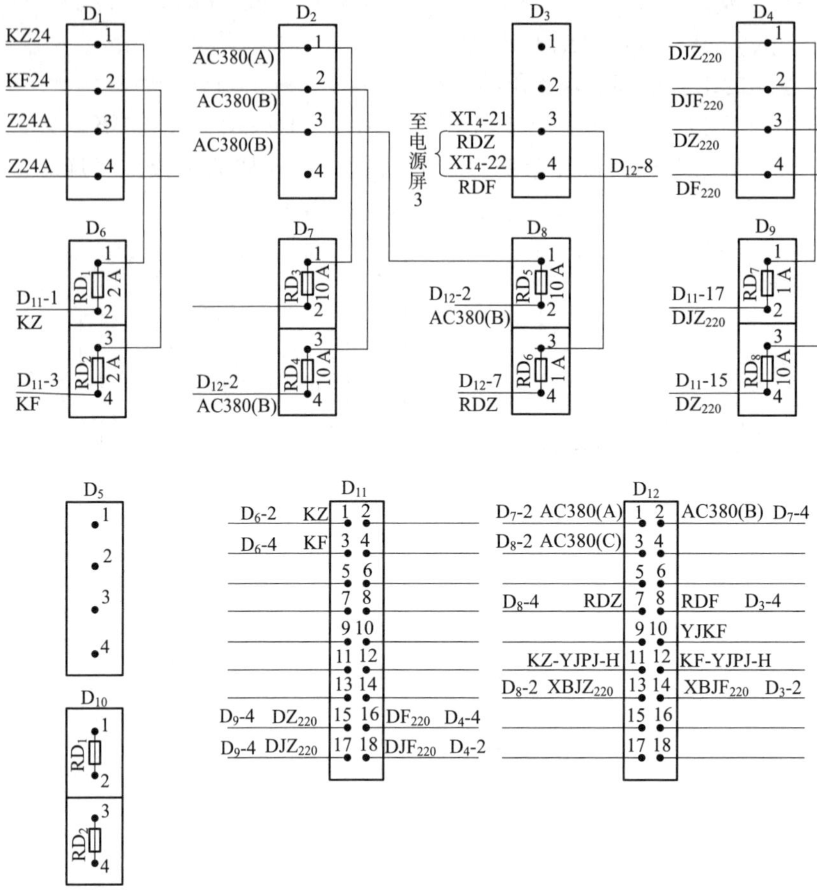

图 2-40 用于道岔的组合柜零层端子配线

(2)组合侧面端子配线图设计

车辆段的组合侧面端子配线图设计与正线联锁区的组合侧面端子配线图设计基本相同，详见第一章第七节。

只是用于轨道电路的组合柜中轨道测试盘的组合，因为使用端子较多，采用的是 12 列端子板。

6. 防雷分线柜配线图设计

室内与室外的联系导线大都需经过防雷分线柜端子。这些联系导线的作用包括：向室外信号设备送电，控制道岔、控制信号点灯，获取轨道电路状态信息。

车辆段的防雷分线柜配线图设计与正线联锁区的用于信号机、道岔的分线柜设计基本相同，详见第一章第七节。

只是用于轨道电路送电的防雷分线柜第一块端子板，连接电源屏，用的是 4 柱端子板。

其他均为 6 柱端子板。

防雷分线柜的防雷模块直接接在防雷分线柜端子的模块底座上。防雷模块型号为 BVBFLM-220。

在各防雷模块底座下端的接地端子安装孔处使用铜螺栓与端子背面的横向铜排相连接。每层横向铜排与本柜右侧竖向铜排相连后，通过铜排相连向下汇接至本柜的母接地汇流排。

防雷分线柜的配线如图 2-41 所示。

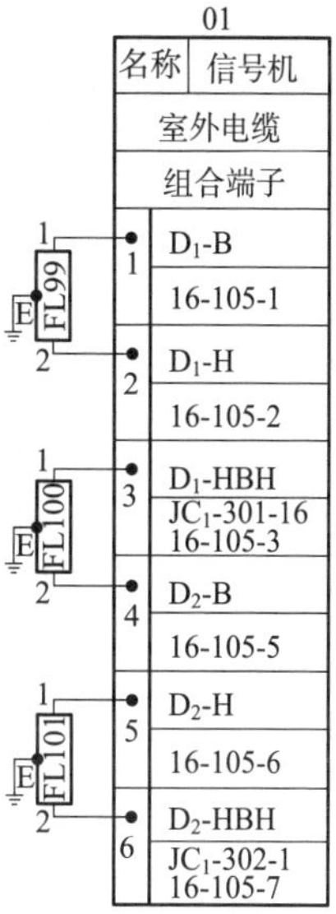

图 2-41　防雷分线柜的配线

7. 灯丝报警配线图设计

车辆段的灯丝报警配线图设计与正线联锁区的灯丝报警配线图设计基本相同，详见第一章第七节。

8. 断路器报警配线图设计

车辆段的断路器报警配线图设计与正线联锁区的断路器报警配线图设计基本相同，详见第一章第七节。

9. 组合内部配线图设计

车辆段的组合内部配线图设计与正线联锁区的组合内部配线图设计相同，详见第一章第七节。

10. 室内机柜内信息配线图设计

车辆段信号楼及运用库的机柜间信息配线图如图 2-42 所示。室内机柜内信息内配线图表示各机柜之间用于信息传输的网线和光缆联系。为定型设计。

其中，综合监控机柜、TIAS 设备室、值班员工作站、值班长工作站、ATS 显示工作站的设备和线缆由综合监控专业实施，通信配线架由通信专业实施。

光缆均为 GYSTZA53-6B1 型。

11. 信号设备综合接地连接及接地端子箱配线示意图设计

信号设备综合接地连接示意如图 2-43 所示，接地端子箱配线示意如图 2-44 所示。

室内综合接地端子箱由动力照明专业设置。

信号电源室内信号用 2 块共 20 个 16 mm^2 端子，信号设备室内用 16 个 16 mm^2 端子，控制室内通信、信号、综合监控用共 10 个 16 mm^2 端子。地线采用多股 16 mm^2 线缆。

二、室外配线图设计

室外信号设备通过信号电缆与室内设备连接，在电缆与电缆以及电缆与室外信号设备的连接处，使用分向电缆盒、终端电缆盒和变压器箱等电缆网络连接设备。

室外配线包括室外设备配线和电缆配线两部分。室外设备配线包括：信号机、转辙机、轨道电路（计轴）等箱盒内的配线，以及站间联系的配线。电缆配线包括电缆盒和变压器箱等的电缆配线。

1. 室外设备内部配线图设计

室外设备配线图是定型设计。

室外信号设备不同，使用的电缆网络连接设备也不同。为了便于设计和维修，各种室外信号设备占用电缆盒端子、变压器箱端子，以及设在箱、盒内的信号器材的位置都是固定的，而经过箱、盒连接其他信号设备的电缆芯线则顺序占用剩余的端子。

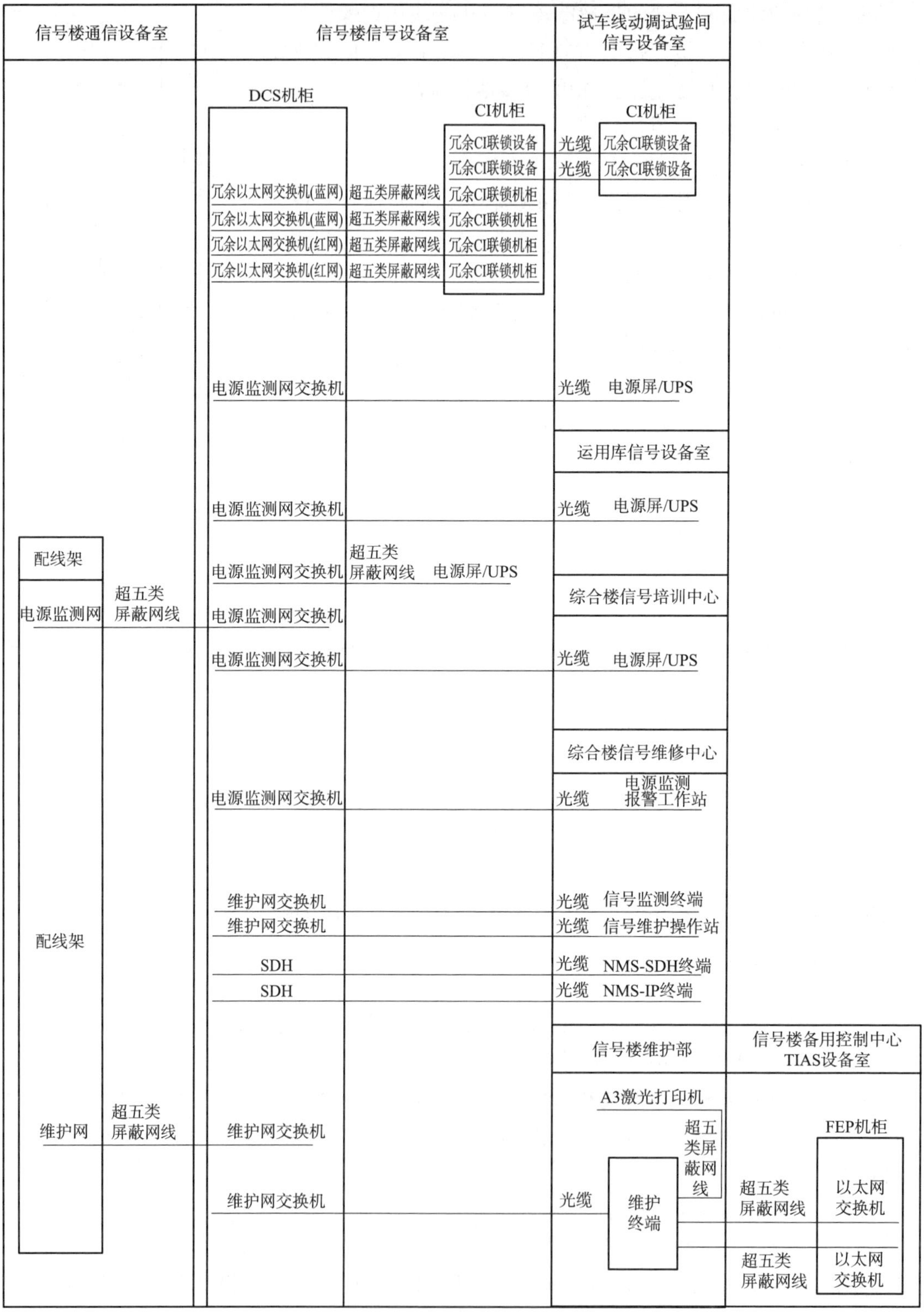
信号楼通信设备室
信号楼信号设备室
试车线动调试验间信号设备室
DCS机柜
CI机柜
冗余CI联锁设备
冗余CI联锁设备
冗余以太网交换机(蓝网)
冗余以太网交换机(蓝网)
冗余以太网交换机(红网)
冗余以太网交换机(红网)
超五类屏蔽网线
冗余CI联锁机柜
光缆
电源监测网交换机
电源屏/UPS
运用库信号设备室
超五类屏蔽网线
综合楼信号培训中心
综合楼信号维修中心
电源监测报警工作站
配线架
电源监测网
维护网
维护网交换机
信号监测终端
信号维护操作站
SDH
NMS-SDH终端
NMS-IP终端
信号楼维护部
信号楼备用控制中心TIAS设备室
A3激光打印机
超五类屏蔽网线
维护终端
FEP机柜
以太网交换机

图 2-42

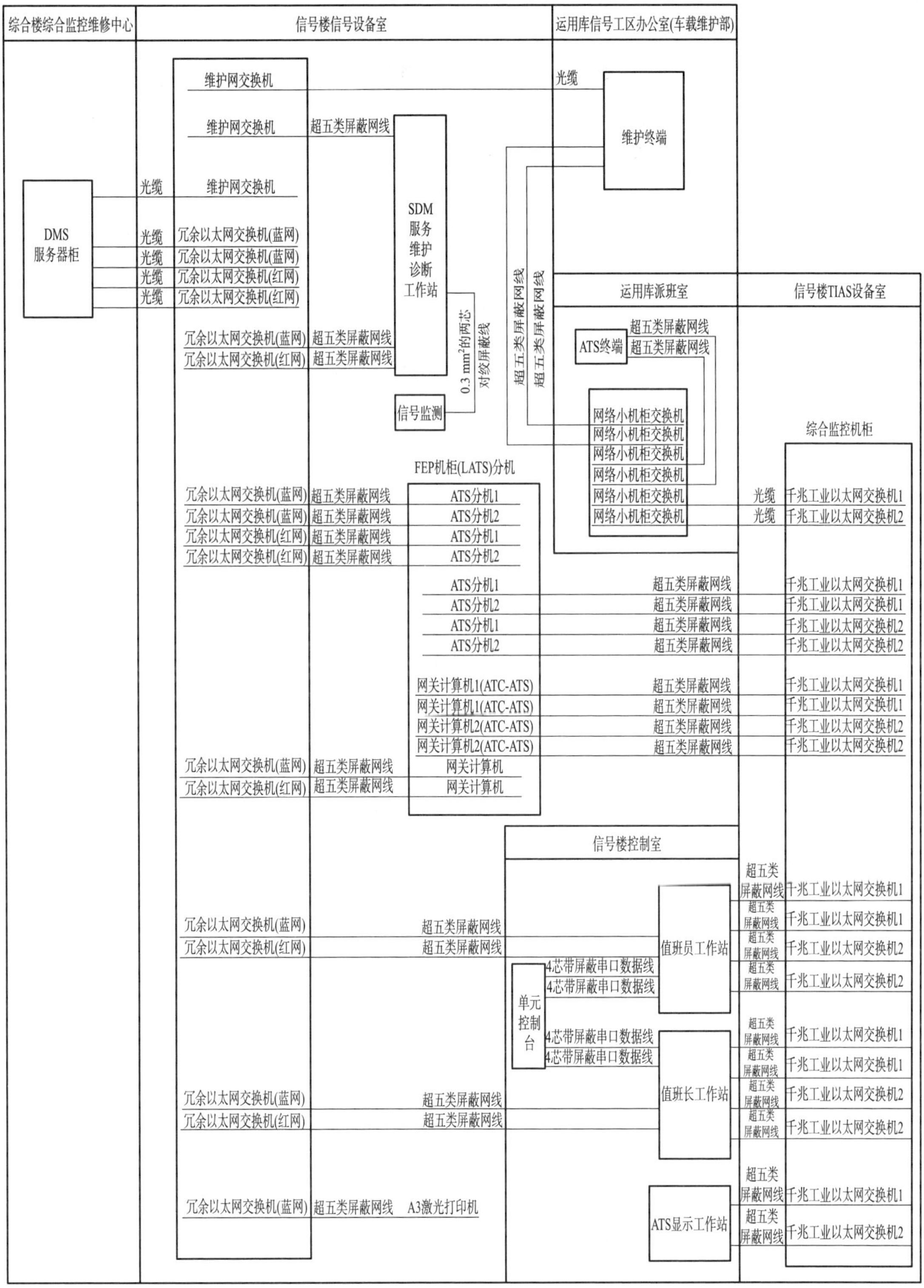

图 2-42　车辆段信号楼及运用库的机柜间信息配线

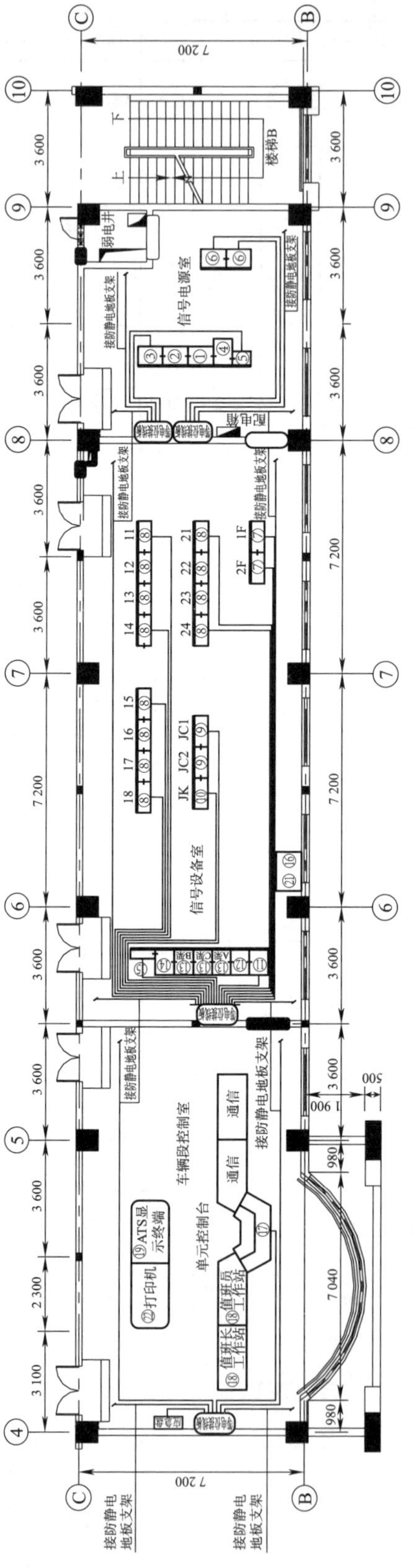

图2-43 信号设备综合接地连接示意(单位:mm)

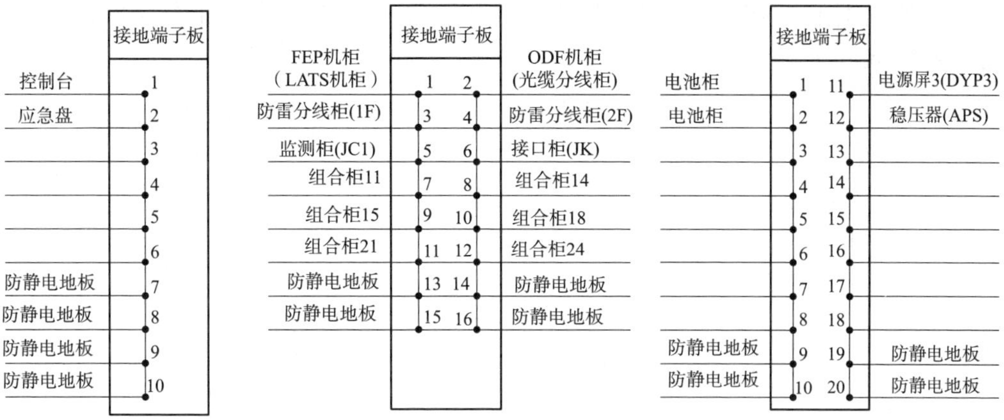

(a) 车辆段控制室　　(b) 信号设备室　　(c) 信号电源室

图 2-44　综合接地端子箱配线示意

(1)信号机室外箱盒配线图设计

进段信号机室外箱盒配线如图 2-45 所示，进、出库信号机室外箱盒配线如图 2-46 所示，调

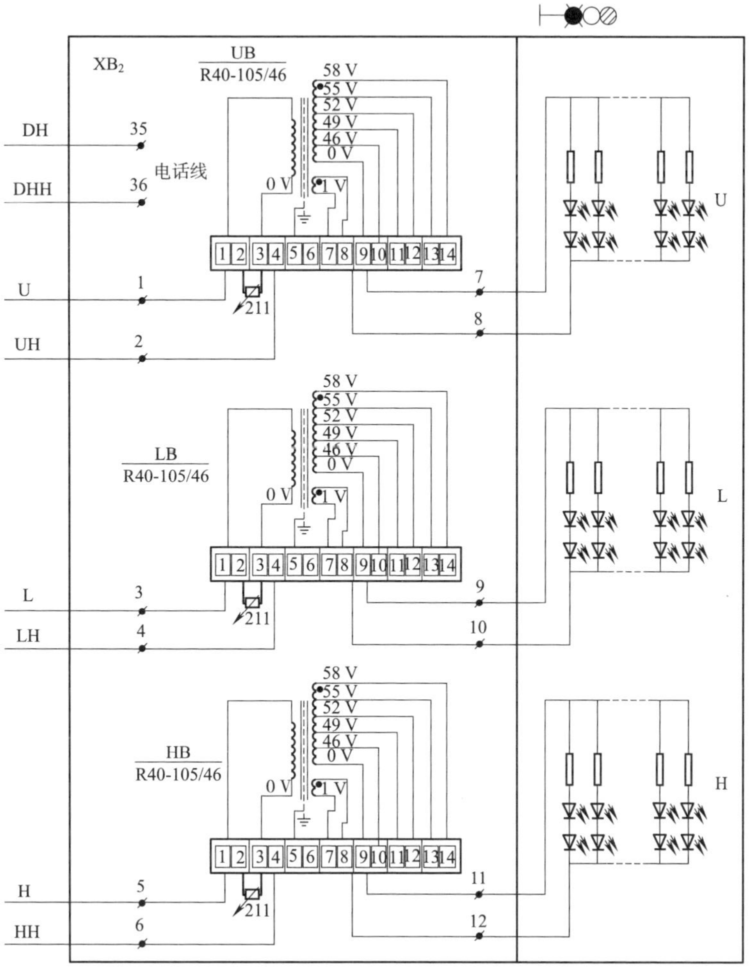

图 2-45　进段信号机室外箱盒配线

车信号机(列车阻挡信号机)室外箱盒配线如图 2-47 所示。其中,封闭的灯位不设点灯变压器,也无需配线。

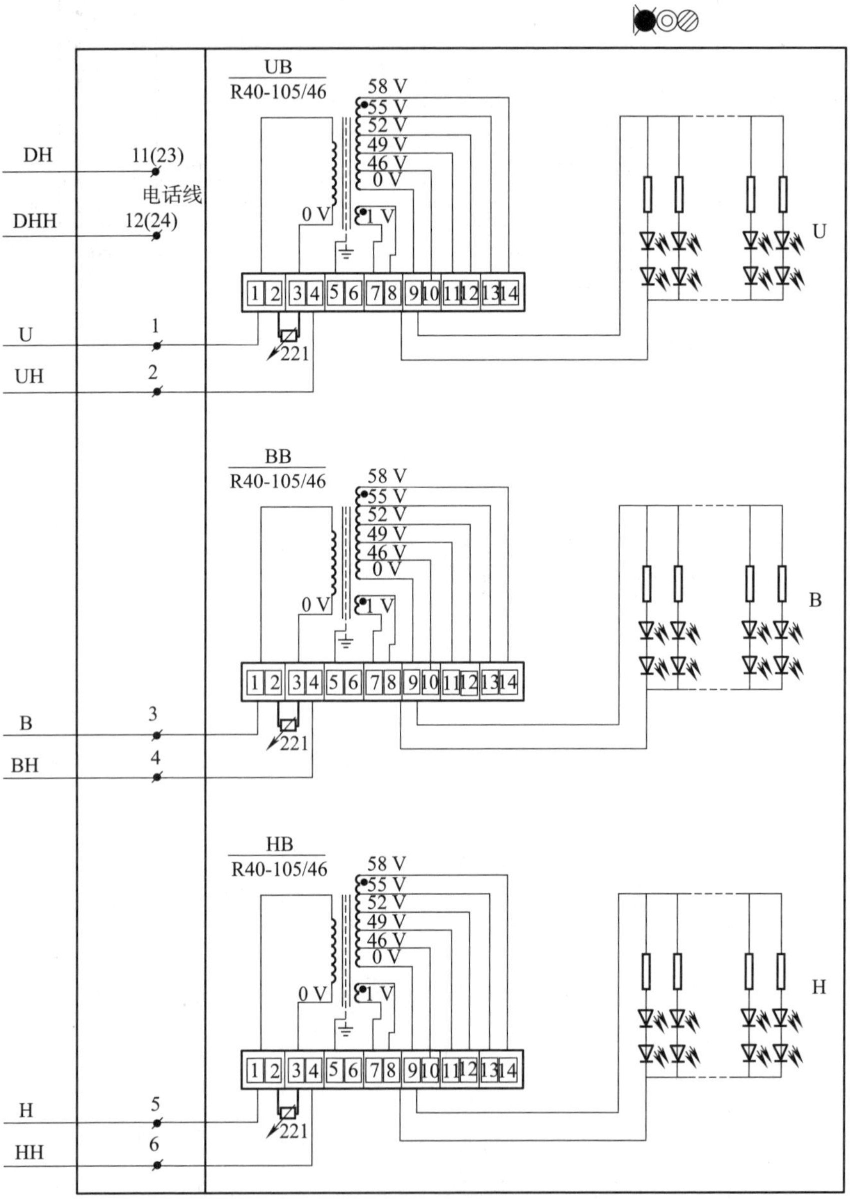

图 2-46 进、出库信号机室外箱盒配线

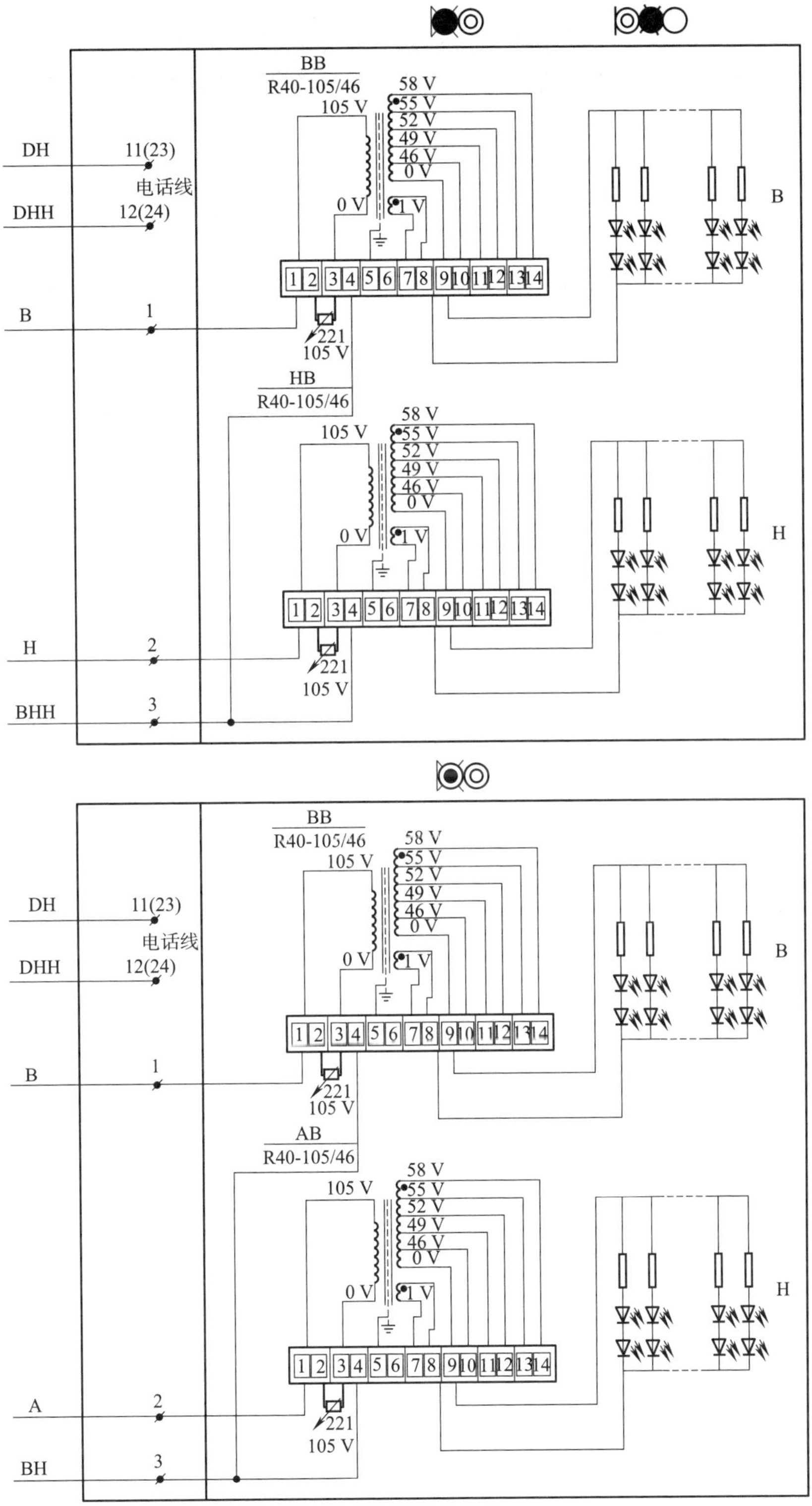

图 2-47　调车信号机室外箱盒配线

(2)转辙机内部及箱盒配线图设计

直流转辙机内部及箱盒配线如图 2-48 所示。采用的是 ZD6-D 型转辙机。

车辆段的交流转辙机内部及箱盒配线图同正线联锁区的交流转辙机内部及箱盒配线图，详见第一章第七节。

(3)轨道电路室外箱盒配线图设计

轨道电路室外箱盒配线如图 2-49 所示，其中，(a)为双送，(b)为单送，(c)为双受，(d)为单受，(e)为一送一受。

若采用计轴，车辆段的计轴箱盒内部配线图同正线联锁区的计轴箱盒内部配线图，详见第一章第七节。

(4)AP 箱盒内部配线图设计

AP 箱盒内部配线如图 2-50 所示，表示 AP 箱盒内部电缆、光缆的配线联系。

2. 室外电缆配线图

室外电缆配线图配线以示意图的形式，表示室外电缆与电缆网络连接设备——电缆盒、变压器箱连接的情况。即在室外电缆网络图的基础上，详细标注防雷分线柜、电缆盒和变压器箱的接线端子和每条电缆的芯线连接。

(1)室外电缆配线图的表示方法

图中的长方框表示分线柜、分线箱、电缆盒，框中的一根根细横线表示电缆芯线，其上的黑

道岔定位时自动开闭器闭合接点组	电缆插头配线及端子使用								
	使用条件 / 配线代号 / 固定连接	单动		多动					
				第一动		中间动		末动	
		$D_{1.3}$(4 芯)		$Y_{1.3}$(8 芯)		$Z_{1.3}$(9 芯)		$M_{1.3}$(5 芯)	
		电缆盒-插头	电缆盒-插头	电缆盒-插头	电缆盒-插头	电缆盒-插头	电缆盒-插头	电缆盒-插头	电缆盒-插头
第一、三组 11-12 13-14 15-16 31-32 35-36	电缆盒端子号与连接电动转辙机电缆芯线编号及插头接点编号一致，调整跨线在插头端子上连接	1-1	-7.10.11	1-1	7-7	1-1	7-7	1-1	-7.10.11
		2-2	-8.9.12	2-2	8-8	2-2	8-8	2-2	-8.9.12
		3-3.4	9-	3-3.4	9-9	3-3	9-9	3-3	9-
		4-	10-	4-	10-10	4-4	10-10	4-4	10-
		5-5	11(DH)	5-5	11(DH)	5-5	11(DH)	5-5	11(DH)
		6-	12(DHH)	6-	12(DHH)	6-	12(DHH)	6-	12(DHH)
第二、四组 21-22 23-24 25-26 41-42 43-44 45-46		$D_{2.4}$(4 芯)		$Y_{2.4}$(8 芯)		$Z_{2.4}$(9 芯)		$M_{2.4}$(5 芯)	
		1-2	-7.10.12	1-2	7-7	1-1	7-7	1-1	-7.10.12
		2-1	-8.9.11	2-1	8-8	2-2	8-8	2-2	-8.9.11
		3-3.4	9-	3-3.4	9-9	3-3	9-9	3-3	9-
		4-	10-	4-	10-10	4-4	10-10	4-4	10-
		5-5	11(DH)	5-5	11(DH)	5-5	11(DH)	5-5	11(DH)
		6-	12(DHH)	6-	12(DHH)	6-	12(DHH)	6-	12(DHH)

(a)电动转撤机用电缆插头配线定型表

图 2-48

接点端子＼连接		自动开闭器接点	电动机端子	移位接触器接点	防护接点	插座端子号
自动开闭器连接	11	21				2
	12		2			
	13	34				
	14			03		
	15					
	16					
	21	11				
	22					8
	23					10
	21			01		
	25					
	26					
	31	41				
	32					7
	33					9
	34	13				
	35					
	36					
	41	31				1
	42		1			
	43			02		
	44					4
	45					
	46					
电动机端子	1	42				
	2	12				
	3					
	4				05	
移位接触器接点	01	24				
	02	43				
	03	14				
	04					3
防护接点	05		4			
	06					5
整流器	Z-1					12
	Z-2					11

(b)电动转辙机内部配线定型表

图 2-48　直流转辙机内部及箱盒配线

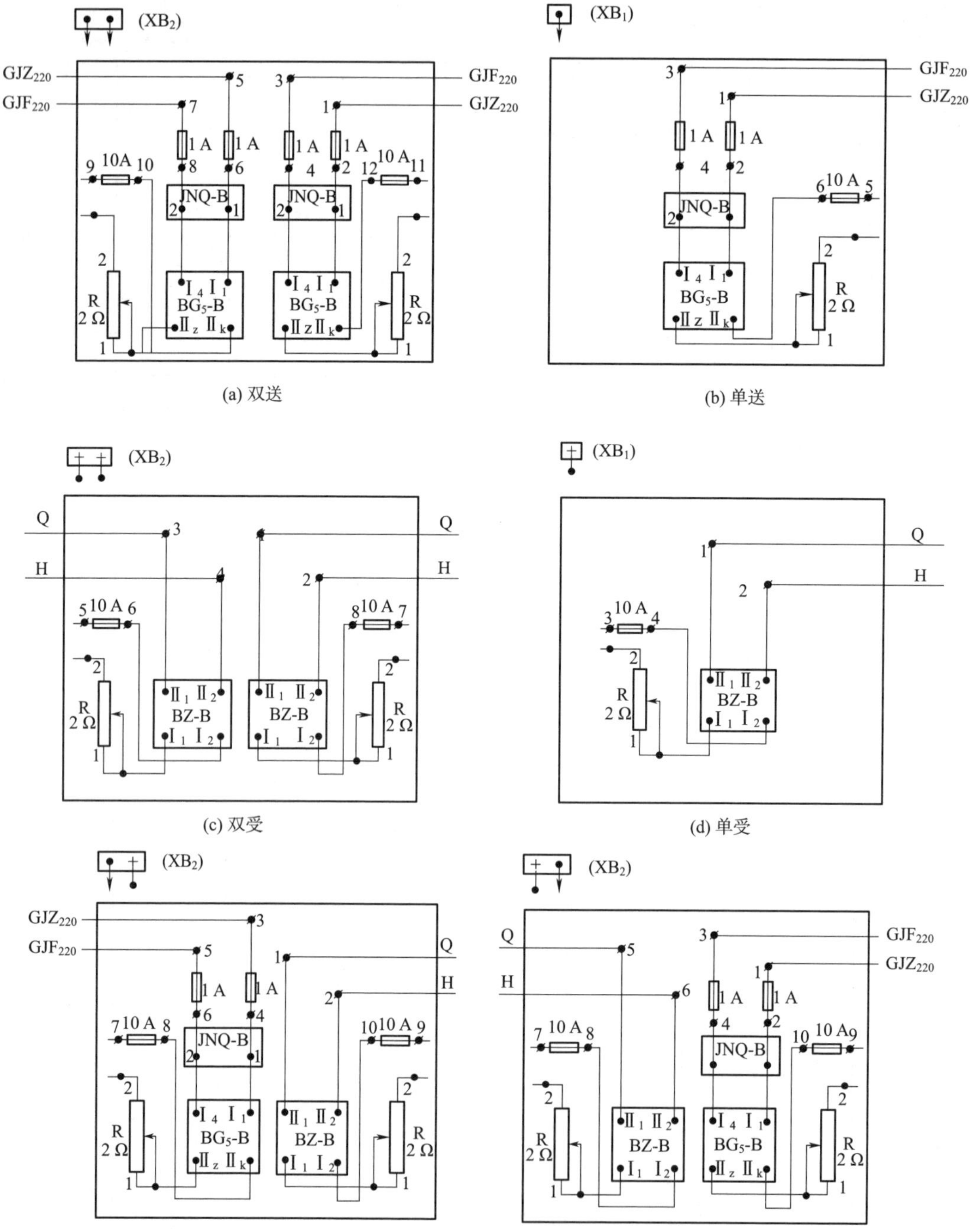

(a) 双送

(b) 单送

(c) 双受

(d) 单受

(e) 一送一受

图 2-49　轨道电路室外箱盒配线

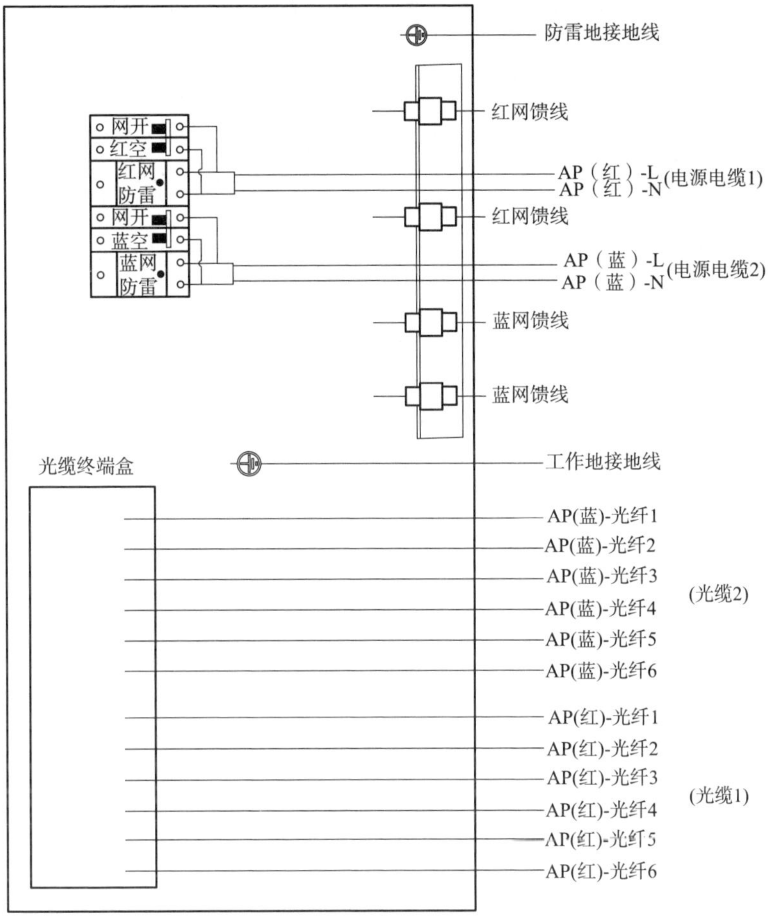

图 2-50　AP 箱盒内部配线

圆点表示箱、盒中的接线端子。箱、盒的类型写在长方框上方的右侧，直接连接的室外设备的名称写在左侧。如 D_3 信号机使用的终端连接设备是终端电缆盒，图最左边的长方形框顶部左侧标注了“D_3”，右侧标注“HZ12”。

电缆配线图上表示箱、盒的长方形框排列顺序与它们在电缆径路上串接的顺序一致。各箱、盒的端子从小号到大号由上而下依次排列。箱、盒直接连接的信号设备的电缆芯线占用小号端子，经过该箱、盒连接其他室外信号设备的电缆芯线所使用的过渡端子则使用大号端子。这样，箱、盒内直接连接室外设备的电缆芯线，总是画在长方形框的上部，表示这些电缆芯线的细横线从长方形框的右边画到长方形框中间表示端子的黑点上；而表示经过该箱、盒端子连接其他室外设备的电缆芯线的细横线，画在长方形框的下部，从长方形框的右边一直画到长方形框的左边，在中间穿过的黑点表示两电缆芯线连接的端子。

每根电缆芯线的用途，也就是每根电缆芯线的名称写在分线柜和终端连接设备的长方框内细横线的端部，而在表示分线柜端子的黑点旁，写上端子号。在细横线上还要写明该电缆芯线在所在电缆的编号。

在左右相邻两长方形框中间画着的细线，表示连接两箱、盒的电缆，在细线的上方写着该电缆的长度、芯数和备用芯数。

为了可靠连接，每个端子上最多只能连接 3 根电缆芯线，超过 3 根时需通过增加端子进行连接。

(2)信号机室外电缆配线图设计

信号机室外电缆配线(部分)如图 2-51 所示，包含信号机 D_3、D_2、D_1 的室外电缆配线图。从防雷分线柜端子先接至分向电缆盒 X-1，其中一路接至 D_1 信号机的 HZ24 终端电缆盒，一方面接至 D_1 信号机，另一方面接至 D_2 信号机的 HZ24 终端电缆盒；在 D_1 信号机的 HZ24 终端电缆盒，一方面接至 D_3 信号机，另一方面接至 D_3 信号机的 HZ12 终端电缆盒；最后，由 D_3 信号机的 HZ12 终端电缆盒接至 D_3 信号机。

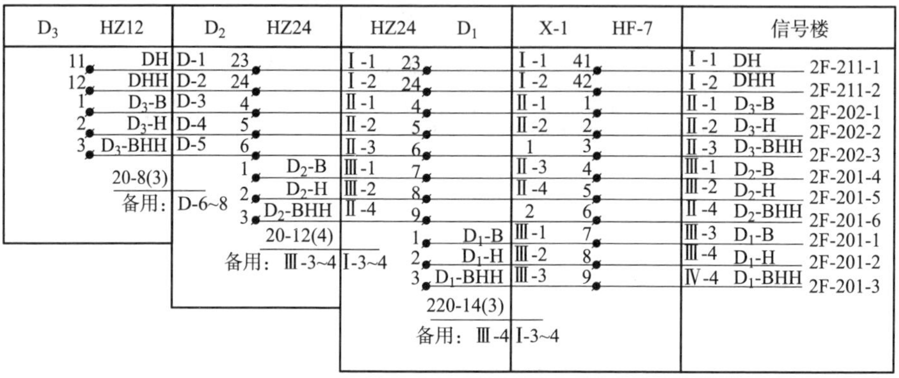

图 2-51　信号机室外电缆配线(部分)

电话芯线 DH、DHH 接在各电缆盒的最大号端子。

(3)道岔(转辙机)室外电缆配线图设计

道岔(转辙机)室外电缆配线(部分)如图 2-52 所示，包含 1 号、2 号、3 号道岔的室外电缆配线图。从防雷分线柜端子先接至分向电缆盒 D-3，其中一路接至分向电缆盒 D-1；由 D-1 分出一路接至 3 号道岔的 HZ24 终端电缆盒，一方面接至 3 号道岔的转辙机，另一方面接至 2 号道岔的 HZ24 终端电缆盒；在 2 号道岔的 HZ24 终端电缆盒，一方面接至 2 号道岔的转辙机，另一方面接至 1 号道岔的 HZ12 终端电缆盒；最后，由 1 号道岔的 HZ12 终端电缆盒接至 1 号道岔的转辙机。

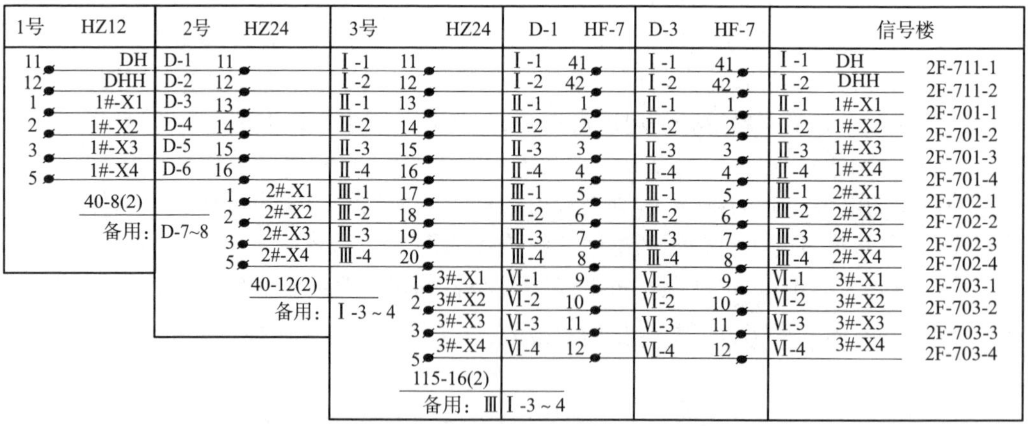

图 2-52　道岔(转辙机)室外电缆配线(部分)

电话芯线 DH、DHH 接在各分向电缆盒的最大号端子，电缆盒的 21、22 号端子。

(4)轨道电路室外电缆配线图设计

轨道电路室外电缆分送电电缆和受电电缆。

轨道电路送电电缆配线(部分)如果图 2-53 所示，包含 10-11DG、25-26DG 双送，39DG、10-11DG一送一受的 39DG 送，ZHG_2 送，ZHG_3 送。从防雷分线柜端子先接至分向电缆盒 S-3，一方面接至 10-11DG、25-26DG 的 XB_2 变压器箱，另一方面接至 39DG、10-11DG 的 XB_2 型变压器箱。39DG、10-11DG 的 XB_2 型变压器箱分别接至 ZHG_2 的 XB_1 型变压器箱和 ZHG_3 的 XB1 型变压器箱。

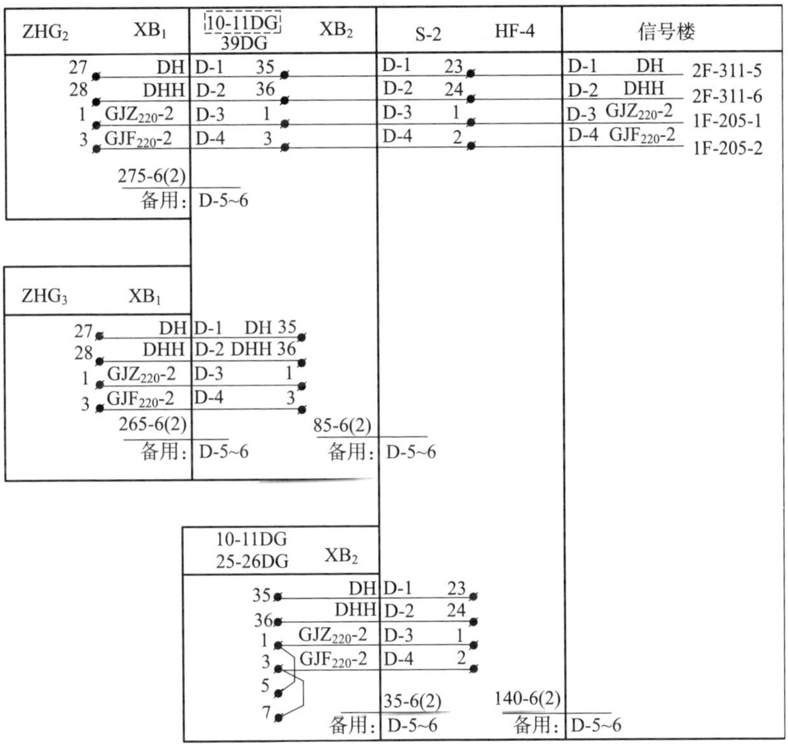

图 2-53 轨道电路送电电缆配线(部分)

轨道电路受电电缆配线(部分)如图 2-54 所示，包含 9-12DG、6-7DG 双受，8/14WG、5-8DG 双受，DG 受，1-2DG_1、D_1G 双受。从防雷分线柜端子先接至分向电缆盒 Sh-3，其中一路接至分向电缆盒 Sh-1；从 Sh-1 的第一路接至 9-12DG、6-7DG 的 XB2 型变压器箱，第二路顺次接至 8/14WG、5-8DG，D_4G，1-2DG_1、D_1G 的变压器箱。

若采用计轴，车辆段的计轴室外电缆配线图与正线联锁区的计轴室外电缆配线图，详见第一章第七节。

(5)AP 室外光、电缆配线图设计

AP 室外光、电缆配线(部分)如图 2-55 所示，为 AP_{201} 的室光、电缆配线图。光缆是从车辆段信号设备室的无线接入交换机至 AP 内部光缆终端盒。电缆是车辆段信号设备室的防雷分线柜端子接至 AP 的内部防雷及空开。

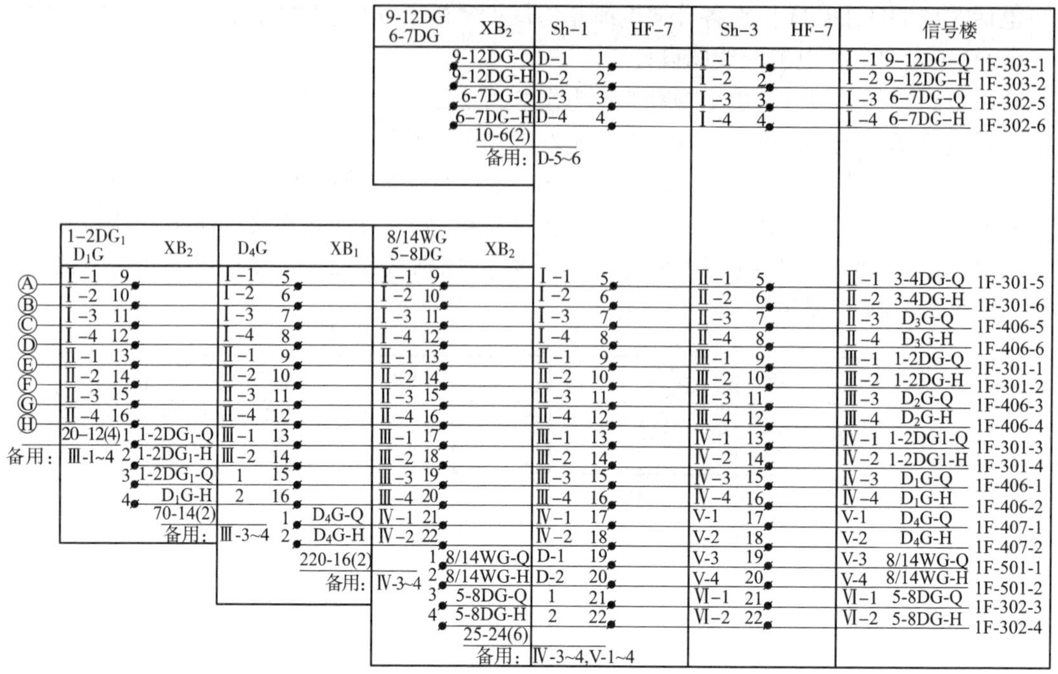

图 2-54 轨道电路受电电缆配线(部分)

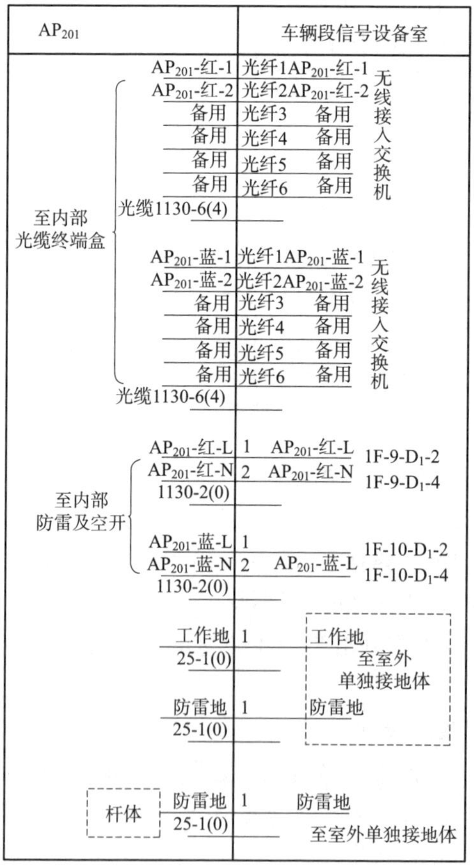

图 2-55 AP 室外光、电缆配线(部分)

组网光缆配线(部分)如图 2-56 所示,从车辆段信号设备室用光缆连接列检库信号设备室、乘务室(派班室)、备用中心信号设备室、车载维护部、信号楼维护部、信号维修调度维护部、试车线路信号设备室,为 ATC 信息,用 4 芯,备用 12 芯。从车辆段信号设备室用光缆连接正线车站,为 SDH 信息,用两根光缆,备用 4 芯,备用 12 芯。

信号楼信号设备室（DCS有线机柜）列检库一层	列检库一层
ATC-红-1 光纤1	ATC-红-1
ATC-红-2 光纤2	ATC-红-2
ATC-蓝-1 光纤3	ATC-蓝-1
ATC-蓝-2 光纤4	ATC-蓝-2
备用 光纤5	备用
备用 光纤6	备用
备用 光纤7	备用
备用 光纤8	备用
备用 光纤9	备用
备用 光纤10	备用
备用 光纤11	备用
备用 光纤12	备用
备用 光纤13	备用
备用 光纤14	备用
备用 光纤15	备用
备用 光纤16	备用
70-16(12)	列检库信号设备室
ATS-1 光纤1	ATS-1
ATS-2 光纤2	ATS-2
ATS-3 光纤3	ATS-3
ATS-4 光纤4	ATS-4
备用 光纤5	备用
备用 光纤6	备用
备用 光纤7	备用
备用 光纤8	备用
备用 光纤9	备用
备用 光纤10	备用
备用 光纤11	备用
备用 光纤12	备用
备用 光纤13	备用
备用 光纤14	备用
备用 光纤15	备用
备用 光纤16	备用
145-16(12)	乘务室（派班室）
ATS-1 光纤1	ATS-1
ATS-2 光纤2	ATS-2
ATS-3 光纤3	ATS-3
ATS-4 光纤4	ATS-4
备用 光纤5	备用
备用 光纤6	备用
备用 光纤7	备用
备用 光纤8	备用
备用 光纤9	备用
备用 光纤10	备用
备用 光纤11	备用
备用 光纤12	备用
备用 光纤13	备用
备用 光纤14	备用
备用 光纤15	备用
备用 光纤16	备用
165-16(12)	备用中心信号设备室

信号楼信号设备室（DCS有线机柜）列检库一层	列检库二层
ATC-红-1 光纤1	ATC-红-1
ATC-红-2 光纤2	ATC-红-2
ATC-红-3 光纤3	ATC-红-3
ATC-红-4 光纤4	ATC-红-4
备用 光纤5	备用
备用 光纤6	备用
备用 光纤7	备用
备用 光纤8	备用
备用 光纤9	备用
备用 光纤10	备用
备用 光纤11	备用
备用 光纤12	备用
备用 光纤13	备用
备用 光纤14	备用
备用 光纤15	备用
备用 光纤16	备用
85-16(12)	车载维护部
ATC-红-1 光纤1	ATC-红-1
ATC-红-2 光纤2	ATC-红-2
ATC-红-3 光纤3	ATC-红-3
ATC-红-4 光纤4	ATC-红-4
备用 光纤5	备用
备用 光纤6	备用
备用 光纤7	备用
备用 光纤8	备用
备用 光纤9	备用
备用 光纤10	备用
备用 光纤11	备用
备用 光纤12	备用
备用 光纤13	备用
备用 光纤14	备用
备用 光纤15	备用
备用 光纤16	备用
90-16(12)	信号楼维护部（信号工区办公室）

图 2-56　组网光缆配线(部分)

第八节　运用库信号设计

车辆段内的运用库或称为停车检修库，承担着列车的停车和检修任务，需要相应的信号设备。

一、运用库信号系统配置图设计

运用库信号系统配置示意如图 2-57 所示。信号设备室内有电源屏、UPS、稳压器、BTE 系统主机、BTE 测试机柜和 BTE 终端，派班室内有 ATS 终端、网络机柜和打印机，车载维护部内有维护终端和打印机。

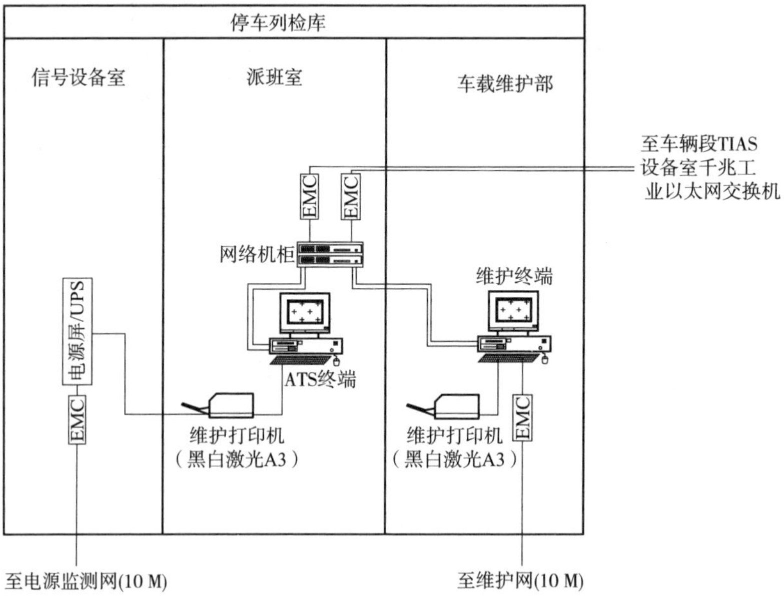

图 2-57　运用库信号系统配置示意

二、运用库室内设备布置及电缆径路示意图设计

运用库室内设备布置及电缆径路示意如图 2-58 所示。表示信号设备室内、派班室内的

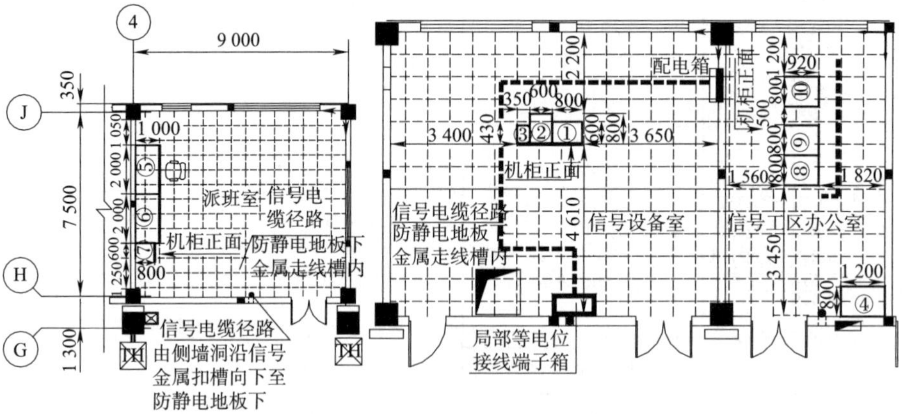

图 2-58　运用库室内设备布置及电缆径路示意(单位:mm)

设备布置，以及电缆径路的示意。表2-17所列为运用库信号设备组成。

表2-17　运用库信号设备

序号	设备名称	单位	数量	序号	设备名称	单位	数量
①	电源屏	台	1	⑥	打印机	台	1
②	UPS电池一体柜	台	1	⑦	网络小机柜	台	1
③	稳压器	台	1	⑧	BTE终端	套	1
④	维护终端及打印机	套	1	⑨	BTE系统主机	台	1
⑤	派班室ATS终端	台	1	⑩	BTE测试机柜	台	1

三、运用库电源系统示意图设计

运用库电源系统示意如图2-59所示。表示电源屏对维护部、派班室、运用库的AP供电的情况。

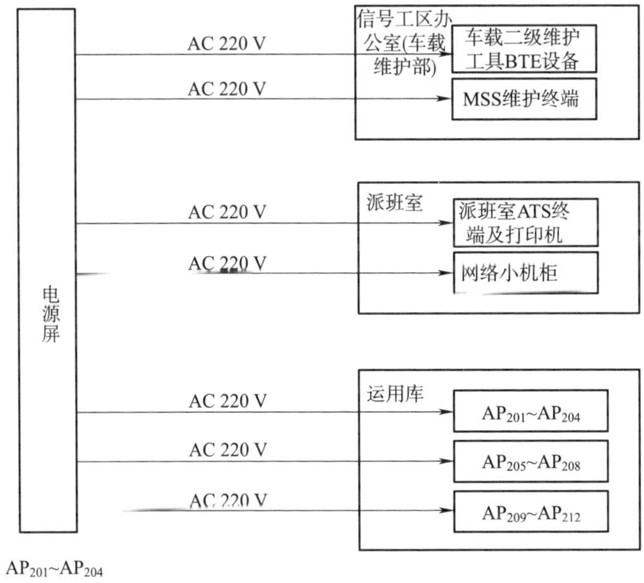

图2-59　运用库电源系统示意

四、运用库电源环线配线图设计

运用库电源环线配线如图2-60所示。表示配电箱、UPS、稳压器与电源屏之间的配线联系，采用DWZR-YJY型电缆，以及电源屏与维护部、派班室、运用库的AP之间配线联系，采用ZR-XLV型电缆。除了注明者外，截面积均为2 mm^2×4 mm^2。

五、运用库信号设备室内地线连接示意图设计

运用库信号设备室内地线连接示意如图2-61所示。表示信号设备室、派班室、维护部的地线连接。接地电缆截面积为16 mm^2。

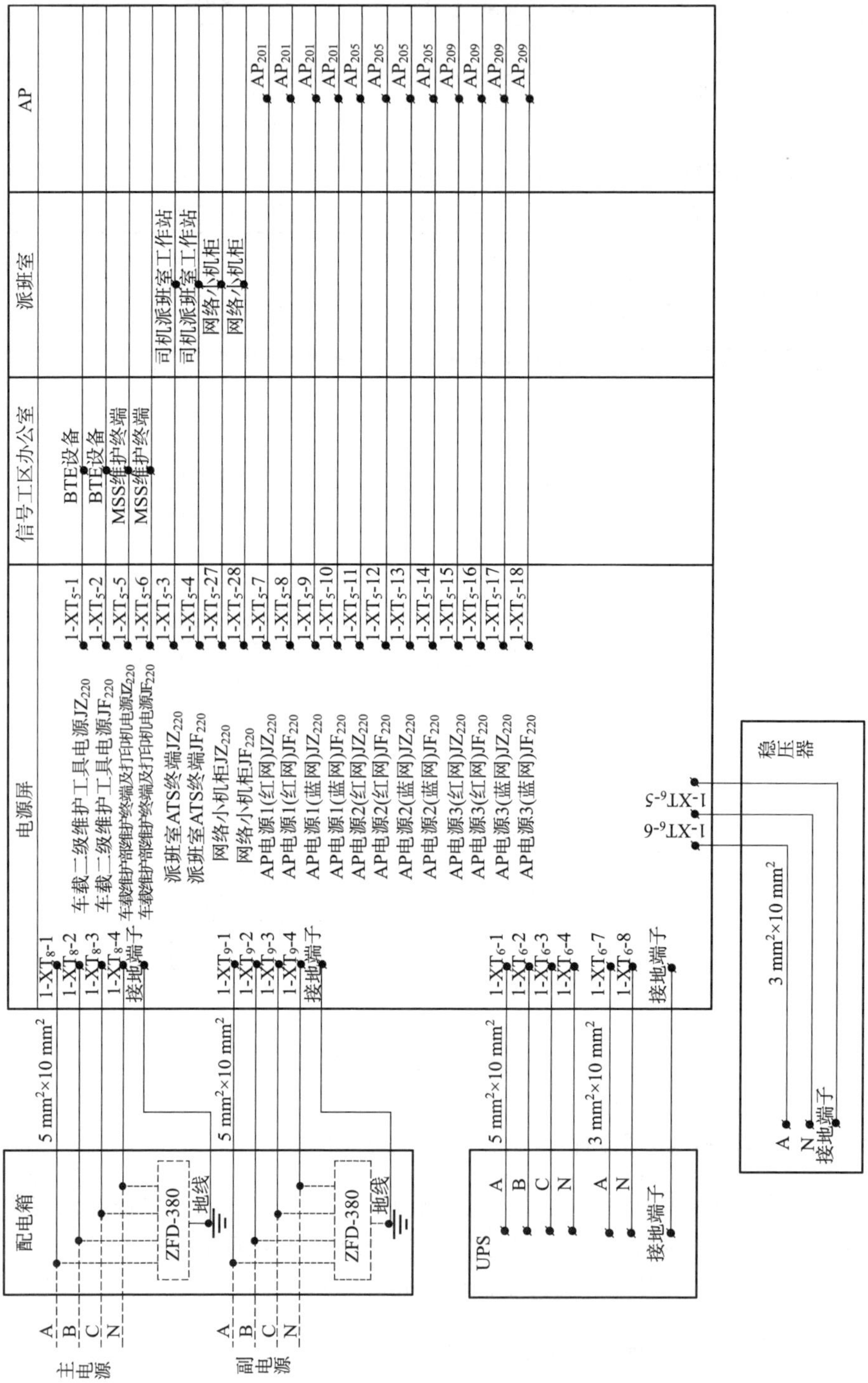

图 2-60 运用库电源环线配线

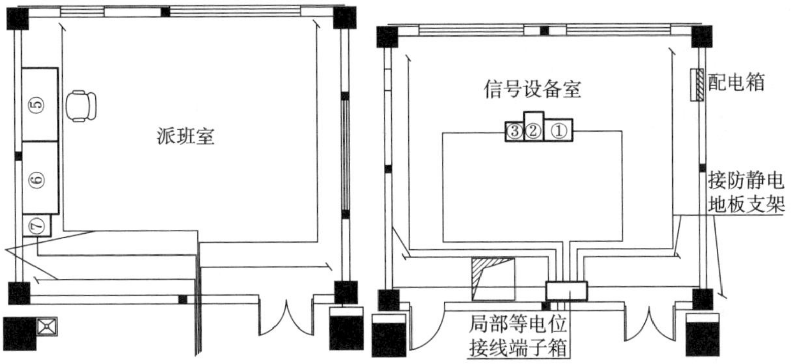

图 2-61　运用库信号设备室内地线连接示意

第九节　试车线信号设计

试车线一般设于车辆段内，其主要功能是在列车安装及检修完 ATP 及 ATO 车载设备后，在试车线上进行 ATP/ATO 的静、动态试验。通过试验控制台，试验人员对轨道区段设置各种不同的速度信息，检验车载设备动态 ATP 及 ATO 性能；通过两个模拟的站台环路检验列车的车站定位置停车、站台停车后的信息交换等功能。

试车线信号工程设计基本与正线联锁区信号工程设计相同，但是也有其特点。

一、信号设备布置图设计

试车线安装与正线相同的 ATP/ ATO 轨旁设备及联锁设备。试车线的信号设备布置示意如图 2-62 所示。可见，其信号机、应答器、计轴、无线接入点的布置与正线联锁区完全一样。也有站台、道岔、紧急关闭按钮、安全门、自动折返按钮，除了与车辆段连接的道岔外，都是虚拟的。

其中，56 号道岔，D_{52}、D_{53}、D_{54} 信号机由车辆段信号楼联锁设备控制。

二、联锁表设计

图 2-62 所示试车线的联锁表如表 2-18 所列。试车线的联锁表要比车辆段的联锁表复杂，既要考虑主模式，又要考虑降级模式，还要考虑保护区段，因此项目较多。

主模式即移动闭塞模式，降级模式即点式模式。

开始延时解锁倒计时时，值班员工作站首先开始“未收到停稳信息”计时器倒计时，倒计时为 0 之前，联锁系统收到列车停稳信息时，立即跳至“收到停稳信息”计时器的倒计时。至此倒计时为 0 时，保护区段立即解锁。若联锁系统一直未收到列车停稳信息，直到“未收到停稳信息”计时器的倒计时为 0 后，继续开始“收到停稳信息”计时器的倒计时，至此倒计时为 0 时，保护区段立即解锁。

除了设计联锁表外，还要设计自动折返进路表。图 2-62 所示试车线的自动折返进路表如表 2-19 所列。

距试车线起点坐标	
设备	公里标
轨道起点（不含车挡）	T01+045.841
Z_1	T01+031.019
SSP 站台端点 RB_{15}	T01+026.019 T01+025.841 T01+018.291
RB_{29}	T00+984.791
站台中心	T00+946.841
RB_{33}	T00+908.891
VB_1 站台端点 SC JZ_1 RB_{37} V_1	T00+872.891 T00+872.891 T00+867.841 T00+862.663 T00+862.663 T00+853.663 T00+852.663
V_2 检修坑 RB_{39}	T00+842.663 T00+841.754 T00+841.754 T00+841.663
检修坑 IB_2	T00+811.754 T00+752.777
AP_{241}	T00+688.000
RB_{41} $MTIB_{59}$ $MTIB_{61}$	T00+570.231 T00+530.231 T00+509.231
RB_{63}	T00+469.231
RB_{45}	T00+434.677
JZ_2 XC SSP 站台端点 VB_3	T00+410.905 T00+410.905 T00+405.905 T00+405.727 T00+400.677
RB_{47}	T00+398.178
RB_{49}	T00+364.678
站台中心	T00+326.727
RB_{55}	T00+288.777
RB_{57} VB_4 站台端点 SSP SC JZ_3 F_1 VB_5	T00+255.277 T00+252.777 T00+247.727 T00+247.549 T00+242.549 T00+242.549 T00+242.549 T00+232.321
JZ_6 JZ_5 D_{52}	T00+297.446 T00+268.397 T00+268.397
P_55	T00+229.841
P_55 AP_{242}	T00+194.609 T00+194.000
D_{54} JZ_4	T00+191.609 T00+191.609
RB_{67}	T00+190.609
RB_{69}	T00+120.421
SSP 动调试验间	T00+079.193
Z_2 轨道终点（不含车挡）	T00+018.000 T00+015.000

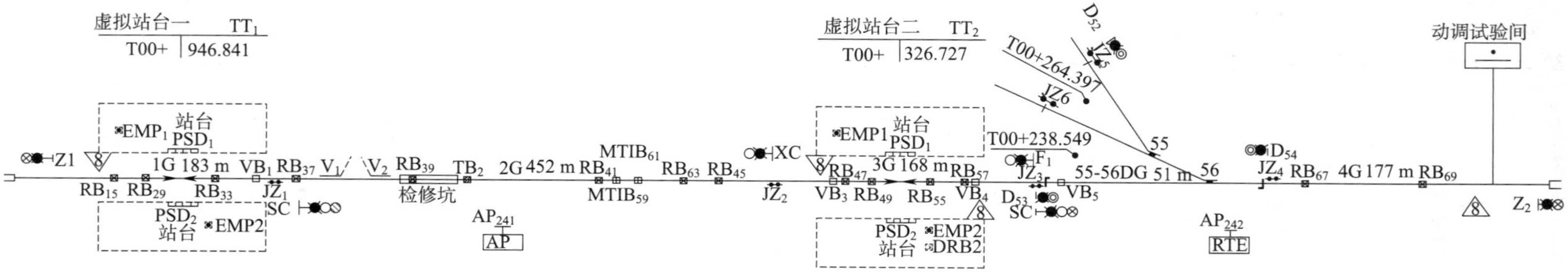

图2-62 试车线的信号设备布置示意

表 2-18　试车线联锁表

站名	进路号码	进路	进路性质	办理进路按钮	信号机		道岔	敌对信号	轨道区段		侵限区段	保护区段			保护区段触发区段		解锁时间			进路接近区段		进路延时解锁时间		其他联锁		自动通过进路功能
					名称	显示			降级模式	主模式		名称	保护区段	开始区段解锁	降级模式	主模式	未收到停稳信号 降级模式	未收到停稳信号 主模式	收到停稳信号	降级模式	主模式	降级模式	主模式	降级模式	主模式	
试车线	1	SC(TT_1)至SC(TT_2)	直通进路	SC(TT_1)A、SC(TT_2)A	SC(TT_1)	L	虚拟道岔V_1、V_2	F_1、XC(TT_2)	2G、3G	2G		55-56DG					189	168	65	1G	1G	241	65	1 G屏蔽门、1 G紧急关闭、3G屏蔽门、3G紧急关闭、1 G扣车		否
						U	虚拟道岔(V_1)、(V_2)																			
	2	SC(TT_2)至Z_2	折返进路	SC(TT_2)A、Z_2A	SC(TT_2)	L	56	F_1	55-56DG、4G	55-56DG,4G										3G,2G,1G	3G,2G,1G	241	65	3G屏蔽门、3G紧急关闭、3G上行扣车、XC(TT_2)不同时开放	XC(TT_2)不同时开放	否
	3	F_1至XC(TT_2)	直通进路	F_1 A、XC(TT_2) A	F_1	L		SC(TT_1)、SC (T_{-2})	3G	3G		2G			189		189	168	65	55-56DG、4G	55-56DG、4G	241	65	3G屏蔽门、3G紧急关闭		否
	4	XC(TT_2)至Z_1	折返进路	XC(TT_2) A、Z_1 A	XC(TT_2)	L		SC(TT_1)	2G,1G	2G,1G										3G、55-56DG、4 G	3G、55-56DG、4 G	241	65	3G屏蔽门、3G紧急关闭、3G下行扣车、SC(TT_2)不同时开放、1 G屏蔽门、1 G紧急关闭	SC(TT_2)不同时开放	否

表 2-19 自动折返进路表

站名	进路号码	进路名称	进路性质	自动折返按钮	进路列表
试车线	4、1	CY_1	自动折返进路	CY_1A	$XC(TT_2)$至Z_1、$SC(TT_1)$至$SC(TT_2)$
	2、3	CY_2	自动折返进路	CY_2A	$SC(TT_2)$至Z_2、F_1至$XC(TT_2)$

三、光、电缆径路图设计

试车线的光、电缆径路图设计与正线联锁区的光、电缆径路图设计基本相同。只是试车线在地面，电缆连接设备采用电缆盒。

四、试车线的信号设备组成

试车线的信号设备组成如图 2-63 所示，也分成室内设备和室外设备。室内设备包括：联锁主机、轨旁电子单元、数据存储单元、区域控制器、数据通信系统、计轴、接口柜、组合柜、防雷分线柜、电源屏、不间断电源、稳压器、蓄电池、SDM 维护打印机、联锁维护工作站、LEU 监测工作站、计轴维护工作站、试车线控制工作站等。室外设备包括：信号机、各种应答器、EMP、PSD、DRB、AP 等。

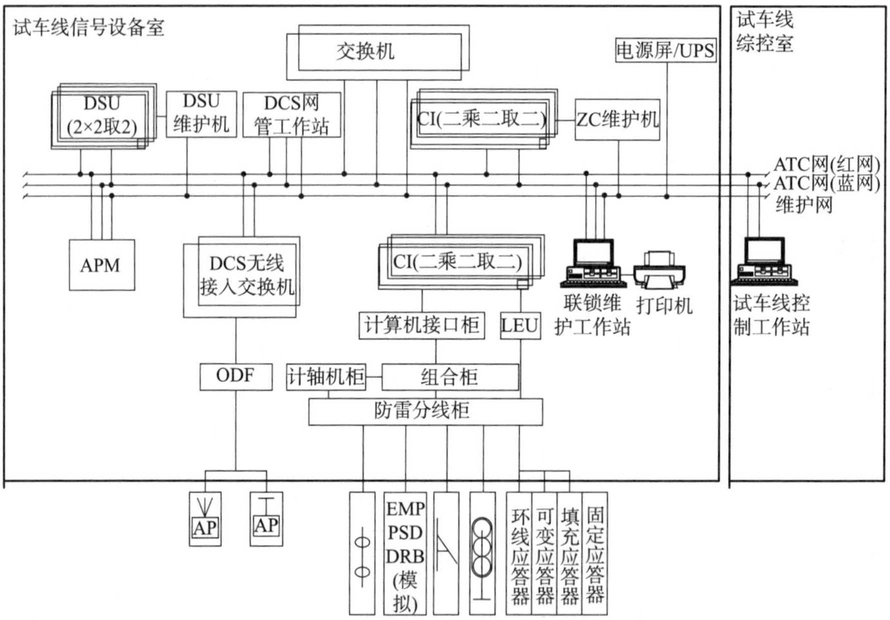

图 2-63 试车线的信号设备组成

五、室内信号设备布置图设计

试车线室内信号设备布置如图 2-64 所示。设备组成如表 2-20 所列。

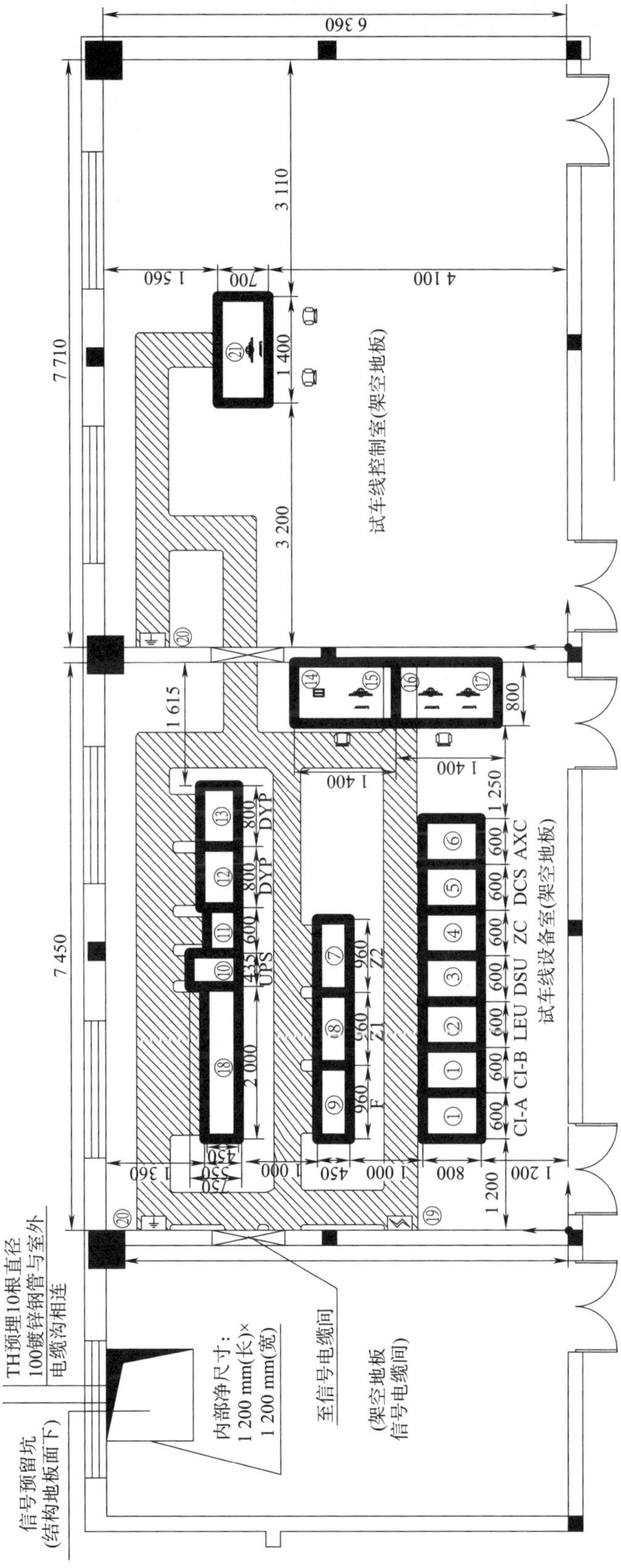

图 2-64　试车线室内信号设备布置示意（单位：mm）

表 2-20 试车线室内信号设备设备组成

编号	缩写	设备名称	单位	数量	编号	缩写	设备名称	单位	数量
①	CI	联锁主机柜	台	2	⑫		电源屏(交流)	台	1
②	LEU	轨旁电子单元机柜	台	1	⑬		电源屏(直流)	台	1
③	DSU	数据存储单元机柜	台	1	⑭		SDM 维护打印机	套	1
④	ZC	区域控制器	台	1	⑮	SDM	联锁维护工作站	套	1
⑤	DCS	数据通信无线机柜	台	1	⑯		LEU 监测工作站	套	1
⑥	AXC	计轴机柜	台	1	⑰		计轴维护工作站	套	1
⑦	Z_2	接口柜	架	1	⑱		蓄电池	套	1
⑧	Z_1	组合柜	架	1	⑲		配电箱	套	1
⑨	F	防雷分线柜	架	1	⑳		接地箱	套	2
⑩	UPS	不间断电源	台	1	㉑		试车线控制工作站	套	1
⑪		稳压器	台	1					

其中,配电箱和接地箱由动力照明专业提供。

联锁主机柜、轨旁电子单元机柜、区域控制器、数据通信无线机柜、计轴机柜、接口柜、防雷分线柜的布置与正线联锁区的相同。不同的是组合柜、防雷分线柜布置,另外有数据存储单元机柜。

1. 组合柜布置

试车线因设备较少,只需要一架组合柜。其布置如表 2-21 所列,继电器类型如表 2-22 所列。

表 2-21 试车线组合柜布置

层号	组合类型	设备名称
10	CQX	F_1、XC、SC(TT_2)
9	CFX	SC(TT_1)
8	ZDX	Z_1、Z_2
7	GJ	1G~4G 、55-56DG
6	FWJ	1G~4G 、55-56DG
5	灯丝报警主机	
4	DY	
3	LS	V_1、V_2
2		
1		
零层		

表 2-22　继电器类型表

组合类型	1	2	3	4	5	6	7	8	9	10
CQX	(1)DJ	(1)LXJ	(1)DDJ	(2)DJ	(2)LXJ	(2)DDJ	(3)DJ	(3)LXJ	(3)DDJ	
	JZXC-H18	JWXC-H340	JWXC-H340	JZXC-H18	JWXC-H340	JWXC-H340	JZXC-H18	JWXC-H340	JWXC-H340	
CFX	DJ	LXJ	ZXJ	DDJ						
	JZXC-H18	JWXC-H340	JWXC-H340	JWXC-H340						
ZDX	(1)DJ	(2)DJ								
	JZXC-H18	JZXC-H18								
GJ	(1)GJ	(2)GJ	(3)GJ	(4)GJ	(5)GJ	(6)GJ				
	JWXC-1700	JWXC-1700	JWXC-1700	JWXC-1700	JWXC-1700	JWXC-1700				
FWJ	(1)FWJ	(2)FWJ	(3)FWJ	(4)FWJ	(5)FWJ	(6)FWJ				
	JWXC-H340	JWXC-H340	JWXC-H340	JWXC-H340	JWXC-H340	JWXC-H340				
DY	SYSA	SYSB	KZKFJ	RSBJ	DSBJ					
	JPXC-1000	JPXC-1000	JPXC-1000	JWXC-1700	JWXC-1700					
LS	DBJ	FBJ								
	JWXC-H340	JWXC-H340								

2. 数据存储单元机柜布置

数据存储单元(DSU)机柜用来安放数据存储单元,DSU 机柜布置如图 2-65 所示。

3. 防雷分线柜布置

试车线因设备较少,只需要一架防雷分线柜。其布置如表 2-23 所列。防雷单元配置如表 2-24 所列。

六、电路图设计

试车线的信号机点灯电路、灯丝报警电路、计轴设备控制电路、断路器报警电路、紧急关闭按钮报警电路、CI 系统接口电路的设计同正线联锁区。

1. 信号机点灯电路设计

对于信号机点灯电路,在试车线上试车时,试车线上的列车信号机在 CBTC 模式下灭灯,后备模式下亮灯。调车信号机(除与试车线上与列车信号机并置的同向调车信号机外)亮白灯。试车线上并置的同向列车信号机、调车信号机不同时亮灯(列车信号机亮灯时,调车信号机灭灯;列车信号机灭灯时,调车信号机亮白灯)。调车时,段内调车信号机均亮灯,列车信号机均灭灯。

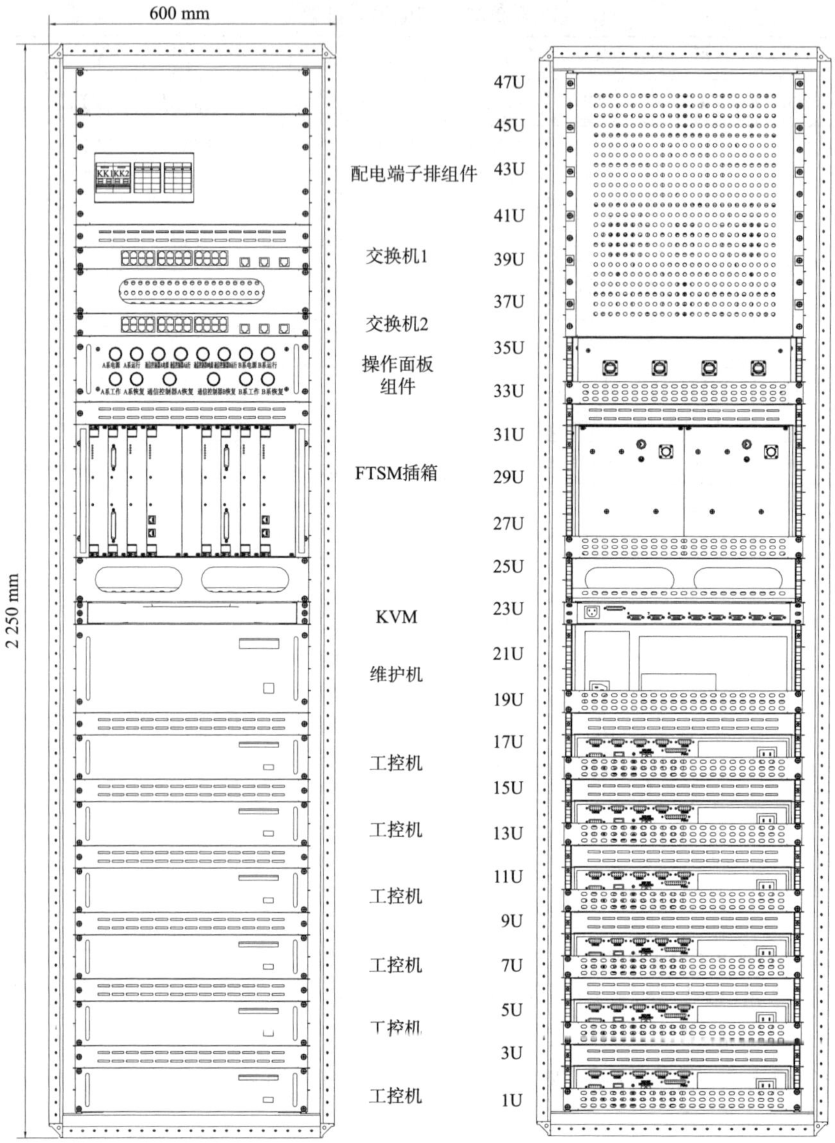

图 2-65　DSU 机柜布置

表 2-23　防雷分线柜布置

层号	种类
9	
8	
7	
6	
5	发车计时器
4	TRE 电源、电话、贯通
2	信标
1	信号机
0	电源

表 2-24　防雷单元配置

序号	设备电缆芯线	防雷类型	防雷连接方式	保护模式
1	TRE 红、蓝网电源	BVB FUM220	并联	L-PE 纵横
2	信号机点灯	BVB FUM120	并联	L-PE 纵横
3	计轴磁头	V25131-A1-A282 型计轴防雷单元	由集成商实施	
4	信标	BVB FUM60	并联	L-PE 纵横
5	贯通线	BVB FUM220	并联	L-PE 纵横
6	发车计时器	集成商供货		
⋮				
16				
17				
18				

2. 车辆段与试车线联系电路

车辆段与试车线必须设联系电路，采用继电电路。联系电路如图 2-66 所示。

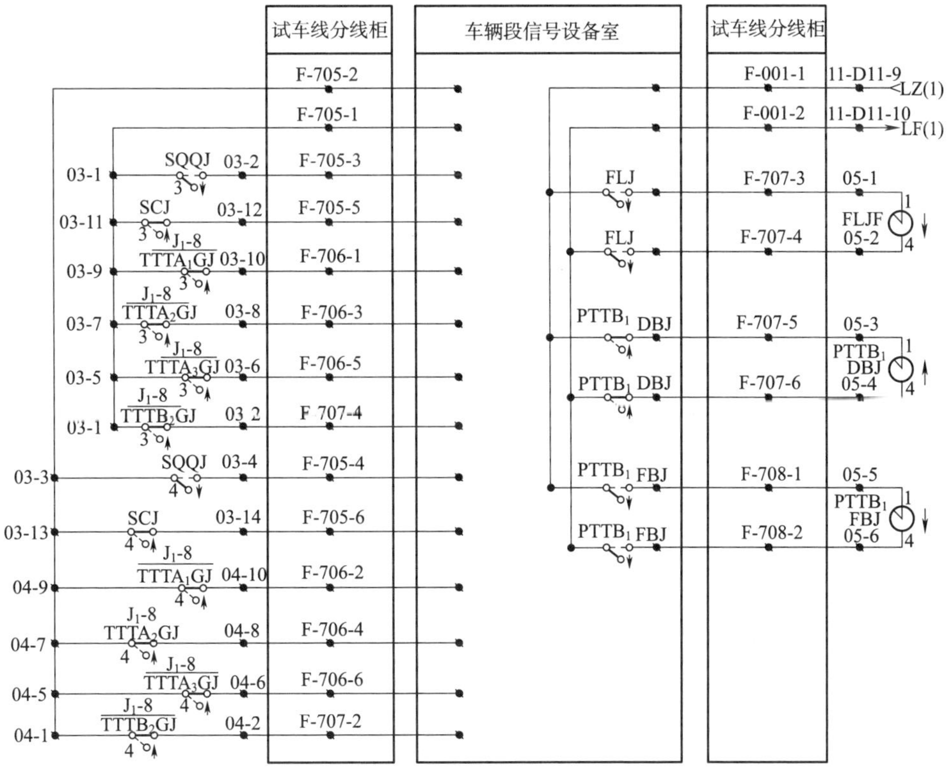

图 2-66　车辆段与试车线的联系电路

车辆段与试车线的信息交互内容如表 2-38 所列。车辆段和试车线之间按非进路调车作业进行，因此车辆段需要了解试车线办理试车的情况和轨道区段的状态，试车线需要了解车辆段办理非进路调车的情况和道岔位置。为此，试车线设试车请求继电器 SQQJ 和试车继电器 SCJ，车辆段设非进路调车继电器 FLJ，它们均由各自的联锁驱动，采用有关的条件。有驱动和采集电路，如图 2-67 所示。

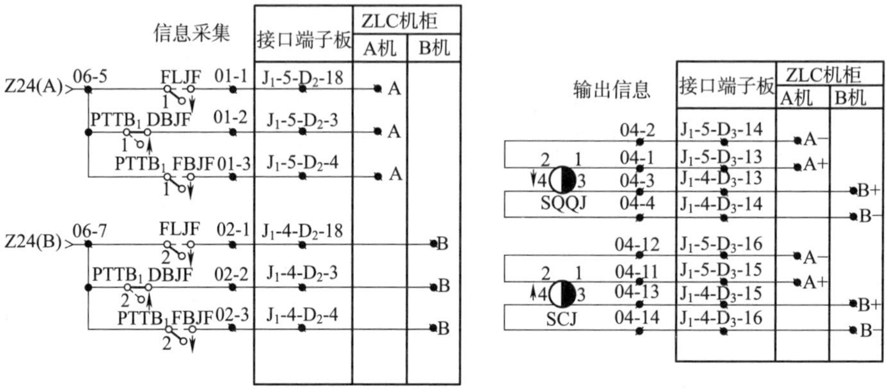

图 2-67 车辆段与试车线的联系驱动和采集电路

表 2-25 车辆段与试车线的信息交互内容

传递方向	继电器名称	定位状态	吸起时机	落下时机
试车线→车辆段	SQQJ	↓	办理试车请求后	办理非进路调车作业后
	SCJ	↓（取反复示）	办理试车按钮后	办理取消试车手续后
	GJ	↑	轨道区段空闲	轨道区段占用
车辆段→试车线	FLJ	↓	车辆段办理非进路调车作业后	车辆段取消非进路调车作业后
	DBJ	↑	道岔定位时	道岔非定位时
	FBJ	↓	道岔反位时	道岔非反位时

在试车线上试车时，需要人工保证试车线上有且只有一列列车。

操作流程是：

试车线值班员电话通知车辆段值班员，并按下试车请求按钮，试车请求继电器 SQQJ 吸起，车辆段办理非进路调车作业，SQQJ 落下。

试车线值班员按下开始试车按钮，试车继电器 SCJ 吸起（车辆段采用其反复示继电器，采集其状态），检查非进路调车继电器 FLJ 吸起后，此时车辆段联锁无法取消非进路调车。

试车作业完成后，试车线值班员拉出开始试车按钮，SCJ 落下，试车线值班员电话通知车辆段值班员，调车作业完毕。

车辆段取消非进路调车，检查道岔区段空闲后，延时 30 s 方能解锁。

在试车过程中，试车线设备实时监督道岔的状态。

3. 试车线按钮电路设计

试车线设有按钮盘，其上有开始试车按钮和结束试车按钮，如图 2-68 所示。驱动和采集电路如图 2-69 所示，控制电路如图 2-70 所示。

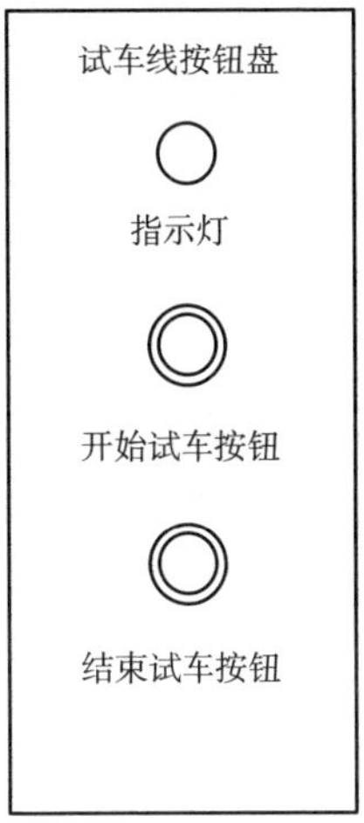

图 2-68　试车线按钮盘

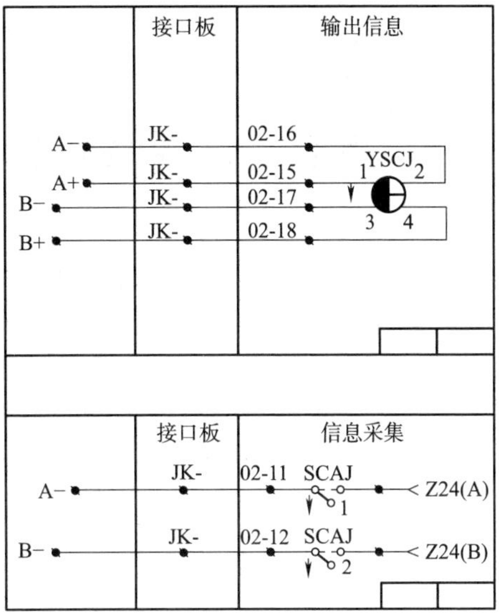

图 2-69　试车线驱动和采集电路

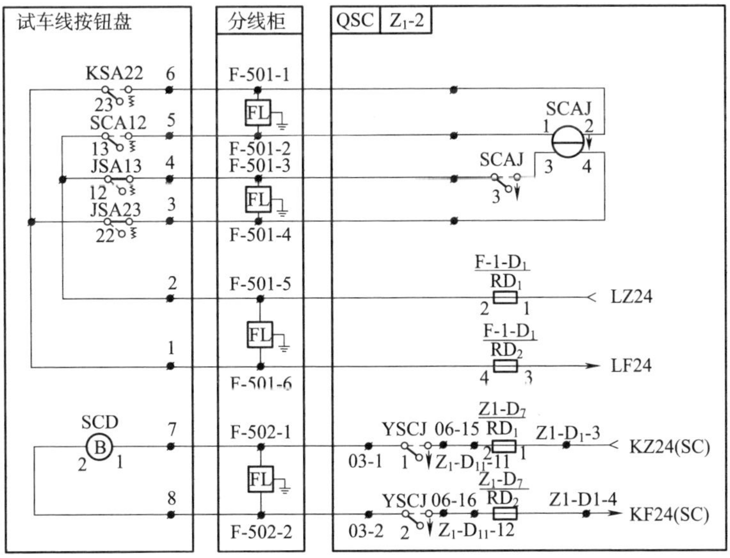

图 2-70　试车线控制电路

七、配线图设计

试车线的各种配线图设计和正线联锁区相同。

第三章　信号集中监测系统工程设计

维持支持系统(MSS)主要是信号集中监测系统(以前曾称为微机监测系统),负责数据的采集、分类、处理和存储,实现对各信号设备的实时监测、故障分析、诊断和人机对话、显示与查看。

信号集中监测系统接收计算机联锁、ATS分机、智能电源屏等的监测信息,实现对信号设备的集中监测。各主体设备(如ATS分机、计算机联锁、电源屏等)具有自诊断、检测报警等功能,并能与信号集中监测设备接口,无需设计。信号集中监测系统工程设计主要是设计采集电路,采集各主体设备无法提供的监测信息。

第一节　信号集中监测系统设计

一、系统连接图设计

信号集中系统连接示意如图3-1所示。图中需表明采集机综合层的采集内容、接口通信分机的采集内容,监测主机与智能电源屏、灯丝断丝报警装置等的联系,并对各通信线的采用和接法进行说明。

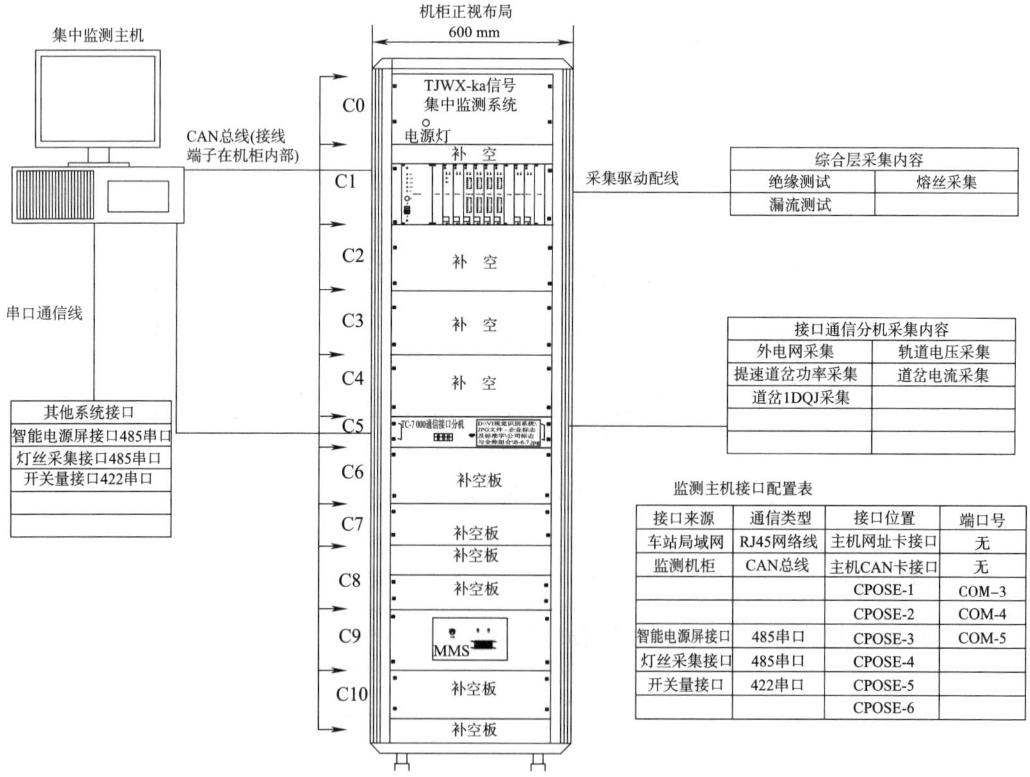

图3-1　信号集中监测系统连接示意

机柜交换机连接列表如表 3-1 所列。站机连接列表如表 3-2 所列。

表 3-1　机柜交换机连接列表

序号	起始端	终止端	连接种类	线缆
1	机柜交换机 RJ45-1	站机-LAN_2	以太网连接	超五类屏蔽线
2	机柜交换机 RJ45-3	电源屏接口	以太网连接	超五类屏蔽线
3	机柜交换机 RJ45-5	道岔监测主机	以太网连接	超五类屏蔽线
4	机柜交换机 RJ45-9	DCS_SW_ELT_RED_DJC-27	以太网连接	超五类屏蔽线
5	机柜交换机 RJ45-11	维护工作站-LAN_1	以太网连接	超五类屏蔽线
6	机柜交换机 RJ45-13	打印机	以太网连接	超五类屏蔽线
7	机柜交换机 RJ45-15	维修工区维护工作站-LAN	以太网连接	超五类屏蔽线
8	维护工作站-USB 口	维护工作站打印机	数据连接	打印机自带线
9	机柜交换机 SFP-1	XGJ-电源屏接口	以太网连接+EMC	超五类屏蔽线+光纤
10	机柜交换机 SFP-2	XGJ-电源屏接口	以太网连接+EMC	超五类屏蔽线+光纤

表 3-2　站机连接列表

序号	起始端	终止端	连接种类	线缆
1	MOXA-COM_3	SDM-MOXA-COM_1	串口屏蔽线	422 串口线
2	MOXA-COM_4	灯丝报警仪	串口屏蔽线	485 串口线
3	MOXA-COM_5	计轴监测机箱 R_{11}-ETH	串口屏蔽线	422 串口线
4	站机 CAN(DB_9-7)	综合采集层(CAN-3)	串口屏蔽线	0.4 mm^2两芯屏蔽线
5	站机-CAN(DB_9-2)	综合采集层(CAN-4)	串口屏蔽线	0.4 mm^2两芯屏蔽线
6	站机-LAN_1	通信接口分机-LAN_0	以太网连接	超五类屏蔽线

二、组合排列表设计

组合排列表可分为总表和分表。

组合排列表总表如表 3-3 所示。总表表明各采集组合的名称和位置。

表 3-3　组合排列表总表

层号	采集组合名称	组合位置
11		
10		
9		
⋮		
3		
2		
1		

采集组合包括：绝缘测试组合、电源屏断路器组合、信号机电流采集组合、交流转辙机功率采集组合、道岔电流采集组合、道岔表示电压采集组合、轨道采集组合、站台门采集组合。它们可以安装在监测机柜或就近的组合柜内。在监测机柜中的表示，如 JC_1-10 表示监测机柜 1 的第 10 层。

组合排列表分表如表 3-4 所列。分表表明各采集组合内部的采集内容。对于轨道采集组合，在表中填写轨道区段名称以及每列的通信地址。每列可采集 8 个区段。对于道岔电流采集组合，在表中填写道岔名称。每列可采集 3 组道岔。

表 3-4　组合排列表分表

序号	1	2	3	4	5	6	7	8	9	10
采集内容										
通信地址										

三、机柜配线图设计

机柜配线图包括 C_1 层配线图、C_{10}层配线图和通信分机端口配线图。

1. C_1 层配线图设计

C_1 层 D_9端子如图 3-2 所示。共有 7 组端子，其中 01 为 CANH 端子配线，02 为 CANL 端子配线，03、04 供出 24 V 电源，05、06、07 供出 2 V 电源。D_9配线如表 3-5 所列。要在表中填写 CANH 端子配线、CANL 端子配线去向，配线类型和说明。

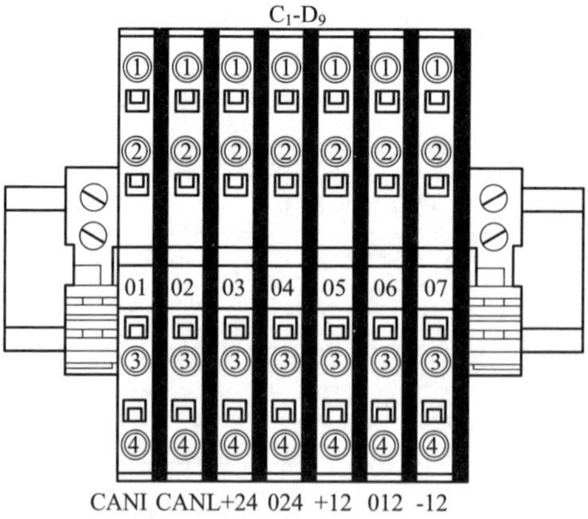

图 3-2　C_1 层配线

表 3-5　C_1 层 D_9 端子配线

端子序号	CANH 端子配线	配线类型	端子序号	CANL 端子配线	配线类型	说明
01-1			02-1			
01-2			02-2			
01-3			02-3			
01-4			02-4			
03-1			04-1			
03-2			04-2			
03-3			04-3			
03-4			04-4			
05-1			06-1			
05-2			06-2			
05-3			06-3			
05-4			06-4			
07-1						
07-2						
07-3						
07-4						

2. C_{10}层配线图设计

C_{10}端子如图 3-3 所示。分为 220 V 电源区、大功率电源区和开关量电源区。220 V 电源区包括输入电源端子 D_0、空开 1、空开 2、输出 220 V 电源端子 D_1。大功率电源区和开关量电源区包括三相输入电源端子及断路器 DB、大功率输出 12 V 电源端子 D_2、开关量输出 12 V 电源端子 D_3。C_{10} 层配线如表 3-6 所列。要分别填写 D_0、空开 1、空开 2、D_1、DB、D_2、D_3 的配线表。

表 3-6　C_{10}层配线图

端子	配线	配线类型

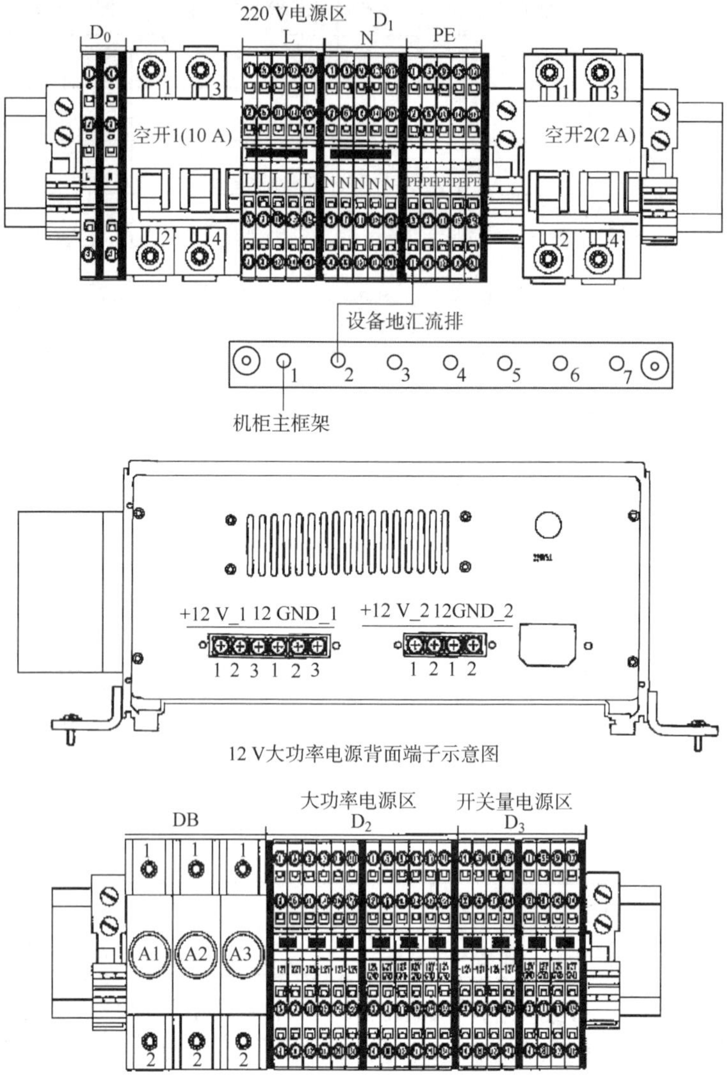

图 3-3　C_{10}层配线

3. 通信分机端口配线图设计

通信分机端口配线如图 3-4 所示，表示各端口连接的模块。在表 3-7 中，对于正线联锁区，COM_0 口接外电网采集器，COM_1 口接交流道岔采集器，COM_2 口接道岔表示电压采集器，COM_3 口接信号机电流采集器，COM_4 口接温、湿度采集模块，CAN 口接站台门综合采集器。对于车辆段，COM_0 可接外电网采集器，COM_1 口接轨道采集器，COM_2 口接道岔综合采集器，COM_3 口接交流道岔采集器，COM_4 口接信号机电流采集器。

在表 3-8 中，COM_1、COM_2、COM_3 口接相应的组合侧面端子。

在表 3-9 中，CAN 口接相应的组合侧面端子。

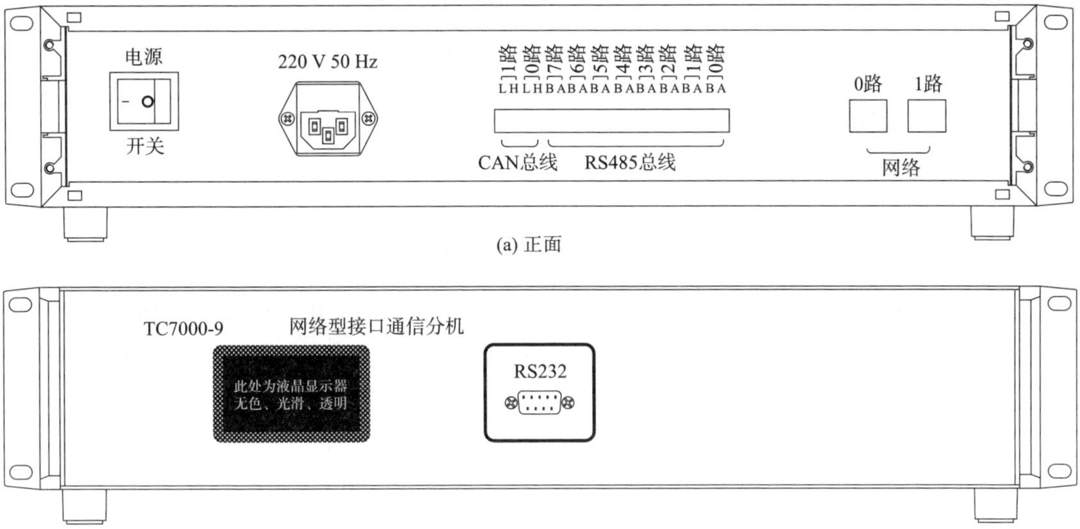

(a) 正面

(b) 背面

图 3-4　通信分机端口配线

表 3-7　通信分机端口配线表(一)

地址号	COM_0 口	COM_1 口	COM_2 口	COM_3 口	COM_4 口	COM_5 口	COM_6 口	COM_7 口	CAN 口
1									
2									
3									
⋮									
18									
19									
20									

表 3-8　通信分机端口配线表(二)

端口名称 端口配线位置	COM_0 口	COM_1 口	COM_2 口	COM_3 口	COM_4 口	COM_5 口	COM_6 口	COM_7 口
配线 485A/DB_9-1	外电网箱 D_1-15				温、湿度采集模块-485A			
配线 485A/DB_9-2	外电网箱 D_1-16				温、湿度采集模块-485B			

表 3-9　通信分机端口配线表(三)

端口名称端口配线位置	CAN 口
配线 CANH/1	
配线 CANL/2	

第二节 采集设计

一、外电网电源综合质量采集设计

外电网电源综合质量采集设计包括外电网电源综合质量采集原理图设计和外电网电源综合质量采集端子配线图设计，均为定型设计。

1. 外电网电源综合质量采集原理图设计

外电网电源综合质量采集原理如图 3-5 所示。每路外电网使用 1 个外电网质量采集模块和 3 个开口式电流传感器。每个外电网质量采集组合内包含两套外电网质量采集模块和开口式电流传感器。一般站/段引入两路电源，只需一个外电网质量采集组合。

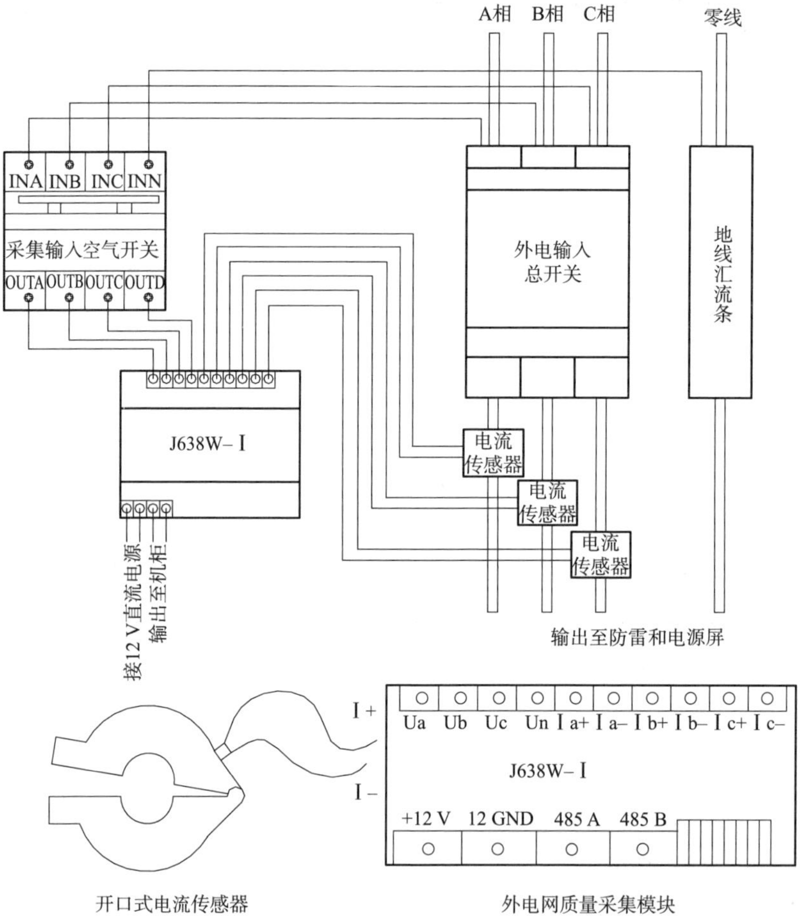

图 3-5 外电网电源综合质量采集原理

外电网质量采集位置在外电网输入空气开关输入端，经采集防护空气开关接外电网质量采集模块。开口式电流传感器为无源器件，可卡在外电网输入空气开关输出端。每个开口式电流传感器输出两根配线接外电网质量采集模块，该配线分正负，不能接反。

外电网质量采集组合必须紧靠外电网开关箱安装。外电网质量采集模块使用的 12 V 直流电源由监测机箱供电，其输出由 RS485 通信线接通信接口分机的一个串口。

要说明配线的种类、型号、接法。

2. 外电网电源综合质量采集端子配线图设计

外电网电源综合质量采集端子配线如图 3-6 所示。外电网质量采集箱内已配好线。380 V 外线接外电网输入空气开关输入端，电流配线、12 V 直流电源配线以及 RS485 通信线接在配线端子 D_1 上。

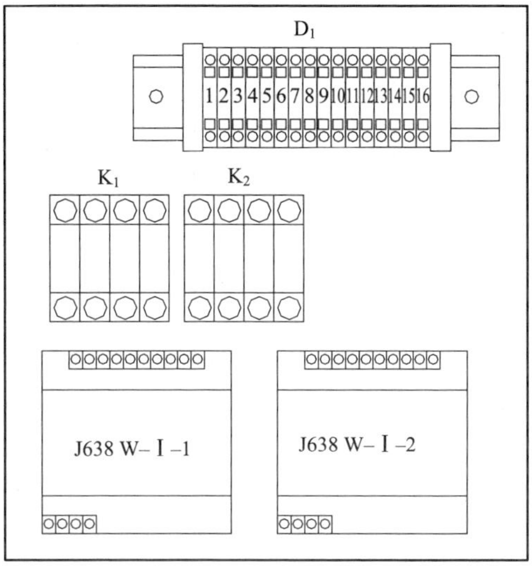

图 3-6 外电网电源综合质量采集端子配线

二、电源屏输出电源采集设计

电源屏输出电源通过采集断路器采集，采集断路器组合端子排列如图 3-7 所示。使用一层组合的空底板，上方开横槽走线孔，前面安装 80 个带断路器的 WAGO 端子，用绝缘片隔开，后面按照走线槽，用于固定线缆。断路器端子由监测厂家提供。

电源屏输出电源采集断路器组合端子配线如表 3-10 所列。

表 3-10 电源屏输出电源采集断路器组合端子配线

断路器编号	输出电源名称	断路器入	断路器出 1	断路器出 2
1				
2				
3				
⋮				
7				
8				
9				

断路器入为电源屏输出端子，根据实际采用的电源屏端子号填写，并根据实际情况增减采集。断路器出 1、2 指断路器输出端口上的两种配线。当电源屏为智能接口时，不需配断路器出 2。断路器出 1 接绝缘测试组合的电源测试端子。

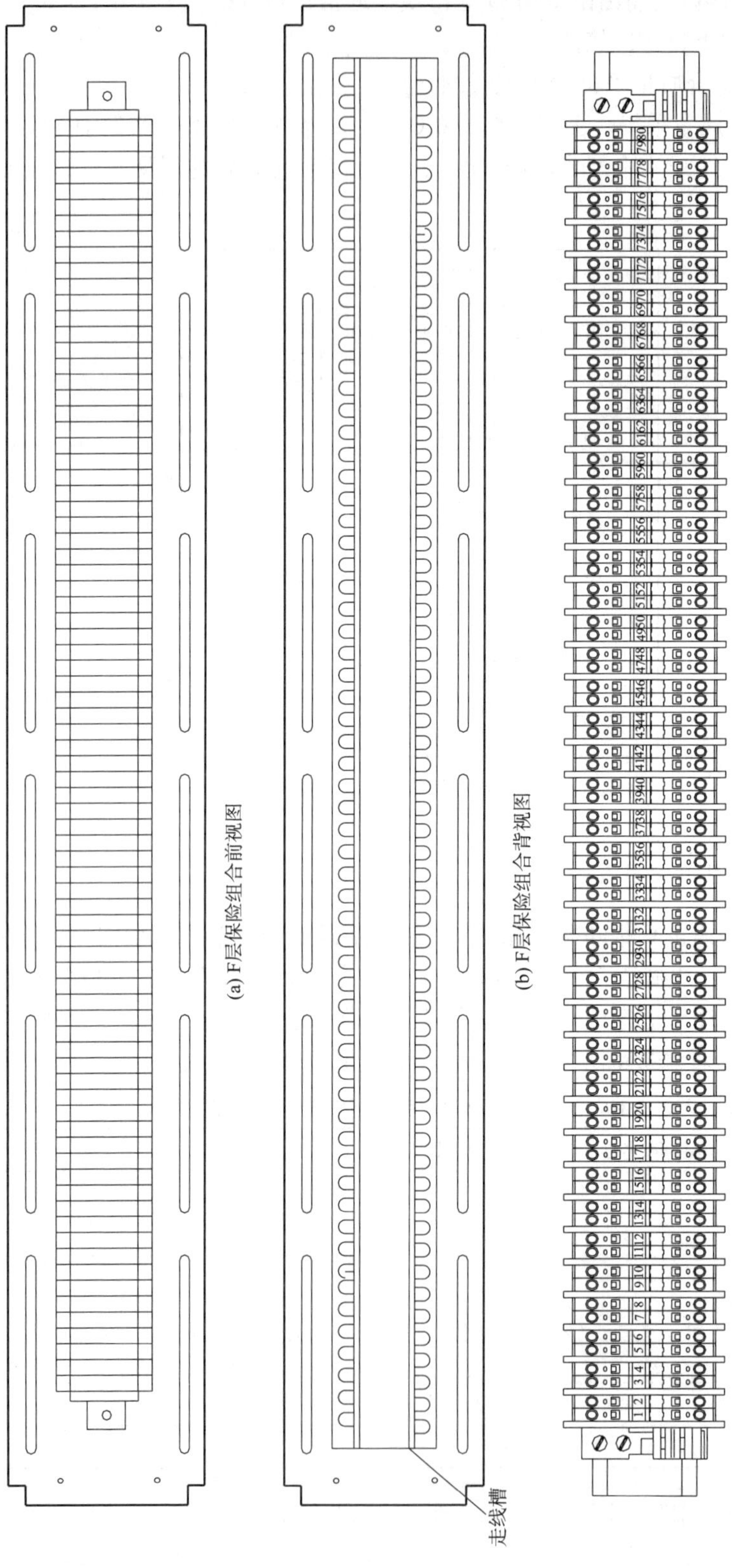

(a) F层保险组合前视图

(b) F层保险组合背视图

(c) F层保险组合线排制作示意

图3-7　电源屏输出电源采集断路器组合端子排列

电源屏输出的电源有：联锁机柜电源、光交换机电源、以太网交换机电源、光纤转换器电源、SDM 及打印机电源、维护终端交换机电源、SDH 节点电源、SDH 机柜电源、轨道电源、轨道局部电源、轨道接收器电源、信号点灯电源、道岔表示电源、交流转辙机电源、直流转辙机电源、继电器电源、监测机柜电源、车站 ATS 电源、灯丝报警电源、断路器报警电源、电源网关计算机电源等。

设计时，在断路器入栏内填写有关的电源屏输出端子，在断路器出 1 栏内填写有关的监测机柜端子。例如，联锁机柜电源 1-JZ，从电源屏端子 DYP_1-XT_5-4 引来，接监测机柜端子 JC_1-904-1。可依次填入表 3-10。

三、信号机采集设计

信号机采集设计为定型设计，如图 3-8 所示。将点灯回路中 DJ 至 DDJ 后接点（正线联锁区）或断路器（车辆段）处的外线拆掉，增配一根长线从本灯丝电路采集组合的电流互感器中穿过，绕三圈，两端再接原来的端子。

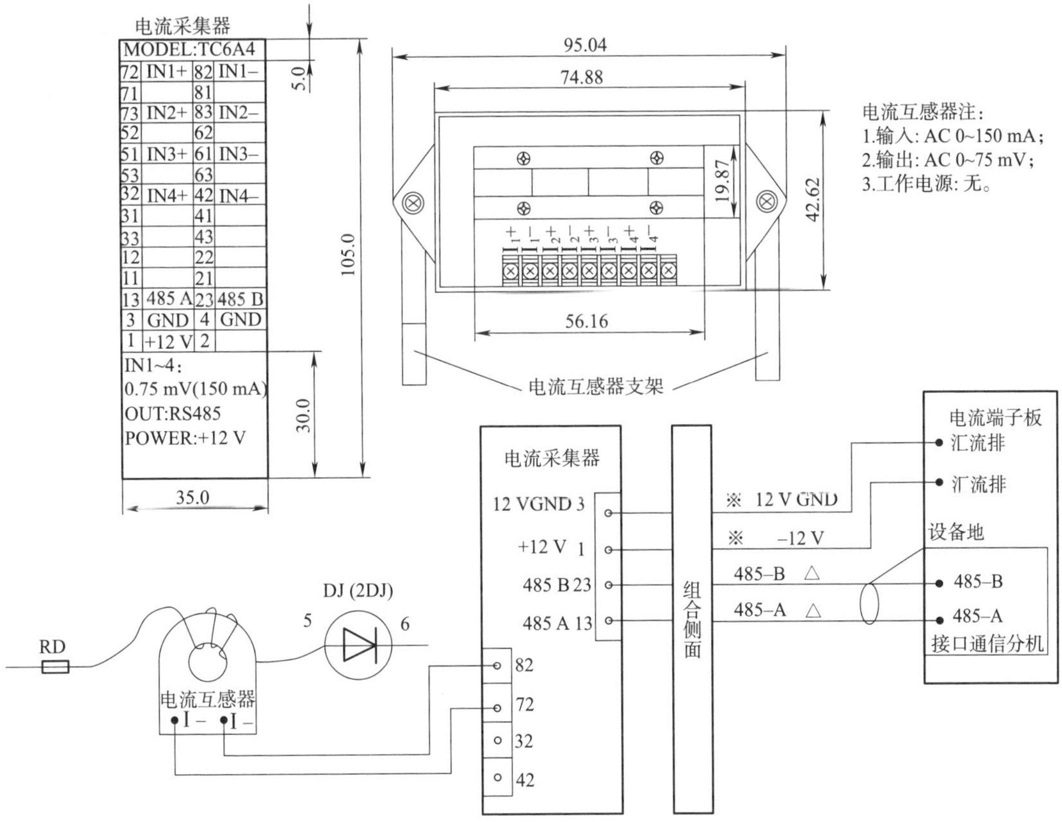

图 3-8　信号机采集原理（单位：mm）

电流互感器不用电源，利用电磁感应将流经其线圈孔内的电流转换成 0～75 mV 的交流电压，再送给电流采集器。

一个电流采集器可采集四路信号机电流，图上只标出一路，其他三路原理相同，只是对应的电流采集器端子不同。

电流采集器和电流互感器配合使用，电流互感器安装在对应的电流采集器旁边。

四、轨道采集设计

轨道采集设计包括轨道采集原理图设计、轨道采集组合内部配线图设计、组合侧面端子配线表设计。

1. 轨道采集原理图设计

轨道采集原理图为定型设计，如图 3-9 所示。轨道电压采集点在轨道继电器线圈两端，有轨道电路测试盘时，可从轨道电路测试盘端子上采集。每个轨道采集单元最多采集 8 路轨道电压，对应轨道采集组合侧面一列端子。轨道采集单元采集的信息通过 RS485 总线送至通信接口分机，为此，每个轨道采集单元必须设置一个 RS485 通信地址，在通信接口分机同一个串口内的采集单元通信地址不能相同，且从 1 开始顺序排列。

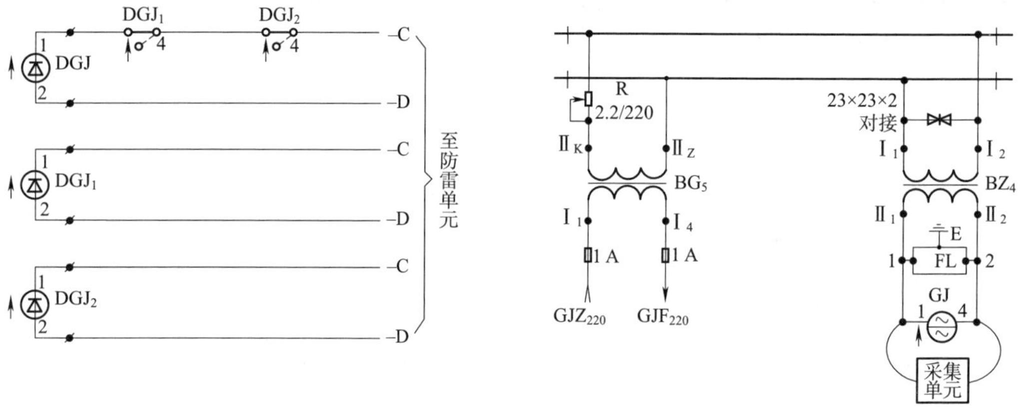

(a) 一送多受区段的轨道电压采集位置　　(b) 轨道电路图中的采集位置

图 3-9　轨道电路采集原理

2. 轨道采集组合内部配线图设计

每个轨道采集组合最多安装 9 个轨道采集单元。超过 9 个时，每两层组合用 RS485 通信线环接，输出一根通信线接至通信接口分机的一个端口。每个轨道电压有唯一的 RS485 地址号，从 1～20 依次。

轨道采集组合内部配线图格式同一般组合内部配线图，是定型设计。该配线图也包括两部分，即轨道采集单元配线图和组合侧面端子配线图。轨道采集单元配线图表明轨道采集单元插座端子与侧面端子内侧的配线联系。组合侧面端子配线图表明组合侧面端子内侧与轨道采集单元插座端子的配线联系。

3. 组合侧面端子配线表设计

每个轨道采集组合最多安装 9 个轨道采集单元。超过 9 个时，每两层组合用 RS485 通信线环接，输出一根通信线接至通信接口分机的一个端口。每个轨道电压有唯一的 RS485 地址号，从 1～20 依次。

组合侧面端子配线如表 3-11 所列。设计时，在表中填写轨道区段名称和配线。还要说明配线的种类、型号、接法和采集单元工作用的 12 V 电源位置。

表 3-11 组合侧面端子配线

	12		11		10		09		08		07		06		05		04		03		02		01		
	名称	配线	名称	配线	名称	配线	名称	配线	名称	配线	名称	配线	名称	配线	名称	配线	名称	配线	名称	配线	名称	配线	名称	配线	
1	+12 V	C10-12 V																							1
2	+12 V																								2
3	AGND	C10-12 V GND																							3
4	AGND																								4
5																									5
6	485A	分机 25-COM-1-1(A)																							6
7	485A																								7
8	485B	分机 25-COM-1-1(B)																							8
9	485B																								9
10																									10
11																									11
12																									12
13																									13
14																									14
15																									15
16																									16
17							485地址号11		485地址号10		485地址号9		485地址号8		485地址号7		485地址号6		485地址号5		485地址号4		485地址号3		17
18																									18

五、道岔采集设计

1. 1DQJ 采集设计

1DQJ 采集设计包括 1DQJ 采集原理图设计和分散采集配线图设计。

(1)1DQJ 采集原理图设计

1DQJ 采集原理图为定型设计，如图 3-10 所示。集中监测为了获得道岔动作的起始、结束时间，以绘制完整的道岔动作曲线，需要采集 1DQJ 的状态。1DQJ 的接点多被占用，只有第 3、4 组的后接点未用。通常将第 4 组后接点接至开关量采集器的 4、5 端子。开关量采集器将监测系统和联锁设备隔离开。开关量采集器是有源模块，由监测机柜供电。开关量采集器的 1、2 为电源端子，1 为 5 V 地，2 为＋5 V；3 为采集输出端子，接机柜开入板或道岔采集单元；4、5 为输入端子。开关量采集器内部有感应线圈，与 1DQJ 的第 4 组后接点构成闭合回路。

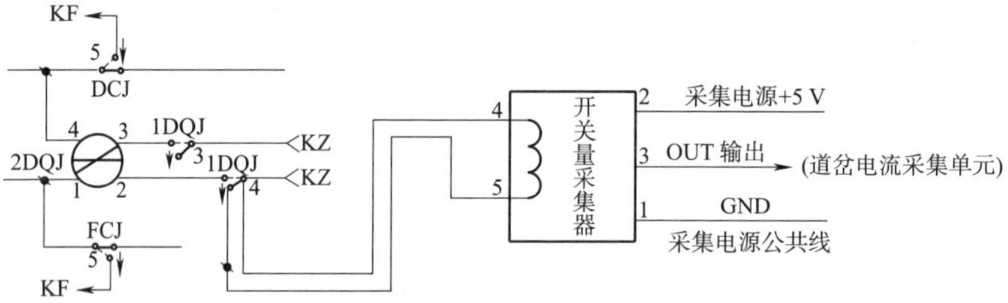

图 3-10 1DQJ 采集原理

道岔不动作时，1DQJ 落下，4、5 端子间闭合，3 端子上有电压输出至机柜。道岔动作时，1DQJ 吸起，4、5 端子间断开，3 端子输出至机柜的电压消失，监测程序判断道岔开始转动。道岔动作结束后，1DQJ 落下，3 端子输出至机柜的电压恢复，监测程序判断道岔转动结束。

(2)1DQJ 分散采集配线图设计

1DQJ 开关量采集器分散安装示意如图 3-11 所示。开关量采集器分散安装在各道岔组合内部，用支架托起在 1DQJ 继电器的背面。开关量采集器的 5 V 电源端子环连，每 20 个首尾双环。

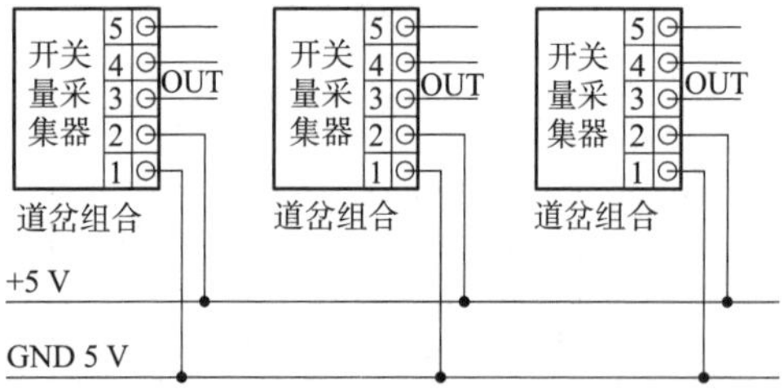

增配线名称	组合侧面增配线端子位置	组合内部增配线端子位置
+5 V		开关量模块–2
GND 5 V		开关量模块–1
开关量输出		开关量模块–3

图 3-11 1DQJ 开关量采集器分散安装示意

1DQJ 分散采集配线如表 3-9 所列。设计时，在表中填写道岔名称、组合位置，需增配至开关量采集器端子 5、4、3 的组合侧面端子号。

表 3-12　1DQJ 分散采集配线

道岔名称							
端子 5							
端子 4							
端子 3							
组合位置							

为了方便配线，开关量采集器的 5 V 电源和采集输出利用组合侧面的空余端子进行转接。全站/段所有道岔统一使用组合侧面的空余端子。如有个别道岔无法统一时，则根据情况转接。

还要说明配线要求，以及 5 V 电源在机柜的位置。

2. 直流转辙机道岔电流采集设计

直流转辙机道岔电流采集设计包括道岔电流采集原理图设计和道岔电流采集配线表设计。

(1)道岔电流采集原理图设计

道岔电流采集原理如图 3-12 所示，为定型设计。

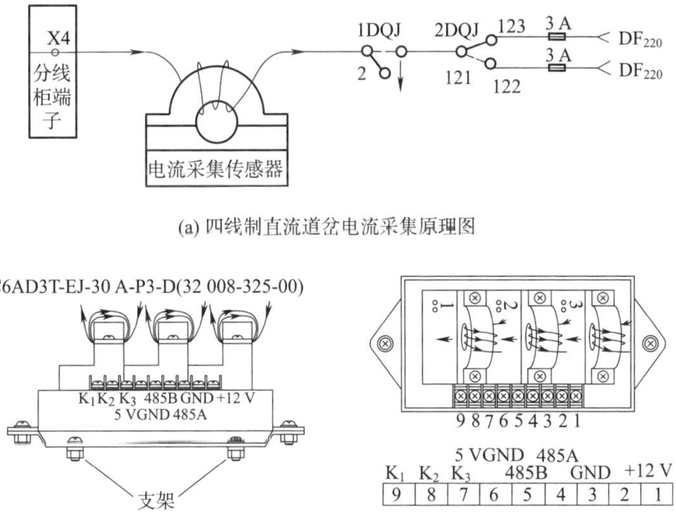

(b) 采样模块外形图　(c) 接线图

图 3-12　道岔电流采集原理

单机牵引的直流转辙机采用 4 线制道岔控制电路，只需采集道岔启动电路 X4 中的电流。道岔电流采集模块集中安装在分线柜空位或靠近分线柜的组合柜上。将道岔组合侧面端子至分线柜 X4 的回线拆下，从道岔采集传感器孔中穿 3 匝，再接回原端子。每个道岔电流采集模块可采集 3 组道岔，传感器排列顺序从下到上依次为 1、2、3。将对应道岔的 1DQJ 采集模块输出配到道岔电流采集模块的 K_1、K_2、K_3 上。

传感器将孔内的直流电流按一定比例输出至 DSP 芯片，经数字处理后由 485 总线传送。

工作电源使用机柜内大功率+12 V 电源。

(2)道岔电流采集配线表设计

道岔电流采集配线如表 3-13 所列。

表 3-13　道岔电流采集配线

模块序号	1	2	3	4	5	6	7	8	9	10
传感器 3										
K_3-IN										
传感器 2										
K_2-IN										
传感器 1										
K_1-IN										
模块地址号	1	2	3	4	5	6	7	8	9	10

道岔电流采集模块集中安装在分线柜空位或靠近分线柜的组合柜上。在组合柜上利用一层未安装继电器底座的空组合挡板，将道岔采集传感器用支架挺起平行放置，安装在继电器底座的位置上。每层组合最多安装 10 个道岔电流采集模块。当一层不大于 5 个模块时，可一个模块间隔模块空位地安装。一层大于 5 个模块时，正、背面安装，背面的模块用支架撑起来，以免与走线槽相冲突。正面的用奇数编号，背面的用偶数编号。

设计时，在表中的传感器 1、2、3 栏填写道岔编号，在 K_1-IN、K_2-IN 、K_3-IN 栏填写该道岔组合位置。

3. 交流转辙机功率采集设计

交流转辙机功率采集原理如图 3-13 所示，为定型设计。

交流转辙机功率采集需要同时采集三相电压和三相电流，然后计算功率值。

三相电压是采集断相保护器 11、31、51 上的电压，可从道岔组合内部增加配线至组合侧面端子，然后配到功率采集单元。采集点必须在本道岔组合三相断路器之后。同时将 380 V 电源的零线配到监测采集组合，用作三相电压采集参考值。

三相电流在断相保护器 21、41、61 到 1DQJ、1DQJF 的启动电源线上采集。道岔电流采集模块安装在道岔组合内部断相保护器底座旁的背面，用支架托起。将断相保护器 21、41、61 到 1DQJ、1DQJF 的启动电源线拆下，从道岔采集传感器孔中穿 2 匝，再接回原接点。道岔采集传感器孔中电流流向应与传感器标注的电流方向一致。

道岔采集传感器将感应的电流转换成交流电压，输出 4 根线，分别为 I_a、I_b、I_c、I_n，接至功率采集单元。功率采集单元上三相电压各相必须与三相电流一一对应，接在规定的端子上。

1DQJ 开关量采集模块的输出也配到功率采集单元上，用于采集道岔的启动和结束时间。

道岔采集传感器为有源模块，使用 12 V 电源，直接从机柜 12 V 电源端子接来。

还要说明配线的种类、型号、接法，机柜 12 V 电源的位置。

六、安全门综合采集设计

安全门综合采集原理如图 3-14 所示，为定型设计，只有正线联锁区才有。该图为非集中站通用示意图，集中站的相关设备不通过虚线框所示的非集中站分线柜转接，直接由集中站信号设备室接至集中站安全门设备室。

安全门相关电源采集点在集中站信号设备室分线柜侧，与分线柜室外电缆（包括站间电缆）处。采集监测新增配线在分线柜空端子上。

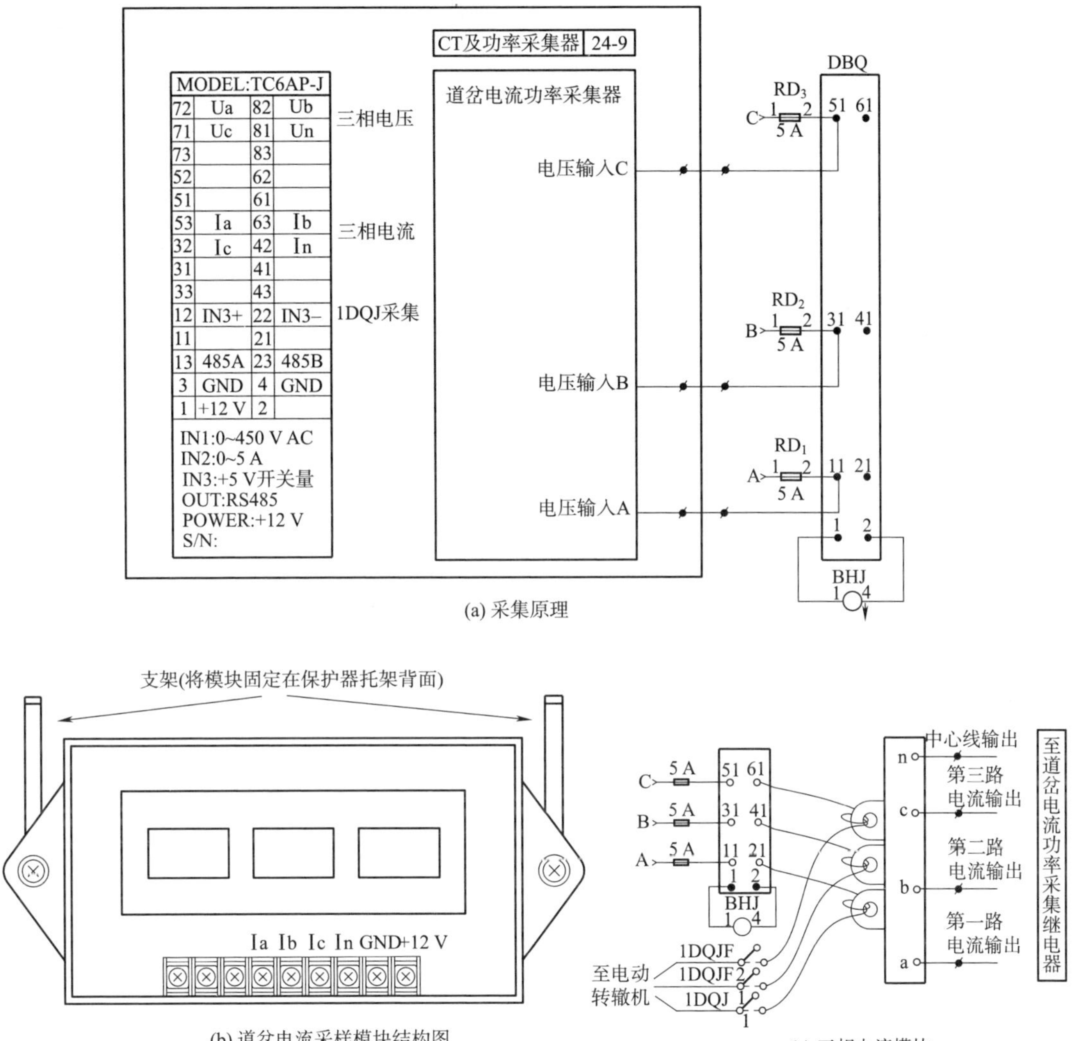

图 3-13　交流转辙机功率采集原理

每单元采集一侧安全门控制电路信息。

采集内容包括：开门控制电压、关门控制电压、锁紧表示电压、切除表示电压。安全门相关电源采集点为 KMJ、GMJ 的第 3 组空接点，PDKJ、PDQCJ 的第 5 组空接点。在安全门 PSD 组合 05-5 增加开关量采集＋12 V 输入配线，前接点作为输出点增加配线到该组合相应位置。开关量输出线经组合侧面转接到安全门综合采集组合侧面。

安全门综合采集器通过 CAN 接口与通信分机相连接

七、断路器报警采集开入板设计

对于断路器报警采集开入板，需设计配线表，如表 3-14 所列。断路器报警在报警盒输出端子上采集。每块采集开入板最多采集 48 个断路器报警信息。采集开入板的 a_{17} 上固定环接断路器报警的负电环线。

设计时，在表中填写开入板名称、组合柜名称、采样位置。

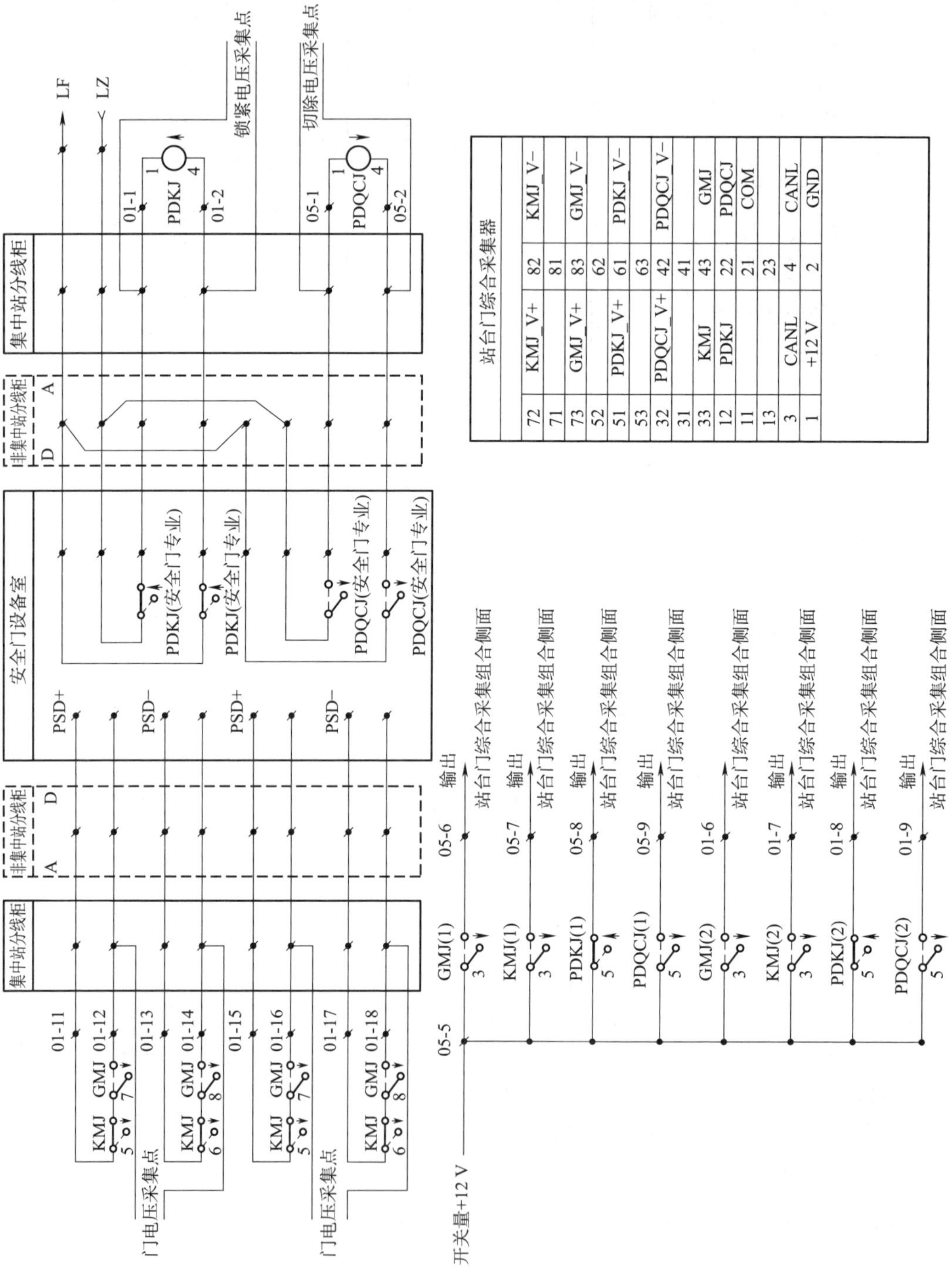

图3-14 站台门综合采集原理

表 3-14　断路器报警采集开入板配线

	z/c		b		d/a	
	名称	采样位置	名称	采样位置	名称	采样位置
1						
2						
3						
⋮						
15						
16						
17					报警负电环线	RF

八、电缆绝缘监测采集设计

通过电缆绝缘电阻的测量，可及时了解电缆绝缘的情况，保证设备的正常工作。电缆绝缘测试是指电缆芯线全程对地绝缘电阻的测试，并支持随机人工启动全测或单测。

电缆芯线数量众多，只能一根一根地测试，借助测试继电器的树型阵列接点开关，即继电器多级选路网络和互切电路，将每条电缆顺序地、逐一地接入测试电路。

测试继电器的吸起或落下(准确讲应是继电器的排列组合)，是由采集机通过开关量输出板的输出条件驱动的。采集机根据接受的命令，确定阵列中哪些继电器吸起，哪些继电器落下，从而确定接入测试电路的电缆。

采集机的每块开关量输出板用于控制电缆绝缘测试继电器动作。每块输出板有 40 路开关量输出，能驱动 40 个安全型继电器动作，如图 3-15 所示。其配线如表 3-15 所列。

表 3-15　电缆绝缘测试控制电路配线

	z/c		b		d/a	
	继电器名称	绝缘测试组合	继电器名称	绝缘测试组合	继电器名称	绝缘测试组合
1	J60	E层 05-13	J70	E层 05-14	J80	E层 05-15
2	J30	E层 05-9	J40	E层 05-11	J50	E层 05-12
3	J21	E层 05-15	J20	A层 05-15	J31	E层 05-10
4	J10	A层 05-13	J23	D层 05-15	J22	C层 05-15
5	J13	B层 05-14	J12	B层 05-13	J11	A层 05-14
6	J16	D层 05-13	J15	C层 05-14	J14	C层 05-13
7	J01	A层 05-10	J00	A层 05-9	J17	D层 05-14
8	J04	B层 05-9	J03	A层 05-12	J02	A层 05-11
9	J07	B层 05-12	J06	B层 05-11	J05	B层 05-10
10	J0A	C层 05-11	J09	C层 05-10	J08	C层 05-9
11	J0D	D层 05-10	J0C	D层 05-9	J0B	C层 05-12
12	J90	E层 05-16	J0F	D层 05-12	J0E	D层 05-11
13	JB0	A层 05-16	JBJ	B层 05-10	JA0	E层 05-17
14					JB1	A层 05-17
15						
16						
17					综合 24 V-	C0-D_1 03-2 C1-D_5-d17

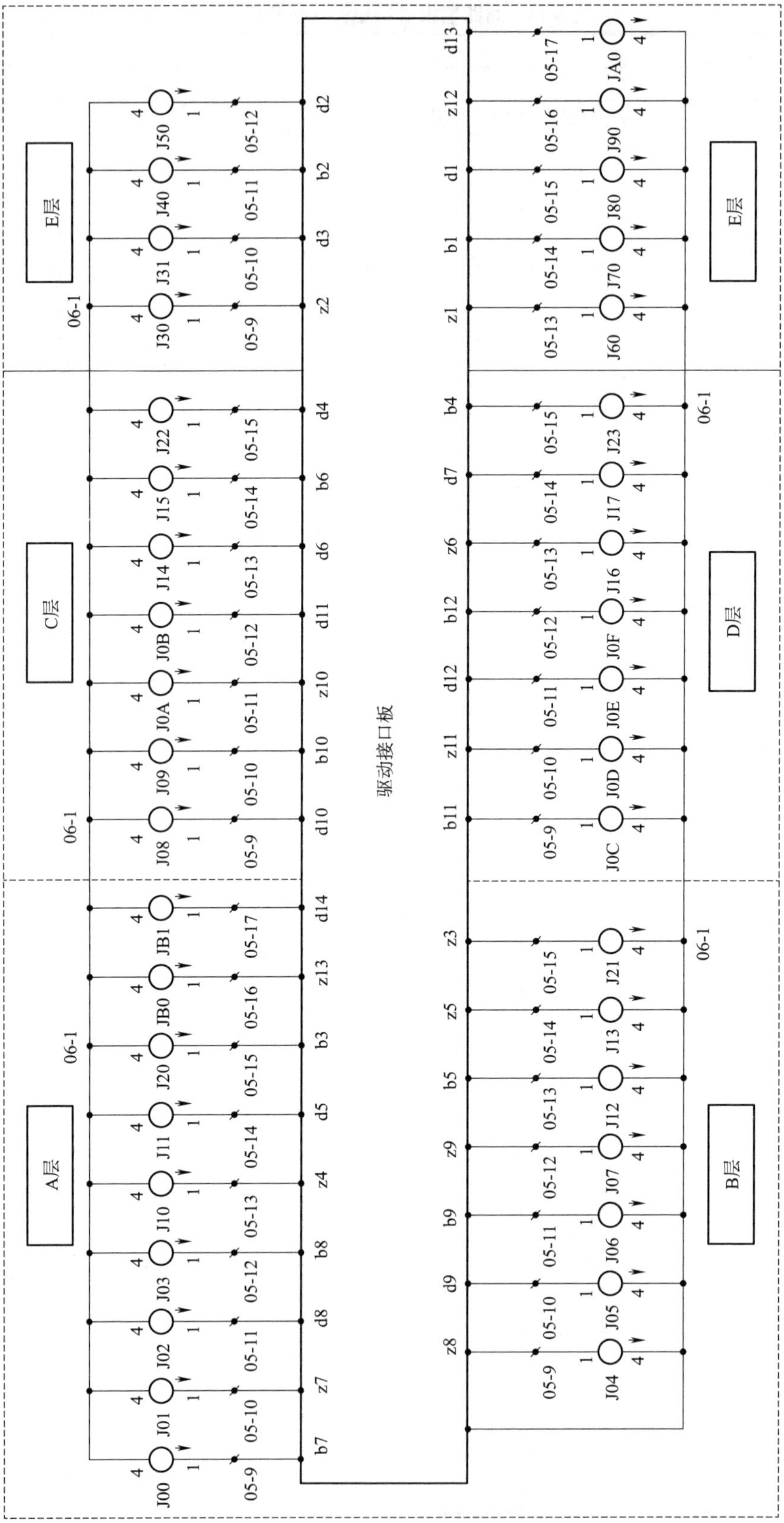

图3-15 电缆绝缘测试控制电路

1～35 路开关量输出分别控制 35 个继电器，专用于电缆绝缘测试。电缆绝缘测试继电器按组合方式配置。每块开关量输出板均能驱动一整套测试组合（由 35 个继电器组成）。测试组合共分为 5 个分层组合，分别以 A 层、B 层、C 层、D 层、E 层命名，其中 E 层为基本转换组合，A、B、C、D 层为电缆芯线转换组合，接配电缆芯线。测试组合 E 的继电器类型如表 3-16 所列。

表 3-16 测试组合 E 继电器类型

E	J30	J31	J40	J50	J60	J70	J80	J90	JA0	E10
	JWXC-1700	JWXC-1700	JWXC-1700	JWXC-1700	JWXC-1700	JWXC-1700	JWXC-1700	JWXC-1700	JWXC-1700	漏流盒
A	J00	J01	J02	J03	J10	J11	J20	JB0	JB1	A10
	JWXC-1700	JWXC-1700	JWXC-1700	JWXC-1700	JWXC-1700	JWXC-1700	JWXC-1700	JWXC-1700	JWXC-1700	绝缘表
B	J04	J05	J06	J07	J12	J13	J21	JBJ		
	JWXC-1700	JWXC-1700	JWXC-1700	JWXC-1700	JWXC-1700	JWXC-1700	JWXC-1700	JWXC-1700		
C	J08	J09	J0A	J0B	J14	J15	J22			
	JWXC-1700	JWXC-1700	JWXC-1700	JWXC-1700	JWXC-1700	JWXC-1700	JWXC-1700			
D	J0C	J0D	J0E	J0F	J16	J17	J23			
	JWXC-1700	JWXC-1700	JWXC-1700	JWXC-1700	JWXC-1700	JWXC-1700	JWXC-1700			

测试继电器的基本层 E 层逻辑示意如图 3-16 所示，接线层 A、B、C、D 层逻辑示意分别如图 3-17、图 3-18、图 3-19、图 3-20 所示。

J80 继电器平时落下，切断所有电缆测试电路；当接到命令时吸起，接通电缆测试电路。JA0继电器是电缆绝缘测试与电源漏流测试的电路区分条件。

简单地说，通过三个继电器 J50、J60、J70 的吸起和落下的排列组合，以它们的接点构成区分条件，实现电缆顺序地、逐一地接入测试电路，如表 3-17 所列。

而通过 E、A、B、C、D 层的 35 个继电器的吸起和落下的排列组合，就可以顺序地、逐一地对 256 根电缆芯线的绝缘进行测试。

每一整套测试组合的最大容量为 256 根电缆芯线，分 4 组接入 A、B、C、D 层，经由继电器接点组成的树型阵列开关，在采集机软件的控制下，顺序接入电缆绝缘测试电路，计算出对地绝缘值。

根据被测电缆芯线的数量，可灵活配置转换组合，如表 3-18 所示。

电缆芯线超过 256 根时，按需要增加测试组合 E′。测试组合 E′继电器类型如表 3-19 所列。超过 512 根时，要按需要增加测试组合 E″。

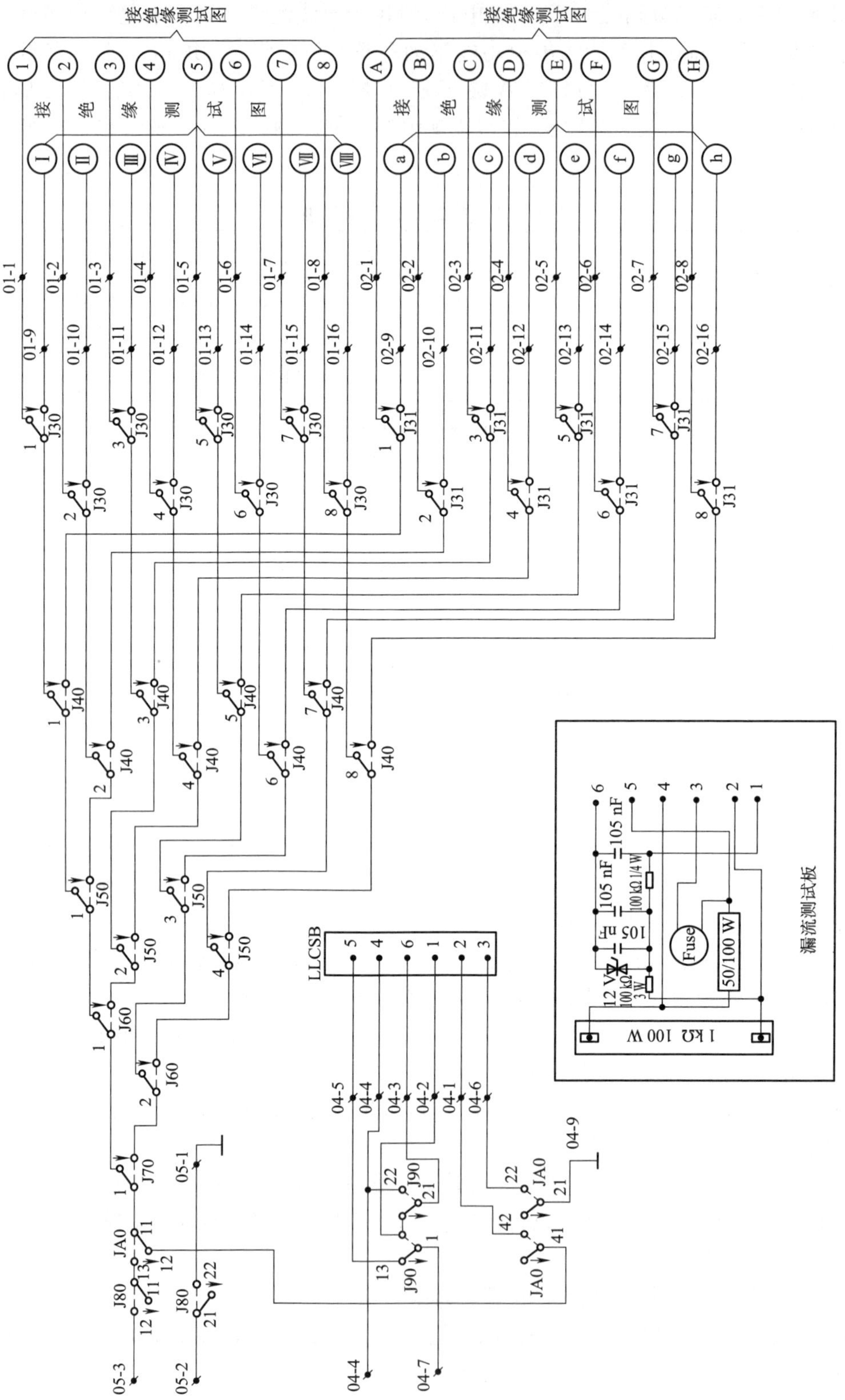

图3-16 基本层E层逻辑示意

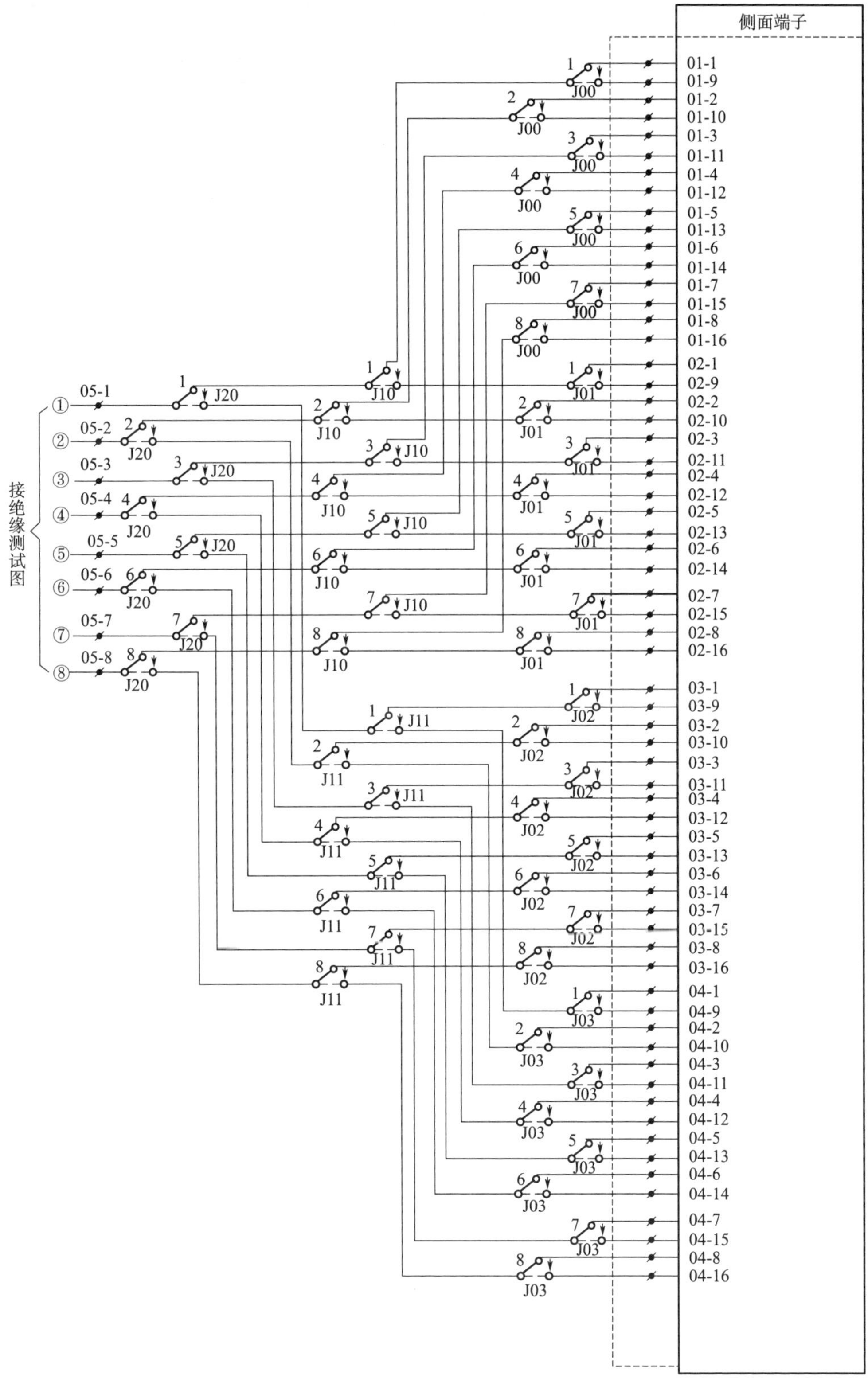

图 3-17　接线层 A 层逻辑示意

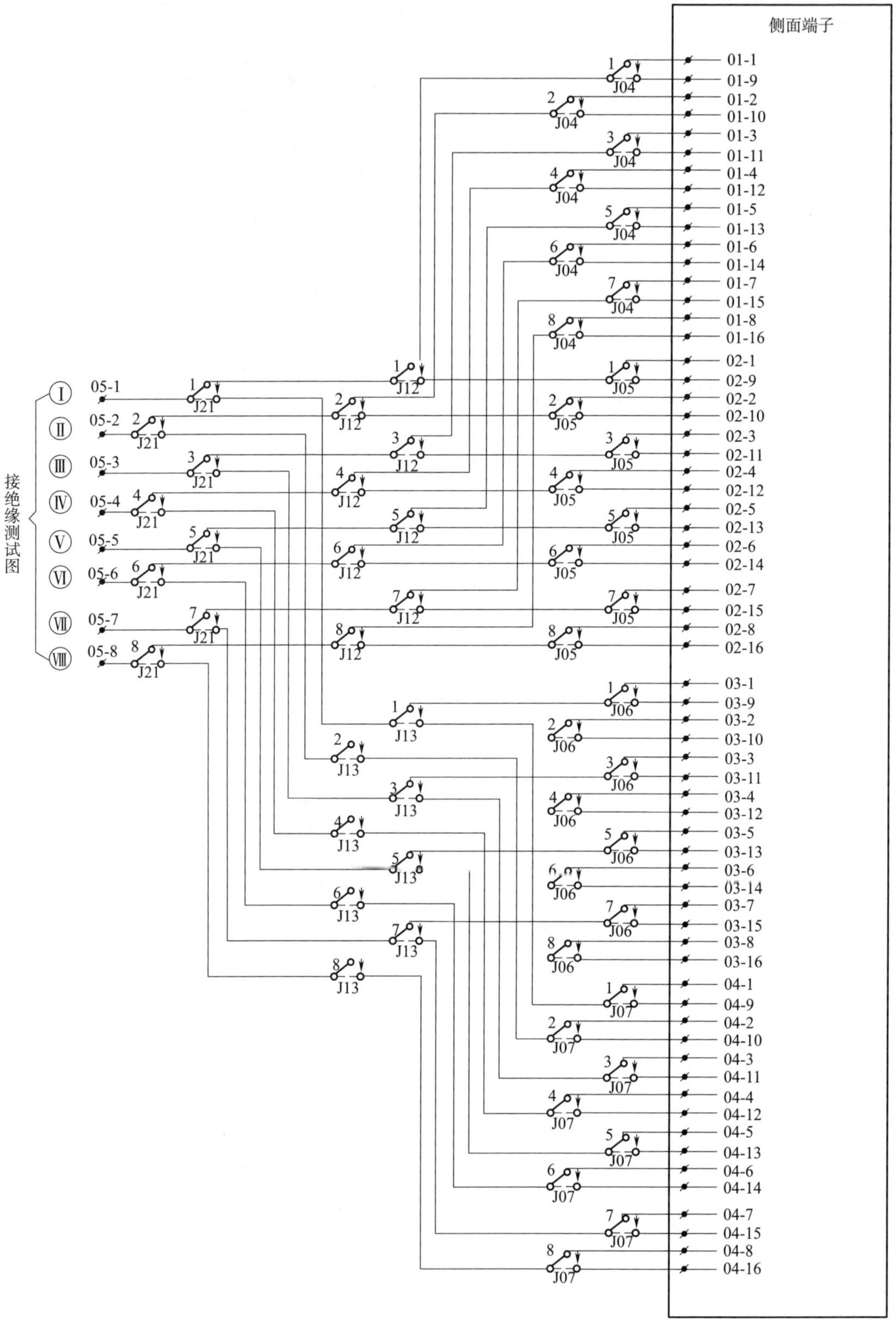

图 3-18 接线层 B 层逻辑示意

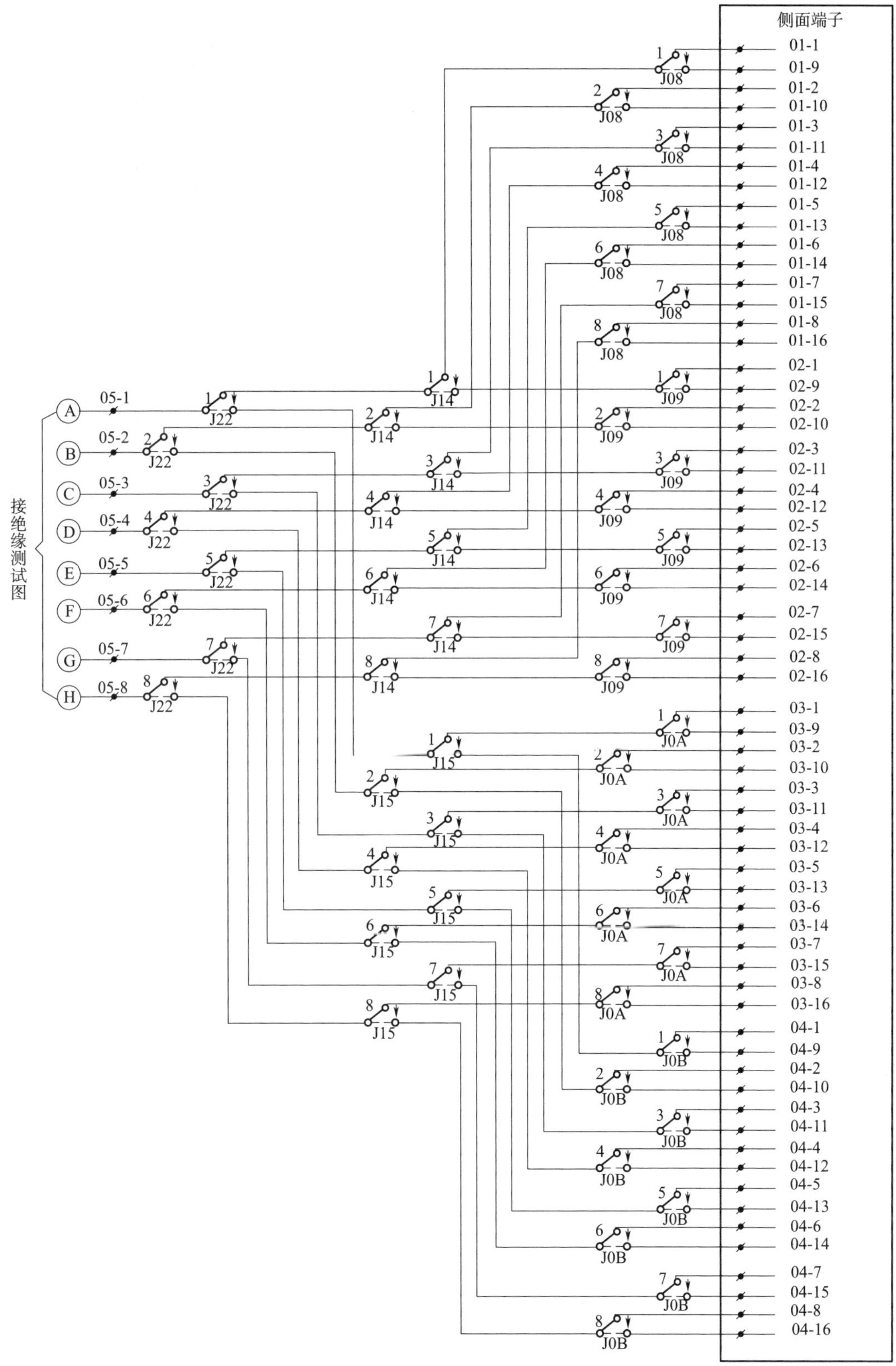

图 3-19　接线层 C 层逻辑示意

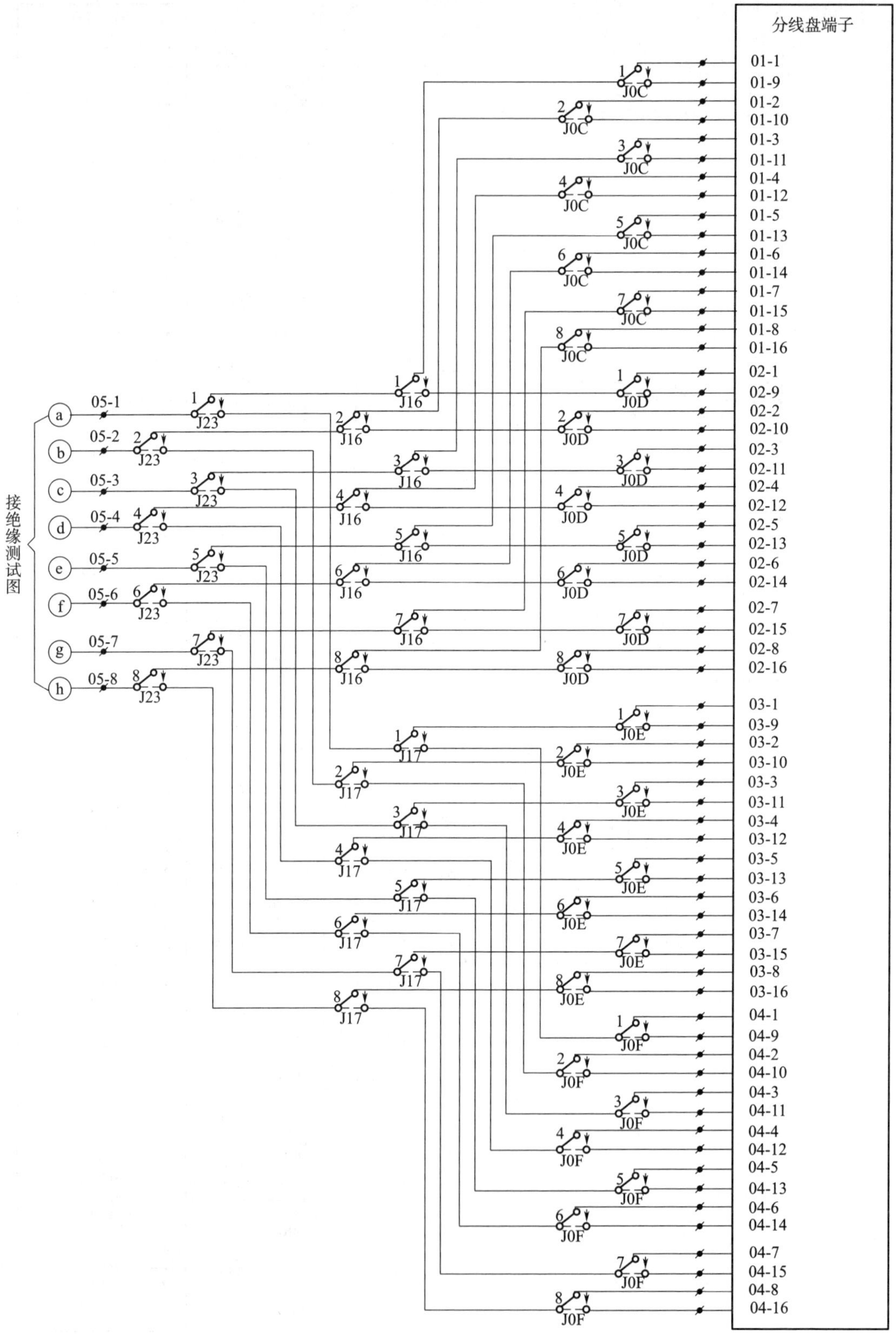

图 3-20 接线层 D 层逻辑示意

表 3-17　J50、J60、J70 条件排列组合

继电器名称及状态			接入电缆顺序
J70	J60	J50	
↑	↑	↑	接入第 1 根
↑	↑	↓	接入第 2 根
↑	↓	↑	接入第 3 根
↑	↓	↓	接入第 4 根
↓	↑	↑	接入第 5 根
↓	↑	↓	接入第 6 根
↓	↓	↑	接入第 7 根
↓	↓	↓	接入第 8 根

表 3-18　电缆绝缘测试范围

电缆芯线数量	组　　合
1～64 条	E+A
65～128 条	E+A+B
129～192 条	E+A+B+C
193～256 条	E+A+B+C+D

表 3-19　测试组合 E′继电器类型

E′	J30′	J31′	J40′	J50′	J60′	J70′	J80′
	JWXC-1700	JWXC-1700	JWXC-1700	JWXC-1700	JWXC-1700	JWXC-1700	JWXC-1700
A′	J00′	J01′	J02′	J03′	J10′	J11′	J20′
	JWXC-1700	JWXC-1700	JWXC-1700	JWXC-1700	JWXC-1700	JWXC-1700	JWXC-1700
B′	J04′	J05′	J06′	J07′	J12′	J13′	J21′
	JWXC-1700	JWXC 1700	JWXC-1700	JWXC-1700	JWXC-1700	JWXC-1700	JWXC-1700
C′	J08′	J09′	J0A′	J0B′	J14′	J15′	J22′
	JWXC-1700	JWXC-1700	JWXC-1700	JWXC-1700	JWXC-1700	JWXC-1700	JWXC-1700
D′	J0C′	J0D′	J0E′	J0F′	J16′	J17′	J23′
	JWXC-1700	JWXC-1700	JWXC-1700	JWXC-1700	JWXC-1700	JWXC-1700	JWXC-1700

测试组合 E′的测试继电器电路图、各层逻辑图、配线图与测试组合 E 的基本相同，仅仅在继电器名称上加′。

电缆绝缘测试组合内部配线在厂家均已按标准配线图接好，对于具体车站应根据具体电缆芯线数量和现场调查资料，对照标准图的端子分配设计配线表。E 层组合侧面端子配线如表 3-20 所列，对于各个车站是通用的。A、B、C、D 层组合侧面端子配线分别如表 3-21～表 3-24所列，在表中依次填写各电缆的名称和采样位置（分线柜端子等），并要完成各组合的内部配线。

表 3-20　E 层组合配线

	06		05		04		03		02		01	
	名称	组合侧面	名称	组合侧面	名称	组合侧面	名称	组合侧面	名称	组合侧面	名称	组合侧面
1	综合 24 V+	C0-D_1-01-2 A-06-1	绝缘测试地	接地线 E′-05-1	漏流测试连线	LLCSB2			组合间连线	C-05-1	组合间连线	A-05-1
2			500 V+	06-16 E′-05-2	漏流测试连线	LLCSB1			组合间连线	C-05-2	组合间连线	A-05-2
3			500 V−	06-18 E′-05-3	漏流测试连线	LLCSB6			组合间连线	C-05-3	组合间连线	A -05-3
4			组合间连线	E′-05-4	漏流测试连线	LLCSB4			组合间连线	C-05-4	组合间连线	A -05-4
5			组合间连线	E′-05-6	漏流测试连线	LLCSB5			组合间连线	C-05-5	组合间连线	A -05-5
6					漏流测试连线	LLCSB3			组合间连线	C-05-6	组合间连线	A -05-6
7			组合间连线	E′-05-7					组合间连线	C-05-7	组合间连线	A -05-7
8	220 V JZ	C_{11}-D_1-9 B-06-12							组合间连线	C-05-8	组合间连线	A -05-8
9			J30	C_1-D_4-z2	组合间连线	A-06-3			组合间连线	D-05-1	组合间连线	B-05-1
10	220 V JF	C_{11}-D_1-21 B-06-14	J31	C_1-D_4-d3	组合间连线	A-02-18			组合间连线	D-05-2	组合间连线	B-05-2
11			J40	C_1-D_4-b2					组合间连线	D-05-3	组合间连线	B-05-3
12	220 V JZ	A-06-15	J50	C_1-D_4-d 2					组合间连线	D-05-4	组合间连线	B-05-4
13			J60	C_1-D_4-z1					组合间连线	D-05-5	组合间连线	B-05-5
14	220 V JF	A-06-16	J70	C_1-D_4-b1	组合间连线	A-06-4			组合间连线	D-05-6	组合间连线	B-05-6
15			J80	C_1-D_4-d1					组合间连线	D-05-7	组合间连线	B-05-7
16	IN500 V+	05-2 A-06-17	J90	C_1-D_4-z12	组合间连线	A-01-18	灯丝漏流−12 V	C_0-D_1-01-15	组合间连线	D-05-8	组合间连线	B-05-8
17			JA0	C_1-D_4-d13	灯丝漏流检出	C_1-D_1-z8	灯丝漏流+12 V	C_0-D_1-01-12				
18	IN500 V−	05-3 A-06-18			灯丝漏流 12 V GND	C_0-D_1-03-12	组合间连线	A-03-18				

表 3-21 A 层组合配线

	06			05	04			03			02			01		
	名称	组合侧面	名称		路数	电缆名称	采样位置	路数	电缆名称	采样位置	路数	电缆名称	采样位置	路数	电缆名称	采样位置
1	综合 24 V＋ ＊	E-06-1 B-06-1	组合间连线	E-01-1	49			33			17			1		
2			组合间连线	E-01-2	50			34			18			2		
3	灯丝-IN	E-04-9	组合间连线	E-01-3	51			35			19			3		
4	灯丝-12 V	E-04-14	组合间连线	E-01-4	52			36			20			4		
5	灯丝-X1		组合间连线	E-01-5	53			37			21			5		
6	灯丝-X1′		组合间连线	E-01-6	54			38			22			6		
7	灯丝-X2		组合间连线	E-01-7	55			39			23			7		
8	灯丝-X2′		组合间连线	E-01-8	56			40			24			8		
9	灯丝-S1		J00	C_1-D_4-b7	57			41			25			9		
10	灯丝-S1′		J01	C_1-D_4-z7	56			42			26			10		
11	灯丝-S2		J02	C_1-D_4-d8	59			43			27			11		
12	灯丝-S2′		J03	C_1-D_4-b8	60			44			28			12		
13	BUSY＋	C_1-D_7-d1	J10	C_1-D_4-z4	61			45			29			13		
14	BUSY－	C_1-D_7-z1	J11	C_1-D_4-d5	62			46			30			14		
15	220 V JZ	E-06-12 E′-06-12	J20	C_1-D_4-b3	63			47			31			15		
16	220 V JF	E-06-14 E′-06-12	JB0	C_1-D_4-z13	64			48			32			16		
17	500 V＋	E-06-16	JB1	C_1-D_4-d14												
18	500 V－	E-06-18						组合间连线		E-03-18	组合间连线		E-04-10	组合间连线		E-04-16

表 3-22　B 层组合配线

	06		05		04			03			02			01		
	名称	组合侧面	名称		路数	电缆名称	采样位置	路数	电缆名称	采样位置	路数	电缆名称	采样位置	路数	电缆名称	采样位置
1	综合 24 V+	A-06-1 C-06-1	组合间连线	E-01-9	113			97			81			65		
2			组合间连线	E-01-10	114			98			82			66		
3			组合间连线	E-01-11	115			99			83			67		
4			组合间连线	E-01-12	116			100			84			68		
5			组合间连线	E-01-13	117			101			85			69		
6			组合间连线	E-01-14	118			102			86			70		
7			组合间连线	E-01-15	119			103			87			71		
8			组合间连线	E-01-16	120			104			88			72		
9			J04	C_1-D_4-z8	121			105			89			73		
10			J05	C_1-D_4-d9	122			106			90			74		
11			J06	C_1-D_4-b9	123			107			91			75		
12	220 V JZ	E-06-8 E-06-1	J07	C_1-D_4-z9	124			108			92			76		
13			J12	C_1-D_4-b5	125			109			93			77		
14	220 V JF	E-06-10 E-06-10	J13	C_1-D_4-z5	126			110			94			78		
15			J21	C_1-D_4-z3	127			111			95			79		
16	报警 220 V JZ		JBJ	C_1-D_4-b13	128			112			96			80		
17																
18	报警 220 V JF															

表 3-23 C 层组合配线

	06		05		04			03			02			01		
	名称	组合侧面	名称		路数	电缆名称	采样位置	路数	电缆名称	采样位置	路数	电缆名称	采样位置	路数	电缆名称	采样位置
1	综合 24 V+	B-06-1 D-06-1	组合间连线	E-02-1	177			161			145			129		
2			组合间连线	E-02-2	178			162			146			130		
3			组合间连线	E-02-3	179			163			147			131		
4			组合间连线	E-02-4	180			164			148			132		
5			组合间连线	E-02-5	181			165			149			133		
6			组合间连线	E-02-6	182			166			150			134		
7			组合间连线	E-02-7	183			167			151			135		
8			组合间连线	E-02-8	184			168			152			136		
9			J08	C_1-D_4-d10	185			169			153			137		
10			J09	C_1-D_4-b10	186			170			154			138		
11			J0A	C_1-D_4-z10	187			171			155			139		
12			J0B	C_1-D_4-d11	188			172			156			140		
13			J14	C_1-D_4-d6	189			173			157			141		
14			J15	C-D_4-b6	190			174			158			142		
15			J22	C-D_4-d4	191			175			159			143		
16					192			176			160			144		
17																
18																

表 3-24　D 层组合配线表

	06		05		04			03			02			01		
	名称	组合侧面	名称		路数	电缆名称	采样位置	路数	电缆名称	采样位置	路数	电缆名称	采样位置	路数	电缆名称	采样位置
1	综合 24 V+	C-06-1 E′-06-12	组合间连线	E-02-9	241			225			209			193		
2			组合间连线	E-02-10	242			226			210			194		
3			组合间连线	E-02-11	243			227			211			195		
4			组合间连线	E-02-12	244			228			212			196		
5			组合间连线	E-02-13	2451			229			213			197		
6			组合间连线	E-02-14	246			230			214			198		
7			组合间连线	E-02-15	247			231			215			199		
8			组合间连线	E-02-16	248			232			216			200		
9			J0C	C_1-D_4-b11	249			233			217			201		
10			J0D	C_1-D_4-z11	250			234			218			202		
11			J0E	C_1-D_4-d12	251			235			219			203		
12			J0F	C_1-D_4-b12	252			236			220			204		
13			J16	C_1-D_4-z6	253			237			221			205		
14			J17	C_1-D_4-d7	254			238			222			206		
15			J23	C_1-D_4-b4	255			239			223			207		
16					256			240			224			208		
17																
18																

九、电源对地漏流监测采集设计

通过电源对地漏流的测试，可以了解各电源线是否破损或接地，及时发现线路故障。特别是，电源屏各种输出电源对地漏流的测试关系到安全生产，为以防万一，规定：只在天窗时间内人工启动、自动测量。

电源屏输出电源对地漏流的测试电路，类似于电缆绝缘的测试电路，所以电源对地漏流测试与电缆绝缘测试共用一套测试继电器组合，而且电源屏输出电源有交、直流之分。为了提高测试精度，只是在电缆绝缘测试继电器组合的基本层 E 层增加两个测试继电器。JA0 作为测试电缆绝缘和测试电源漏流的区分条件，J90 作为测试交流漏流和直流漏流的区分条件。JA0、J90 受开关量输出板控制，由软件程序控制它们的动作。

漏流测试电路原理如图 3-21 所示。被测的电源回路经电缆芯线通过测试继电器组合接至电源漏流测试板上的采样测试电路。测交流电源漏流时，JA0 吸起、J90 落下，在 50 Ω 电阻上采样。测直流电源漏流时，JA0 吸起、J90 吸起，在 1 kΩ 电阻上采样。

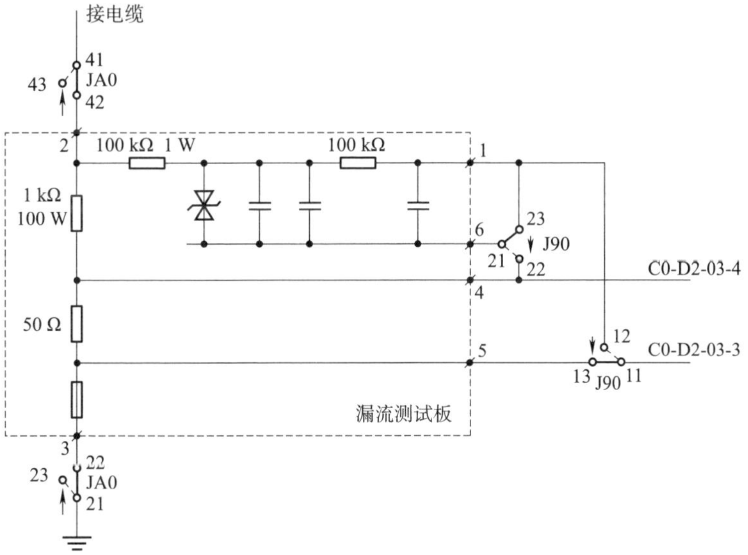

图 3-21　漏流测试电路原理

采集机的每块开关量输出板，每块可输出 40 个开关量（另 41～48 为开关量输入），前 35 个用于电缆绝缘测试组合，第 36、37 两个开关量用于控制漏流测试继电器（JA0、J90）。其测试容量与电缆绝缘一样，只要在 256 路之内均可。

设计配线表时，通常先配置电缆绝缘配线，然后配置电源漏流配线。在配线表中依次填写各电源（含区间电源）的名称和采样位置（断路器端子号）。

采用新型 RD 组合（万可）时，也可对所有电源单独采样，实现电源对地漏流的监测。

设计配线表时，在表 3-25 所示 RD 组合采集配线中依次填写各电源的名称和采样位置（电源屏输出端子号、绝缘测试组合端子号）。该组合满配为 84 个端子。

表 3-25　RD 组合采集配线表

RD 组合端子号	01	02	03	04	05	06	…	19	20	21
电源名称										
电源屏端子号										
绝缘测试组合端子号										

第四章　城市轨道交通信号工程概(预)算编制

城市轨道交通信号工程要编制投资估算和概(预)算,投资估算是在编制建设项目建议书和可行性研究时进行,概(预)算是在工程设计时进行。

投资估算是编制建设项目建议书和可行性研究的重要组成部分,它决定城市轨道交通信号工程是否能够如期进行,以控制工程规模、档次、进度、质量。

概(预)算编制是城市轨道交通信号工程设计的重要组成部分。若为两阶段设计,初步设计阶段编制总概算,施工图设计阶段编制投资检算或总预算。若为一阶段设计,编制总预算。只有正确编制信号工程概(预)算,才能保证施工的正常进行。工程概(预)算做得偏大,浪费投资;工程概(预)算做得偏小,工程难以完成。

第一节　城市轨道交通信号工程投资估算

为了合理确定和控制城市轨道交通工程投资,在编制建设项目建议书和可行性研究时,必须进行投资估算,这有利于工程建设投资控制和提高投资效果。投资估算的依据是《城市轨道交通工程投资估算指标》(GCG 101—2008)。

一、城市轨道交通工程投资估算指标

1. 总说明

《城市轨道交通工程投资估算指标》主要是根据国家轨道交通工程设计规范、施工验收规范,以及现行有关国家产品标准、质量评定标准、安全操作规程,并参考行业、地方标准及有代表性的工程设计、施工和其他资料,结合全国主要城市和部分地区近年来轨道交通工程有代表性的典型施工图和施工组织方案等有关数据,经分析测算后进行编制的。

该指标适用于全国城市轨道交通(不含磁悬浮和单轨)的新建、扩建工程,不适用于城市轨道交通工程的维修和局部改造工程。

该指标是建设项目建议书、可行性研究报告阶段编制投资估算的依据,是多方案比选、优化设备、合理确定投资的基础;是开展项目评价、控制初步设计概算、推行限额设计的参考。

2. 指标内容和有关说明

(1)综合指标和分项指标

指标分综合指标和分项指标,包括建筑安装工程费、设备购置费。指标中不含工程建设其他费用和基本预备费,使用时可根据国家及项目所在地有关规定计取。

建筑安装工程费由直接费和综合费用组成。直接费由人工费、材料费、机械费组成。将《建筑安装工程费用项目组成》中的措施费(环境保护、文明施工、安全施工、临时设施、夜间施工的内容)按比例(见费率取定表)分别摊入人工费、材料费和机械费。二次搬运、大型机械设备进出场及安装拆除、混凝土和钢筋混凝土模板及支架、脚手架编入直接工程费。综合费用由

间接费、利润和税金组成。

设备购置费依据设计文件规定，其价格由设备原价、设备运杂费组成。设备运杂费指除设备原价之外的设备采购、运输、包装及仓库保管等方面支出费用的总和。

(2)指标编制范围

指标编制范围包括：城市轨道交通工程的土建及设备系统安装等内容，具体分为车站土建，区间土建，轨道，通信，信号，供电，综合监控系统，防灾报警、环境与设备监控，办公自动化、乘客信息及门禁系统，通风空调系统，给排水与消防系统，自动售检票系统，车站辅助设备，车辆段与综合基地等共14章。

(3)人防工程

地下车站人防工程的土建部分并入车站土建指标中，人防门的费用根据各地人防等级的要求计列。

(4)指标中不含对既有线路改造、与国有铁路联络线等内容，发生时可根据实际情况单独计列。

(5)根据编制项目建议书及可行性研究投资估算深度的要求，车站土建、区间土建、轨道、通信、信号包括综合指标和分项指标；其他设备系统只计列综合指标；车辆段与综合基地的编制范围主要为车辆段工艺设备，其内容以参考指标的形式体现。

(6)设备系统指标中选用的主要设备材料为国产设备及材料。如实际项目与指标测定采用的基准情况不同，可参考本指标水平作相应调整。

3. 指标的编制期价格、费率取定

(1)价格取定

人工工资综合单价按北京地区2004年价格；材料价格、机械台班单价按北京地区2004年价格。

(2)费率取定

措施费和综合费用费率参照2001年《北京市建设工程预算定额》的配套取费标准。

①将措施费费率分别摊入人工费、材料费和机械费。措施费费率信号专业为20%。

计算基数：人工费。

分摊比例：其中人工费8%，材料费87%，机械费5%，分别按比例计算。

②综合费用费率

信号专业，间接费84.5%，利润7%，税金3.4%。

计算基数：间接费：人工费。

利润：指标直接费＋间接费。

税金：指标直接费＋间接费＋利润。

4. 指标计算程序

指标计算程序如表4-1所列。

信号系统的措施费计算基数为人工费。

5. 指标的使用

使用指标时可按指标消耗量及工程所在地当时当地市场价格调整指标的主要材料费，并相应计算其他材料费和机械费，再按照规定的计算程序和方法计算各项费用，费率可参照指标确定，也可按各级建设行政主管部门发布的费率调整。

表 4-1　指标计算程序

序号	项目	取费基数及计算式
	指标基价	一+二
一	建筑安装工程费	(四)+(五)
1	人工费	
2	措施费分摊	计算基数×措施费费率×8%
(一)	人工费小计	1+2
3	材料费	
4	措施费分摊	计算基数×措施费费率×87%
(二)	材料费小计	3+4
5	机械费	
6	措施费分摊	计算基数×措施费费率×5%
(三)	机械费小计	5+6
(四)	直接费小计	(一)+(二)+(三)
(五)	综合费用	(四)×综合费用费率
二	设备购置费	原价+设备运杂费

指标中的人工、材料、机械费的消耗量原则上不作调整。

具体调整办法如下：

(1)建筑安装工程费的调整

①人工费以指标人工工日数乘以当时当地造价管理部门发布的人工单价确定。

②材料费以指标主要材料消耗量乘以当时当地造价管理部门发布的相应材料价格确定。

$$其他材料费=指标其他材料费\times\frac{调整后的主要材料费}{指标材料费小计-指标其他材料费-材料费中措施费分摊}$$

③机械费以指标主要机械消耗量乘以当时当地造价管理部门发布的相应机械台班价格确定。

$$其他机械费=指标其他机械费\times\frac{调整后的主要机械费}{指标机械费小计-指标其他机械费-机械费中措施费分摊}$$

④直接费调整后的直接费为调整后的人工费、材料费、机械费之和。

⑤综合费用：综合费用的调整应按当时当地不同工程类别的综合费率计算。

综合费用=调整后的直接费×当时当地的综合费率

⑥建筑安装工程费：

建筑安装工程费=调整后的(直接费+综合费用)

(2)设备购置费的调整

指标中列有设备购置费的，按主要设备清单，采用当时当地的设备价格或上涨幅度进行调整。

(3)指标基价的调整

指标基价=调整后的(建筑安装工程费+设备购置费)

6. 建设项目投资估算编制

编制建设项目投资估算，应按上述办法调整。指标中未列费用可根据有关规定调整。

二、信号系统投资估算指标

信号系统投资估算指标为《城市轨道交通工程投资估算指标》的第五章。分为信号系统的综合指标和分项指标。

1. 综合指标

综合指标按信号系统闭塞制式分为固定闭塞、准移动闭塞和移动闭塞共 3 个子目。目前，各地城市轨道交通大多采用移动闭塞，现只介绍移动闭塞的综合指标，固定闭塞、准移动闭塞的综合指标详见《城市轨道交通工程投资估算指标》。

(1)综合指标的取定

工程规模选定如表 4-2 所列。

表 4-2 工程规模选定表

工程内容	单位	工作量	备注
正线	正线公里	20	
控制中心	座	1	不含备用中心
车站	座	17	
车辆段	座	1	
车载设备配置	列	24	
试车线	条	1	1.3 km
维修及培训中心	处	1	
仪器仪表	批	1	

(2)技术条件

移动闭塞的技术条件包括：

①联锁系统(CI)

正线各设备集中站采用国产或进口计算机联锁系统，车辆段/停车场采用国产计算机联锁。

②区域控制系统(区域 ATP/ATO)

正线区域控制中心和试车线设置区域控制设备(区域 ATP/ATO)，采用无线数据传输系统(DCS)作为列车占用检测和列控信息传送设备，并考虑以计轴设备作辅助占用检测设备。在车辆段停车列检库采用 DCS 设备作为列控信息传送检测设备。每列车配置两套车载 ATP/ATO 设备。

③列车自动监控系统(ATS)

在控制中心和正线各区域控制中心集中设置 ATS 设备，对所辖范围内的信号设备和运行列车实行集中监视和控制；另在车辆段也设置 ATS 设备，对车辆段内信号设备和运行列车只监视不控制。

(3)计算规则

①联锁系统(CI)

移动闭塞制式按平均每 3.53 km 设置一套联锁系统计列。

②列车自动防护系统(ATP)

移动闭塞制式按平均每 10 km 设置一套计列。

③列车自动监控系统(ATS)

移动闭塞制式正线按平均每 10 km 设置一套(双机)计列。

④电源系统

移动闭塞制式正线按平均每 1.18 km 设置一套计列。

⑤仪器仪表

按能够满足日常检测、维护和故障处理的需要,来配置各种必需的仪器仪表计列。

(4)设备价格

因为信号的设备部分为国外产品,没有统一规格,分项指标中的明细设备无法提供准确价格,所以仅提供了综合指标的参考价格。

(5)移动闭塞的综合指标

工程内容:正线、控制中心、车辆段、车载设备、试车线、维修及培训中心工程及仪器仪表。

每正线公里 1 417.353 3 万元,其中建筑安装工程费 213.449 7 万元,设备购置费 1 203.902 5万元。

2. 分项指标

分项指标按信号系统制式分为固定闭塞、准移动闭塞和移动闭塞三部分。每部分按照系的地域不同划分为正线、车载、控制中心、维修及培训中心、车辆段、试车线和仪器仪表等细目。分项指标共 21 个子目,其中仪器仪表一项未列分项指标。现只介绍移动闭塞的分项指标,固定闭塞、准移动闭塞的分项指标详见《城市轨道交通工程投资估算指标》。

(1)计算规则

①正线

移动闭塞制式按平均 1 正线公里设置 0.85 个车站,2 组联锁道岔,6 架信号机,8.5 套轨旁发送/接收设备,并以计轴设备作为列车辅助占用检测设备等指标计列。

②信息传输通道

移动闭塞制式控制中心至各车站及车辆段之间按采用自建通信通道计列。联锁控制区域之间采用自建通信通道作为信息传输通道。

③车辆段或停车场

按平均设置 40 组联锁道岔、90 架信号机、100 段 50 Hz 相敏轨道电路区段,信号系统采用国内计算机联锁和信号集中监测系统,停车列检库设日、月检测试设备等指标进行换算。

④列车车载

移动闭塞制式车载设备按含 ATO 设备计列,每列车配置 2 套车载 ATP/ATO 设备,包括 2 套 ATP/ATO 主机、2 个司机操作台、4 套 ATP 接收天线、2 套 ATO 天线和 4 套测速传感器。

⑤试车线

试车线长度按 1.3 km 计列。

⑥维修及培训中心

维修及培训中心设有与正线相同的设备;移动闭塞制式按设置 2 组联锁道岔,1 架信号机,2 段 50 Hz 相敏轨道电路和 2 套轨旁发送/接收设备,1 套电源,1 套 ATP/ATO 区域控制计算机和 CI,2 个计轴点,含 ATO 等指标计列。

(2)设备价格

因为信号的设备部分为国外产品,没有统一规格,分项指标中的明细设备无法提供准确价格,所以仅提供了分项指标的参考价格。

(3)信号分项指标

①正线信号分项指标

工程内容:沿托架敷设电缆;安装信号机、道岔、计轴设备及各种盘、柜等;安装值班员工作台及维修站、转辙机、电源设备、联锁设备、ATS 分机、车站轨旁发送接收设备、车站轨旁 ATP 设备、车站数据存储及传输设备、计轴设备、打印机、光纤配线架、应答器、维修电话总机、分机等。

每正线公里 699.402 2 万元,其中建筑安装工程费 171.804 6 万元,设备购置费 527.597 6 万元。

②控制中心分项指标

工程内容:安装电源、蓄电池、大表示盘、ATS 总机等设备;安装调度长、调度员、时刻表、培训、工程师、信号集中监测、电源监测工作站;安装维修、网络管理服务器、绘图仪、打印机等。

每处 3 052.217 8 万元,其中建筑安装工程费 15.473 8 万元,设备购置费 3 036.744 0 万元。

③车辆段/停车场信号分项指标

工程内容:挖沟、铺电缆、敷设电缆;安装信号机、道岔、轨道电路及各种盘、柜等;安装控制台、应急控制盘、转辙机、电源设备、联锁设备、值班员工作站、ATP 设备、ATS 分机及终端、打印机、维修电话总机及分机等。

每组联锁道岔 33.767 3 万元,其中建筑安装工程费 14.377 3 万元,设备购置费 19.389 9 万元。

④车载设备分项指标

工程内容:安装车载设备、车载 ATP 设备调试及车载 ATO 设备调试。

每列 321.823 5 万元,其中建筑安装工程费 5.623 5 万元,设备购置费 316.200 0 万元。

⑤试车线分项指标

工程内容:挖沟、敷设电缆;安装分界及停车标、轨旁发送接收设备及各种盘、柜等;安装控制台、值班员工作站、转辙机、电源设备、联锁设备、计轴设备、ATP 设备、数据传输、打印机、应答器、维修电话总机及分机等。

每条 472.574 5 万元,其中建筑安装工程费 60.540 6 万元,设备购置费 412.033 9 万元。

⑥维修及培训中心分项指标

工程内容:挖沟、敷设电缆;安装信号机、道岔、轨道电路及各种盘、柜等;安装电源设备、工作站、转辙机、联锁设备、ATO 设备、ATP 设备、应答器、打印机、维修电话总机及分机等。

每处 1 213.342 8 万元,其中建筑安装工程费 46.838 0 万元,设备购置费 1 166.504 8 万元。

(4)主要材料、设备单价取定

根据主要材料、设备单价取定表确定每项材料设备的单价。

三、信号工程投资的估算

将每条线路的里程数乘以综合指标，即可得到它们的综合投资估算，并可分以建筑安装工程费和设备购置费。

统计每条线路的正线里程、控制中心座数、车辆段/车辆段座数、车载设备列数、试车线条数、维修及培训中心工程处数，将它们分别乘以分项指标，即可得到它们的分项投资估算。

工程规模及技术条件与本指标相差较大时，可根据相应分项指标或实际用量重新确定。

第二节　城市轨道交通信号工程概(预)算编制

城市轨道交通工程设计概算是初步设计文件的重要组成部分，是全面反映建设项目投资规模和投资构成的主要文件。概算编制应完整反映设计范围内工程项目建设全过程所需的全部费用，符合城市轨道交通工程项目建设、投资构成和工程造价管理的要求，有利于合理确定和有效控制城市轨道交通工程造价，对充分发挥投资效益、提高经济效益和社会效益具有重要意义。设计概算经批准后是编制建设项目投资计划、确定和控制投资的依据，是考核设计方案经济合理性和选择最佳方案的依据，是考核建设项目投资效果的依据。

一、《城市轨道交通工程概算编制办法》简介

为进一步适应城市轨道交通工程建设需要，规范城市轨道交通工程设计概算编制方法及相关费用标准，提高设计概算编制质量，根据住房和城乡建设部、财政部发布的《建筑安装工程费用项目组成》(建标〔2013〕44 号)规定，并在认真总结和调研已运营城市轨道交通建设项目设计概算编制经验的基础上，对《城市轨道交通工程设计概预算编制办法》(建标〔2006〕279 号)进行了全面修订。

《城市轨道交通工程设计概预算编制办法》适用于新建、改建和扩建城市轨道交通工程初步设计概算文件的编制，是政府有关部门加强城市轨道交通工程建设宏观调控和进行项目投资控制的重要依据。

设计概算的编制单位应对概算编制质量全面负责。由两个以上单位共同编制概算时，总体设计单位应负责统一制定概算编制原则和依据，并汇编总概算，其他单位负责编制各自所承担设计范围的概算。

城市轨道交通工程设计概算应按《城市轨道交通工程设计概预算编制办法》的规定进行编制。同时必须严格遵守国家和项目所在地基本建设有关方针、政策和工程造价管理规定，在调查研究的基础上反映工程项目建设规模、标准、工程筹划、建设条件和所需投资，合理确定和严格控制造价。

各省、自治区、直辖市建设主管部门，可在《城市轨道交通工程设计概预算编制办法》基础上，结合当地情况制定补充规定并报住房城乡建设部备案。

二、概算编制层次

为充分体现城市轨道交通建设项目管理和投资控制的特点，概算编制按分册概算文件和

总概算文件两个层次完成，

概算文件由总概算文件和分册概算文件组成。

1. 总概算文件

总概算文件是反映整个建设项目的投资规模和投资构成的文件，包括综合概算表和总概算表等表格及说明。

综合概算表是按"综合概算章节表" 顺序，将所有册综合概算表分章、节及细目进行汇总编制。

总概算表是根据综合概算表，按"综合概算章节表"顺序，分章进行汇编。

总概算文件由封面、扉页、签署页、目录、编制说明、总概算表和综合概算表等组成。

(1)封面、扉页、签署页、目录

封面、扉页、签署页组成：封面有项目名称、第几篇、第几册、编制单位、单位资质证书及编号、编制日期、编制地点；扉页在封面的基础上增加企业负责人、企业技术负责人、总体设计负责人签署；签署页有编制、审核、专业负责人、审定人签署。

目录应按《城市轨道交通工程设计概预算编制办法》有关概算文件的规定顺序编排。

(2)编制说明

①工程概况

a. 建设规模、工程总量、线路起讫点及里程、线路敷设方式(包括地下线、地面线以及高架线长度及所占比例)。

b. 车站、区间、车辆基地、主变电站、运营控制中心的分布状况。

c. 重点工程介绍。

d. 车辆及主要设备的配置情况。

②编制范围

包括本项目全线的建筑安装工程费、设备购置费、工程建设其他费用、预备费、车辆购置费、建设期贷款利息和铺底流动资金。不包括沿线物业开发的费用和同步实施但应由其他项目分担的费用。物业开发和同步实施的其他项目及民用通信引入系统单独编制概算。

民用通信引入系统概算根据各城市项目不同管理情况，可汇入总概算。

③编制单元划分

编制单元划分，主要是依据设计分工和建设管理的需要，《城市轨道交通工程设计概预算编制办法》对此作了基本规定。根据建设项目特点，总体设计单位可补充概算文件编制单元，也可依据项目设计和建设管理的需要，将几个概算文件编制单元合并，或对概算文件编制单元内容进行调整，但都必须在文件编制中给予明确说明。

车站工程，每座车站为一个册概算编制单元。

区间工程每相邻两座车站之间的区间为一个册概算编制单元，联络线及车辆基地每个出入段线分别为一个册概算编制单元。

全线轨道工程为一个册概算编制单元。

全线通信系统为一个册概算编制单元。

全线信号系统为一个册概算编制单元，按正线、运营控制中心、车辆基地、试车线、车载设备、维修与培训中心等分别编制概算。

全线主变电站为一个册概算编制单元。

全线供电系统为一个册概算编制单元。

全线综合监控系统为一个册概算编制单元。

全线火灾自动报警系统(FAS)为一个册概算编制单元。

全线环境与设备监控系统(BAS)为一个册概算编制单元。

全线安防(含安检系统)与门禁系统(ACS)为一个册概算编制单元。

全线自动售检票系统(AFC)为一个册概算编制单元。

全线车站自动扶梯和自动人行道、电梯、轮椅升降机、站台门为一个册概算编制单元,按车站分别编制概算。站内客运设备概算中不含运营控制中心、车辆基地等房屋电梯工程,其列入相应房屋建筑设备及安装工程费用中。

运营控制中心(OCC)为一个册概算编制单元。

车辆段与停车场分为一个册概算编制单元

全线人防工程为一个册概算编制单元。

防淹门和防淹设备及安装工程费用列入人防工程册概算编制单元。

全线前期工程为一个册概算编制单元。

④编制依据

a.《城市轨道交通工程项目建设标准》(建标〔2008〕57 号)。

b.《城市轨道交通工程设计概算编制办法》。

c. 国家及当地政府相关部门发布的有关文件及规定。

d. 可行性研究报告批复文件、有关文件及纪要等。

e. 初步设计技术接口文件。

f. 初步设计技术要求、文件组成与内容、文件编制统一规定、图纸及工程数量。

⑤采用定额。

⑥工、料、机单价取定的依据或来源。

⑦设备购置费的取定或来源。

⑧企业管理费、利润、规费和增值税的计算方法及依据。

⑨土地征用及补偿:临时占地,建(构)筑物拆迁补偿,树木及绿化赔偿,道路恢复,道路破复,管线迁改,交通疏解等单价的依据。

⑩工程建设其他费用计算方法及依据。

⑪预备费(基本预备费和价差预备费)计算方法及依据。

⑫专项费用(建设期贷款利息、车辆购置费和铺底流动资金)计算方法及依据。

⑬概算总额及技术经济指标。

⑭初步设计概算与可研批复估算对照分析。

⑮其他有关说明:

a. 与本工程同步实施工程(换乘车站,共线区间:共用主变电站、运营控制中心、车辆基地等)及物业开发投资分劈原则及概算,概算为全费用投资(含工程建设其他费用、预备费、建设期贷款利息)。

b. 对概算编制过程中需要特别说明的内容加以阐述,如概算编制中未落实的内容(如下穿铁路配合费等),以及其他与概算有关但不能在概算表中反映的事项和其他需要说明的问题。

(3)基本表格(各项目根据设计和建设管理需要,可增加必要的表格)及附件

基本表格主要包括:

①总概算表。

②综合概算表。

③概算与估算对照表。

④项目信息及主要工程数量表。

⑤人工及主要材料单价和数量汇总表。

⑥投资分劈汇总表。

附件:包括有关协议、纪要、公文及其有关分析计算资料等。

2. 分册概算文件

分册概算文件是具体反映建设项目一个单元建筑物群体工程范围内,或一个专业系统工程范围内,第一部分工费用及其构成的文件,包括建筑工程单项概算、设备与安装工程单项概算和册综合概算及说明。

建筑工程单项概算:详细反映各工程类别和某些重大、特殊工点的主要概算费用的文件。编制内容包括:人工费、材料费、施工机具使用费、企业管理费、利润、规费和增值税。

设备与安装工程单项概算:计算需要安装设备的设备费用和安装费用、不需要安装设备的设备费用。

单项概算的编制,应按分册概算文件编制单元范围内划分的各工程类别,结合建设项目的具体情况、工程难易程度及所占投资比重的大小、采用定额的要求分别进行编制。

册综合概算是在分册概算文件编制单元范围内,按"综合概算章节表"的顺序,将单项概算按章、节细目进行汇总编制。

分册概算文件由封面、扉页、签署页、编制说明、册综合概算表和单项概算表等组成。

(1)封面、扉页、签署页、目录

封面、扉页、签署页:封面有项目名称、第几篇、第几册、编制单位、单位资质证书及编号、编制日期、编制地点;扉页在封面的基础上增加企业负责人、企业技术负责人、项目负责人签署;签署页有编制、审核、专业负责人、审定人签署。

目录:应按《城市轨道交通工程设计概预算编制办法》有关概算文件的顺序编排。

(2)编制说明

①工程概况

包括工程范围(土建工程的起讫里程、结构长度等,设备系统工程的系统组成等)、工程规模(土建工程结构形式及主要尺寸,基坑深度,覆土厚度,出入口、风亭设置情况,车站主体面积,出人口通道面积,风道风井面积及车站总建筑面积,区间联络通道、区间风井、区间盾构井设置情况等)、工法及工期安排等。

②编制范围

分册概算包含的工程范围及内容。

③编制依据

a.《城市轨道交通工程项目建设标准》(建标〔2008〕57 号)。

b.《城市轨道交通工程设计概算编制办法》。

c. 国家及当地政府相关部门发布的有关文件及规定。

d. 可行性研究报告批复文件、有关文件及纪要等。

e. 初步设计技术接口文件。

f. 初步设计技术要求、文件组成与内容、文件编制统一规定、图纸及工程数量。

④采用定额。

⑤工、料、机单价取定的依据或来源。

⑥设备购置费的取定或来源。

⑦企业管理费、利润、规费和增值税的计算方法及依据。

⑧土地征用及补偿,临时占地,建(构)筑物拆迁补偿,树木及绿化赔偿,道路恢复,道路破复,管线迁改,交通疏解等单价的依据。

⑨概算总额及技术经济指标。

⑩其他有关问题的说明:

a. 与本工程同步实施工程(换乘车站,共线区间,共用主变电站、运营控制中心、车辆基地等)及物业开发投资分劈原则及概算,概算为全费用投资(含工程建设其他费用、预备费、建设期贷款利息)。

b. 对概算编制过程中需要特别说明的内容加以阐述,如概算编制中未落实的内容(如下穿铁路配合费等),以及其他与概算有关但不能在概算表中反映的事项和其他需要说明的问题。

(3)基本表格(各项目根据设计和建设管理需要,可增加必要的表格)及附件

基本表格主要包括:

①册综合概算表。

②建筑工程单项概算表。

③安装工程单项概算表。

④设备购置费单项概算表。

⑤补充单价分析表。

⑥工程概况及主要工程数量表。

⑦人工及主要材料单价和数量汇总表

⑧投资分劈汇总表。

附件:包括有关协议、纪要、公文及其有关分析计算资料等。

三、概算章节划分

概算章节划分具体体现为综合概算章节表,其作用是将概算费用按不同的工程和费用类别,划分为统一的章、节及细目。综合概算章节表应体现统一和协调项目各专业概算的编排顺序,反映项目各工程类别编制的内容。综合概算章、节及细目中各类工程费用的划分,应有利于城市轨道交通工程各项指标的积累和造价信息化管理。

《城市轨道交通工程设计概预算编制办法》按不同工程和费用类别,将概算费用划分为工程费用、工程建设其他费用、预备费和专项费用四部分。共十九章 38 节。编制概算应采用统一的章节表,其各章、节、细目及内容,详见综合概算章节表。

信号工程为第五章。

四、定额采用与工程费用取费标准

1. 定额采用

采用国家《城市轨道交通工程概算定额》或省、市《城市轨道交通工程概预算定额》或省、市《城市轨道交通工程单位估价表》。

当采用《城市轨道交通工程预算定额》,或《城市轨道交通工程单位估价表》时,应考虑3%～5%的定额幅度差。

编制概算时,定额中缺项或采用新技术、新工艺、新材料、新设备,或采用定额中的施工条件等与建设项目所在地的同类工程定额,在消耗量上存在较大差异时,应按定额编制原则,调查、搜集有关资料,结合工程实际情况,补充单价分析,并随概算文件一并送审。

2. 工程费用取费标准

工程费用取费标准,采用与定额配套的费用定额。也可参考城市轨道交通工程费用参考费率。

五、概算费用种类

概算费用按投资构成划分,分属工程费用、工程建设其他费用、预备费、专项费用。

(1)工程费用

工程费用包括:建筑工程费、安装工程费和设备购置费。

①建筑工程费

建筑工程费是指建设工程涉及范围内的车站、区间、轨道、房屋等建(构)筑物、道路、室外管道铺设、大型土石方工程费用等。

②安装工程费

安装工程费是指主要生产、辅助生产、公用工程等单项工程中需要安装的机械设备、电器设备、专用设备、仪器仪表等的安装及配件工程费用,与设备相连的工作台、梯子、栏杆等设施的装设工程费用,附属于被安装设备的管线敷设、绝缘、防腐、刷油、保温、调整和试验工程费用,工艺、供热、供水等各种管道、配件、阀门和供电外线安装等工程费用,以及为测定安装工程质量,对单台设备进行单机试运转、对系统设备进行系统联动无负荷试运转工作的调试费,以及其他采用安装工程定额的费用统称安装工程费。

信号系统采用安装工程定额的费用属于安装工程费。

③设备购置费

设备购置费是指为建设工程项目购置或自制的达到固定资产标准的设备、工具、器具的费用。

由多种材料或经加工为零部件,并按各自用途组成的具有功能、容量、动能传递或转换的机器、容量、成套装置统称为设备。设备分为标准设备和非标准设备。按安装方法又分为需要安装和不需要安装的设备。构成固定资产标准的设备(包括备品备件),虽低于固定资产标准,但属于设计明确列入设备清单的均为设备。

设备应包括本体和附带的配件、备件及附属于设备本体制作成型的梯子、平台、栏杆、管道,以及附属于设备本体的油类、化学药品等;还包括各种计量器、仪表及自动化控制装置、实验室内的仪器及属于设备本体部分的仪器仪表等。

设备购置费以设备原价加设备运杂费计算。

(2)工程建设其他费用

工程建设其他费用是指从工程筹建起到工程竣工验收交付使用止的整个建设期间,除建筑安装工程费、设备购置费、预备费和专项费用以外,为保证工程建设顺利完成和交付使用后,能够正常发挥效用而发生的各项费用。如,项目建设管理费,建设工程监理与相关服务费,招标代理服务费,前期工作费,研究试验费,勘察设计费,咨询费,引进技术和设备其他费,综合联调及试运行费,专利及专有技术使用费,生产准备及开办费,工程保险费,特殊设备安全监督检验费,安全生产保障费,配合辅助工程费,以及其他费用等。

(3)预备费

预备费包括:基本预备费和价差预备费。

基本预备费是指针对项目实施过程中可能发生难以预料的支出而事先预留的费用。

价差预备费是指为在建设期内利率、汇率或价格等因素的变化而预留的可能增加的费用。

(4)专项费用

专项费用包括车辆购置费(含车辆监造费)等。

六、概算费用项目组成

建设项目总概算是指为完成工程项目建设并达到使用要求或生产条件,从筹建到竣工验收以及试运行结束的整个建设期内预计或实际投入的全部费用总和。建设项目概算费用项目组成如图 4-1 所示。

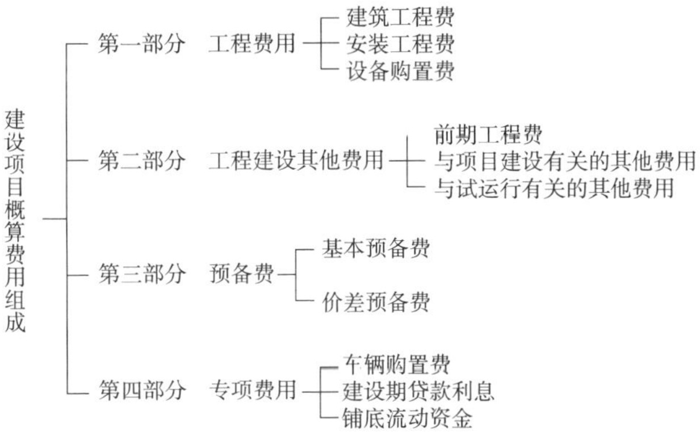

图 4-1　概算费用项目组成

七、费用内容及标准

1. 建筑安装工程费

(1)按费用构成要素划分

建筑安装工程费按照费用构成要素划分由人工费、材料费、施工机具使用费、企业管理费、利润、规费和增值税组成。其中人工费、材料费、施工机具使用费、企业管理费和利润包含在分部分项工程费、措施项目费、其他项目费中,如图 4-2 所示。

①人工费

人工费是指按工资总额构成规定,支付给从事建筑安装工程施工的生产工人和附属生产单位工人的各项费用。内容包括:

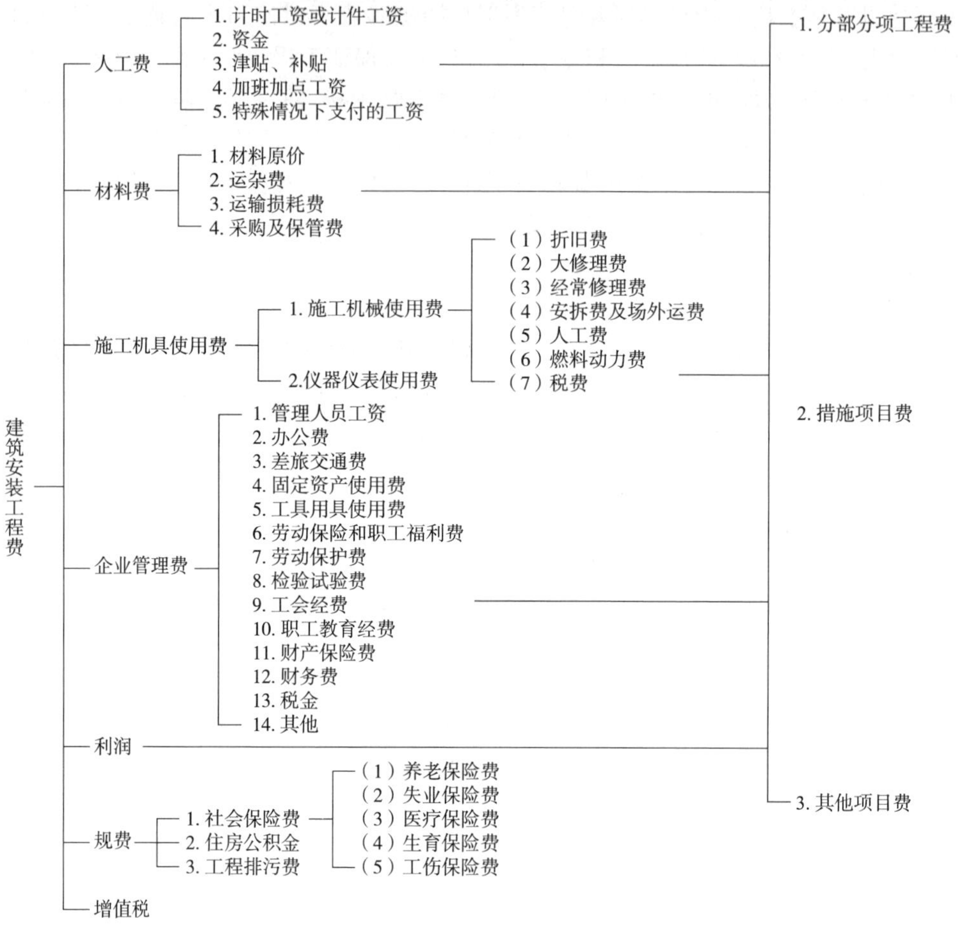

图 4-2 建筑安装工程费项目组成

a. 计时工资或计件工资：指按计时工资标准和工作时间或对已做工作按计件单价支付给个人的劳动报酬。

b. 奖金：指对超额劳动和增收节支支付给个人的劳动报酬。如节约奖、劳动竞赛奖等。

c. 津贴、补贴：指为了补偿职工特殊或额外的劳动消耗和因其他特殊原因支付给个贴、特殊地区施工津贴、高温(寒)作业临时津贴、高空津贴等。

d. 加班加点工资：指按规定支付的在法定节假日工作的加班工资和在法定工作时间外延时工作的加点工资。

e. 特殊情况下支付的工资：指根据国家法律、法规和政策规定，因病、工伤、产假、计划生育假、婚丧假、事假、探亲假、定期休假、停工学习、执行国家或社会义务等原因按计时工资标准或计时工资标准的一定比例支付的工资。

②材料费

材料费：指施工过程中耗费的原材料、辅助材料、构配件、零件、半成品或成品的费用。内容包括：

a. 材料原价：指材料的出厂价格或商家供应价格。

b. 运杂费：指材料自来源地运至工地仓库或指定堆放地点所发生的全部费用。

c. 运输损耗费:指材料在运输装卸过程中不可避免的损耗。

d. 采购及保管费:指为组织采购、供应和保管材料过程中所需要的各项费用。包括采购费、仓储费、工地保管费、仓储损耗。

③ 施工机具使用费

施工机具使用费:指施工作业所发生的施工机械、仪器仪表使用费或其租赁费。

a. 施工机械使用费

施工机械使用费以施工机械台班耗用量乘以施工机械台班单价表示,施工机械台班单价由下列七项费用组成:

(a)折旧费:指施工机械在规定的使用年限内,陆续收回其原值的费用。

(b)大修理费:指施工机械按规定的大修理间隔台班进行必要的大修理,以恢复其正常功能所需的费用。

(c)经常修理费:指施工机械除大修理以外的各级保养和临时故障排除所需的费用。包括为保障机械正常运转所需替换设备与随机配备工具附具的摊销和维护费用,机械运转中日常保养所需润滑与擦拭的材料费用及机械停滞期间的维护和保养费用等。

(d)安拆费及场外运费

安拆费:指施工机械(大型机械除外)在现场进行安装与拆卸所需的人工、材料、机械和试运转费用以及机械辅助设施的折旧、搭设、拆除等费用。

场外运费:指施工机械整体或分体自停放地点运至施工现场或由一施工地点运至另一施工地点的运输、装卸、辅助材料及架线等费用。

(e)人工费:指机上司机和其他操作人员的人工费。

(f)燃料动力费:指施工机械在运转作业中所消耗的各种燃料及水、电费等。

(g)税费:指施工机械按照国家规定应缴纳的车船使用税、保险费及年检费等。

b. 仪器仪表使用费

仪器仪表使用费:指工程施工所需使用的仪器仪表的摊销及维修费用。

④企业管理费

企业管理费:指建筑安装企业组织施工生产和经营管理所需的费用。内容包括:

a. 管理人员工资:指按规定支付给管理人员的计时工资、奖金、津贴补贴、加班加点工资及特殊情况下支付的工资等。

b. 办公费:指企业管理办公用的文具、纸张、账表、印刷、邮电、书报、办公软件、现场监控、会议、水电、烧水和集体取暖降温(包括现场临时宿舍取暖降温)等费用。

c. 差旅交通费:指职工因公出差、调动工作的差旅费、住勤补助费,市内交通费和误餐补助费,职工探亲路费,劳动力招募费,职工退休、退职一次性路费,工伤人员就医路费,工地转移费以及管理部门使用的交通工具的油料、燃料等费用。

d. 固定资产使用费:指管理和试验部门及附属生产单位使用的属于固定资产的房屋、设备、仪器等的折旧、大修、维修或租赁费。

e. 工具用具使用费:指企业施工生产和管理使用的不属于固定资产的工具、器具、家具、交通工具和检验、试验、测绘、消防用具等的购置、维修和摊销费。

f. 劳动保险和职工福利费:指由企业支付的职工退职金、集体福利费、夏季防暑降温、冬季取暖补贴、上下班交通补贴等。

g. 劳动保护费：指企业按规定发放的劳动保护用品的支出。如工作服、手套、防暑降温饮料以及在有碍身体健康的环境中施工的保健费用等。

h. 检验试验费：指施工企业按照有关标准规定：对建筑以及材料、构件和建筑安装物进行一般鉴定、检查所发生的费用，包括自设试验室进行试验所耗用的材料等费用。不包括静结构、新材料的试验费，对构件做破坏性试验及其他特殊要求检验试验的费用和建设单位委托检测机构进行检测的费用，对此类检测发生的费用，由建设单位在工程建设其他费用中列支：但对施工企业提供的具有合格证明的材料进行检测不合格的，该检测费用由施工企业支付。

i. 工会经费：指企业按《工会法》规定的全部职工工资总额比例计提的工会经费。

j. 职工教育经费：指按职工工资总额的规定比例计提，企业为职工进行专业技术和职业技能培训，专业技术人员继续教育、职工职业技能鉴定、职业资格认定以及根据需要对职工进行各类文化教育所发生的费用。

k. 财产保险费：指施工管理用财产、车辆等的保险费用。

l. 财务费：指企业为施工生产筹集资金或提供预付款担保、履约担保、职工工资支付担保等所发生的各种费用。

m. 税金：指企业按规定缴纳的城市维护建设税、教育费附加、地方教育附加、房产税、车船使用税、土地使用税、印花税等。

n. 其他：包括技术转让费、技术开发费、投标费、业务招待费、绿化费、广告费、公证费、法律顾问费、审计费、咨询费、保险费等。

⑤利润

利润：指施工企业完成所承包工程获得的盈利。

⑥规费

规费：指按国家法律、法规规定，由省级政府和省级有关权力部门规定必须缴纳或计取的费用。包括：

a. 社会保险费：

(a)养老保险费：指企业按照规定标准为职工缴纳的基本养老保险费。

(b)失业保险费：指企业按照规定标准为职工缴纳的失业保险费。

(c)医疗保险费：指企业按照规定标准为职工缴纳的基本医疗保险费。

(d)生育保险费：指企业按照规定标准为职工缴纳的生育保险费。

(e)工伤保险费：指企业按照规定标准为职工缴纳的工伤保险费。

b. 住房公积金：指企业按规定标准为职工缴纳的住房公积金。

c. 工程排污费：指按规定缴纳的施工现场工程排污费。

⑦增值税

增值税：指按照财政部、国家税务总局“关于全面推开营业税改征增值税试点的通知”附件一《营业税改征增值税试点实施办法》：“提供交通运输、邮政、基础电信、建筑、不动产租赁服务，销售不动产，转让土地使用权，税率为11%”的规定，必须缴纳或计取的费用。

根据“住房和城乡建设部办公厅关于做好建筑业营改增建设工程计价依据的调整工作的

通知"的要求，工程造价＝税前工程造价×(1＋增值税率)；税前工程造价为人工费、材料费、施工机具使用费、企业管理费、利润和规费之和，各项费用项目均以不包含增值税可抵扣的进项税额的价格计算。

(2)按造价形成划分

建筑安装工程费按照工程造价形成由分部分项工程费、措施项目费、其他项目费、规费、增值税组成，分部分项工程费、措施项目费、其他项目费包括人工费、材料费、施工机具使用费、企业管理费和利润。

①分部分项工程费

分部分项工程费：指各专业工程的分部分项工程应予列支的各项费用。

专业工程是指按现行国家计量规范划分的房屋建筑与装饰工程、仿古建筑工程、通用安装工程、市政工程、园林绿化工程、矿山工程、构筑物工程、城市轨道交通工程、爆破工程等各类工程。

分部分项工程：指按现行国家计量规范对各专业工程划分的项目。如地下车站划分的钻孔桩围护结构工程、连续墙围护结构工程、土石方工程、钢支撑工程、降水工程、内部钢筋混凝土结构工程、防水工程等。

各类专业工程的分部分项工程划分见现行国家或行业计量规范。

②措施项目费

措施项目费：指为完成建设工程施工，发生于该工程施工前和施工过程中的技术、生活、安全、环境保护等方面的费用。内容包括：

a. 安全文明施工费

(a)环境保护费：指施工现场为达到环保部门要求所需要的各项费用。

(b)文明施工费：指施工现场文明施工所需要的各项费用。

(c)安全施工费：指施工现场安全施工所需要的各项费用。

(d)临时设施费：指施工企业为进行建设工程施工所必须搭设的生活和生产用的临时建(构)筑物和其他临时设施费用。包括临时设施的搭设、维修、拆除、清理费或摊销费等。

b. 夜间施工费

指因夜间施工所发生的夜班补助费、夜间施工降效、夜间施工照明设备摊销及照明用电等费用。

c. 二次搬运费

指因施工场地条件限制而发生的材料、构配件、半成品等一次运输不能到达堆放地点：必须进行二次或多次搬运所发生的费用。

d. 冬雨季施工增加费

指在冬季或雨季施工需增加的临时设施、防滑、排除雨雪，人工及施工机械效率降低等费用。

e. 已完工程及设备保护费

指竣工验收前，对已完工程及设备采取的必要保护措施所发生的费用。

f. 工程定位复测费

指工程施工过程中进行全部施工测量放线和复测工作的费用。

g. 特殊地区施工增加费

指工程在沙漠或其边缘地区、高海拔、高寒、原始森林等特殊地区施工增加的费用。

h. 大型机械设备进出场及安拆

指机械整体或分体自停放场地运至施工现场或由一个施工地点运至另一个施工地点，所发生的机械进出场运输及转移费用及机械在施工现场进行安装、拆卸所需的人工费、材料费、机械费、试运转费和安装所需的辅助设施的费用。

i. 脚手架工程费

指施工需要的各种脚手架搭、拆、运输费用以及脚手架购置费的摊销(或租赁)费用。

措施项目及其包含的内容详见各类专业工程的现行国家或行业计量规范。

③其他项目费

a. 暂列金额

指建设单位在工程量清单中暂定并包括在工程合同价款中的一笔款项。用于施工合同签订时尚未确定或者不可预见的所需材料、设备、服务的采购，施工中可能发生的工程变更、合同约定调整因素出现时的工程价款调整以及发生的索赔、现场签证确认等的费用。

b. 计日工费

指在施工过程中，施工企业完成建设单位提出的施工图纸以外的零星项目或工作所需的费用。

c. 总承包服务费

指总承包人为配合、协调建设单位进行的专业工程发包，对建设单位自行采购的材料、工程设备等进行保管以及施工现场管理、竣工资料汇总整理等服务所需的费用。

④规费

规费同按费用构成要素划分部分的规费内容。

⑤增值税

增值税同按费用构成要素划分部分的增值税内容。

2. 设备购置费

设备购置费：指为建设工程项目购置或自制的达到固定资产标准的设备、工具、器具的费用。

固定资产标准：指使用年限在一年以上，单位价值在国家或各主管部门规定的限额以上的资产。

设备购置费由设备原价和设备运杂费两部分组成。即，设备购置费＝设备原价＋设备运杂费。

设备原价：指国产设备或进口设备的原价；设备运杂费是指除设备原价之外的关于设备采购、运输、途中包装及仓库保管等方面支出费用的总和。

(1)设备原价的构成

①国产设备原价的构成

国产设备原价：指设备制造厂的交货价，或订货合同价。一般根据生产厂或供应商的询价、报价、合同价确定，或采用一定的方法计算确定。国产设备原价分为国产标准设备原价和国产非标准设备原价。

a. 国产标准设备原价

国产标准设备：指按照主管部门颁布的标准图纸和技术要求，由我国批量生产的，符合国家质量检测标准的设备。

国产标准设备原价有两种，即带有备品备件的原价和不带有备品备件的原价。在编制概算时，应采用带有备品备件的原价，若采用不带有备品备件的原价，则另计取备品备件费。

b. 国产非标准设备原价

国产非标准设备：指国家尚无定型标准，只能按订货要求并根据具体的设计图纸制造的设备。

国产非标准设备原价一般按其成本构成或相关技术参数估算其价格。

②进口设备原价的构成

进口设备原价：指进口设备的抵岸价，即设备抵达买方边境港口或边境车站，交纳完各种手续费、税费后的价格。

进口设备抵岸价由设备到岸价(CIF)和进口从属费用构成。

设备到岸价由离岸价(POB)、国际运费、运输保管费构成。

进口从属费用由银行财务费、外贸手续费、进口关税、消费税、进口环节增值税等构成。

进口车辆还需缴纳车辆购置税。

(2)设备运杂费的构成

设备运杂费：指国内采购设备自来源地、国外采购设备自到岸港口或边境车站运至工地或指定堆放地点发生的采购、运输、运输保险、保管、装卸等费用。

设备运杂费由运输和装卸费、包装费、设备供销部门手续费、采购与仓库保管费构成。

①运输和装卸费

国产设备由设备制造厂交货地点起、进口设备由我国到岸港口或边境车站起至工地仓库(或工程筹划设计指定的需要安装设备的堆放地点)止所发生的运费和装卸费。

②包装费

在设备原价中未包含的、为运输而进行包装所支出的各种费用。

③设备供销部门手续费

按有关部门规定的统一费率计算。

④采购与仓库保管费

指采购、验收、保管和收发设备所发生的各种费用，包括设备采购人员、保管人员和管理人员的工资、工资附加费、办公费、差旅交通费，设备供应部门办公和仓库所占固定资产使用费、工具用具使用费、劳动保护费、检验试验费等。按主管部门规定的采购与保管费费率计算。

(3)备品备件购置费

编制概算时，应采用包含备品备件费的设备原价。若设备原价不含备品备件费，其备品备件费按设备原价(不含软件费)的3%～5%计算。

(4)设备购置费的计算方法

编制概算时，设备原价应根据调查资料，结合概算文件编制期的价格水平综合确定。

对于国内设备，为简化概算编制，设备购置费等于国内设备原价加国内设备运杂费。

对于进口设备，为简化概算编制，进口设备购置费等于进口设备到岸价(CIF)、进口从属费用加国内设备运杂费。

国内设备运杂费费率如表 4-3 所列。

表 4-3 国内设备运杂费费率

序号	工程所在地区	费率(%)
1	辽宁、吉林、河北、北京、天津、山西、江苏、浙江、山东、安徽	6～7
2	河南、陕西、湖北、湖南、江西、黑龙江、广东、四川、重庆、福建	7～8
3	内蒙古、甘肃、宁夏、广西、海南	8～10
4	贵州、云南、青海、新疆	10～11

注:边远地区和厂址距离铁路或水运码头超过 50 km 时,可相应提高运杂费率。

3. 工程建设其他费用

指从工程筹起到工程竣工验收交付使用止的整个建设期间,应该由基本建设投资支付并列入建设项目总概算内,除安装工程费、设备购置费、预备费和专项费用以外的,为保证持工程建设顺利完成和交付使用后,能够正常发挥效用而发生的各项费用。按资产属性分别形成固定资产其他项目、无形资产其他项目和其他资产费用(递延资产)。

以下为城市轨道交通工程建设通常发生的工程建设其他费用项目,在编制概算时,应结合工程建设实际和建设市场有关情况予以确定。

(1)前期工程费

包括土地征用及补偿、临时占地、建(构)筑物拆迁补偿、树木及绿化赔偿、道路恢复、道路破复、管线迁改、交通疏解等发生的费用。

(2)其他费用

①场地准备费

指建设项目为达到工程开工条件所发生的场地平整和对建设场地遗留的有碍于施工建设的设施进行拆除清理的费用。

一般应根据实际工程量估算,也可按工程费用的比例计列。即:

场地准备费=工程费用×费率(%),费率按 1%～2%计列。

②项目建设管理费

指项目建设单位从项目筹建之日起至办理竣工财务决算之日止发生的管理性质的支出。包括:不在原单位发工资的工作人员工资及相关费用、办公费、办公地租用费、差旅交通费、劳动保护费、工具用具使用费、固定资产使用费、招募生产工人费、技术图书资料费(含软件)、业务招待费、施工现场津贴、竣工验收费和其他管理性质的支出。

按工程费用和管线迁改费用之和的 2.0%～2.5%计列。

③建设工程监理与相关服务费

指监理单位接受建设单位委托,提供建设工程施工阶段的质量、进度、费用控制管理和安全生产监督管理,合同、信息管理及相关各方协调管理服务,以及勘察、设计、保修等阶段的相关服务所收取的费用。

按工程费用的 1.6%～1.8%计列。

④招标代理服务费

指定招标代理机构调接受委托，从事招标文件(包括编制资格预审文件和标底)，审查投标人资格，组织答疑、开标、评标以及提供招标前咨询、协调合同签订等所收取的费用。

按工程费用的 0.2%计列。

⑤招标交易服务费

指工程建设期间，项目所在地交易部门为工程场所招投标提供交易场所和为招投标服务而收取的费用。

按建设项目所在地省(自治区、直辖市)有关规定计列。

⑥前期工作费

指建设项目前期工作支付的咨询服务费用，包括建设项目专题研究、编制和评估项目建议书、编制和评估可行性研究报告，以及其他与建设项目前期工作有关的咨询服务费用。

a. 可行性研究费

指编制和评估项目建议书(或预可行性研究报告)、可行性研究报告所需的费用。

按委托合同计列，或参照表 4-4 计费标准，根据建设项目估算投资额采用内插法计算。

表 4-4 编制和评估可行性研究报告计费标准表

序号	投资额(亿元)	计费标准(万元)
1	≤20	250
2	50	300
3	100	350
4	200	400
5	300	450
6	≥400	500

注:1. 建设项目估算投资额是指项目建议书或可行性研究报告的估算投资额。
2. 建设项目在工程条件、技术条件、环境保护、文物保护、安全等方面可能存在特殊要求时，可根据实际情况计取难度调整系数，调整系数按 1.1～1.5 计取；必要时开展的专题研究费用另计，且主报告收费不再考虑调整系数。
3. 对于分期分段建设的线路，应分别计费。原则上视线路分期分段规模比例及研究难度，在上述计费方案基础上，首期工程乘以 1.2～1.5 的调整系数；后续工程乘以 0.6～0.9 的调整系数。
4. 上述计费标准为主报告编制费用，各类专题研究费用另行计列。

b. 环境影响评价费

指按照《中华人民共和国环境保护法》《中华人民共和国环境影响评价法》等规定，为全面、详细评价建设项目对环境可能产生的污染或造成的重大影响所需的费用。包括编制和评估环境影响报告书(含大纲)、环境影响报告表和环境影响登记表等所需的费用。

按委托合同计列，或参照表 4-5 计费标准，根据建设项目估算投资额采用内插法计算，并适当考虑环境敏感程度调整系数。

表 4-5 环境影响评价收费表 单位:万元

<table>
<tr><th>序号</th><th>估算投资额</th><th>2 亿元～10 亿元</th><th>10 亿元～50 亿元</th><th>50 亿元～100 亿元</th><th>100 亿元以上</th></tr>
<tr><td>1</td><td>编制环境影响报告书(含大纲)</td><td>15～35</td><td>35～75</td><td>75～110</td><td>110</td></tr>
<tr><td>2</td><td>编制环境影响报告表</td><td>4～7</td><td colspan="3">7 以上</td></tr>
<tr><td>3</td><td>编制环境影响登记表</td><td>3～4</td><td colspan="3">4 以上</td></tr>
<tr><td>4</td><td>评估环境影响报告书(含大纲)</td><td>3～7</td><td>7～9</td><td>9～13</td><td>13 以上</td></tr>
<tr><td>5</td><td>评估环境影响报告表</td><td>1.5～2</td><td colspan="3">2 以上</td></tr>
<tr><td>6</td><td>评估环境影响登记表</td><td>1～1.5</td><td colspan="3">1.5 以上</td></tr>
</table>

注:1. 建设项目估算投资额是指项目建议书或可行性研究报告的估算投资额。
2. 评估环境影响报告书(含大纲)的费用不含专家参加审查会议的差旅费;环境影响评价大纲的技术评估费用占环境影响报告书评估费用的 40%。
3. 本表所列编制环境影响报告表收费标准为不设评价专题的基准价,每增加一个专题加收 50%。
4. 本表中费用不包括遥感、遥测、风洞试验、污染气象观测、示踪试验、地探、物探、卫星图片解读、需要动用船、飞机等特殊监测等费用。

c. 客流预测报告编制费

指以城市、社会经济、人口、土地使用、交通等方面的现状和规划基础资料为依据,利用交通模型等技术手段,预测各目标年限城市轨道交通网络或线路相关客流指标,编制客流预测报告所需的费用。

按委托合同计列,或参照表 4-6 计费标准计列。

表 4-6 客流预测报告编制计费表

<table>
<tr><th>序号</th><th>工作阶段</th><th>计费标准</th></tr>
<tr><td>1</td><td>线网规划阶段</td><td rowspan="3">按相应阶段主报告编制费用的 30%～40%计取</td></tr>
<tr><td>2</td><td>近期建设规划阶段</td></tr>
<tr><td>3</td><td>可行性研究阶段</td></tr>
</table>

d. 地震安全性评价费

指按照《中华人民共和国防震减灾法》《地震安全性评价管理条例》等规定,为建设项目提供地震安全性评价服务所需的费用。

按委托合同计列,或按项目所在地省(自治区、直辖市)有关规定计列。

e. 地质灾害危险性评估费

指评估机构接受委托,按照相应的技术规程和规范要求,搜集相关资料,进行现场调查和技术分析,以及编制评估报告和组织报告评审等收取的费用。

按委托合同计列,或参照相关部门规定计列。

f. 节能评估费

指分析建设项目的建筑、设备、工艺等的能耗水平和其使用的用能产品的效率或能耗指标,编制及评审节能评估报告的费用。

按委托合同计列,或参照表 4-7 计费标准计列。

表 4-7　节能评估报告编制与评审计费表

序号	项　　目	可行性研究阶段
1	编制节能评估专题报告	按可行性研究主报告编制费用的 20%～30%计取
2	评审节能评估专题报告	按节能评估专题报告编制费用的 20%～30%计取

g. 社会稳定风险评估费

指编制和评价社会稳定风险分析报告所需的费用。

按委托合同计列，或参照表 4-8 费用标准计列。

表 4-8　社会稳定风险评估计费表

序号	项　　目	可行性研究阶段
1	编制社会稳定风险分析报告	按可行性研究主报告编制费用的 30%～60%计取
2	评审社会稳定风险分析报告	按社会稳定风险分析报告编制费用的 50%计取

h. 防洪评价费

按《中华人民共和国防洪法》等规定，对涉及江河、湖泊等项目编制防洪评价报告所需的费用。

按委托合同计列，或按项目所在地省(自治区、直辖市)有关规定计列。

i. 文物勘探及保护费

指在工程范围内有可能埋藏文物的地方进行考古调查、勘探及保护所需的费用。

按委托合同计列，或按项目所在地省(自治区、直辖市)有关规定计列。

j. 其他前期工作费

指以上内容未包含，但在城市轨道交通前期咨询工作中可能涉及的专题、单项研究及其他咨询服务，如规划咨询、专项技术咨询、投融资专题、网络资源共享专题等所需的费用。

按委托合同计列，或根据工作量按工日计取，费用＝∑人工工日×人工工日单价。

⑦研究试验费

指为建设项目提供或验证设计数据、资料等进行必要的研究试验及按照设计规定在建设过程中必须进行试验、验证所需的费用。包括自行或委托其他部门研究试验所需人工费、材料费、试验设备及仪器使用费等。

不包括：

a. 应由科技三项费用(即新产品试制费、中间试验费和重要科学研究补助费)开支的项目。

b. 应在建筑安装费用中列支的施工企业对建筑材料、构件和建筑物等进行一般鉴定、检查所发生的费用及技术革新的研究试验费。

c. 应在勘察设计费或工程费用中开支的项目。

根据设计提出的具体研究试验项目，按研究试验内容和要求计列所需的费用。

⑧勘察设计费

a. 勘察费

勘察设计费：指建设单位委托勘察设计单位进行工程水文地质勘察、工程设计所发生的各项费用。

工程勘察费：指为工程设计提供工程地质、水文地质资料、地下管线、地下构筑物资料等的勘察及相应的试验、工程测量等所发生的费用。

按勘察委托合同计列，或按工程费用的0.6%～0.8%计列。

b. 设计费

工程设计收费：指设计单位根据建设单位委托，提供编制建设项目初步设计文件、施工图设计文件、非标准设备设计文件、BIM设计等服务所收取的费用，包括基本设计收费和其他设计收费。

基本设计收费：指在工程设计阶段提供初步设计文件、施工图设计文件收取的费用，并相应提供设计技术交底、解决施工中的设计技术问题、试运行和竣工验收等服务。

其他设计收费：指根据工程设计实际需要或者建设单位要求提供相应服务收取的费用，包括总体总包费等。

按设计委托合同计列，或按工程费用的3.5%～4.0%计列。改扩建工程项目另行计列。

⑨咨询费

设计咨询费：指建设单位委托咨询机构对设计单位设计工作成果进行审查所需的费用。

按设计咨询委托合同计列，或按工程费用的0.3%～0.4%计列。

工程造价咨询费是指工程造价咨询企业接受建设单位委托，从事投资估算、工程概算、工程量清单、招标控制价、工程结算、竣工决算的编制与审核，各设计阶段的工程造价控制等与工程造价业务有关的咨询服务，并出具工程造价咨询成果文件等业务活动所收取的费用。

按工程造价咨询委托合同计列，或按工程费用的0.3%～0.4%计列。

⑩引进技术和设备其他费

引进技术和设备其他费：指引进技术和设备发生的但未计入设备购置费的费用。包括：

a. 引进项目图纸资料翻译复制费、备品备件测绘费。

b. 出国人员费用：包括买方人员出国设计联络、出国考察、联合设计、监造、培训等所发生的差旅费、生活费等。

c. 来华人员费用：包括卖方来华工程技术人员的现场办公费用、往返现场交通费用接待费用等。

d. 银行担保及承诺费：引进项目由国内外金融机构出面承担风险和责任担保所发旦的费用，以及支付贷款机构的承诺费用。

计算方法：

a. 引进项目图纸资料翻译复制费、备品备件测绘费。根据引进项目的具体情况计列章按引进货价(FOB)的比例计列，引进项目发生备品备件测绘费时按具体情况计列。

b. 出国人员费用。依据合同或协议规定的出国人次、期限以及相应的费用标准计算生活费按财政部、外交部规定的标准计列，差旅费按中国民航公布的票价标准计列。

c. 来华人员费用。依据引进合同或协议有关条款及来华技术人员派遣计划进行计列来华人员接待费用可按每人次费用指标计列。引进合同价款中已包括的费用内容不得重复计列。

d. 银行担保及承诺费。应按担保或承诺协议计列。概算编制时可以担保金额或承诺当额为基数乘以费率计算。

为简化概算编制：按引进设备费的10%～15%计列。

⑪综合联调及试运行费

指新建城市轨道交通项目在交付运营前，按照批准设计文件所规定的工程质量标准和技术要求，在综合联调及试运行期间对整个系统进行综合联调及试运行所发生的费用。综合联调及试运行费包括综合联调及试运行所需原材料、燃料及动力消耗、低值易耗品、其他物料消耗、工具用具使用费、机械使用费、保险金、人员工资以及专家指导费等。不包括应由设备安装工程费开支的调试费，以及在综合联调及试运行中暴露出来的因施工原因或设备缺陷等发生的处理费用。

计算方法：

a. 综合联调费。按设备购置费和车辆购置费之和 1.0%～1.5%计列。

b. 试运行费。按正线公里数×试运行期(月)×10 万元/(正线公里·月)计列。

当与既有线路联调时，费用可适当增加。

⑫专利及专有技术使用费

专利及专有技术使用费包括：国外设计及技术资料费、引进有效专利、专有技术使用费和技术保密费；

国内有效专利、专有技术使用费；商标权、商誉和特许经营权费等。

计算方法：

a. 按专利使用许可协议和专有技术使用合同的规定计列。

b. 专有技术的界定应以省、部级鉴定批准为依据。

c. 项目投资中只计算需在建设期支付的专利及专有技术使用费。协议或合同规定在运营期支付的使用费应在运营成本中核算。

⑬生产准备及开办费

指在建设期内建设单位为保证正常运营而发生的人员培训费、提前进厂以及投产使用必备的生产办公、生活家具用具及工器具等的购置费用。包括：

a. 生产职工培训费

指工程项目在试运营前对运营部门生产职工培训所必需的费用。包括提前进厂费用、自行组织培训或委托其他单位培训的人员工资、工资性补贴、职工福利费、差旅交通费、劳动保护费、学习资料费等。

按设计确定的定员人数×60%×30 000 元计列。

b. 生产办公、生活家具用具购置费

指为保证工程项目初期正常运营所必需的生产办公、生活家具用具购置费。

按设计确定的定员人数×9 000 元计列。

c. 工器具购置费

指为保证工程项目初期正常运营所必须购置的第一套不构成固定资产的设备、仪器、仪表、工卡模具、器具、工作台(框、架、柜)等的费用。不包括：构成固定资产的设备、工器具和备品、备件费用，以及已列入设备购置费中的专用工具和备品备件费。

按设计确定的定员人数×4 500 元计列。

⑭工程保险费

指为转移工程项目建设的意外风险，在建设期内对建筑工程、安装工程、机器设备和人身安全进行投保而发生的费用。包括建筑安装工程一切险、人身意外伤害险和引进设备财产保险。

按工程费用的0.4%～0.7%计列。

⑮特殊设备安全监督检验费

指安全监察部门对在施工现场组装的压力锅炉及压力容器、压力管道、消防设备、燃气设备、电梯等特殊设备和设施实施安全检验验收所收取的费用。

按项目所在地省(自治区、直辖市)安全监察部门的规定计列。无具体规定的,可按受检设备安装工程费的比例估算。

⑯安全生产保障费

指为保障工程项目施工安全而发生的费用。包括第三方监测费、第三方检测及评估费等费用。

第三方监测费是指为保障工程项目施工安全,由建设单位委托第三方监测单位对工程及周边建筑物、构筑物、地下管线、交通设施(道路、桥梁、隧道、通道)等进行监测所发生的费用。

第三方检测、评估费是指为保障工程项目安全和施工质量,对工程实体(如桩基等)、周边既有建(构)筑物、桥梁等风险源进行第三方检测及评估所发生的费用。

其他与保障工程项目施工安全和质量而发生的费用。

按建筑安装工程费的0.8%～10%计列。

⑰配合辅助工程费

指全部或部分投资由本项目支付修建,而建成后的产权不属于本项目的工程费用,如110 kV电力进线工程(产权归电力部门时)、城市道路立交桥工程等。

配合辅助工程应作为独立的其他费用编制单元编制全费用概算(含工程建设其他费用、预备费、建设期贷款利息)。

⑱其他

指上述费用之外,一般建设项目很少发生或具有明显行业和地区特征的工程建设其他费用项目,如移民安置费、水资源费、水土保持费、河道占用补偿费、超限设备运输措施费、航道维护费、白蚁防治费、环境保护专项费、专项验收费等必须纳入设计概算的其他费用,按国家、有关行业部委和建设项目所在地省(自治区、直辖市)有关规定计列。

4. 预备费

(1)基本预备费

指针对项目实施过程中可能发生难以预料的支出而事先预留的费用,又称工程建设不可预见费,主要指设计变更及施工过程中可能增加工程量的费用,基本预备费一般由以下四部分组成:

①在批准的初步设计范围内,施工图设计及施工过程中所增加的工程费用;设计变更、工程变更、材料代用、局部地基处理等增加的费用。

②一般自然灾害造成的损失和预防自然灾害所采取的措施费用。实行工程保险的工程项目,该费用应适当降低。

③竣工验收时为鉴定工程质量,对隐蔽工程进行必要的挖掘和修复费用。

④超规超限设备运输增加的费用。

计算公式为:

基本预备费=(建筑安装工程费+设备购置费+工程建设其他费)×基本预备费费率

基本预备费费率为5%。

(2)价差预备费

价差预备费:指为正确反映建设项目的概算总额,在设计概算编制年度到项目建设竣工的整个期限内,因形成工程造价诸因素的正常变动(如人工、材料、设备价格的上涨,其他有关费用标准的调整及利率、汇率等因素的变化),导致必须对该工程项目所需的总投资额进行合理的核定和调整而需预留的可能增加的费用,又称价格变动不可预见费。

本项费用应根据建设项目工程筹划设计安排:以其分年度投资额及不同年限:根据国家公布的工程造价年上涨指数计列。计算公式为:

$$E=\sum_{N=1}^{N}F_n[(1+p)^{c+n}-1] \tag{4-1}$$

式中　E——价差预备费;

N——施工总工期(年);

F_n——施工期第,1年的分年度投资额;

p——工程造价年增涨指数;

c——编制年至开工年年限(年);

n——开工年至结(决)算年年限(年)。

5. 专项费用

(1)车辆购置费

车辆购置费(包含车辆监制费)按设计确定的初期车辆配置数量及车辆市场价格信息计列。

(2)建设期贷款利息

指在建设期内发生的为工程项目筹措资金的融资费用及债务资金利息。建设期贷款利息分为建设期国内贷款利息和建设期国外贷款利息。

①建设期国内贷款利息

指工程项目中分年度使用国内贷款,在建设期应归还的贷款利息。

计算公式为:

建设期贷款利息=Σ(年初付息贷款本金累计+本年度付息贷款额÷2)×年利率

即:

$$S=\sum_{n=1}^{N}(\sum_{m=1}^{n}F_m\times b_m-F_n\times b_n\div 2)\times i \tag{4-2}$$

式中　S——建设期贷款利息;

N——建设总工期;

n——施工年限;

m——还息年限;

F_m、F_n——在建设年度的第m、n年的分年度资金供应量;

b_m、b_n——在建设年度的第m、n年份的还息贷款占当年投资比例;

i——建设期贷款年利率。

②建设期国外贷款利息

建设期国外贷款利息的计算中,还应包括国外贷款银行根据贷款协议向贷款方以年利率的方式收取的手续费、管理费、承诺费，以及国内代理机构经国家主管部门批准的以年利率的方式向贷款方收取的转贷费、担保费、管理费等。

对分期投资的建设项目，应根据不同时期的工程范围和分年度使用贷款额，计算不同时期建设期贷款利息。

八、铺底流动资金

指为保证新建工程项目投产初期正常运营，按规定应列入工程项目总投资的铺底流动资金。主要用于购买原材料、燃料、动力，支付职工工资和其他有关费用。

为简化编制概算，按设计确定的初期车辆配置数量，每辆 10 万元计列。

第三节　城市轨道交通工程概(预)算定额及使用

根据不同设计阶段、工程的设计深度，以及工程定额体系的划分，对具体定额采用，应按以下规定执行。

(1)初步设计概算采用概算定额。

(2)施工图预算、投资检算采用预算定额。

对于没有定额的特殊工程及尚未实践的新技术工程，设计单位在调查分析的基础上补充单价分析，并随设计文件一并送审。

一、《城市轨道交通工程概算定额》简介

《城市轨道交通工程概算定额》是城市轨道交通工程建设项目初步设计阶段编制概算、进行设计方案比选、概算指标的基础，适用于新建、扩建的城市轨道交通工程。

1. 编制依据

《城市轨道交通工程预算定额》(GCG 103—2008)；

《全国统一建筑工程基础定额》(GJD-101—95)；

《全国统一安装工程预算定额》(GYD-201～213—2000)；

《全国统一市政工程预算定额》(GYD-301～308—1999)(GYD-309—2001)；

《地铁设计规范》(GB 50157—2003)；

《地下铁道工程施工及验收规范》[GB 50299—1999(2003 年版)]；

相关行业定额、典型工程资料等。

2. 主要内容

包括规定计量单位定额项目所需的人工、材料、机械台班的消耗量和概算基价。

第四册通信、信号工程，包括信号机、转辙机、轨道检测装置、室内信号设备和车载信号设备安装及调试等。

定额是按正常施工条件、目前多数施工企业的机械装备程度、合理施工组织和合理工期进行编制的。

定额的划分结合城市轨道交通工程建设项目初步设计阶段的工作要求，根据初步设计阶段编制深度所能提供的主要工程项目和工程量确定定额水平，并调整预算定额水平不适应的

部分。

3. 定额消耗量的确定

(1)人工消耗量，定额人工分土建人工、安装人工、调试人工，不分技术等级，其消耗量综合考虑。

(2)材料消耗量，材料选用符合国家质量标准和相应设计要求的合格产品。

材料消耗包括主要材料、辅助材料、周转材料、零星材料，凡能计量的材料、成品、半成品均按品种、规格逐一列出用量并注入相应损耗。

混凝土除特别注明者外，一般按预拌混凝土考虑。

(3)机械台班的消耗量，机械台班包括施工机械和仪器仪表台班。

凡单位价值在 2 000 元以上的机械台班列入定额，单位价值在 2 000 元以内不构成固定资产的机械费用列入定额工具用具使用费项下。

人工、材料、机械台班单价(以北京地区 2010 年二季度信息价为基础确定)：

①综合人工单价。土建人工以“综合工 1”表示，为每工日 55 元；安装人工以“综合工 2”表示，为每工日 55 元；调试人工以“综合工 3” 表示，为每工日 90 元。

②材料、机械台班单价见各册附录。

定额使用中，人工、材料、机械台班消耗量一般不作调整，单价可根据有关规定调整；采用的主要材料不同时可抽换。

定额缺项的内容，可套用其他全国统一定额或其他相关定额。

定额中调试项目分为单体调试、子系统调试、系统调试、联调联试、试运行等，已单独列项或综合在概算定额中，见各册说明。

二、信号工程定额

《城市轨道交通工程概算定额》第四册为“通信、信号工程”，共 21 章，466 子目。

1. 总说明

设备安装，除另有规定外，均包括设备本身的安装固定、引入引出端子板的接线、接线端子压接等的全部工作内容。室内外设备包括接地。

各种钢管、塑料管的敷设，光电缆和的电线的敷设以及设备安装的操作高度，均按 5 m 以下编制；若设计超过 5 m 时，其超过部分的人工工日按乘以下系数执行，如表 4-9 所列。

表 4-9　光、电缆、电线敷设安装操作高度系数

操作高度	10 m 以下	20 m 以下	20 m 以上
超高系数	1.25	1.4	1.6

定额中不包括的信号器件，使用时另行计列。但其安装所需的工、料、机消耗量已计入相应定额中，不应重复计列。

定额中使用的线、缆等材料与设计不符时允许换算。

方正道岔、调整轨缝等需配合设计时，每组道岔按 5 个工日计列。

2. 信号电缆预留长度

(1)直埋电缆预留长度(表 4-10)

表 4-10 直埋电缆预留长度

序号	项　目	预留长度	说　明
1	电缆敷设弯曲系数	2%	按电缆全长计算
2	电缆进入建筑物	5 m	室内储备量
3	室内每端环状储备量	2 m	20 m以下为1 m
4	每段出入土及做头	2 m	

(2)洞内架设电缆预留长度(表 4-11)

表 4-11 洞内架设电缆预留长度

序号	项　目	预留长度	说　明
1	电缆敷设弯曲系数	2%	按电缆全长计算
2	每个电缆头	3 m	
3	引入分线柜	5 m	
4	垂直引向水平	0.5 m	
5	引入箱、柜	半周长	箱、柜的半周长
6	电缆井内	2 m	

(3)光缆预留长度(表 4-12)

表 4-12 光缆预留长度

序号	项　目	预留长度	说　明
1	接续处	3 m	
2	引入设备处	5 m	
3	接续装置处光纤收容余长	不少于0.8 m	每侧
4	托架光缆敷设	3 m	每200 m
5	进出隧道隔断门	5 m	

3. 挖、填光电缆沟及电缆防护

包括:挖、填光电缆沟、电缆防护。

挖、填光电缆沟,按照综合土,沟深 0.8 m 编制,不包括地下、地上障碍物处理,发生时另行计列。

挖、填光电缆沟,电缆砂砖防护、电缆槽防护以“100 m”为单位计算。

电缆过道钢管防护以“处”为单位计算。

过桥、涵洞等防护以“10 m”为单位计算。

过隔断门、过洞顶、电缆桥架、梯架防护以“m”为单位计算。

4. 敷设电缆

包括:敷设埋式电缆、管道电缆、托架电缆及电线;电缆及电线钉固;控制中心、车辆段及车站的电缆引入。

敷设管道电缆已包括管孔清刷,若管道堵塞、沉陷、断裂等另行计列。

电缆预留量规定:

①接续处预留 2 m。

②引入设备处预留 2 m。

③总配线架成端预留量:100 对成端预留量 3.5 m;200 对成端预留量 4.5 m;300 对成端预留量 5.5 m。

④分线箱(盒)预留量:50 对电缆以下预留 2.5 m;交接箱接头排预留量:100 对电缆以上预留 5 m。

⑤托架电缆敷设每 200 m 预留 3 m,进出隧道隔断门增加 5 m 的预留。

敷设埋式、管道、托架、钉固电缆及电线等以“100 m”为单位计算。

控制中心、车辆段及车站的电缆引入以“条”为单位计算。

敷设托架电缆及电线,按每米绑扎一次计算。

敷设钉固电缆及电线,站内按每 0.5 m 钉固一次、隧道区间按每米钉固一次计算。

5. 敷设光缆

包括:敷设管道光缆、托架光缆,控制中心、车辆段及车站的光缆引入。

敷设管道光缆包括管道清扫,若管道堵塞、沉陷、断裂等另行计列。

敷设管道光缆、托架光缆、塑料子管以“100 m”为单位计算。

控制中心、车站、车辆段的光缆以“条”为单位计算。

光缆敷设芯数超过 120 芯以外,每增加 24 芯,增加 0.5 个工日。

6. 站内敷设及电线敷设

包括:天棚内光电缆和电线敷设、暗管光电缆和电线穿放、线槽光电缆和电线敷设。

光电缆和电线敷设,应计算到箱、架设备中心。

光电缆和电线敷设以“100 m”为单位计算。

射频、漏泄电缆以“100 m”为单位计算。

7. 光纤数字传输设备安装

包括:辅助设备安装、光纤数字传输设备安装与调试、网管系统安装与调试、数字通信通道调试验、同步数字网络设备安装与调试。

光纤传输设备的安装与调试按 2.5 Gbit/s、622 Mbit/s 系统,1+1 状态编制。当系统为 1+0 状态时,TM 终端复用器每端减少 2 个工日,ADM 分插复用器每端减少 4 个工日。

光纤数字传输设备的安装与调试包括:安装加固机架,安装与调试 SDH/MSTP、PCM、接入网设备以及进出线缆的连接等,不包括进出线缆的敷设。

设备安装与调试按带有机内(或机间)连接线缆综合编制。设备到配线架(箱)的连接线缆另行计列。

安装光纤配线架定额按 100 芯以下综合编制。

设备中的机架、配线架以“架”为单位计算;抗震底座、配线子架以“个”为单位计算。

光纤数字传输设备以“端”为单位计算。

接入网设备、网络管理系统设备以“套”为单位计算。

光中继段测试以“系统”为单位计算。

通路对端调试以“系统/站”为单位计算。

稳定观测及光、电调测中间站配合以“站”为单位计算。

综合定时供给、铯钟以及 GPS 接收机设备以“台”为单位计算。

8. 电源设备及接地装置安装

包括：蓄电池、电源系统设备、信号电源屏、接地装置安装。

蓄电池安装按其额定工作电压、容量大小划分，以蓄电池组为计量单位综合测算，适用于48 V高频电源和UPS不间断电源的蓄电池组安装及蓄电池组按规程进行充、放电。

蓄电池电极连接按电池带有紧固螺栓、螺母、垫片编制。如采用焊接方式连接另行计列。

电源设备的安装与调试包括进出线缆的连接，但不包括进出线缆的敷设。

充、放电设备安装与调试包括监测控制设备、变阻设备、电源设备的安装、调试与连接线缆的敷设。

蓄电池以“组”为单位计算。

蓄电池柜以“架”为单位计算。

充、放电设备、高频开关电源及UPS不间断电源等以“台”为单位计算。

双路电源切换屏、高频开关电源和UPS不间断电源的网管终端、信号电源屏等以“套”另行计列。

车站电源系统、中心电源系统等设备的联调以“系统”为单位计算。

接地装置以“处”为单位计算。

9. 计算机网络及附属设备安装

以太网交换机安装中不包含机柜的安装。

三层以太网交换机、二层以太网交换机以“套”为单位计算。

计算机终端、VOIP网关设备、VOIP模块以“台”为单位计算。

10. 配管、托板托架、桥架及吊架、吊棚内电线管安装

包括：钢管、硬塑料管敷设，托板托架、桥架及吊架、吊棚内电线管安装。

钢管和硬塑料管暗敷设，按在砖墙、混凝土结构内及地面垫层内暗敷设编制。

钢管埋设，按在土中直埋编制。不含钢管埋设的挖、填土方。

托板、托架安装，按每套1副托架、6块托板组成。

吊架安装，包括吊架本身以及连接固定电缆的卡扣。

电线管在吊棚内安装，其高度按5 m以下编制。

钢管、电线管、硬塑料管、通信桥架等以“100 m”为单位计算。

托板、托架及吊架以“套”为单位计算。

11. 信号机及室外箱、盒安装

包括：高柱信号机地面安装、矮型信号机地面安装、信号机桥面或地面钢柱安装、信号机隧道侧架安装、各种箱盒安装。

高柱、矮型透镜式色灯信号机安装，按点灯监测单元方式编制，包括本身的安装固定与接线、内部器材的安装。

高柱信号机地面安装包括挖机柱坑，高柱信号机机柱坑深度按以下计列：机柱长度8.5 m以下时，机深1.7 m；机柱长度10 m以上时，机柱埋深2.0 m。

信号机地面安装包含相应箱盒和基础的安装、接地、室外设备防火防鼠堵洞、设备基础台面硬面化，桥梁面和隧道安装包含相应箱盒和基础的安装、接地、室外设备防火防鼠堵洞等。

箱、盒安装按地面安装编制，包括箱盒和基础的安装、防火防鼠堵洞、设备基础台面硬面化。

信号机桥面或地面钢柱安装、信号机隧道侧壁支架安装、终端电缆盒 HZ-0 预算定额中没有，概算根据工程实际需要进行了补充。

终端电缆盒 HZ12、HZ24、变压器箱 XB_1 型、XB_2 型在安装信号机、轨道电路、转辙机中以按一般工程考虑数量，如数量不足可另行单列子目，HZ-0 在工程中如有需要单独计列。

信号机安装以“架”为单位计算。

箱、盒等以“个”为单位计算。

12. 转辙机安装及调整

转辙机安装包括安装装置安装用的工、料、机消耗量；不包括安装装置及绝缘。

转辙机安装内包括终端电缆盒的安装、接地及设备基础台面硬面化。

重型单动道岔转辙装置安装(2 个牵引点)按“一组”计算，交分道岔转辙装置安装按“一组”计算。

单动道岔、交分道岔、外锁闭装置以组为单位计算。

13. 轨道检测装置安装

包括：轨道电路、传输环线电缆、计轴设备安装，无线天线、波导管安装，应答器安装，轨道绝缘，接续及连接线。

计轴设备安装 1 处含电子接线盒的安装和计轴传感器的安装，不包括电子接线盒与传感器间的连接电缆。

钢轨接头绝缘“对”，指一条铁路线两侧单轨同一点的两个接缝。

钢轨接续线、道岔跳线、连接线等按放热焊接(焊药和模具)工艺编制。钢轨接续线由预算定额的“km”为单位改为以“组”为单位计算。

50 Hz 相敏轨道电路已包含单轨条牵引电流回流线，如有特殊需要时，可单列单轨条牵引电流回流线。

轨道电路以“区段”为单位编制。

环线电缆、波导管以“10 m”为单位计算。

计轴设备安装以“处”为单位计算。

列车识别等环路、应答器、LEU 设备安装以“个”为单位计算。

钢轨绝缘以“对”为单位计算。

钢轨接续线、道岔跳线、道岔绝缘、牵引电流轨道横向连接线、极性交叉跳线、横向连接线等以“组”为单位计算。

14. 室内设备安装及调试

包括：控制台安装，各种盘、架、柜安装，报警设备。

各种盘、架、柜安装包括固定支架。

组合柜(架)包括组合，不包括继电器、变压器。需要时另行计列。

室内柜(架)等安装，包括本架电线及架与架之间电线，不包括架间电源环线。

ATS、ATP、ATO、联锁机柜的安装含各子系统的调试。

ATS 总机安装含 ATS 系统中心设备调试、维修管理系统调试、培训系统调试、与其他系统接口调试、ATC 系统设备调试。

控制台、应急台、操作台、显示驱动设备、ATS 分机柜、ATP 分机柜、ATO 分机柜、目标控制器机柜、通信机柜、计轴机柜、LED 信号机断丝报警仪等的安装以“台”为单位计算。

显示屏、车场计算机联锁系统、信号集中监测系统安装、ATS总机柜安装等以“套”为单位计算。

各种盘、柜、架以“架”为单位计算。

15. 车载设备安装及调试

调试包括车载设备的静、动态调试，不包括与地面有关设备的联调。

车载设备安装及调试以“套”为单位计算。每列车需要2套车载设备。

16. 其他

包括：发车计时器、表示器、按钮及其他，检修测试设备安装，预埋、电缆引入室内防护，其他设备。

发车计时器安装里，不含发车计时器，需要时另行计列。

发车计时器、紧急关闭按钮、站台自动折返按钮等以“个”为单位计算。

站台发车表示器以“架”为单位计算。

维修电话总机安装、打印设备安装、测试台安装等以“台”为单位计算。

车站管线预埋以“站”为单位计算。

转辙机管线预埋以“组”为单位计算。

17. 联调联试及试运行

包括：信号系统联调联试，信号系统3个月试运行。

信号系统联调联试，信号系统3个月试运行以“系统”为单位计算。

第四节 城市轨道交通信号工程概(预)算编制步骤

一、工程量统计

首先根据信号设备平面布置图、室内信号设备平面布置示意图、电缆径路图等统计工程量。

1. 光电缆、电线工程量统计

各种型号、不同芯数的光电缆长度；电缆沟内的电缆根数和电缆沟长度；电缆槽的规格和长度；电缆过道管的规格和处所；电缆过桥钢管的规格和长度；电缆过隧钢管的规格和长度；敷设管道光缆、托架光缆、塑料子管的长度；敷设埋式、管道、托架、钉固电缆及电线的长度；敷设托架电缆及电线的长度；敷设钉固电缆及电线的长度；控制中心、车辆段及车站的光电缆引入数量；计算室外电缆地下接续的规格和数量；过隔断门、过洞顶、电缆桥架、梯架防护的长度；室外箱、盒的类型和数量；配管、托板托架、桥架及吊架、吊棚内电线管的数量。

2. 光纤数字传输设备工程量统计

光纤数字传输设备的型号和数量；光纤配线架等辅助设备的型号和数量；网管系统的型号和数量；数字通信通道调试验、同步数字网络设备的型号和数量。

3. 计算机网络及附属设备工程量统计

三层、二层以太网交换机的型号和数量；计算机终端、VOIP网关设备、VOIP模块的型号和数量。

4. 信号机等工程量统计

要统计:高柱色灯信号机的类型和数量;矮型色灯信号机的类型和数量;信号标志的类型和数量;信号机桥面或地面钢柱安装数量;信号机隧道侧架安装数量;信号机所需箱、盒的类型和数量;箱、盒基础的类型和数量。

5. 道岔转辙装置工程量统计

要统计:各种转辙机的型号和数量;安装装置的型号和数量;外锁闭装置型号和数量;道岔转辙机表示缺口检查器的型号和数量;道岔转辙装置所需箱、盒的类型和数量;箱、盒基础的类型和数量。

6. 轨道检测装置工程量统计

50 Hz 相敏轨道电路:轨道电路按受电端数量;轨道电路所需箱、盒的类型和数量;箱、盒基础的类型和数量;各种绝缘的规格和数量;道岔绝缘的型号和数量;钢轨接续线和道岔跳线、极性交叉跳线、横向连接线的规格和数量。

计轴设备:电子接线盒的型号和数量;计轴传感器的型号和数量。

以及传输环线电缆的长度,无线天线的数量,应答器的数量;LEU 的数量。

7. 信号电源设备及接地装置工程量统计

信号电源设备:各种电源屏、不间断电源的型号和数量;蓄电池的型号和数量;充、放电设备的型号和数量。

防雷接地:室外设备的安全接地的数量,室内设备的安全接地的数量,贯通地线铜缆长度,制作、安装接地极的数量。

8. 室内布放线缆工程量统计

各种配线方式所需线型、截面积和长度。

9. 计算机联锁工程量统计

控制终端、计算机联锁机柜的型号和数量;显示驱动设备的型号和数量;继电器的型号和数量;组合柜、走线架、分线柜的数量;断路器的型号和数量;机房环境监测总机及分机的数量;信号灯丝断丝报警总机的数量;轨道测试盘的型号和数量。

10. ATC 工程量统计

ATS、ATP、ATO 机柜的型号和数量。

11. 车载信号设备工程量统计

车载设备的型号和数量。

12. 信号集中监测工程量统计

信号集中监测总机每个车站和车辆段一台,要统计:组合柜、继电器的数量;道岔转辙机表示缺口报警总机一台。

13. 其他工程量统计

发车计时器、紧急关闭按钮、站台自动折返按钮的型号和数量;站台发车表示器的数量;维修电话总机、打印设备、测试台等的型号和数量;车站管线预埋、转辙机管线预埋的数量。

14. 联调联试及试运行

信号系统联调联试,信号系统 3 个月试运行的"系统"数量。

二、查找定额

将以上进行的工程量统计中的设备分出来，设备即定额中未包括的部分。
将去除设备后的工程量，分门别类到信号工程概(预)算定额中查找其定额编号。

三、计算概(预)算

例如某城市轨道交通站后工程包括信号工程、通信工程、电力工程，信号工程又包括正线联锁区信号工程和车辆段信号工程。可以先分别编制正线联锁区信号工程的概(预)算和车辆段信号工程概(预)算，作为单项概(预)算。再在此基础上汇总为信号工程综合概(预)算，以及将信号工程综合概(预)算、通信工程综合概(预)算、电力工程综合概(预)算汇总为轨道交通站后工程总概(预)算。

1. 单项概(预)算计算

单项概(预)算按各单项工程进行计算。

单项概(预)算指标计算程序如表 4-1 所列。

(1)建筑安装工程费的计算

信号工程概(预)算定额中的基价即定额直接工程费，包括人工费、材料费和施工机械使用费，只要键入各项电算编号和数量，就可由计算机程序计算并汇总。

再计算需要单独计列的措施费(由人工费、材料费和施工机械使用费乘以措施费率得到)，加在定额直接工程费上即为直接费。

由直接费乘以综合费用费率得到综合费用。综合费用包括企业管理费、利润、规费和税金。

直接费、综合费用之和即为建筑安装工程费。

(2)设备购置费的计算

根据统计的各种设备数量和设备原价，计算设备购置费。

编制期设备原价由设计单位根据调查资料确定。编制期与基期设备原价的差额按价差处理，直接列入设备购置费中。

以基期设备原价作为计算基数，计算设备运杂费。设备运杂费也直接列入设备购置费中。

其他费主要包括：建设项目管理费中的营业线施工配合费、建设单位前期工作费中的勘察设计费、安全生产费，按规定进行计算。

(3)工程建设其他费用的计算

工程费用即建筑安装工程费和设备购置费之和，各项工程建设其他费用由工程费用乘以规定费率得到。

(4)预备费的计算

预备费包括：基本预备费和价差预备费。

基本预备费由工程费用乘以基本预备费费率得到。

价差预备费根据国家公布的工程造价年上涨指数计算公式得到。

(5)专项费用

专项费用包括车辆购置费等。如信号工程需要专用车辆即计列。

(6)静态投资的计算

建筑安装工程费、设备购置费、工程建设其他费用、基本预备费、专项费用之和即为单项设备静态投资。

2. 综合概(预)算计算

将各单项概(预)算以建筑工程费、安装工程费、设备购置费等大项汇总即为综合概(预)算。

3. 总概(预)算计算

将各综合概(预)算以建筑工程费、安装工程费、设备购置费等大项汇总即为总概(预)算。

附录 1　道岔主要尺寸

附表 1-1　单开道岔主要尺寸表

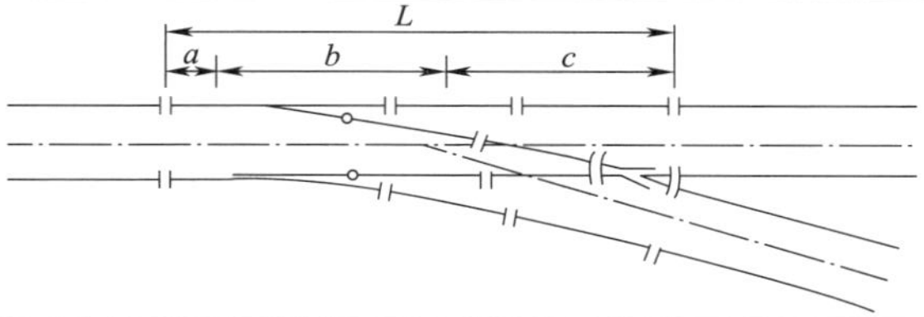

道岔辙叉号	钢轨种类	辙叉类型	图号	设计图号	沿线路中心导曲线半径 R（mm）	尖轨尖端至基本轨轨缝 a（mm）	尖轨尖端至岔心 b（mm）	岔心至辙叉跟距 c（mm）	道岔全长 L（mm）	岔枕类型	钢轨类型	锁闭方式	牵引点数	两个牵引点之间的距离（mm）	备　注
7	50		CZ201A	叁标线 4082	150	2 238	10 897	12 070	22 967	木	50 kg/m	内	1		
			CZ223	专线 9838											
9	60		CZ2505		190	2 646	11 189	15 725	29 564	混凝土	60AT	外	2	3 850	
			SC402		180	2 596	11 415	16 325	30 340					4 220	
12	60		CZ527	铁联线 003	350	2 916	13 672	21 208	37 800	木		外	2	5 000	
			CZ530	专线 4220		2 846	14 003	21 054	37 907					3 720	
			CZ529	铁联线 004		2 916	13 672	21 208	37 800	混凝土				5 400	
			CZ543	专线 4228		4 391	12 197							4 200	
			CZ545	专线 4249											
			CZ2549												
			CZ2555	专线 4253											
18		可动心轨	CZ531	专线 4223	800	3 516	19 224	37 271	69 000				3、2	3 000 4 200 3 600	
			CZ554						60 000						
			CZ2506	4223A											
			CZ2639	GLC（07）03	1 000	1 321	25 636	37 256	64 217						
			CZ2628	SC449	860	2 616	20 125	33 802	56 547						

附表 1-2 交叉渡线道岔主要尺寸表

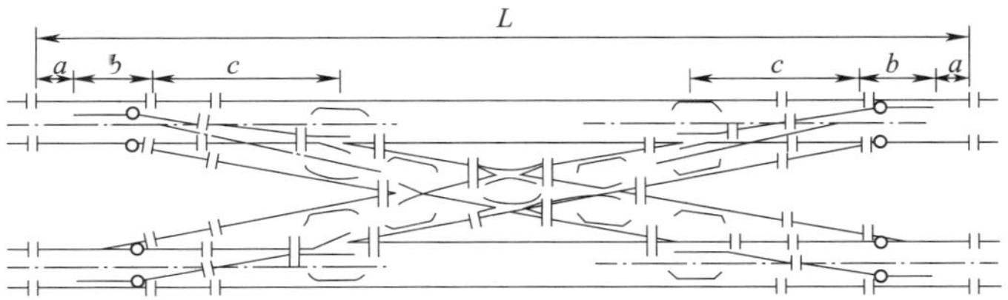

道岔辙叉号	钢轨种类	图号	设计图号	股道间距 S（mm）	沿线路中心导曲线半径 R（mm）	尖轨尖端至基本轨轨缝 a（mm）	尖轨尖端至岔心 b（mm）	岔心至辙叉心 c（mm）	道岔全长 L（mm）	岔枕类型	锁闭方式	备注
7	50	CZ202	叁标线 7428	5.0	150	2 238	10 897	10 114	56 794	木	内	
		SC319				2 540	11 194	12 433	57 388			
		SC320										
9	60	CZ509	专线 7487	5.0	180	2 650	11 189	12 955	72 678	木		
		CZ510	专线 7495	5.3					75 378			
		CZ857		6.0					81 678			
		CZ511	专线 7501	6.5					86 178			
		CZ2524	专线 7578	5.0		2 646			72 678			
		CZ2526		5.0	190							
		CZ580		5.0					72 678	混凝土		
		CZ581		5.3					75 378			
		CZ582		5.5					77 178			
		CZ583		6.5					86 178			
12		CZ544	专线 7618	5.0	50	4 391	12 197	17 250	93 184		外	
		CZ2538		5.3					96 184			
		CZ2558		5.5					105 184			
		CZ2616		6.5					111 084			

附表 1-3 复式交分道岔主要尺寸

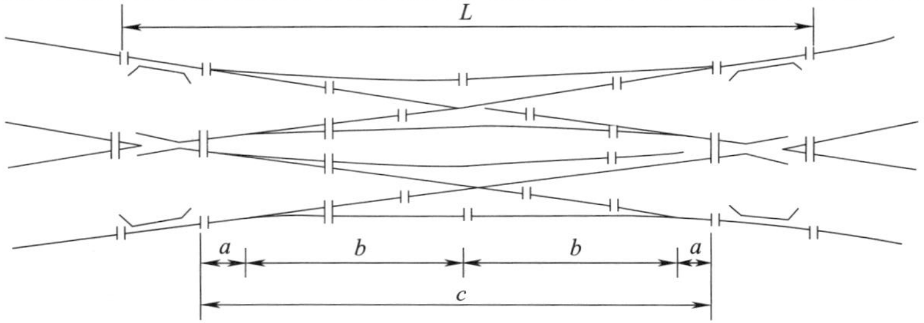

道岔辙叉号	钢轨种类	图号	设计图号	沿线路中心导曲线半径 R（mm）	尖轨尖端至基本轨轨缝 a（mm）	尖轨尖端至岔心 b（mm）	道岔两基本轨间距 c（mm）	道岔全长 L（mm）	岔枕类型	钢轨类型	两个牵引点之间的距离（mm）	备 注
9	60	CZ508	专线 6043	220	2771	12974		31490	木	60AT		
		CZ2518	专线 6077									
		CZ2504							混凝土			
12		CZ502	专线 6047	380	3801	17265		42132	木			
		CZ566	专线 6081									
		CZ2664	SC512									
		CZ2529							混凝土			
		CZ2651	SC350									

附录 2　转辙机特性

附表 2-1　S700K 型电动转辙机主要技术特性

代号 左/右装	型号	动程（mm）	检测行程（mm）	额定转换力（N）	电源电压（V）	动作电流（单线电阻 50 Ω）A	动作时间（s）	挤岔力（kN）	用　　于
A13/A14	220/160	220	160	3 000	～380	≤2	≤6.6	不可挤	第一牵引点
A15/A16	150/75	150	75	4 500	～380	≤2	≤6.6	≤24	双机
A17/A18	220/120	220	120	3 000	～380	≤2	≤6.6	不可挤	多机
A19/A20	220/110	220	110	3 000	～380	≤2	≤6.6	不可挤	多机
A21/A22	220/100	220	100	2 500	～380	≤2	≤6.6	不可挤	第一牵引点
A23/A24	150/85	150	85	4 500	～380	≤2	≤6.6	不可挤	多机
A27/A28	220/75	220	75	3 000	～380	≤2	≤6.6	不可挤	多机
A29/A30	150/85	150	85	4 500	～380	≤2	≤6.6	≤24	双机
A31/A32	220/100	220	100	3 000	～380	≤2	≤6.6	不可挤	多机
A33/A34	150/65	150	65	4 500	～380	≤2	≤6.6	不可挤	多机
A35/A36	150/	150	—	6 000	～380	≤2	≤6.6	不可挤	多机
A39/A40	220/140	220	140	3 000	～380	≤2	≤6.6	不可挤	多机
A41/A42	220/110	220	110	2 500	～380	≤2	≤6.6	不可挤	第一牵引点
A43/A44	220/	220	—	3 000	～380	≤2	≤6.6	不可挤	多机
A45/A46	150/100	150	100	4 500	～380	≤2	≤6.6	不可挤	多机
A47/A48	150/75	150	75	4 500	～380	≤2	≤6.6	不可挤	多机
A49/A50	220/120	220	120	2 500	～380	≤2	≤6.6	不可挤	第一牵引点
A63/A64	220/130	220	130	2 500	～380	≤2	≤6.6	不可挤	第一牵引点
A69/A70	220/140	220	140	4 500	～380	≤2	≤6.6	不可挤	第一牵引点
A71/A72	220/85	220	85	4 500	～380	≤2	≤6.6	不可挤	第一牵引点

附表 2-2　ZD(J)9 型转辙机主要技术特性

型号		额定转换力(kN)	动程(mm)	动作时间不大于(s)		挤脱力(kN)	锁闭方式	挤切方式	适用范围
交流系列	直流系列			交流	直流				
ZDJ9 170/4K	ZD9 170/4K	4	170±2	5.8	8	28±2	双杆内锁	可挤	尖轨动程 152 mm 以下道岔
ZDJ9-A 220/2.5K	ZD9-A 220/2.5K	2.5	220±2	5.8	8	—	双杆内锁	不可挤	分动外锁双机牵引第一点，三机牵引第一点、第二点，心轨第一点
ZDJ9-B 150/4.5K	ZD9-B 150/4.5K	4.5	150±2	5.8	8	28±2	单杆内锁	可挤	分动外锁双机牵引第二点，三机牵引第三点，心轨第二点
ZDJ9-C 220/2.5K	ZD9-C 220/2.5K	2.5	220±2	5.8	8	—	双杆内锁	不可挤	联动内锁第一牵引点
ZDJ9-D 150/4.5K	ZD9-D 150/4.5K	4.5	150±2	5.8	8	28±2	单杆内锁	可挤	联动内锁第二牵引点

附表 2-3　ZYJ7 型电液转辙机主要技术特性

型号	额定转换力(N)			动程(mm)			适用道岔类型
	第一牵引点	第二牵引点	第三牵引点	第一牵引点	第二牵引点	第三牵引点	
ZYJ7—B220+140/1800+4200	1 800	4 200	—	220	140	—	双点分动外锁 9 号、12 号提速道岔尖轨，12 号、18 号提速道岔心轨
ZYJ7—E180+120/1800+4200	1 800	4 200	—	180	120	—	双点内锁
ZYJ7—F180+4000	4 000	—		180		—	单点内锁
ZYJ7—G220+170+100/1810+1810+4070	1 810	1 810	4 070	220	170	100	三点分动外锁 18 号提速道岔尖轨
ZYJ7—L220/2940	2 940	—	—	220	—	—	30 号提速道岔单点分动外锁
ZYJ7—M150/4900	4 900	—	—	150	—	—	30 号提速道岔单点分动外锁

附录 3　继电器特性

附表 3-1　安全型继电器的基本情况

<table>
<tr><th rowspan="2">品种序号</th><th rowspan="2">规格序号</th><th rowspan="2">继电器名称</th><th rowspan="2">型　　号</th><th rowspan="2">接点组数</th><th rowspan="2">鉴别销号码</th><th rowspan="2">线圈连接</th><th colspan="2">电源片连接</th></tr>
<tr><th>连接</th><th>使用</th></tr>
<tr><td rowspan="5">1</td><td>1</td><td>无极继电器</td><td>JWXC-1700</td><td>8QH</td><td>11,51</td><td>串联</td><td>2,3</td><td>1,4</td></tr>
<tr><td>2</td><td>无极加强接点继电器</td><td>JWJXC-480</td><td>2QH,2QHJ</td><td>15,51</td><td>串联</td><td>2,3</td><td>1,4</td></tr>
<tr><td>4</td><td>无极缓放继电器</td><td>JWXC- H340</td><td>8QH</td><td>12,52</td><td>串联</td><td>2,3</td><td>1,4</td></tr>
<tr><td>5</td><td rowspan="2">无极加强接点缓放继电器</td><td>JWJXC-H125/0.44</td><td rowspan="2">2QH,4QJ,2H</td><td>15,55</td><td>单独</td><td>—</td><td>1,2
3,4</td></tr>
<tr><td>6</td><td>JWJXC-H125/80</td><td>31,52</td><td>单独</td><td>—</td><td>1,2
3,4</td></tr>
<tr><td>2</td><td>7</td><td>整流继电器</td><td>JZXC-H18</td><td>4QH</td><td>13,53</td><td>串联</td><td>1,4</td><td>5,6</td></tr>
<tr><td>3</td><td>8</td><td>有极加强接点继电器</td><td>JYJXC-160/260</td><td>2DF,2DFJ</td><td>15,54</td><td>单独</td><td>—</td><td>1,2
3,4</td></tr>
<tr><td>4</td><td>9</td><td>偏极继电器</td><td>JPXC-1000</td><td>8QH</td><td>14,51</td><td>串联</td><td>2,3</td><td>1,4</td></tr>
</table>

附表 3-2　安全型继电器的电气特性和时间特性

<table>
<tr><th rowspan="3">规格序号</th><th rowspan="3">继电器型号</th><th rowspan="3">线圈电阻(Ω)</th><th colspan="6">电气特性</th><th colspan="2">时间特性</th></tr>
<tr><th rowspan="2">额定值</th><th rowspan="2">充磁值</th><th rowspan="2">释放值不小于</th><th rowspan="2">工作值不大于</th><th rowspan="2">反向工作值不大于</th><th rowspan="2">转极值不小于</th><th colspan="2">缓放时间不小于(s)</th></tr>
<tr><th>18 V</th><th>24 V</th></tr>
<tr><td>1</td><td>JWXC-1700</td><td>850×2</td><td>24 V</td><td>67 V</td><td>3.4 V</td><td>16.8 V</td><td>18.4 V</td><td></td><td rowspan="2"></td><td rowspan="2"></td></tr>
<tr><td>2</td><td>JWJXC-480</td><td>240×2</td><td rowspan="2">24 V</td><td>64 V</td><td>4.8 V</td><td>16 V</td><td>17.6 V</td><td></td></tr>
<tr><td>3</td><td>JWXC-H340</td><td>170×2</td><td>46 V</td><td>2.3 V</td><td>11.5 V</td><td>12.6 V</td><td></td><td>0.45</td><td>0.50</td></tr>
<tr><td rowspan="2">4</td><td>JWJXC-H125/0.44</td><td>$\frac{125}{0.44}$</td><td>$\frac{24\ V}{2\ A}$</td><td>48 V</td><td>2.5 V</td><td>12 V</td><td>13.2 V</td><td></td><td>0.35</td><td>0.45</td></tr>
<tr><td></td><td></td><td></td><td></td><td></td><td></td><td></td><td></td><td colspan="2">后圈电流由5 A降至1 A断电时0.3</td></tr>
<tr><td>5</td><td>JWJXC-H125/80</td><td>$\frac{125}{80}$</td><td>24 V</td><td>$\frac{48\ V}{48\ V}$</td><td>$\frac{2.5\ V}{2.5\ V}$</td><td>$\frac{12\ V}{12\ V}$</td><td>$\frac{13.2\ V}{13.2\ V}$</td><td></td><td>$\frac{0.4}{0.4}$</td><td>$\frac{0.5}{0.5}$</td></tr>
<tr><td>6</td><td>JZXC-H18</td><td>9×2</td><td>AC
150 mA</td><td>AC
400 mA</td><td>AC
40 mA</td><td>AC
110 mA</td><td></td><td></td><td colspan="2">AC 100 mA时0.15</td></tr>
</table>

续上表

规格序号	继电器型号	线圈电阻(Ω)	电气特性						时间特性	
			额定值	充磁值	释放值不小于	工作值不大于	反向工作值不大于	转极值不小于	缓放时间不小于(s) 18 V	缓放时间不小于(s) 24 V
7	JYJXC-160/260	160/260	24 V	64 V/64 V				正向 10～16 V 反向 10～16 V		
8	JPXC-1000	500×2	24 V	64 V	4 V	16 V	反向不工作电压>200 V			

注：JWXC-H340 型继电器，当电压在 18 V 时缓吸时间不大于 0.35 s，24 V 时不大于 0.3 s。

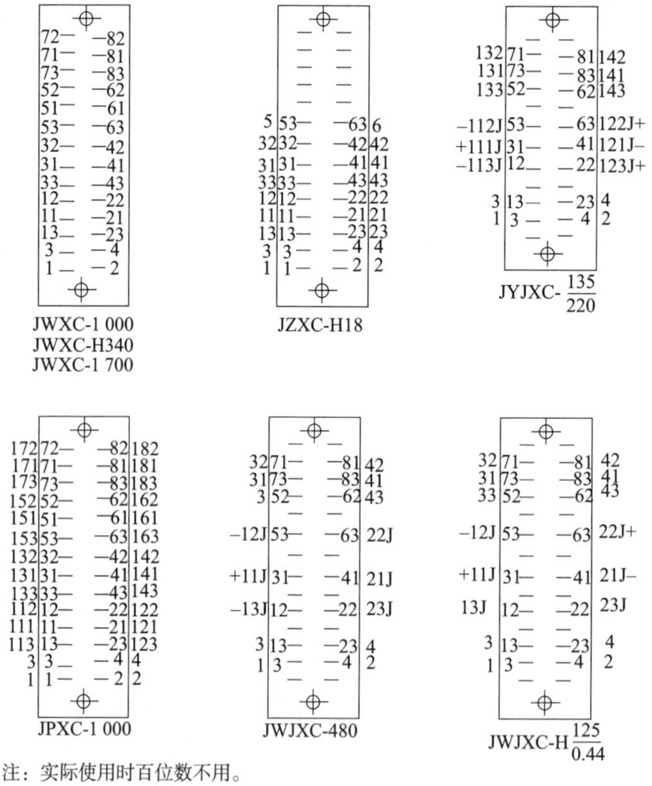

注：实际使用时百位数不用。

附图 3-1　继电器插座接点编号对照

附录 4　跳线和钢轨绝缘

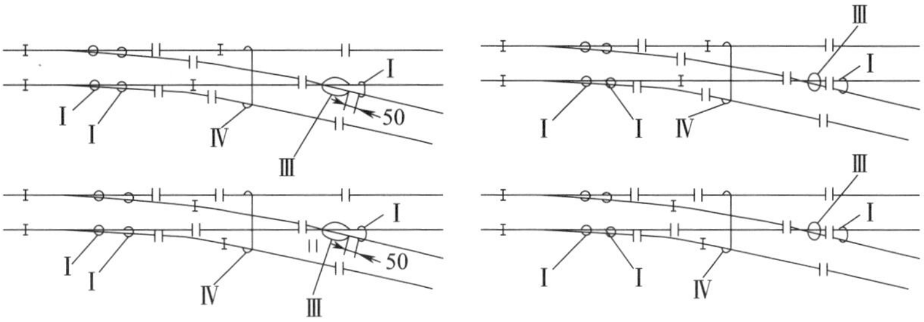

附图 4-1　单开道岔的跳线、绝缘配置

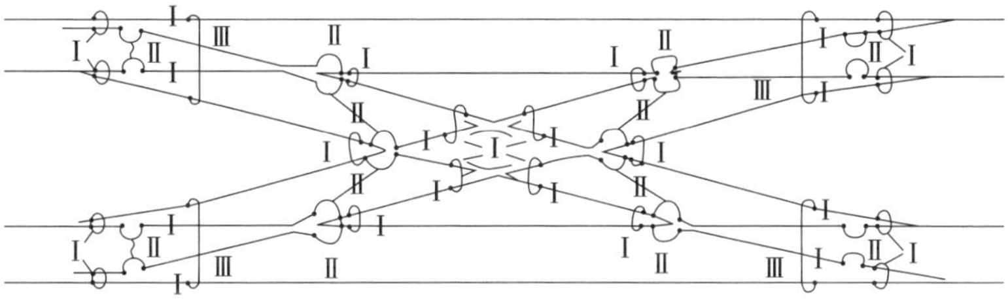

附图 4-2　交叉渡线的跳线、绝缘配置

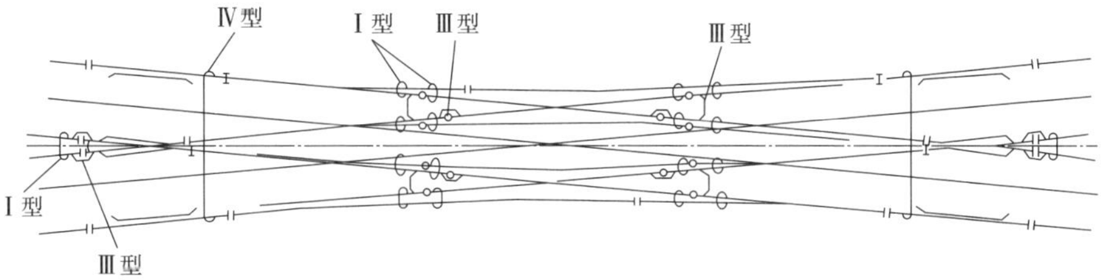

附图 4-3　复式交分道岔的跳线、绝缘配置

附表 4-1　FAD 型跳线规格表

道岔跳线型号	型号	公称长度(mm)	电阻值不大于(Ω)
FAD-900	Ⅰ	900	0.012
FAD-1200	Ⅱ	1 200	0.016
FAD-1500	Ⅲ	1 500	0.020
FAD-3000	Ⅳ	3 000	0.039
FAD-3300	Ⅴ	3 300	0.043

附表 4-2　各类道岔跳线组成表

跳线型号 / 数量(根) / 道岔种类	AD-900	AD-1500	AD-3000	总　计
单开	5	2	1	8
交叉渡线	30	10	4	44
复式交分	18	12	2	32

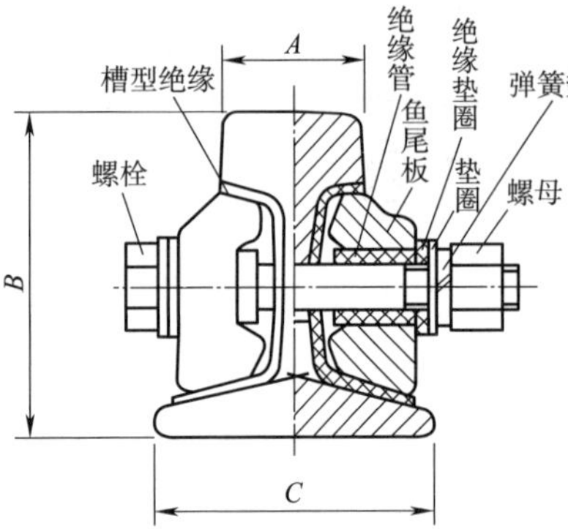

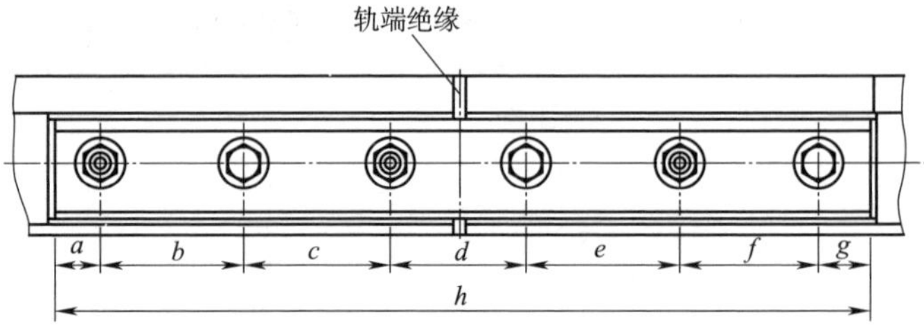

钢轨绝缘种类（kg/m）	钢轨断面			接头夹板螺栓孔距							
	A	*B*	*C*	*a*	*b*	*c*	*d*	*e*	*f*	*g*	*h*
43	70	140	114	65	160	110	120	110	160	65	790
50	70	152	132	50	140	150	140	150	140	50	820
60	73	176	150	50	140	140	160	140	140	50	820

单位：mm

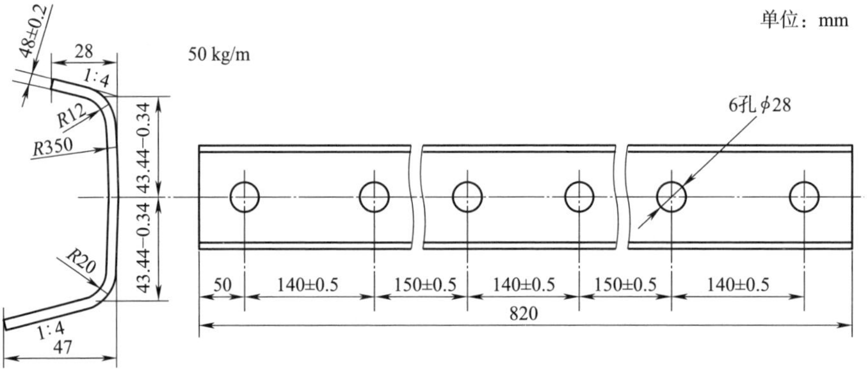

单位：mm

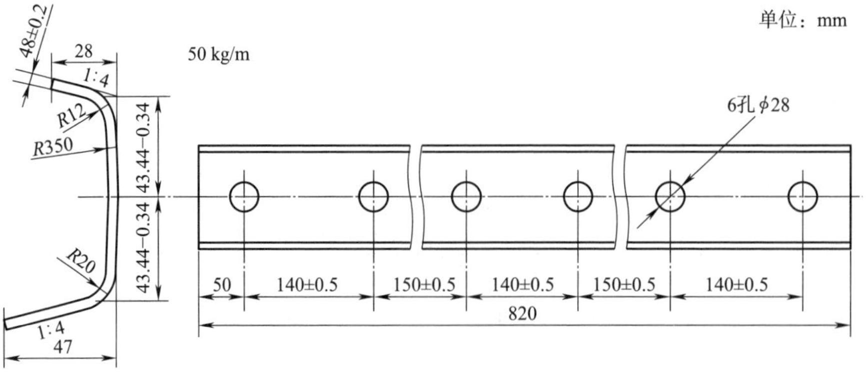

附图 4-4 钢轨断面及接头夹板各部尺寸

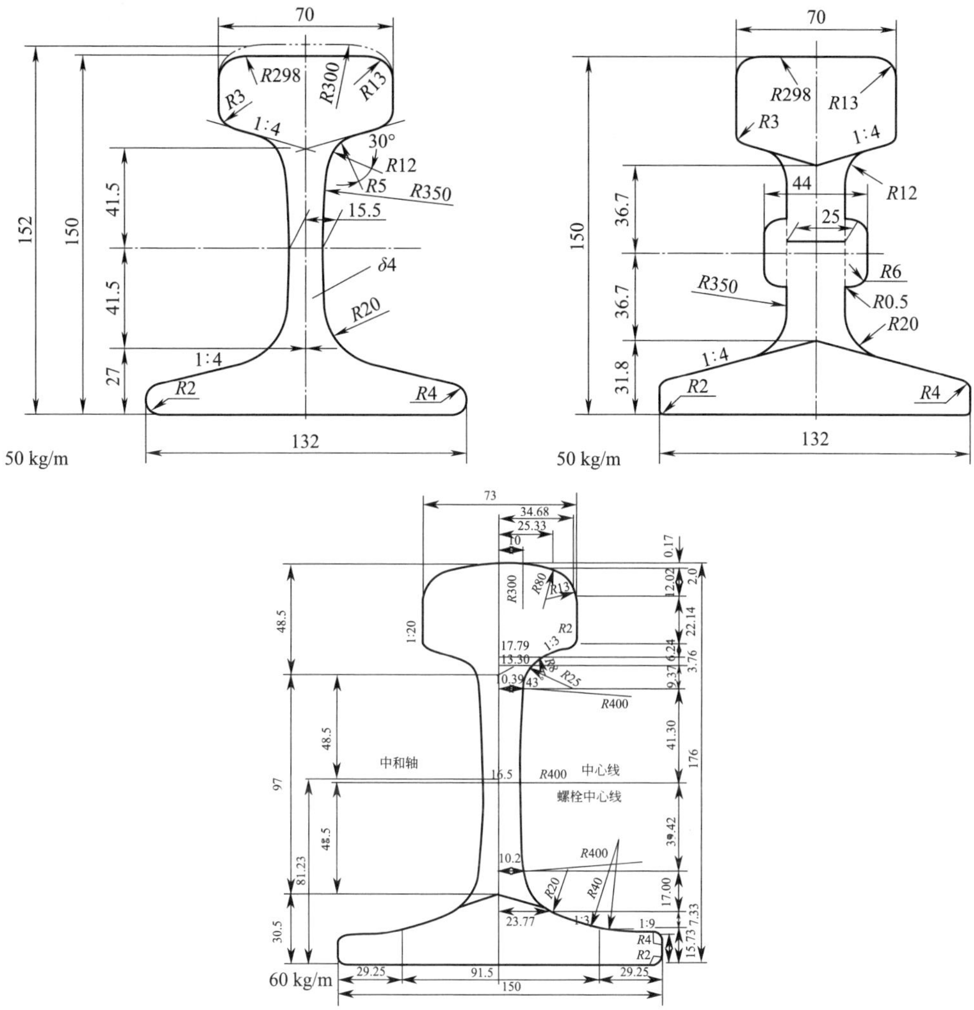

附图 4 5　钢轨绝缘(单位:mm)

附录5　机 柜 尺 寸

1. 计算机联锁机柜尺寸

(1)TYJL-Ⅱ型计算机联锁

综合柜	联锁机 A	执行机 A	联锁机 B	执行机 B

注:每柜 600 mm×800 mm。

(2)JD-ⅠA 型计算机联锁

A 联锁机柜	B 联锁机柜	监测机柜

注:每柜 600 mm×800 mm。

(3)VPI 型计算机联锁

A 联锁机柜	B 联锁机柜	集中监测机柜

注:每柜 600 mm×800 mm。

(4)DS6-K5B 型计算机联锁

600 mm	920 mm	920 mm	600 mm	
监测机柜	联锁机柜	电子终端柜	微机电源柜	860 mm

(5)DS6-60 型计算机联锁

电源柜	主机柜	驱采柜

注:每柜 600 mm×800 mm。

(6)EI32-JD 型计算机联锁

600 mm	880 mm	600 mm	
综合柜	联锁机	分线柜	800 mm

(7)TYJL-ADX 型计算机联锁

综合柜	联锁柜	扩展柜

注:每柜 600 mm×800 mm。

(8)iLOCK 型计算机联锁

联锁 A 机机柜	联锁 B 机机柜	联锁 A_1/B_1 机机柜	双机切换与电源机柜

注:每柜 600 mm×800 mm。

2. 组合柜尺寸

沈阳厂:900 mm×360 mm;

西安厂:900 mm×320 mm。

3. 分线柜尺寸

900 mm×180 mm。

4. 综合柜尺寸

600 mm×900 mm。

5. 信号集中监测机柜尺寸

600 mm×800 mm。

6. 电源屏尺寸

600 mm×800 mm。

附录6 缩 略 语

缩略语	含义	缩略语	含义
A		G	
AC	交流	GM	网关
AP	无线接入点	GOA	自动运行等级
APM	无线接入点管理单元	GPS	全球定位系统
ATC	列车自动控制	H	
ATO	列车自动运行	HMI	车站控制人机界面
ATP	列车自动防护	I	
ATS	列车自动监控	IB	预告应答器，填充应答器
AXC	计轴机柜	IBP	综合后备盘
B		I/O	输入输出
BBU	基带处理模块	K	
BTE	宽带终点设备	KAD	轨旁接线盒
C		L	
CAD	计算机辅助设计	LATS	车站 ATS 分机
CAN	控制器局域网	LC	中央线路控制器
CBTC	基于通信的列车自动控制系统	LCD	液晶显示器
CI	计算机联锁	LDR	环线应答器
COM	串行通信	LED	发光二极管
CRT	阴极射线管	LET-M	地铁长期演进系统
D		LEU	轨旁电子单元、信标编码器
DCS	数据通信系统	M	
DRB	无人自动折返按钮	MMI	人机界面
DSU	数据库存储单元	MSS	维护支持系统
E		MTIB	动态初始化应答器
eHSS	演进的归属用户服务器	N	
eMME	演进的移动管理单元	NMS	无线网管系统
EMC	以太光电媒体转换器、电磁兼容	O	
EMP\ESB	紧急关闭按钮	ODF	光纤配线架
F		P	
FEP	前端处理器	PSD	安全门

续上表

缩略语	含义	缩略语	含义
R		TIAS	行车综合自动化系统
RB	无源应答器,固定数据应答器	TMF	集群媒体功能体
RJ	注册的插座	TRE	无线接入点
RRU	射频拉远模块	U	
S		UPS	不间断电源
SDH	同步数字系列	V	
SDM	联锁维护工作站	VB	可变应答器、重开应答器
SSP	停车位置标	W	
T		WAGO	万可
TC	轨道区段	WB	轮径校正应答器
TCB	轨旁连接盒	WLAN	无线局域网
TCF	集群控制功能体	Z	
TDT	停车计时器	ZC	区域控制器

附录 7　名称代号对照

缩略语	含义	缩略语	含义
A		DJF	道岔表示电源负极
AT	矮型特种断面	DJZ	道岔表示电源正极
B		DQJ	道岔启动继电器
BB	道岔表示变压器	DQJ F	道岔启动复示继电器
BG	轨道变压器	DSBJ	灯丝报警继电器
BHJ	道岔保护继电器	DY	电源、电源组合
BJ	报警继电器	DYP	电源屏
BJH	报警盒	E	
BX	信号变压器	EF	紧急关闭电源负极
BZ	中继变压器	ELF	紧急关闭联系电源负极
C		ELZ	紧急关闭联系电源正极
C	出站信号机	EMPJ	紧急关闭继电器
CD	出段信号机	EMPFA	紧急关闭复原按钮
(C)FZX	出站兼防护信号组合	EZ	紧急关闭电源正极
CJ	采集	F	
CK	出库信号机	F	负、负极、分线柜、非进路调车
CT	道岔组合	FA	非进路调车按钮
CZQX	出站阻挡区间信号组合	FBJ	反位表示继电器
D		FCJ	反位操纵继电器
D	道岔、调车信号机	FCZQX	防护出站阻挡区间信号组合
DBJ	定位表示继电器	FLJ	非进路调车继电器
DBQ	断相保护器	FXX	分线箱
DCA	道岔按钮	FWJ	计轴复位继电器
DCJ	定位操纵继电器	G	
DCQDJ	道岔操纵驱动继电器	G	轨道
DDJ	点灯继电器	GJ	轨道继电器 、轨道继电器组合
DDJF	点灯复示继电器	GJF	轨道电源负极
DG	道岔区段	GJZ	轨道电源正极
DH	电话	GMJ	安全门关门继电器
DHH	电话回线	GT	贯通
DJ	灯丝继电器		

续上表

缩略语	含义	缩略语	含义
H		Sh	轨道受电
HF	分向电缆盒	SQQJ	试车请求继电器
HZ	终端电缆盒	SYSA	联锁系统电源 A
J		SYSB	联锁系统电源 B
JC	监测柜	T	
JD	进段信号机	TD	通用道岔组合
JGJ	接近轨道继电器	TDF	提速道岔辅助组合
JJF	局部电源负极	TFQ	调相防雷器
JJZ	局部电源正极	W	
JK	接口柜、进库信号机	WXJ	微电子信号接收器
JNQ	节能器	X	
JZ	计轴磁头	X	下行、信号、信号机
K		XB	变压器箱
KF	控制电源负极	XJF	信号点灯电源负极
KMJ	安全门开门继电器	XJZ	信号点灯电源正极
KZ	控制电源正极	Y	
KZKFJ	驱动电源控制继电器	YA	引导按钮
L		YAJ	引导按钮继电器
LXJ	列车信号继电器	YJP	应急盘
LS	零散	YXJ	引导信号继电器
M		YZHJ	引导转换继电器继电器
MGJ	安全门关好继电器	YZSA	引导总锁闭按钮
MPLJ	安全门旁路继电器	YZSAJ	引导总锁闭按钮继电器
Q		Z	
Q	区间	Z	正、正极、组合柜、整流管
QDJ	切断继电器	Z24(A)	联锁 A 机采集电源
R		Z24(B)	联锁 B 机采集电源
RD	熔断器	ZBHJ	道岔总保护继电器
RGJ	二元轨道继电器	ZCJ	照查继电器
RKF	熔丝报警电源负极	ZD	电动转辙机
RKZ	熔丝报警电源正极	ZDBJ	总定位表示继电器
RSBJ	熔丝报警继电器	ZDBJF	总定位表示复示继电器
RSBJF	熔丝报警复示继电器	ZDJ	交流电动转辙机
S		ZFAJ	自动折返按钮继电器
S	上行、轨道送电	ZFBJ	总反位表示继电器
SCJ	试车继电器	ZFBJF	总反位表示复示继电器

续上表

缩略语	含义	缩略语	含义
ZFDF	自动折返点灯电源负极	ZL	站间联系、站间联系组合
ZFDZ	自动折返点灯电源正极	ZLF	站间联系电源负极
ZFF	自动折返按钮电源负极	ZLZ	站间联系电源正极
ZFZ	自动折返按钮电源正极	ZXJ	正线信号继电器
ZH	综合柜	ZYJ	电动液压转辙机
ZHG	转换轨		

参 考 文 献

[1] GB 50157—2013　地铁设计规范.北京:中国建筑工业出版社,2013.

[2] GB/T 12758—2004　城市轨道交通信号系统通用技术条件.北京:中国建筑工业出版社,2004.

[3] GB 58490—2009　城市轨道交通技术规范.北京:中国建筑工业出版社,2009.

[4] GB 50157—2013　城市轨道交通工程投资估算指标.北京:中国建筑工业出版社,2009.

[5] GB 50157—2013　城市轨道交通工程概算定额.北京:中国建筑工业出版社,2011.

[6] GB 50157—2013　城市轨道交通工程概算编制办法.北京:中国建筑工业出版社,2013.

[7] 林瑜筠.城市轨道交通信号(第三版).北京:中国铁道出版社,2015.

[8] 林瑜筠.城市轨道交通信号基础设备.北京:中国铁道出版社,2012.

[9] 林瑜筠.城市轨道交通联锁系统.北京:中国铁道出版社,2013.

[10] 林瑜筠.城市轨道交通列车自动控制系统维护.北京:中国铁道出版社,2014.